20 世纪震惊世界的 100 件大事

陈治平　冯　晖　陈吉平　编著

㈢

吉林人民出版社

前苏联悍然出兵前捷克斯洛伐克

（1968 年 8 月 20 日）

1968 年 8 月 20 日深夜，前苏联悍然调派 50 万部队，以迅雷不及掩耳之势占领了前捷克斯洛伐克。

30 多年过去了，前苏联已经解体，前捷克斯洛伐克也已分裂为捷克和斯洛伐克两个国家。

拂去岁月的灰尘，回首一下往事，也许对我们这个世界不会没有裨益。

诺沃提尼一再“失误”

诺沃提尼是前捷克斯洛伐克共产党第一书记兼国家总统。自从 1955 年就任第一书记，1957 年 2 月接任总统以来，诺沃提尼一直是前捷克斯洛伐克无可争议的领袖。但是，到了 1967 年，诺沃提尼遇到了麻烦。

自从前苏联的坦克隆隆驶入布拉格，将苦难中的捷克和斯洛伐克人从纳粹人手中解救出来后，捷克斯洛伐克成为了“社会主义大家庭”中的一个成员。捷克斯洛伐克人民热爱祖国，热爱社会主义，但是，不知是党的领导人制定的方针政策有误，还是受其它因素制约，捷克斯洛伐克的经济改革一直没有取得预期效果。1967 年，全国的物价上涨指数超过了计划的 10%，外贸、工业建设、设备更新、农业改造、通货膨胀……问题堆积如山。在城市中，住房问题最为敏感，年轻人要结婚没有房子，结了婚因无房分居者数不胜数，人们的不满和愤怒溢于言表。

捷克和斯洛伐克是两个不同的民族，从地理和文化素质看，捷克属于西方民族。在第一次世界大战前，捷克是奥匈帝国的工业中心，因此，捷克较发达。斯洛伐克与捷克恰恰相反，它更接近东方民族，既无工业，又没有先进的农业，十分贫穷。第一次世界大战后，战胜的协约国将斯洛伐克并入捷克引起斯洛伐克人的强烈不满。二战后，捷克与斯洛伐克民族间的矛盾不但没有消除，反而日趋尖锐，并导致了50年代的“大清洗”——对民族主义思想严重的斯洛伐克领导人的一种严厉惩罚。

1967年9月，前捷共召开中央全会，中央书记杜布切克对诺沃提尼的经济政策提出批评。

杜布切克是斯洛伐克人，他的父亲是一位老共产党员。杜布切克是在前苏联长大的，成人后又在前苏联的一所高级意识形态学校里学习了三年，这一切都是杜布切克从众多的捷共党员脱颖而出的资本。

诺沃提尼对杜布切克的批评大为恼火，在一次党的会议上公开点名指责杜布切克，批评杜布切克及其支持者是“资产阶级民族主义者”，这导致了一场持续数小时的唇枪舌战，一些捷克人也站到了杜布切克一边，但双方战成了平手，谁也没制服谁。

捷克斯洛伐克的内部矛盾惊动了“社会主义大家庭”的“家长”——苏共领导人勃列日涅夫。1967年12月8日，勃列日涅夫秘密访问了捷克斯洛伐克。在当时，只要勃列日涅夫金口一开，诺沃提尼与杜布切克谁胜谁负的问题即可见分晓。但是，勃列日涅夫犯了一个致命的错误——也许，他没有拿定主意在诺沃提尼与杜布切克之间该选择谁，12月9日晚，在捷共举办的晚宴上，勃列日涅夫突然宣布他准备回国，在谈到捷共党内的问题时，勃列日涅夫说：“同志们，这是你们捷克斯洛伐克内部的事情。苏共和苏联不干涉你们的内政。”

诺沃提尼原想借勃列日涅夫来巩固自己的统治，没想到勃列日涅夫会采取这种暧昧态度，于是下决心亲手搞掉杜布切克。

诺沃提尼想借助军队的干预逮捕杜布切克。诺沃提尼的支持者中包括负责政府、军队保卫工作的国家第八部部长米·马穆拉及其助手杨·谢伊纳少将、国防部副部长弗·杨科上将。诺沃提尼在高级军官和高级领导人之间游说，取得了一些人的支持，但也因此泄露了机密。诺沃提尼计划在12月16日前后动手，驻扎在首都布拉格以北约25英里的姆拉特军营第一装甲师和第13步兵师已接到随时准备进入首都的命令，马穆拉甚至已签发了逮捕令，但杜布切克等人有效地阻止了马穆拉的行动。12月18日，捷共党中央召开紧急秘密会议，杜布切克指责诺沃提尼企图发动“政变”，诺沃提尼矢口否认，尽管没完没了的“争吵”没有任何结果，但诺沃提尼把自己置于了“被告”的席位上，失去了多数人的支持。

杜布切克“造”勃列日涅夫的“反”

1968 年 1 月 5 日，捷共党内经过激烈的争斗达成了一项妥协意见：选举杜布切克担任党的第一书记，保留诺沃提尼总统职务，这意味着杜布切克成为捷克斯洛伐克的真正掌舵人。

杜布切克的上台没有在国内外引起较大反应，前苏联领导人勃列日涅夫在杜布切克上台的第二天就致电向他表示“热烈的祝贺”。一个月后，杜布切克飞到莫斯科正式拜见苏共领导人，并且保证，捷共将会一如既往在“社会主义大家庭”中尽其义务。杜布切克访苏后，照惯例发表了苏、捷联合公报，公报称杜布切克的访问“热烈、友好、诚挚，对会谈中涉及的问题取得完全一致的意见”。这意味着杜布切克得到了“社会主义大家庭”的“家长”勃列日涅夫的认可。

1968 年 2 月 1 日，前捷克斯洛伐克在布拉格举行统一农业合作社第七次代表大会，杜布切克在会上宣布，捷共正准备实行一个“行动纲领”，“行动纲领”将明确规定“新的社会主义社会”的目的，并将阐明“党在社会、国家和经济领域的当前政治任务”。为了保证“行动纲领”的顺利实施，杜布切克放松了对新闻舆论的控制，对历史上的一些“冤假错案”进行平反昭雪，还作了必要的人事调整，将诺沃提尼等人清除，另选 72 岁的卢·斯沃博达将军担任新总统。

4 月 5 日，指导捷克斯洛伐克进行全面改革的纲领性文件——《行动纲领》在捷共中央全会上获得通过。

在对内政策上，《行动纲领》强调要“党政分工”，要发扬社会主义民主，克服官僚主义，扩大新闻自由权力，在保证社会主义计划经济前提下，扩大企业自主权，允许小私有企业的存在，恢复市场的经济作用。

在对外政策上，《行动纲领》强调要与苏联及其他社会主义国家合作，但同时又强调要在主权、平等、互相尊重的基础上发展友好关系，要发展与西方国家和所有国家的互利关系。

杜布切克的《行动纲领》明显背离了勃列日涅夫的社会主义大家庭的观点。在“社会主义大家庭”中，苏联的核心地位是不容动摇的，而杜布切克却要“平等”、“互相尊重”。在勃列日涅夫的眼中，杜布切克是在“造”“社会主义大家庭”的“反”。

的确，杜布切克是想摆脱苏联的控制，走出苏联的社会主义模式，走一条适合捷克斯洛伐克国情的独立自由的道路。

勃列日涅夫对捷国内的新动向迅速作出反应。4月9日、10日，勃列日涅夫连续发表讲话，强调苏联在社会主义受到威胁时，苏联有权对任何一个共产党领导的社会主义国家进行干涉。12日，苏联《真理报》猛烈攻击捷共四中全会。5月2日，迫于苏联的压力，总统斯沃博达任命刚刚被解职的亲苏派人物弗·考茨基为捷驻苏联大使。

杜布切克对来自苏联的压力有所准备，但他没有想到，苏联人要把他赶下台。

苏军入侵

5月3日，杜布切克等捷共领导人“应邀”飞往莫斯科，他们被告知，华约部队（由东欧“社会主义大家庭”国家组成）将在捷领土上举行联合军事演习。17日，苏国防部长格列奇科以防止联邦德国入侵为名，要求将一个师调驻捷西部边境，捷严辞拒绝。随后，苏又提出在捷境内进行一次“参谋人员训练”军事演习，捷勉强同意。

6月3日夜，一个师的苏军坦克师由波兰边境开入捷克斯洛伐克，接着，通讯部队、警戒部队也堂而皇之地进入捷境内，这次“演习”一直持续到7月1日，“演习”结束，但军队并未撤离。

6月27日，捷一批知名人士在《文学报》上发表了《致工人、农民、职员、科学家、艺术家和所有人》的声明，后被简称为《2000字声明》。《声明》对《行动纲领》表示支持，《声明》指出：“最近，外国势力干预我们国内的发展的可能性引起了人民的极大不安”，“我们可以向自己的政府表示……我们支持它，甚至拿起武器。”有几万人在《2000字声明》上签字。

勃列日涅夫对《声明》暴跳如雷，逼迫杜布切克谴责《2000字声明》。7月14日，华约五国——苏联、波兰、匈牙利、保加利亚、东德联名致信捷：“我们不能同意让敌对势力把你们的国家从社会主义道路拉开，这已经不仅仅是你们的事了，这是我们这些华沙条约国的共同事业。”

8月1日至3日，捷克斯洛伐克参加了华约6国多边会议，捷要求苏联撤出其军队，苏联人不但同意了，还举行了一个撤军签字仪式。杜布切克为此发表了一个演说，告诉国人，“没有理由为我们的主权担心。”

然而，杜布切克错了。

8月20日晚11时，当捷共在布拉格召开主席团会议时，早已部署在捷东部、东北部、北部、南部边界的苏、波、东德、匈、保的军队分 18 路越过捷边境向捷首都布拉格挺进，配备有轻型坦克、装甲车和反坦克炮的空降部队以一分钟一架次的速度在布拉格和布拉迪斯拉发机场降落。当杜布切克得知苏军入侵时，杜布切克难过地流下眼泪，说："我一辈子致力于同苏联的合作，而他们却这样对待我，这真是我一生中最大的悲哀。""我以一个共产党员的荣誉保证，我根本没有怀疑过，没有料想到，竟然会有人采取这样的手段反对我们。"

杜布切克当即下令起草告全国人民书，谴责"这种入侵不但违反了社会主义国家之间关系的基本原则，也破坏了国际法的基本准则。"

8 月 21 日凌晨 1 时半左右，布拉格电台开始广播《告全国人民书》。

凌晨 3 时，苏军冲入中央大厦，将杜布切克等四名捷共领导人逮捕，送到苏联的利沃夫，关入监狱。

早晨 7 时左右，布拉格广播电台进行了最后的播音，"广播电台的布拉格大楼前已开始射击，那里有 6 辆坦克……我们的播音不知道还能坚持多久……"

苏军用一天的时间占领了捷全境。手无寸铁的捷青年人用身体阻挡坦克前进，工人、市民纷纷走上街头抗议苏军入侵，苏军开枪射击，有几十人中弹身亡。

坦克辗碎了"布拉格之春"

杜布切克等人被逮捕后，捷政府并未瘫痪，马哈乔娃部长主持政府会议，并由一个秘密电台广播了长篇声明，强烈要求"外国军队撤走"。

8 月 22 日，苏联人拼凑了一个捷新政府，由比拉克、英德拉、科尔德三人组成。为了使新政府合法化，苏联人要求捷总统斯沃博达"批准"，不料，斯沃博达一口拒绝。苏联人于是强迫斯沃博达"辞职"，随后将斯沃博达带到了莫斯科。

斯沃博达是一个曾获苏联英雄称号的老将军，在他的坚持下，苏联人被迫释放了杜布切克等 4 人。

8 月 25 日，苏捷谈判开始，苏方向斯沃博达提出 16 点要求。其主要内容是，走苏联式的社会主义道路，宣布捷共十四大无效；捷方宣布：在捷国内出现了反革命活动，苏从捷撤军。捷共领导人坚决拒绝了"16 点要求"。但是，苏方的态度更加"坚决"。苏方代表波诺马廖夫威胁道："你们现在不签，过一个星期再签；一个星期不签，过14天再签；如果过14天还不签，那就过一个月再签。”

最后，苏联人作了一个小小的让步——在联合声明中不提“反革命”字眼，迫于苏联的强大压力，杜布切克、斯沃博达等人在联合声明上签了字。签字之际，众多的新闻记者蜂拥而入，擅于逢场作戏的苏共政治局全体成员立即站了起来，满面微笑，与杜布切克等人又是握手，又是拥抱，摄影师不失时机地拍下了这些镜头，并把它们再现给世界。

在前捷克斯洛伐克，音乐界有一个传统——每年5月都要在首都举行名为“布拉格之春”的音乐节。杜布切克的改革发生在“布拉格之春”音乐节正在进行之中，世人因此称杜布切克的改革为“布拉格之春”。

苏军的坦克无情地辗碎了“布拉格之春”。

1969年9月，杜布切克被解除中央第一书记职务，1970年6月，杜布切克被开除出党。“布拉格之春”还导致捷共党内50万人被清洗，13万人被迫流亡国外。

尼奥斯火山湖毒气杀人之谜

（1968 年 8 月 21 日）

尼奥斯湖是位于非洲喀麦隆境内的一个火山湖。

1968 年 8 月 21 日晚 9 时 30 分，几声骇人的巨响从尼奥斯火山湖中传出，湖水立刻如同开了锅似地翻腾起来，随后，几股强大的气体冲出湖面，升入空中，在轻风的吹拂下，悄然向湖边的村庄扑去。

村庄中，劳作了一天的村民们刚刚进入梦乡，谁也没有想到死神会在这时候降临。气体飘入村庄，从敞开的窗户或门缝中入室穿堂。气体钻入人的鼻孔，随呼吸进入人体，身体强壮的人勉强发出几声呻吟，身体羸弱的人当即死亡。有的人察觉到不对劲儿，奋力爬下床，企图逃出屋子，但不等走到门边，就一头栽倒在地。

一位幸存者后来回忆说，他被一种窒息感惊醒，感到燥热难奈，就像喝醉了酒一样。紧接着，他拼命地咳嗽，吐血，但他还是挣扎着跑出屋，钻进了一个草垛，昏倒在草垛里面，捡回了一条命。这位幸存者回忆说，他闻到了一种“臭鸡蛋味”。

尼奥斯村是距尼奥斯火山湖最近的村庄，也是受害最重的村庄，从外表上看，村庄没有任何变化，家家户户，什么东西都放得井井有条，但全村只有两个活人！

一夜之间，恐怖的气体使 1532 人丧生，中毒者不计其数。他们倒在床上，蜷缩在门边，在院子中挣扎，咳嗽、呕吐、呻吟，令人毛骨悚然……

喀麦隆政府向国际社会发出紧急求救呼吁，世界各国闻讯，无不惊骇。

短短几天，全世界 60 多个国家的专家、医生、护士，纷纷赶到喀麦隆尼奥斯火山湖附近的受灾区。在这场感人的救援行动中，世界各国将最先进的医疗器具和药品空运到受灾区，直升飞机不停地在空中播洒中和毒气的化学药剂，各种各样的车辆在地面穿梭往来，医生、护士竭尽全力抢救每一个尚存一息的遇害者。

在控制住灾情后，科学家们又将各种先进仪器运抵尼奥斯火山湖边，试图解开尼奥斯火山湖毒气杀人之谜。

尼奥斯火山湖喷出的气体是什么毒气？

经过科学家们的论证，大多数科学家认为：尼奥斯火山湖喷出的气体是由一氧化碳、二氧化碳、硫化氢混合而成的毒气，它们是罪魁祸首。这种混合毒气一经混合而扩散，可在短时间内造成大范围杀伤。

尼奥斯火山湖喷出的毒气是如何在地下形成的？是什么原因促使尼奥斯火山湖喷吐毒气？人类该怎样预防？

科学家们仍在探索。

珍宝岛事件——核大战即将爆发

（1969 年 3 月 2 日 ~10 月）

老沙皇的豺狼行径

沙皇俄国是一个欧洲国家，本来与中国并不接壤。16 世纪，沙皇俄国向东扩张，至 17 世纪末才与中国发生边界问题。1689 年和 1727 年，中俄分别签订了《尼布楚条约》、《布连斯奇条约》，划定了中俄东段、中段边界。当时，中国西部的疆界在巴尔喀什湖（今哈萨克斯坦共和国内），与沙俄疆界的距离很远。

1840 年鸦片战争后，老沙皇利用中国清朝政府的腐败无能，得寸进尺，在短短的几十年中，先后强迫清朝政府签订了一系列不平等条约，夺走了中国 150 多万平方公里的土地。

1858 年 5 月 28 日，老沙皇用武力胁迫清朝政府签订了《中俄瑷珲条约》，夺走黑龙江以北、大兴安岭以南 60 多万平方公里的土地。

1860 年 11 月 14 日，老沙皇再次使用武力胁迫清朝政府签订《中俄北京条约》，夺走乌苏里江以东约 44 万平方公里的土地。

1864 年 10 月 7 日，老沙皇强迫清朝政府签订《中俄勘分西北界约记》，夺走中国西部 44 万多平方公里领土。

1871 年，老沙皇派兵侵占中国西部名城伊犁。1918 年 2 月 4 日，老沙皇迫使清朝政府签订《中俄伊犁条约》。此后，老沙皇利用《中俄伊犁条约》和几个勘界议定书，又夺走了 7 万多平方公里的中国领土。

对于老沙皇的豺狼行径，国际无产阶级的伟大导师恩格斯曾一针见血地指出：俄国“从中国夺取了一块大小等于法、德两国面积的领土和一条同多瑙河一样长的河流”，“二十多年来，他们在那里把这个国家的领土一块一块地割去”。

国际无产阶级的伟大导师，前苏联人民的伟大领袖不止一次地公开抨击老沙皇的侵略罪行："沙皇政府在中国的政策是一种犯罪的政策。"

新"沙皇"的丑恶表演

新中国诞生后，中国人民与前苏联人民曾有过一段"友好"的岁月。中国政府从维护中苏两国人民的革命友谊出发，在肯定当时中苏边界的条约都是沙俄帝国主义强加给中国的不平等条约的前提下，仍准备以上述不平等条约为基础，解决中苏边界上存在的所有问题。

但是，新"沙皇""醉翁之意不在酒"，他们想把新中国变为前苏联的一个"附属国"，绞尽脑汁，试图控制新生的中国。新"沙皇"的丑恶表演遭到了以毛泽东为首的新中国领导人的坚决抵制。

1958年7月31日，前苏共总书记、苏联部长会议主席赫鲁晓夫到中国"访问"，试图与中国建立"共同（联合）舰队"，在中国建立苏联人的"潜艇基地"。毛泽东义正辞严，一口回绝。

毛泽东："请你告诉我，什么叫'共同舰队'！"

赫鲁晓夫："所谓共同么，就是共同商量的意思……毛泽东同志，我们出钱给你们建立个电台，我们的舰队现在正在太平洋活动，我们的主要基地……"

毛泽东："你讲的这一大堆毫不切题。我问你，什么叫'联合舰队'？"

赫鲁晓夫："我们不过是来跟你们共同商量商量……"

毛泽东："什么叫共同商量，我们还有没有主权了，你们是不是想把我们的沿海地区都拿去？你们都拿去算了！"

当时，苏联在欧洲各社会主义国家都派驻有军队，建立了各种军事基地，以期控制各社会主义国家，毛泽东对此了如指掌。

赫鲁晓夫试图避开锋芒，用迂回的方式"说服"毛泽东，"毛泽东同志，我们能不能达成某种协议，让我们的潜水艇在你们的国家有个基地，以便加油、修理、短期停留，等等。"

毛泽东断然拒绝："不行！"

8月3日，赫鲁晓夫悻悻离开中国，返回苏联。

新"沙皇"企图控制新中国的阴谋破产后，中苏关系全面破裂。1960年，新"沙皇"单方面撕毁了与中国签定的一系列协定，撤回了苏联专家，同时指使苏联边防军向中国境内推进巡逻线，在中苏边界上挑起一系列冲突。

1962 年，新“沙皇”在中国西部边疆伊犁、塔城地区策动 6 万多中国公民跑往苏联。

1964 年，新“沙皇”大量增兵中苏边境，在中国境内建筑军事设施，制造流血冲突。

1960 年—1964 年，苏联单方面挑起的边境事件有 1000 多起。

1964 年 10 月 15 日—1969 年 3 月 15 日，苏方挑起的边境事件竟多达4189 起！

至 1969 年初，苏联调兵遣将，在中苏边界部署了 55 个步兵师，12 个战役火箭师、10 个坦克师和 4 个空军团，总兵力达 100 万。

正是在这种背景下，珍宝岛事件爆发了。

珍宝岛事件

珍宝岛是一个面积不足 0. 74 平方公里的弹丸之地。

珍宝岛位于中国黑龙江省乌苏里江主航道中心线中国一侧。珍宝岛原来并非一个岛，而是乌苏里江中国一侧的江岸的一部分，后来被江水冲刷而形成一个小岛。每年枯水季节，珍宝岛还与中国一侧的江岸相连，珍宝岛西侧的江汊从来没有成为过航道。

根据《中俄北京条约》：自乌苏里河口而南，上至兴凯湖，两国以乌苏里及松河察二河作为交界。其二河东之地，属俄罗斯国；二河西属中国。按公认的国际法准则，凡通航界河均以主航道中心线为界，并以此划分岛屿归属。珍宝岛及其附近的卡脖子岛和七里沁岛均位于乌苏里江主航道中心线中国一侧。

在 1964 年的中苏边界谈判中，苏方也承认珍宝岛是中国的领土。

但是从 1967 年 1 月 23 日—1969 年 3 月 2 日，苏军先后 16 次武装入侵珍宝岛。从 1967 年 11 月—1968 年 1 月 5 日，苏军先后 18 次入境七里沁岛。苏军还多次入侵珍宝岛以南的卡脖子岛地区。苏军用飞机侵犯我黑龙江省领空的次数就更多。

3 月 2 日 8 时 40 分，中国边防站巡逻队 30 名官兵分两组先后前往珍宝岛巡逻，多次入侵珍宝岛的苏联边防军出动 70 余人，分乘装甲车、卡车及指挥车再次悍然侵入珍宝岛。我边防军以极大的克制态度，多次向入侵苏军发出警告，要求苏军停止挑衅，退出中国领土。苏边防军不但不理睬，反而气焰更为嚣张。9 时 17 分，入侵苏军向我第一巡逻组发起突然袭击，当场打死打伤我边防军6人。我边防军忍无可忍，坚决进行自卫还击。我第2巡逻组采取机动灵活的战术，向岛西江汉迂回，将另一支入侵苏军7人一举消灭。

战斗打响后，苏边防军在布贝宁上尉指挥下分四路乘装甲车飞驰前往珍宝岛参战。我边防军浴血奋战，激战一直持续到9时50分，苏边防军丢盔弃甲，狼狈退出珍宝岛。

3月3日，我外交部向苏联驻华大使馆发出措辞严厉的外交照会，向全世界揭露了新沙皇的丑恶嘴脸：

苏联驻华大使馆：

1969年3月2日晨，苏联边防军侵入中国黑龙江省珍宝岛地区，开枪打死打伤我边防军人员多名，制造了一次极为严重的边境武装冲突。为此，中华人民共和国外交部奉命向苏联政府提出强烈的抗议。

3月2日9时17分，苏联边防当局出动大批全副武装的军人，4辆装甲车和汽车，公然侵入无可争议的中国领土珍宝岛地区，对正在执行正常巡逻的中国边防军人，进行猖狂挑衅，首先开枪开炮打死打伤我边防军人员多名。我边防军在多次向苏边防军警告无效、在忍无可忍的情况下，被迫进行了自卫还击。这次严重流血事件，完全是苏联当局一手造成的。这是苏联当局长期以来蓄意侵犯中国领土，进行武装挑衅，不断制造流血事件中的又一次新的严重罪行。

中国政府坚决要求苏联政府惩办这次事件的肇事凶手，立即停止侵犯中国领土和武装挑衅，并保留要求苏方赔偿我方一切损失的权利。中国政府再次严正警告苏联政府，中国的神圣领土是不容侵犯的，如果你们一意孤行，继续挑起中苏边境武装冲突，必将遭到中国人民坚决的回击，由此产生的一切严重后果，只能由苏联政府承担全部责任。

中华人民共和国外交部

1969年3月3日于北京

但是，苏方对中国政府的警告置若罔闻。

从3月5日至12日，苏边防军出动装甲车和武装人员先后5次入侵珍宝岛，向我边防军挑衅。苏直升飞机也多次入侵我珍宝岛上空。

3月15日，苏军调兵遣将，连向珍宝岛发动三次进攻。在第三次进攻中，苏军出动坦克 10 辆，装甲车 14 辆，步兵近百人。我边防军沉着应战，将敌人放近到几十米距离内再给敌人以狠狠打击。经 2 小时零 4 分钟的浴血奋战，终于粉碎了敌人的入侵。

17 日，苏边防军在伊万诺夫上校指挥下，出动坦克、装甲车多辆、步兵几百人，再次向珍宝岛发动猛烈进攻。我边防军在纵深火炮支援下，与敌人血战至傍晚，战斗异常惨烈。苏边防军有 200 余人被击毙击伤，有 17 辆坦克及装甲车被摧毁、重创。苏新式 T—62 坦克一辆及一批军用物资被我军缴获，反华恶棍伊万诺夫上校也一命呜呼。

我边防军以鲜血和生命捍卫了祖国的尊严，保卫了神圣领土珍宝岛。

核大战即将爆发

珍宝岛事件发生后，毛泽东向全国人民发出号召："要准备打仗。"

此时，苏联领导层内部意见发生分歧，以军方为代表的"鹰"派主张立即向中国全面开战，包括实施核打击；以苏联部长会议主席柯西金为代表的"鸽"派认为苏联的主要敌人是美国，其战略重点在欧洲，如果向中国开战，中国地大物博，人口众多，很容易陷人旷日持久的战争中，不能自拔，因此，柯西金主张慎重行事。柯西金的意见得到当时任"总书记"的勃列日涅夫的支持，柯西金决定先打个电话给毛泽东，试探一下毛泽东的态度。

在中苏友好的 50 年代，中苏之间架设有一条"热线电话"，以便随时进行联系。后来关系冷落了，但"热线"并未拆除。

1969 年 3 月 29 日晚 8 时，柯西金把电话打到北京。

"喂，是北京吗?"

接电话的是一名女话务员，"是啊！请问您找谁?"

"请接毛泽东主席的电话，我要同他通话。"

女话务员大吃一惊："什么人？竟敢直呼毛主席！"她问："您是谁?"

"苏联部长会议主席柯西金。"

当时，中国正处在一个特殊时期，全国人民都在高喊"打倒帝修（修即指苏联修正主义）反，女话务员一听是苏修的头目柯西金，顿时来火了："你是修正主义者，没有资格跟我们的伟大领袖毛泽东讲话，我不给你接电话!"

柯西金道："既然你不肯接毛泽东主席，那么请你给我接周恩来总理吧。"

话务员训斥道："苏修头子，你听着：趁早死了这条心吧！我们的总理很忙，没有时间听你的胡言乱语，就是有时间，也不会听你啰唆的!"

说完，“啪！”挂断了电话。

女话务员不知道，她的这一“革命行动”一下子把整个中国推到了遭受核打击的边缘，把世界推到了核大战的边缘。

柯西金试图与毛泽东对话的努力受挫，转而支持“鹰”派，苏联高层领导取得了一致的意见——发动一场毁灭中国核基地的大规模核战争。

核大战在即，苏联人对美国人不放心。为了取得美国的“谅解”，苏联将他们的意图通知了美国。

美国人大为震惊。在经过反复的利害权衡后，美国人出于全球战略平衡的考虑，决心“制止”这场毁灭性的核大战。

8月27日，美国中央情报局局长赫尔姆斯有意识地向一些记者透露：苏联人向其东欧盟国通报了可能对中国核设施进行先发制人的打击的情报。

8月末，美国中央情报局再次透露：苏联驻远东空军已进入一级战备状态。

中国领导人对于如此重要的情报当然不能无动于衷。

9月，越南人民的领袖胡志明主席逝世，柯西金率苏联代表团赴越南参加胡志明葬礼。9月11日，柯西金在离开越南返回苏联的途中接到苏驻华大使叶利扎维京的紧急报告：中国人同意在北京机场举行会谈。柯西金此时已飞至塔什干，他下令调转机头，飞赴北京，周恩来总理在北京迎候柯西金，并立即与柯西金展开会谈。

周恩来：“我们应当努力实现两国关系正常化，找到解决问题的途径，缓和紧张局势。……边界发生冲突，责任不在我们……”

柯西金：“打仗是一种冒险行为。当然，没有人不相信，中国人正在准备打仗。”

周恩来：“如果苏联执意要对中国的核设施发动一场先发制人的核打击，中国将视此为侵略和战争。中国将战斗到底。”

柯西金与周恩来的北京机场会谈，并不像许多人所说的那样，苏联决定取消了对中国的核打击计划。实际上，会谈并未取得如此重大的结果，柯西金离开北京机场回国后，向苏联高层人士通报了与周恩来会谈的情况，同时，密锣紧鼓地进行核打击的最后准备工作。

美国中央情报局再次将苏联人的计划泄露给中国的领导人。

此时，距中华人民共和国建国20周年国庆仅有10余天。

面对苏联的核战争威胁，陈毅、叶剑英、徐向前、聂荣臻等四位老帅向毛泽东建议，国庆节期间，苏联偷袭的可能性很大，是否举行国庆集会应该考虑。

毛泽东道："哦！不搞集会，我看不太好吧！这是不是告诉人家，我们有点怕？集会还是要搞的，我还是要上天安门。我倒想开开眼，看看原子弹的威力究竟有多大？"

周恩来眉头紧锁，几十万人云集在天安门广场，万一……

毛泽东笑道："如果实在不行，可不可以放 2 颗原子弹吓唬吓唬他们呀？让他们也紧张两天，等明白过来，我们的节日也过完了。"

周恩来茅塞顿开，"放完后，我们再来个秘而不宣。"

毛泽东："对嘛！'兵不厌诈'呀！"稍停，又说："不能早，也不能晚，28、29 日两天就可以。这事还需和荣臻、爱萍同志商量一下。"

1969 年 9 月 28 日和 29 日，美国和苏联的地震监测仪及卫星几乎同时监测到来自中国的地下核试验和高爆核试验的大量数据。与以往不同的是中国新闻媒介没有对这两次成功的核试验作任何报道。

世界各国的舆论纷纷对中国的核试验作出评论：中国最近进行的两次核试验不是为了获取某些研究成果，而是战前的一种测试手段。

苏联人果然害怕了，既然中国已作好了打核大战的准备，谁能保证不会有一颗原子弹打到苏联的领土上去呢？

苏联人退缩了，摧毁中国核基地的核大战计划终于被取消了。

毛泽东和他的战友们以非凡的胆识和大睿大智挫败了苏联人，为自己赢得了建设和发展的时机。

世界又一次避免了核大战。

“阿波罗”登临月球

（1969年7月20日）

1969年7月20日，美国东部时间16时11分40秒，“阿波罗11号”宇宙飞船登月舱在月球静海着陆。

阿姆斯特朗向月面伸出左脚，他说：“对于一个人来说，这不过是小小的一步，但对于人类来说，这却是巨大的一跃！”

月球之谜

月球是地球的惟一卫星。

月球的直径是3476公里，这个尺寸，作为太阳系一颗行星（地球）的卫星，似乎有点大，不太符合天体结构的特点。要知道，太阳系的第一颗行星——水星，其直径才是4850公里，而第九颗行星——冥王星，其直径仅2302公里，比月球还要小1174公里。

月球的自转周期为27天12小时44分，公转周期为27天7小时43分，由于自转周期与公转周期几乎相等，月球始终只以一面朝向地球。

月球的轨道接近椭圆形，轨道半径为38万公里，月球的密度极不均匀，平均密度小于地球，但在月海等地区，密度又大于地球，月球的体积是地球的1/49，总质量却是地球的1/81，这种不成比例的参数，使许多科学家都认为，月球内部有可能是“空”的。

月球的体积是太阳体积的6400万分之一，但是，从地球上看太阳和月亮，两者却大小相当，这是为什么呢？原来，太阳的直径比月亮的直径大约400倍，太阳距地球的距离比月亮距地球的距离也远约400倍，这真是一个绝妙的比例！惊叹之余，人们未免要问：月球为什么会恰恰处于太阳与地球之间的这一位置呢？

从地球上望月球，月球在一个月中会呈现出不同的形状，即所谓的“盈亏”，这是由月球在运地过程中所处的轨道位置与地球、太阳的角度不同而造成的，月球的“盈亏”无论是过去，还是现在，都对地球本身及人类有着重大的影响。

月球上的白昼和夜晚是以 15 天为周期交替的。月球四周没有大气，因此，月球上没有植物，没有动物。月球是一个布满环形山，到处都是岩石的荒凉世界。从地球上看月球，月球上的黑暗区域被称为“月海”，月海可分为静海、澄海、雨海、危海、云海、酒海、富海、神海和风暴洋，月海是岩石的洼地，并非是水的海洋。

月球是如何诞生的呢？大致有如下四种假说：

一、兄弟说　即月球和地球是在同一时期由宇宙尘埃凝集而成的。

二、亲子说　即月球是从地球分裂出去的一部分。

三、俘获说　即月球是来自远方的星体运行到地球附近时被地球俘获。

四、宇宙飞船说　即认为月球是一艘经过外星人改造过的天体。这一假说是前苏联科学家瓦欣和谢尔巴科夫提出的，这是一种最新奇、最大胆的假说。

重重迷雾笼罩着月球。

正因为如此，科学家们才对飞向月球、登临月球怀有浓厚的兴趣，期望宇航员飞抵月球后能早日解开月球的种种谜团。

“阿波罗”登月计划

美国人着眼登月始于 1960 年，当时，前苏联正在筹划将第一艘载人宇宙飞船送入太空。在一次重要的会议上，曾经设计、制造了著名 V—2 火箭的美籍德国人冯·布劳恩提议道：“我们不能跟在苏联人身后走，我们应该走自己的路。我建议立即制订一个载人登月计划，抢在苏联人之前把人送上月球！”

冯·布劳恩的建议得到了与会者一致赞同，会议决定：立即制订一项庞大的空间研究和发展计划——“阿波罗”登月计划。

在古希腊神话中，掌管诗歌、音乐的太阳神名叫“阿波罗”，掌管月亮的神名叫阿尔忒弥斯，太阳神和月亮女神是一对双胞胎，因此美国宇航局以双胞胎会面为寓意，命名登月计划为“阿波罗”登月计划。

1961 年 5 月 25 日，美国总统肯尼迪正式宣布已经制定出阿波罗登月计划，要在 60 年代结束以前把人送到月球上去，彻底改变在空间竞争中落后于前苏联的地位。

阿波罗计划共耗资230亿美元，有2万多家企业、200多所大学和80多个科研机构的42万人（其中包括4万余名工程师、学者）参与了这一庞大的工程。

用什么办法把人送上月球呢？美国宇航局为此展开了激烈的辩论。

方法之一，　直接使用超大型火箭，把宇宙飞船发射到月球，着陆后，点燃飞船上的火箭，飞回地球；

方法之二，　把宇宙飞船分为两部分，分别发射到环绕地球的轨道上，宇航员将宇宙飞船组合在一起，飞往月球；

方法之三，　把宇宙飞船送人月球轨道，在月球轨道上再从宇宙飞船上派出登月舱在月球着陆。

冯·布劳恩设计的“土星5号”火箭担任了阿波罗登月计划中的关键角色。

土星5号火箭直径为10米，高度包括阿波罗飞船在内是110米。火箭由三组组成，起飞时约重3000吨，土星5号火箭的第一级装有2075吨推进剂，所有推进剂在2分半钟内全部燃烧完，产生的高温气体以2900米/秒速度喷射，它与这一级的5台发动机同时工作，产生的推力达3500吨；火箭的第2级只装有450吨液氢、液氧高能推进剂，当火箭点火时，火箭的第一级（重2200吨）已经脱落；火箭的第三级装106吨重的高能推进剂，点火后产生的推力达100吨，完全可以把阿波罗飞船推入奔月轨道。

阿波罗飞船高25米，重45吨，直径10米，由指令舱、服务舱、登月舱三部分组成。

指令舱是三名宇航员工作、生活的地方，内有宇宙飞船全部的操纵、制导等指令装置，是惟一返回地球的部分。指令舱是圆锥形结构，高3.23米，底直径3.1米，发射时重约5.9吨。指令舱的锥体顶部有对接探测装置，用于与登月舱对接。服务舱连接在指令舱后，呈圆柱形，高6.7米，直径约4米，重约25~29吨，服务舱的下端装有在真空中可产生9.3吨推力的火箭发动机。这一火箭发动机担负着在飞行途中修正飞船轨道，在到达月球时逆喷射、减速、进入月球轨道，或脱离月球轨道、返回地球的重任。

登月舱在火箭发射时处在服务舱下、第三节火箭顶部的金属罩内。飞船进入奔月轨道后，指令舱和服务舱与第三级火箭顶部分离，旋转180°，指令舱的圆锥顶部对准登月舱，与登月舱对接。登月舱总高度6.99米，4支底脚延伸时的直径是9.45米，包括燃料在内重约15吨。

登月舱是从飞船到月球的一只“渡船”，由上升段，下降段两部分组成。

上升段中有维持宇航员生命的设备、电源、通讯设备指挥雷达及姿态控制火箭；下降段是整个登月舱的动力系统，提供登月和离开月球的动力，还有一些月球探测设备。

月球上的第一个人类足迹

阿波罗飞船的顶部还有一个紧急脱险火箭，也叫“逃逸塔”或“救生塔”，一旦土星 5 号火箭发生故障出现危险时，紧急脱险火箭会把飞船带到高空脱离险境。

为了保证阿波罗登月计划的顺利实施，当登月舱还处在研制阶段时，美国宇航局就招募了 48 名宇航员，对宇航员进行了近乎残酷的严格训练。

从地球上乘阿波罗飞船飞到月球，再从月球返回地球，至少需要 8 天的时间，而美国宇航员在 1965 年前在太空中逗留时间最长的也不过 34 小时。为了解决宇航员长期处于失重状态而可能发生的心脏跳动缓慢、手脚充血、骨骼中钙质流失、骨性变脆等等问题，除了对宇航员进行必不可少的太空锻炼外，还对宇航服进行改进，对登月飞行作复杂的技术准备。尽管美国宇航局竭力想把事故减到最低程度，但不幸的事情还是发生了。

1967 年 1 月 27 日，宇航员怀特、格里索姆和查菲在指令舱作模拟训练。突然，“轰”的一声响，模拟舱内燃起一团烈火，烈火熊熊，转眼就吞没了狭小的指令舱。怀特等 3 人只来得及喊出一句话：“快救救我们！”整个事件只经历了 3 分钟，待地面人员赶来援救时，怀特等 3 人已以身殉职。事后，专家们对事故原因进行调查。为了这件事，美国宇航局对阿波罗宇宙飞船的内部系统作出了较大的变动，登月时间也被推迟了一年。

1968 年 12 月 21 日，宇航员博尔曼、洛弗尔和安德斯乘阿波罗 8 号宇宙飞船飞入月球引力场，此后减速飞行进入月球轨道。宇航员们通过观察窗看到了被命名为莫斯科海的巨大环形山口，其直径为 300 公里，当然，“海”中一滴水也不会有。宇航员们还看到了月球正中的哥白尼山在满月的夜里向四方辐射出许多美丽而光亮的条纹，而第谷山的辐射纹更是光艳夺目，且连绵 1000 余公里。阿波罗 8 号在离月球 100 公里的轨道飞行了 10 圈后返回了地球，历时 6 天 2 小时 59 分。

1969 年 5 月 18 日，阿波罗 10 号宇宙飞船用了 3 天 3 小时飞入月球轨道，在月球轨道上实现了登月舱和母船分离，然后，登月舱再次与母船对接，于5月26日平安返回地球。

至此，美国的宇航专家们确信，登月的时机已经成熟！

三名同龄人

1969年7月16日。

美国，佛罗里达州，肯尼迪航天中心。

巨大的土星5号火箭好似一座36层高的摩天大楼矗立在发射架上，在火箭顶部阿波罗11号宇宙飞船中，三名都是39岁的宇航员面向天空静静地并排躺着。

躺在舱内左边指挥员位置上的宇航员名叫尼尔·阿姆斯特朗，躺在右边位置上的宇航员名叫麦克尔·柯林斯，居中的宇航员名叫爱德文·奥尔德林。

尼尔·阿姆斯特朗还在读小学时就经常做着飞天的美梦，不过，美梦尽管离奇，但却从没有一个梦是飞入月球的。长大后，阿姆斯特朗决心把自己的一生献给人类的航天事业，他提出了做宇航员的申请，并被录取为美国第二批9名宇航员中的一员。阿姆斯特朗以其机智、沉稳和果敢而在航天局中受到好评。1968年5月，在一次倒行训练中，阿姆斯特朗乘登月舱进行降落练习，突然，“轰”的一声巨响，下降发动机凌空爆炸，登月舱在空中急剧翻滚，舱内燃起熊熊大火。千钧一发之际，阿姆斯特朗扭开紧急脱险装置开关，跃出登月舱，用降落伞安全降落在地面。为此，阿姆斯特朗被任命为人类第一次登月飞行的“阿波罗11号”宇宙飞船的指令长。

麦克尔·柯林斯出生在一个军人家庭中，他的父亲是一位陆军少将，伯父是第二次世界大战中颇有名气的詹姆斯·罗敦将军，哥哥是一名陆军准将。柯林斯在成为宇航员之前是空军飞行试验中心的一名试飞员。在长期的宇航训练中。他因颈椎压迫脊髓，致使左腿神经麻木，需手术治疗。当时，柯林斯两种选择：其一，比较安全，但只暂缓病情；第二，危险，但能根治。柯林斯毅然选择了后者，治好了伤疾，重返太空。

爱德文·奥尔德林是一名宇宙工程博士，是美国第三批宇航员的成员。1962年，奥尔德林在著名的麻省理工学院读书时写了一篇关于空间会合动力学的博士论文，其中的许多观点极有独创性，美国国家航空和宇宙航行局对他十分赏识。

1969年1月，美国宇航局专家们经过严格的筛选，确定了阿姆斯特朗、柯林斯和奥尔德林为阿波罗登月飞行的首批人员，阿姆斯特朗为飞船指令长，柯林斯为指令舱驾驶员，奥尔德林为登月舱驾驶员，三名同龄宇航员于是走到了一起。

飞出地球

距离土星 5 号火箭点火的时间还有 5 分钟。

一百多万来自美国各地及世界各地的观众聚集在航天中心所在地梅里特岛的棕榈树下，焦急地等待着那伟大的一刻的到来。在离发射场几公里外的看台上，则云聚了来自美国和世界各地的名人、记者。其中包括当时的美国总统约翰逊，206 名众议员和参议员，68 名州长市长，联邦最高法院的法官和政府的部长，69 名外国大使，102 名外国科技使节和武官以及约 3000 名记者。

距点火时间还有 3 分钟。

阿姆斯特朗向地面指挥中心报告："出发准备完毕！"

地面指挥中心发出准备出发的指令："一切就绪，准备出发！"

美国东部当地时间 9 点 32 分，在"五……四……三……二……一"的倒数计时声中，随着一声"发射"命令，"土星 5 号"火箭的五台发动机同时点火，在最初的一刹那，土星 5 号火箭下方喷射出耀眼的桔黄色火焰，但听不见声响，当百万观众惊愕之际，雷鸣般的隆隆声传来了。在点火发射的四分之一秒时间内，火箭还被巨型的夹钳夹住，停在发射台上"无动于衷"，但是，很快，在 1.8 亿马力的巨大推力冲击下，夹钳弹开，火箭开始慢腾腾地升空。

一分钟后，"土星 5 号"火箭的速度远远超过了音速，并从人们的视野中消失。

梅里特岛上万众欢腾。

远在 1400 多公里外的休斯敦飞行控制中心则紧张起来，因为从这个时刻起，"阿波罗 11 号"宇宙飞船及三名宇航员的命运已完全掌握在他们手中了。

2 分钟后，"土星 5 号"火箭的速度增大到 3.13 公里/秒。

2 分 42 秒，"土星 5 号"火箭的第二级火箭点火工作，第一级火箭被甩掉，落入大西洋。

9 分 11 秒，"土星 5 号"火箭的第三级火箭点火工作，第二级火箭甩掉，"阿波罗 11 号"宇宙飞船的速度为 6.8 公里/秒。

11 分 40 秒，“阿波罗 11 号”飞船以 7.67 公里/秒的速度进入地球轨道，第三级火箭随即熄火。

在休斯敦飞行控制中心的指挥下，阿姆斯特朗等三名宇航员对飞船进行了一系列检查，然后向控制中心报告：“检查完毕，一切正常!”

控制中心的回答是：“一切顺利！一分钟内点火，向月球航进!”

一分钟后，第三级火箭再次喷射出眩目的烈焰，巨大的推力使“阿波罗 11 号”飞船的速度升至第二宇宙速度，从而冲出地球的控制，飞入了奔月的轨道。

飞向月球的途中

“阿波罗 11 号”宇宙飞船进人轨道 9 小时后，开始作自转飞行——为了避免阳光集中暴晒，飞船在飞行中以每小时转三圈的速度缓慢地自转，以使飞船的不同部位能均匀地承受太阳的热量。

在这个阶段，“阿波罗 11 号”飞船不再依靠自动力飞行，而是太阳、月亮和地球三者的引力共同决定其飞行轨道。开始的时候，地球的引力最大，因此飞船的速度降到了 2.73 公里/秒；当飞船通过一半航程（19 万公里）时，太阳和月亮的引力开始占优势，于是飞船的速度又逐渐增加。

按照预定的计划，“阿波罗 11 号”飞船在飞行中要向地球作 4 次电视实况转播。第一次转播被安排在第一天的太空飞行中，柯林斯把摄像机对准了蓝色的地球，让地球上的人饱览了东太平洋和美洲大陆的风光；第二次电视实况转播历时 34 分钟，三名宇航员分别表演了在失重状态下的生活情景，向观众们介绍了有关太空旅行的知识；第三次电视实况转播，宇航员们向地球上的电视观众介绍了在飞船上的工作情况；到了第四次电视实况转播时，飞船已进入绕月球轨道飞行，地球上的电视观众们看到的是月球上死气沉沉的火山、大大小小的环形山和陨石坑、干涸的河沟和没有一滴水的、荒漠的月“海”。在转播过程中，幽默的柯林斯一度与坐在电视机前的地球人类开了一个小小的玩笑，他把电视摄像机镜头颠倒了 180°，然后对地球观众说：“请大家把帽子抓牢，现在，我要把你们翻一个个儿!”

在飞往月球的途中，“阿波罗 11 号”飞船上还发生了一个小小的意外。

当时，阿波罗飞船上还没有厕所，宇航员的便溺贮放在舱内的一个罐内，通过管道排出舱外。在第一次向飞船舱外排出便溺后，排出的便溺立即凝成粉状冰屑向四面射开去，但是，就是这么一点点的力，它们所产生的反作用力对宇宙飞船的飞行方向发生了影响，幸亏休斯敦飞行控制中心立即发现了飞船的飞行有异。

“‘阿波罗 11 号’，飞船自转飞行出现不均衡现象，请停止排污！”

从这以后，宇航员们排污时在飞船两侧同时进行。

1969 年 7 月 20 日下午 1 时 21 分 50 秒，在经过了 75 小时 50 分钟的飞行后，“阿波罗 11 号”宇宙飞船进入了绕月轨道。宇航员阿姆斯特朗和奥尔德林穿好登月服，戴上头罩，背上背囊，通过对接舱门爬入登月舱，然后将舱门关闭，启动火箭，登月舱缓慢地与指令舱分离向外飘开了 1100 英尺，这时的时间是 1969 年 7 月 20 日下午 1 点 47 分。

奥尔德林兴奋地喊道：“鹰展翅飞行了！”

登上月球

登月舱在下降发动机的推动下，向登陆点静海降落。

登月舱从开始下降到在静海着陆大约需要 10 分钟。随着月球引力的增强，宇航员又获得了重量。突然，登月舱内的红色警报灯亮了，它表示计算机出了故障。阿姆斯特朗急忙向休斯敦控制中心发出告急电码“1202”，控制中心的工作人员大吃一惊，火速查找故障发生的原因，原来，奥尔德林向计算机中输入了过多的指令，计算机因负荷过重，不能正常运转。控制中心的计算机专家指示奥尔德林减轻登月舱上计算机的运转负荷，计算机果然立即恢复正常工作。

登月舱继续下降，速度是每秒 129 英尺，当距离月球表面只有 1 英里时，阿姆斯特朗再次紧张起来，原先预计比较平坦的着陆点竟然布满了巨石。奥尔德林操纵登月舱越过巨石堆，向巨石堆前方飞去，不料，巨石堆的前方竟是一个怪石嶙峋的直径约有 180 米的大火山口，奥尔德林赶紧握住人工操纵杆，修正登月舱的飞行方向，越过了火山口。

距月球表面还有 500 英尺，休斯敦控制中心告诉奥尔德林，剩下的燃料仅够飞行 60 秒钟，如果在着陆时燃料耗尽，登月舱将撞在巨石堆上，粉身碎骨。奥尔德林镇定地、不停地向休斯敦控制中心报告登月舱下沉的速度和角度：“400 英尺，下降二点五英尺；350 英尺，下降二点五；200 英尺……”

地球上，不仅仅休斯敦飞行控制中心在紧张地关注着登月舱的一举一动，全世界的观众和听众都通过电视实况转播在关注着登月舱的着陆情况。

“30 英尺，下降二点五英尺，扬起一片尘土……”

燃料耗尽了。

休斯敦控制中心的工作人员和地球上所有的观众、听众顿时紧张万分。

登月舱摇晃了一下，4 只长长的支脚伸入滚滚的尘烟中，触及月球的表面，随即停稳。

登月成功了！

奥尔德林关闭了发动机。

1969 年 7 月 20 日，美国东部时间 16 点 11 分 40 秒，在经过了 102 小时 39 分 40 秒的长途飞行后。“阿波罗 11 号”宇宙飞船的登月舱如愿地在月球静海着陆。

地球上，所有关注着登月舱、关注着阿姆斯特朗和奥尔德林命运的人都长长地吐了一口气。

按照事先拟定的计划，登月舱要在月面停留 22 小时。经过两个多小时的准备后，阿姆斯特朗在奥尔德林的帮助下，倒退着钻出舱门，然后，在舷梯上端的小平台上站稳。

映入阿姆斯特朗眼帘的月球大地是灰色的，阿姆斯特朗看到了数不尽的半径约为 5 ~ 50 英尺的陨石坑，有的陨石坑的直径只有 1 英尺。阿姆斯特朗还看到了一些山脊和远方的一座山。

从舷梯上的小平台到月面只有 9 级板，阿姆斯特朗在每一级踏板上都要停一会儿，因此，当阿姆斯特朗走到最下面一级板时，共花了 3 分钟。

阿姆斯特朗在最下面一级板上停下来，向地球上的人们说：“现在，我站在舷梯的最下端，登月舱着陆支脚的底盘已陷入月面 3 ~ 4 厘米，月面好像是由细小的砂粒所组成，景色真美！”

该踏上月面了。

阿姆斯特朗小心地向月面伸出左脚，当穿着登月靴的左脚在月面上踏实以后，他轻轻地用左脚蹭了蹭月面，似乎是在试探，看看月面的松软尘土是否能使他陷下去，然后，用力踩了一下，接着右脚也踩到月面上。

美国东部时间 1969 年 7 月 20 日 22 点 56 分 20 秒，月面上第一次留下了人的足迹。

多少年了，人类登月的梦想终于实现了。

阿姆斯特朗激情澎湃，他说：“对于一个人来说，这不过是小小的一步，但对于人类来说，这却是巨大的一跃！”

在月球上

阿姆斯特朗开始了月球行走。

阿姆斯特朗背着一个很大的氧气背包，再加上笨拙的登月服，总重量约有 150 公斤，不过，由于月球的引力只有地球的 1/6，这些东西的重量变成了 25 公斤，尽管如此，阿姆斯特朗在最初的时候，仍走得很“吃力”。

阿姆斯特朗做的第一项工作就是检查登月舱的着陆情况，看看登月舱的四个支脚是否牢靠，松软的月面是否有问题。这样做，是为了一旦发生紧急情况，立即起飞，离开月球。

阿姆斯特朗一边走，一边向地球人类描述他脚下的物质：“月面的尘土，表面看起来是很细的颗粒，像粉末……我可以用脚尖轻松地踢动，像碳粉，我可以看到我的靴子在这些细细的小颗粒上留下的脚印……”

阿姆斯特朗绕登月舱走了一圈，仔细查看了登月舱四条娇嫩的腿，结果发现它们完好无损——如果任何一条腿受损，他和奥尔德林就永远回不了地球。

在阿姆斯特朗登上月球的前 15 分钟，奥尔德林一直在登月舱用摄像机跟踪着阿姆斯特朗，并做好驾驶登月舱随时起飞的准备。当一切正常后，奥尔德林也离开登月舱，走下舷梯，跳到了月面上。

阿姆斯特朗和奥尔德林不久就习惯了在月球上行走。他们像小孩似地跳跃着前进，有时用双脚跳跃，有时用单脚跳跃，一边跳，一边喊着：“太好玩了！太好了！”

当然，两名宇航员并不是来月球上“玩耍”的，他们在月面上安放了一个月震仪、一个监测日地距离的激光仪和一个测量太阳网的仪器，收集了约 20 公斤的岩石和土壤标本。他们还把一根可伸缩的特制金属旗杆锤进月面的岩层，升起了美国国旗。

这时，休斯敦指挥中心告诉阿姆斯特朗和奥尔德林，现任总统尼克松跟他们谈话。尼克松总统说：“今天是我们一生中最难忘的日子。由于你们的成功，宇宙已成为人类世界的一部分。”

阿姆斯特朗在月球上停留了 2 小时 20 分钟，奥尔德林在月球上停留了 2 小时，在离开月球返回登月舱之前，两名宇航员将一块长 22.5 厘米、宽 19 厘米、厚 1.5 厘米的不锈钢金属牌立在月面上，金属牌上有黑色合成树脂塑料压铸的地球东、西两个半球的平面图，还有阿姆斯特朗和奥尔德林共同署名的一段文字：

> 公元1969年7月，来自行星地球上的人类首次登上月球。我们谨代表全人类来这里进行一次和平旅行。

1969年7月21日，登月舱离开月球升入太空与“阿波罗11号”母船会合，在完成对接之后，阿姆斯特朗和奥尔德林回到“阿波罗11号”飞船指令舱中，与分别了一天半的战友柯林斯重聚。

1969年7月28日，美国东部时间12时55分22秒，“阿波罗11号”飞船载着阿姆斯特朗、奥尔德林、柯林斯三名宇航员完成了人类首次登月任务，平安返回地球。

“阿波罗11号”宇宙飞船和三名宇航员尼尔·阿姆斯特朗、麦克尔·柯林斯、爱德文·奥尔德林的名字永载史册。

从月球上看地球

从月球上看地球，地球是一副什么样子呢？

迄今为止，在地球上的50多亿人中，有12名宇航员看到过地球的景观。

月球的直径为3476公里，是地球直径的1/4，月球距地球约为38万公里，从月球看地球，地球是月球的4倍那么大。

月球总是以正面对着地球，因此，人类只能在月球的正面看到地球。由于宇航员都是选择在月亮上的白天在月球着陆，这时候看到的地球是一个发着明亮的蓝色光芒的星球；如果是在月亮上的夜晚看地球，那么地球则是一个蔚蓝色的大圆盘。

在地球上之所以能看到太阳的东升西落，这是因为地球自转周仅需24小时。在月球上看太阳东升西落，当太阳从东边升起后，要经过180多个小时才能升至中天，从中天落到“地平线”下，又需180多个小时；再经过360多个小时的黑夜，才算是一昼夜。确切地说，地球上的一昼夜是23小时56分零1秒，月球上一昼夜长达30天，因此、从月球上看地球，地球似乎是静止在太空中。

由于上述原因，在月球上不同的地方，看到的地球位置也不一样，如果是从月球地面中心区域看地球，地球远远地悬挂在月球天顶的附近。

从地球上看月球，可以看到月球的圆缺变化。比如，当月球运行到太阳和地球之间时，月球的正面恰好是夜晚，这时候看到的地球就是一轮蔚蓝色的满“月”。

由于地球的周围有着厚厚的大气层包围，因此，从月球上看地球，可以看到蔚蓝色的海洋，还可以看到闪着亮光的白云，但是很难看到陆地，更看不到任何人工建筑物。

当然，我们这里说的“从月球看地球”，是指用人的肉眼看，而不是凭借任何器具。

据说，从月球看地球，就像一个远离家乡的游子在异国他乡突然看到了故乡，那份惊喜，那份亲切，令人终生难忘。

登月归来的新思索

“阿波罗 11 号”宇宙飞船登月归来后，美国宇航局又分别派遣“阿波罗”12 号、13 号、14 号、15 号、16 号、17 号宇宙飞船进行了七次登月飞行，除“阿波罗 13 号”飞船登月失败外，其余六次都获圆满成功，有 12 名宇航员登上了月球。

在“阿波罗 11 号”飞船以后的六次登月中，宇航员们总计在月面上停留了约 300 小时，其中“阿波罗 17 号”飞船在月面上停留的时间最长，为 75 小时。在六次登月探险考察中，宇航员们采集了 384. 6 公斤的岩石和土壤标本，这些岩石和土壤标本分别采自月海和月球环形山，有古老的、新生的，还有火山的。科学家们对这些珍贵的标本进行了全面的分析和研究，以期了解月球的地质构造和演化状况。

研究表明：

月球岩石的化学成份与地球上的岩石结构有很大的区别，月球岩石中的钛、铬等高熔点元素很多。

月球表面到处可见圆圆的玻璃似微小的颗粒，这种颗粒是某种物质在高温熔化后形成的。

月球“土壤”中含有铝、锰、钛、铬等 60 余种元素，但是，有 6 种元素是地球上没有的，因此，月球和地球不可能是“子母”关系。

月球的岩石中不含水份。

在 30 万倍的显微镜下，没有在月面标本中发现任何有机体的迹象。

月海的密度极大，引力超常，能使飞越其上空的登月舱下坠、变轨。

月球就像一个巨大的铜鼓。

"阿波罗13号"宇宙飞船进入月球轨道后，宇航员们用无线遥控飞船的第三级火箭使它撞击月面，月震持续了3小时20分钟，月震深度达35~40公里，《纽约时报》指出："这件事表明，月球是与地球物质性质不同的、另具传导特性的物质构成。"

美国宇航局在这以后又使用"阿波罗15号"宇宙飞船制造了一次月震，使用"阿波罗"12号、14号、15号的宇航员设在月球不同地区的三台月球地震仪进行观测，月震持续1小时之久，传至1100公里以外，如果用同样方式在地球上制造地震，地震波只能传1~2公里，也不能产生持续1小时之久的振动。

许多科学家因此认为：月球的中心是空的。

月球为什么会是空的呢？

月球上为什么会有地球上找不到的6种元素呢？

月球到底来自何方？如果它是一个外来的天体，当它进入太阳系时，应该首先被太阳俘获，成为太阳的行星，但是它却成了地球的卫星，这又是为什么呢？

科学家们本想借助宇航员们登临月球的机会揭开笼罩着月球的重重迷雾，

从左至右：阿姆斯特朗、柯林斯、奥尔德林

不料，旧谜未解，又添新谜。

自“阿波罗”Ⅱ号登月成功后，“阿波罗”12、14、15、16、17 号相继登月成功，登上月球的这 12 个人是：N·阿姆斯特朗、E·奥尔德林、C·康拉德、A·比恩、A·谢泼德、E·米切尔、D·斯科特、J·欧文、J·扬、C·杜克、U·塞尔南、H·施米特。

“乒乓外交”改变世界

（1971 年 4 月）

加急电报：中国人正式邀请……

1971 年 4 月 7 日正午刚过，美国驻日本大使迈耶匆匆向太平洋彼岸的美国发去一份加急电报：

> 中国体育代表团负责人宋中向美国乒乓球队副领队拉福德·哈里森转达了中国政府正式对美国乒乓球队访华的正式邀请……

在日本，正午刚过，此时的美国则已是午夜。美国国务卿罗杰斯接到加急电报后，稍加思考，署上了自己的意见，当即命人送往白宫呈报理查德·尼克松总统。罗杰斯的意见是：

> 虽然我们暂时还无法判断究竟是怎么回事，但是，这个邀请的用意至少有一部分是作为回答我们最近采取的主动行动的一种姿态。

尼克松看到电报，喜出望外。“OK!”尼克松立即批准了美国乒乓球队接受访华的邀请，同时，连夜召开国家安全委员会特别会议，研讨中国人的行动意味着什么？美国应该作出怎样的反应……

毕竟，中国这个世界上人口最多的国家与美国这个世界上最发达的国家已经对峙了 10 多年！

中美对峙 15 年

1945 年，伟大的中国人民打败了侵略者，取得了反法西斯战争的胜利。但是，国民党政权在美国的支持下挑起了内战。腐败的国民党政权人心丧尽，一败涂地，于 1949 年仓惶地逃离大陆，逃到了台湾岛，美国驻华大使司徒雷登也灰溜溜地离开中国，返回了美国。中美关系从此日益恶化。

美国政府对中国采取了军事包围与经济封锁政策。1950 年朝鲜战争爆发后，中美兵戈相见，仇恨日深。朝鲜战争结束后，美国为了使关押在中国的被俘军人及犯罪人员获释，通过英国在日内瓦就两国侨民问题举行了 4 次会谈。1955 年 8 月 1 日，中美大使级会谈正式在日内瓦举行，此后，会谈地点改在了波兰首都华沙。

从 1955 年 8 月 1 日到 1970 年元月 20 日前，15 年过去，断断续续的中美大使级会谈一共谈了 134 次，史学家们称之为“时间之长、次数之多、争论之激烈，是近代国际关系史上罕见的外交谈判”。

但是，长达 15 年的 134 次中美大使级会谈并没有使紧张的中美关系出现任何“缓和”。

毛泽东与尼克松在努力寻找对话途径

世界是在不断变化着的。

1949 年，新中国诞生，前苏联是中国人民最“友好”的朋友，当时，长达 6000 多公里的中苏边境是“有兵无防”（12 个师）。60 年代初，中苏边境是“有兵少防”。到了 60 年代末，随着中苏关系的日趋恶化，前苏联已在中苏边境陈兵 50 个师（大师 2 万官兵，小师 1 万 5 千官兵）。

1969 年 3 月，前苏军在中国黑龙江省发起挑衅，全副武装的前苏军官兵在坦克的掩护下侵入中国的“珍宝岛”，守卫珍宝岛的中国人民解放军奋起自卫反击。这就是举世闻名的“珍宝岛事件”。从 3 月到 7 月，从东面的乌苏里江、黑龙江到西面的新疆，平均每隔十几天就会爆发一场严重的边界冲突，前苏联内部的一些实权人物在谋划对中国实施轰炸或外科手术似的打击。局势非常紧张。

面对紧张的局势，中国人民的伟大领袖毛泽东夜不能寐。

毛泽东领导的中国共产党与前苏联领导人的分歧由来已久。

前苏联领导人斯大林在中国抗日战争期间（1937。1945 年）直至解放战争期间（1946 ~ 1949 年）一直援助国民党蒋介石政权，根本不相信毛泽东领导的中国共产党和毛泽东本人。新中国成立后，斯大林与中国签订了“中苏友好同盟互助条约”，中苏关系进入亲密时期。但是，苏共二十大以后，苏共新领导人赫鲁晓夫企图控制中共、控制中国，毛泽东与赫鲁晓夫进行了针锋相对的斗争，赫鲁晓夫撕毁了与中国签订的协议，中苏关系急剧降温，直至引发“珍宝岛事件”及一系列的边界冲突。

毛泽东很重视与西方世界的关系、与美国的关系。

早在 1936 年，当红军经过千难万险，长征二万五千里到达陕北后，毛泽东就与来自美国的埃德加·斯诺等人建立了友好的联系。实践证明，正是斯诺等坚持正义的友人为世界了解红军、了解中国共产党、了解毛泽东做出不可估量的贡献。毛泽东一直没有忘记斯诺等老朋友，一直在谋求与西方与美国人民友好的途径。例如：1964 年，中国与法国建立了大使级关系，打破了西方世界对中国的封锁。

正在毛泽东苦苦思索如何扩大与西方的交往、加强与美国的对话时，法国前任驻华大使马达克转来美国新一任总统理查德·尼克松的口讯：“美国想跟中国搞缓和”！

理查德·尼克松于 1968 年就任美国第 36 任总统。尼克松上台之日正是美国在越南战场进入死胡同的时候，美国在越南战场耗去了巨大的财力、物力和付出了重大人员伤亡，急于脱身；另一方面，处处与美国作对的前苏联也令美国人头痛。尼克松从美国的长远利益出发，决心打破与中国对立的僵局，上任后即放宽对美国公民来中国旅行的限制。尼克松还给他的国家安全事务助理基辛格博士写了一个备忘录，“我认为，我们应该对下述一种态度给予一切鼓励，即本政府正在试探‘重新与中国人接触的可能性’……”

1969 年 8 月 3 日，尼克松总统作环球旅行，通过罗马尼亚总统齐奥塞斯库和巴基斯坦总统叶海亚·汗向中国连续发出友好信息：“我想在我的任期中改善美国同中国的关系，能否请您从中斡旋，向中国人传递我的意见。”“中美两国对骂了二十年，相互敌视，互不来往，我想结束这种状况。”齐奥塞斯库和叶海亚·汗是中国人的朋友，他们没有使尼克松失望。

毛泽东立即做出响应。例如 1970 年 10 月 1 日，毛泽东在天安门城楼再次接见斯诺先生及其夫人，并发表讲话，“现在要寄大希望于美国人民。”毛泽东与斯诺夫妇在天安门城楼的照片被登在了《人民日报》头版位置。12 月 18 日。毛泽东在书房中与斯诺进行了长达 5 个小时的谈话。

毛泽东说："目前中美两国之间的问题，要跟尼克松解决。我愿跟他谈，谈得成也行，谈不成也行；吵架也行，不吵架也行。他如果想到北京来，你就捎个信。叫他悄悄地，不要公开，坐上一架飞机就可以来嘛。当作旅行者也行，当作总统来也行……"

但是，就整个世界而言，自第二次世界大战结束以后，东、西方"冷战"20 年，美国是西方世界的盟主；中国也有自己的东方朋友。就中国和美国而言，双方已对峙 20 年，毛泽东必须向其"战友"（例如，当时的副统帅林彪及其窃取党政军大权的党羽就坚决反对与美国缓和）作出令人信服的"说明"；尼克松必须向美国人民和参众两院作出合理"解释"。中美"缓和"是一个十分敏感、十分复杂的棘手问题，稍稍有一点"闪失"，就会引发一场个人、乃至国家、乃至全球性的"危机"和大风暴。

中、美双方首脑都在努力地筹划着、等待着——这需要"适当"的"时机"。

日本名古屋：第 31 届世界乒乓球锦标赛

1971 年 4 月，第 31 界世界乒乓球锦标赛在日本名古屋举行。一天，中国乒乓球运动员从下榻的藤久观光饭店乘车去体育馆参加比赛，就在大巴士汽车关门启动前的一刹那，一个叫科恩的美国乒乓球运动员突然跳上了车，车门随即关闭，车子开动了。

中国运动员从科恩身着的运动服上"U·S·A"的字样上认出他是美国人，科恩也认出了车上的运动员是中国人。在最初的 10 分钟，双方十分尴尬。世界冠军庄则栋想起了周恩来总理提出的"友谊第一，比赛第二"的方针，大胆地走上前，通过翻译，与科恩交谈，并向科恩赠送了一块杭州西湖织锦。

庄则栋正与科恩交谈之际，汽车到达体育馆。车门一打开，敏锐的记者们立即发现了科恩在与世界冠军庄则栋热烈地交谈，马上拍下了两人握手的照片。第二天，日本《朝日新闻》、《谈谈新闻》、《每日新闻》在显著位置上刊登了庄则栋与科恩交谈、握手的照片，并加了横栏标题，"中美接近"。

几天后，美国乒乓球队的副领队突然主动登门拜访中国体育代表团，并提出一个请求："你们在世乒赛后邀请了我们美国北面的加拿大和南面的墨西哥访问中国，能不能也邀请我们美国乒乓球队访问中国呢？"

中国驻日本联络处主任立即将这一情况向国家体委和外交部作了报告。

为此，外交部和国家体委向国务院打了一个《关于不邀请美国乒乓球队访华的报告》，周恩来总理在报告上写了“拟同意”三个字，还在一旁加了一段话：“可留下他们的通信地址，但对其首席代表在直接接触中应表明，我们中国人民坚决反对‘两个中国’、一中一台’的阴谋活动。”

4月5日，周恩来将“报告”送呈毛泽东。4月6日，毛泽东看过后用笔圈阅，同意了周恩来的意见，但是毛泽东将“报告”留在了写字台上，并没有让秘书拿走归档。

毛泽东点燃一支香烟，津津有味地吸了起来。柔和的台灯照在大写字台上。大写字台上不仅仅放着那份已批复过的“报告”，还放着当天送来的“大参考”。“大参考”上刊登着各国通讯社从日本发出的报道中国世界冠军与美国乒乓球运动员、嬉皮士科恩交朋友的消息。

毛泽东思索着。

毛泽东想到了来自罗马尼亚和巴基斯坦的信息，想到了尼克松对中国问题的一次次谈话。

毛泽东感到：是时候了，中美关系到了关键的转折关头！

可是，应该让谁先来呢？尼克松？基辛格？还是这些已经来到门边的乒乓球运动员？

夜色渐深，毛泽东一点倦意也没有，还是坐在大写字台前思索……

屋外，天边渐渐露出了鱼肚白。

毛泽东毅然下定决心，指示自己的秘书，转告周恩来，立即邀请美国乒乓球队来中国访问！

“七一五”公告震惊世界

1971年7月15日，太平洋时间下午7时正。

洛杉矶，美国全国广播公司。

理查德·尼克松总统神情激越地坐在电视摄像机的镜头前。

“晚上好！”尼克松总统说话了，“我要求占用今天晚上这段宝贵时间，是为了宣布我们为了建立世界持久和平而作的努力中的一件大事。”

尼克松总统稍稍停顿了一下，继续说道：

“三年前，我曾多次强调过，在这个世界上，如果没有中华人民共和国及其七亿五千万人民的参与，要想拥有一个稳定而持久的和平是不可能的。正因为如此，我在好几个方面采取主动行动，为寻求两国之间的比较正常的关系敞开门户。

“为了实现这一目的，我委派国家安全事务助理基辛格博士在他最近的环球旅行中前往北京，以便与中华人民共和国国务院总理周恩来会谈。我马上要宣读的公告将同时在北京和美国发表。

“周恩来总理和尼克松总统的国家安全事务助理基辛格博士，于 1971 年 7 月 9 日至 11 日在北京进行了会谈。获悉，尼克松总统曾表示希望访问中华人民共和国，周恩来总理代表中华人民共和国政府邀请尼克松总统于 1972 年 5 月以前的适当时间访问中国。尼克松总统愉快地接受了这一邀请。

“中美两国领导人的会晤，是为了谋求两国关系的正常化，并就双方关心的问题交换意见。”

尼克松总统宣读完《公告》，电视摄像镜头移向了在场的评论员。以往，这些评论员总是目光炯炯，口若悬河，这一次，所有的人都目瞪口呆！

电视机前的美国人也都目瞪口呆。

全世界都目瞪口呆。

“小球”推动“大球”

此后发生的一系列事情，读者们也许并不陌生：

基辛格先后 12 次秘密访问巴黎，与中国驻法大使黄镇举行了一次次会谈，为尼克松总统访华作了精细的安排；

联合国大会以压倒多数（76 名赞成、35 票反对、17 票弃权）通过驱逐台湾，接纳中国的决定；

1972 年 2 月 21 日，尼克松总统到达中国访问，与中国签署了《上海

毛泽东主席、周恩来总理会见尼克松总统、基辛格博士

公报》；

1972年9月25日，中日邦交关系正常化；

1979年1月1日，中美正式建交；

世界的格局变化了。

小小“乒乓球”推动了地球这个“大球”。

“乒乓外交”改变了世界。

慕尼黑奥运会血案

（1972 年 9 月 5 日）

1972 年 8 月 26 日，象征和平、友谊与进步的奥运圣火在前西德南部城市慕尼黑点燃。

这是第 20 届夏季国际奥林匹克运动会。有 124 个国家和地区的 10000 余名运动员参加了这一届奥运会。

为了筹备这届奥运会，前西德政府及慕尼黑市花费了 6 年的心血，倾全力建起了世界一流的奥林匹克建筑群落：可容纳 77000 人的体育场、400 米雷可坦塑胶跑道、奥林匹克公园、奥林匹克塔、人工湖、奥运村……

奥运村座落在慕尼黑市的西北部。

西德人将赛事安排得有条不紊，但是，他们却忽视了奥运村的保安工作——偌大的一个奥运村竟然没有设置警卫警报系统及监视系统，而是调派了少得可怜的若干巡警在周围巡察。

9 月 5 日凌晨 3 时多，一队身穿红色运动衣裤的人出现在奥运村前。他们手提窄长的小箱或肩挎鼓囊囊的桶形运动包，似乎是刚刚结束训练，才回奥运村休息。由于奥运村的铁门已经关闭，这一队人敏捷地翻越铁栅栏，进入村内，然后，蹑手蹑脚地向奥运村深处走去。

这一队人，一共是 8 位，他们是中东地区著名的恐怖组织“黑九月”的一个特别突击队。不久前，以色列政府关押了 256 名巴勒斯坦游击队员，“黑九月”此行的目的是袭击、劫持以色列住在奥运村第 31 号楼内的运动员，胁迫以色列政府释放他们的“战友”。

8 名“黑九月”成员窜入一片树林。树林中有一座旱桥，恐怖分子们走到桥下，迅速地打开箱子和运动包，脱去运动服，换上了一身黑色衣裤，戴上了黑色面罩，只露出两只眼睛，然后，取出箱内的枪支部件，以最快速度组装起来，转眼间，每个人的手里都出现了一支美制 M—16 轻型手提机关枪，这是一种在中远距离内具有强大杀伤力的武器。

“黑九月”们端着 M—16 手提机枪，跃出桥洞，绕过一座喷水池，窜入第 31 号楼。

以色列国体育代表团居住在二楼。

“黑九月”们对以色列运动员和保安官员的住宿情况了如指掌，他们在几扇房门前站定，相互看了一眼，几乎同时踹开房门，旋风般地冲入房内，将黑森森的枪口对准了从梦中惊醒过来的以色列运动员和保安官员。

反抗是毫无意义的。以色列人乖乖地爬下床，坐到了一起。这时候，意外的事情发生了：当“黑九月”们冲入房间时，摔跤教练韦恩正在上厕所，韦恩情知不妙，冲出厕所，跑到走廊上，一发子弹横扫过来，韦恩的头部、腹部中弹，当即死亡。几乎与此同时，一名以色列裁判企图乘乱逃遁，“黑九月”们毫不手软地将他击毙。

清脆的枪声惊醒了整个奥运村，巡警们匆匆赶来，将第 31 号楼团团围住，同时向慕尼黑警察局紧急求援。

7 时 30 分，西德内政部长、慕尼黑警察总监及奥运村村长赶到奥运村第 31 号楼，通过电话与“黑九月”成员对话。“黑九月”成员的要求十分明确：他们已扣压了 9 名以色列人作为人质，以色列政府必须在 3 小时内释放 256 名被关押的巴勒斯坦游击队员，否则，每过 2 小时将处死一名人质。

面对奥运会历史上这一空前的灾难，前国际奥委会主席、85 岁的美国人布伦戴奇和新上任的奥委会主席爱尔兰人迈克尔·基拉宁立即召开国际奥委会高层会议，商讨解决以色列人质危机途径。前西德政府迅速地向联合国、中东各国、欧美各国通报了慕尼黑奥运村人质危机的情况，各国外长紧急蹉商，整个世界都被搅乱了。

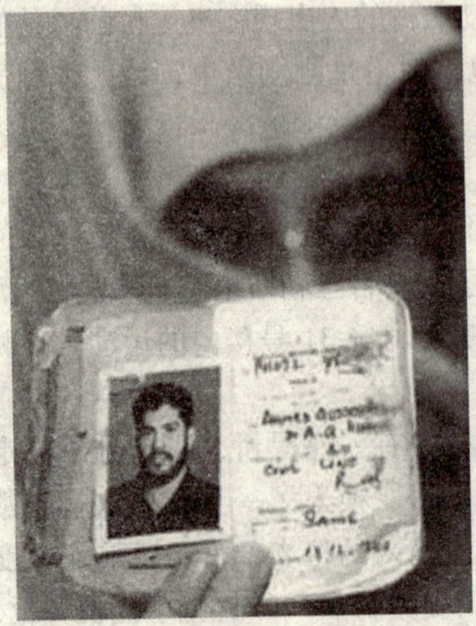

偷运武器进入德国境内的嫌疑犯受到指控

但是，人们几乎听不到任何好的消息：

国际奥委会主席基拉宁及本届奥运组委会主席道默发表联合声明：从 9 月 5 日下午起，奥运会停止全部比赛；

以色列内阁总理梅厄夫人代表以色列政府声明：以色列政府和人民决不向任何恐怖和讹诈活动屈服，以色列决不释放任何一名在押政治犯；

阿拉伯世界没有一个国家愿意出面进行调解；

慕尼黑警察总监施莱伯宣布，西德政府愿

意用无限额的金钱来赎回人质，“黑九月”成员回答，他们不在乎金钱和生命。

在这种情况下，前西德总理勃兰特毅然决定：决不向恐怖分子妥协，采用武力，解救人质。但是，西德警方和奥运组委会拿不出任何一个不危及人质的营救方案。

为了使紧张的对峙得以缓和，勃兰特总理亲自飞到慕尼黑奥运村，与“黑九月”们谈判。勃兰特的策略是，先稳住“黑九月”们，然后，后发制人，用武力救出人质。

前国际奥委会主席布伦戴奇提出了一项折衷方案：由西德政府提供一架飞机，将“黑九月”成员和以色列人质转移到由“黑九月”成员指定的任何国家去。在多方人士的斡旋下，埃及终于同意开放开罗机场，接纳所有劫持者和被劫持者；而被围困在第 31 号楼内的 8 名“黑九月”成员面对以色列的强硬态度和国际舆论压力，别无良策，最终同意了与人质一起离开奥运村，转移到埃及。

22 时正，“黑九月”们押着人质走出了第 31 号楼，他们的手中端着手提机枪，口袋里塞满了手雷、炸弹，分散在人质的前后左右，以期一旦有变，即将人质全部击杀。

“黑九月”们押着以色列人质分乘两架直升机向 8 公里外的费尔德布鲁克机场飞去。按照与西德政府达成的协议，他们将在费尔德布鲁克机场与人质一起搭乘一架波音 737 客机飞往埃及开罗。

在雪亮的探照灯灯光照射下，两架直升机平稳地降落在宽敞的停机坪上。

乘坐在第一架直升机内的“黑九月”成员中有一个留着浓黑胡须的年轻人，他是这支“特别行动队”的头领。没有人知道他的真实身份和姓名。据说，他是一名约旦人，他的母亲独居在以色列占领区。

“浓黑胡须”镇定地把头伸出直升机——机场空荡荡、静悄悄的，机场跑道上停着一架波音 737 客机。

“浓黑胡须”把头缩回机舱，坐在座位上，一动未动。

“浓黑胡须”在思索……

费尔德布鲁克机场是一个大陷阱：

机场中早已埋伏下几百名百发百中的神枪手，他们隐藏在机场周围建筑物的屋顶、窗后，只等一声令下即可将 8 名“黑九月”成员置于死地；

枪声一响，一支训练有素的特种部队将会在 6 辆装甲车支持下冲上停机坪，不惜一切代价救出 9 名人质；

前西德联邦内政部长根舍、陆军特种部队指挥官森美亚将军、慕尼黑市警方负责人沙里巴及一批危机处理专家坐镇机场地面指挥塔内指挥整个作战行动。

4名“黑九月”成员押着4名人质从第二架直升机中走了下来……

“浓黑胡须”猛地拿起直升机上的对讲机话筒命令4名同伴及4名人质返回直升机，他要看一看周围的情况。

4名“黑九月”成员举着枪，将4名人质押回直升机。与此同时，“浓黑胡须”带着一名同伴跳下直升机，径直向波音737客机走去。

据说：西德人曾在波音737客机上埋伏了8名神枪手。可是，当他们进入机舱后发现舱内没有任何藏身之地，就又退出了机舱。

“浓黑胡须”与同伴登上客机，发现机舱内空无一人，立刻意识到上当了。“浓黑胡须”跳下飞机，直奔直升机跑去。在接近直升机前，他发现两名直升机驾驶员已跑离飞机，正在向安全地带奔去，“浓黑胡须”举枪即打，两名驾驶员应声而倒。

“浓黑胡须”的突然射击就像是根舍和森美亚将军在发出攻击命令一样，刹时，爆豆般的枪声从四面八方响起。“浓黑胡须”的肩部中了一弹，倒在地上，但是，在同伴们的猛烈火力掩护下，他就地一滚，滚到直升机机腹下面。

6辆装甲车与特种部队战士迅猛异常地冲上跑道，扑向直升机。但是，就在装甲车接近直升机前时，“轰!”一声巨响，直升机飞上了天，直升机内的“黑九月”成员及5名人质也都上了天。

在直升机爆炸前的几秒钟，“浓黑胡须”神奇地从“弹雨”中穿过，跑近第二架直升机，全凭直觉，向机舱内的4名以色列人质（此时，直升机内灯火已关闭，舱内一片黑暗）打出了美制M—16轻型手提机关枪膛内的所有子弹。

9月6日凌晨3时，西德政府宣告：9名以色列人质全部丧生，1名警察死亡，8名“黑九月”成员有5人被击毙，3人生擒。西德警方还证实，被击毙的5人中，有一人在奥运村担任园丁工作；被生擒的3人都只有20岁，分别叫做巴兰特、纳威和阿卜都拉。

“流血”发生后，世界各国立即作出不同反应。

埃及《金字塔》报指责西德政府“不负责任”。

巴勒斯坦解放组织发表声明说，他们将继续战斗，因为这个世界只相信实力和斗争。

西德政府说：他们已尽了最大努力，“流血”的责任不在于他们。

但是，第20届国际奥林匹克运动会并未因这一血案而废止。9月6日，运动会继续举行，观众席上坐满了8万热心的观众。

十月战争

（1973 年 10 月 6 日）

萨达特的胆识

六天战争后，埃及总统纳萨尔为郁愤所困，于 1970 年 9 月 28 日病逝，安瓦尔·萨达特继任埃及总统。

萨达特从上台之日起就发誓要为埃及洗去 1967 年同以色列战争失败的屈辱。但是，要渡过运河，打败以色列，收复西奈半岛，不是一朝一夕的事情。

首先，以色列控制了运河以东的西奈半岛后，为防止埃及渡河，沿整个东岸垒起庞大沙丘，最高处达 60 英尺，且上下几乎一样宽。其次，以色列耗资 3 亿美元，用了 3 年时间，沿运河东岸构筑一道全长 170 公里、纵深 10 公里的防线，名日“巴列夫防线”，部署了 9 个旅的重兵。以色列宣称，任何埃及人渡河，都将在 24 小时内被消灭。最后，以色列人有美国的支持，美国为以色列提供了大批先进军事装备。

萨达特为谋求苏联的帮助，于 1971 年 5 月 27 日与苏联签订了为期 15 年的友好合作条约，苏联领导人允诺向埃及提供所需的武器装备。然而苏联人根本没有帮助埃及人打败以色列的打算，苏联与美国一样，都试图在中东制造一个“不战不合”的局面，以便从中渔利。因此，对于应交付埃及急需的攻击性武器，一再拖延。萨达特愤怒地对苏驻埃大使说：“勃列日涅夫在 1971 年 3 月骗了我，波德戈尔内在 1971 年 5 月骗了我，勃列日涅夫在 1971 年 10 月又骗了我，难道你以为我不知道你们要的把戏吗？你们同美国人商定：中东无战事。让我告诉你们，你们无权充当我们的监护人。”

萨达特下令：苏驻埃 2.1 万军事人员限在 7 月 17 日开始的 10 日内全部撤走。

萨达特决心用埃及现有装备与以色列打一场有限战争。萨达特原计划将战争日期定在 1972 年 11 月 15 日，但以色列有所觉察，发布了战争动员令，而埃及军队又未能作好开战的准备。萨达特只好推迟发起的时间，同时果断地撤换了埃军最高长官，任命伊斯梅尔·阿里为国防部长，任命萨阿德·沙兹科为参谋长，两位将军不负所望，很快就制订出进攻方案。

萨达特驱逐了苏联人，苏联人虽然恼火，但却不愿放弃在埃及的既得利益，而埃及仍需要苏联的先进武器。1973 年 3 月，阿里将军“在莫斯科成功地谈妥了一笔迄今最大的苏埃军火交易”，4 月，苏联将“飞毛腿、地地战术导弹运到了埃及，对于埃及来说，这是一种决战武器，萨达特只剩下最后两件事要做了，那就是创造开战的条件和开战。”

1973 年 8 月，萨达特与叙利亚总统就两国同时向以色列发动进攻的时间问题达成共识。

萨达特还出访了阿拉伯世界，从沙特和卡塔尔两国寻得 13 亿美元的援助款项，阿拉伯人同仇敌忾，坚决表示作萨达特的强大后盾。

从 1973 年 1 月至 9 月，萨达特努力创造一种有利的国际环境，并大获成功。在发动进攻的 3 个星期前，萨达特得到了全世界 100 多个国家的支持。

开战前的以色列

六天战争后，以色列狂妄地认为：阿拉伯人不堪一击，巴列夫防线不可逾越。因此，对于埃及的战争叫嚷不以为然。特别是在 1972 年，以色列有两个重大失误：对战争威胁作出错误判断，尤其是苏军从埃及撤走，埃苏关系紧张后，以色列认为埃及没有苏军顾问的指导，就不会使用现代化的武器，无力发动一场战争，战争的可能性缩小了。根据这一错误判断，以色列削减了军备，致力于发展经济。

1973 年 4 月，以色列情报部长泽拉向内阁报告：有明显迹象表明，埃及人在 5 月将发动战争。以色列因此发布了战争动员令，但是，战争并没有打响，以色列的经济却因此蒙受了 1100 万美元的损失。有鉴于此，以色列对发布战争动员令变得小心起来，对泽拉的情报失去了足够的信任。

在 10 月战争的前 3 天（10 月 3 日）以色列内阁讨论了战争问题。

梅厄总理：“在目前态势下，阿拉伯国家能发动进攻吗？”

情报部：“有可能。”

内阁成员：“希望维持 C 级戒备状态（最高级）。”

佩雷斯（运输部长）：“看样子好像要打仗。”

10 月 6 日 8 时，以色列政府和军界首脑再次就战争问题进行争论。

总参谋长：“请总理务必下令实施先发制人的进攻和进行全面动员。”

国防部长：“如果总理接受总参谋长的建议，我既不屈从，也不辞职。我认为，实施先发制人的进攻和全面动员是徒劳无益的。”

司法部长：“如果敌人在今晚 6 时以前发动进攻怎么办?”

工商部长：“战争不可能在今晚 6 时爆发，一定是出了什么差错。”

雷奥拉准将：“实际上，战争现在已经开始了!”

十月战争的准确作战发起时间是 10 月 6 日 14 时。尽管以色列情报长泽拉向以色列内阁人作了报告，“今天傍晚，阿拉伯国家将从两个方向发动进攻”，但泽拉的意见没有得到足够的重视。

开战时机的确定

萨达特总统的军事战略核心思想是：采取先发制人的突然袭击手段，在战争爆发后 24 小时内确立绝对优势地位。

根据这一战略思想，埃、叙双方选定 10 月 6 日 14 时开战，这是因为：

10 月 6 日是犹太教的赎罪日，又是周末。在这一天，以色列全国各种的社会活动完全停止；

10 月 6 日是伊斯兰教斋月的一天，按伊斯兰教的传统，斋月不打仗，便于麻痹敌人；

10 月 6 日是望月，日落后，可借助月光在运河上架桥，月落后利用夜色渡河；

苏伊士运河的水位（潮位和潮差）较适合于架桥。

为确保战机秘密，埃及实施一系列的欺骗行动，例如：在开战前的“例行”演习训练中，埃军每天上午将部队开到运河西岸，傍晚又“如数”用战车运回——但一些战车是空的，官兵们在西岸高耸的堤坝后面潜伏下来。又如，10 月 3 日，距开战仅剩 3 天，萨达特下达命令，解散了部分 9 月份动员的兵力，并让这些士兵返回原来的工作岗位。

开 战

10 月 6 日 14 时零 5 分，埃军部署在运河西岸的 4000 门火炮以每分钟发射弹量 10500 发的速度向运河东岸巴列夫防线支撑点和指挥所猛烈轰击。轰击一直持续了 53 分钟。这是二战后最猛烈的一次炮击。

与此同时，埃军出动 250 架飞机对以军布置在西奈半岛上的指挥所、雷达站、炮兵阵地、导弹阵地、机场、后勤基地进行了轰炸。

在戈兰高地，叙军600门火炮也于14时零5分向以军阵地实施猛烈的轰击，持续时间55分钟。

在火炮轰击时，埃军出动推土机和人力掘开运河西岸沙堤，将渡河用的橡皮舟、浮桥运抵运河中。炮轰15分钟后，8000名突击队员乘折叠式橡皮舟抢渡运河，7分钟后，突击队员登上东岸，向东岸发起攻击，占领了一些工事，并掩护后续部队登陆。

装备着特制喷枪和高压水泵的工兵部队登陆后，仅用了2个小时就在东岸沙堤上开辟出82条7米宽的通道，为水陆坦克、门桥、浮桥抵达东岸创造了条件，埃军的水陆坦克和装甲车迅速渡过运河，担当起阻击以军反扑的任务。工兵部队随即开始架设步兵用的轻型门桥、坦克用的重型门桥，让以5个师为骨干的第2集团军（11万人）和以4个师为骨干的第3集团军（9万人）渡过运河。埃军第1集团军11万人驻守在开罗周围，为总参谋部的战略预备队。

6日傍晚，埃军5个师沿170公里的河道成功地渡过运河，固若金汤的巴列夫防线完全落人埃及人手中。7日晨8时，渡河战斗结束，埃军有9万官兵、850辆坦克和11000部车辆渡过运河，以军防守巴列夫防线的3个装甲旅和一个步兵旅几乎全部就歼，300辆坦克被击毁，几千人被击毙，埃军损失了5架飞机、20辆坦克，有280名官兵阵亡。

10月8日，埃军收复了西奈半岛第二大城市东坎塔普。9日，全歼以第190装甲旅。13日，以军在运河东岸的最后一个据点被攻克。

10月14日，埃军向东前进了20公里，进至哈特米亚、吉迪、米特拉三个山隘战区附近，当埃军突入己方防空导弹有效射程之外时，遭到以空军的集中攻击，埃军攻势受挫。

以军发起渡河作战

十月战争打响后，守卫在巴列夫防线内的以军官兵根本不知道发生了什么事。在猛烈炮火的轰击下，一些士兵一面走向作战岗位，口中还一面念诵着经文。开战30分钟后，以军曼德勒师首先投入反击战斗，埃军Ⅲ—7反坦克导弹射手在200米内向以军坦克射击，至7日晨，曼德勒师所拥有的300辆坦克半数以上被击毁。

10月7日晨，以军南部军区司令官戈南召开紧急作战会议，以军总参谋长埃拉扎尔和前总参谋长拉宾出席了会议。与会者达成共识：除进攻外，别无选择，但发动进攻的时机不成熟。

埃军所使用的 PⅢ—7 反坦克导弹是前苏联人研制的，从完成发射准备到发射仅需 1 分钟，每发命中后 5 秒钟即可发射第二枚，可穿透六七十年代西方国家各种坦克的装甲。以色列面对 PⅢ7 反坦克导弹惊慌失措，急忙向美国人求援，美国用巨型运输机给以色列人运去了大批“陶”式反坦克导弹。“陶”是英文“筒式发射、光学跟踪、有线制导导弹”一词的缩写（TOW），命中率在 500～3000 米接近 100%，破甲厚度为 600 毫米，各种性能都强于 PⅢ—7 反坦克导弹。

10 月 14 日，埃以双方在运河东岸进行了一次历史上规模最大的坦克战，双方投入的坦克数量超过 1600 辆。以军将“陶”投入战场，当天击毁击伤埃军 260 辆坦克，重创埃军，致使埃军在米特拉、特米亚、吉迪三个山隘附近受阻。十月战争就是在此刻出现了不利于埃及的转机，以色列人抓住战机，发起了渡河作战，直捣埃军腹部。

10 月 16 日，以军沙龙师长指挥 30 辆坦克越过运河突入埃军腹地，随后得到了以军的增援。埃军为切断以军侵入路线，调遣部队进行阻击，双方空军也在运河上空展开激战。萨达特总统发表讲话：“如果以色列撤出六天战争时占领的土地，我们准备接受停火。”

10 月 18 日，以军沙龙师、马根师、阿丹师在埃及腹地展开大规模攻势，矛头直指苏伊士城。

10 月 24 日，以军切断了苏伊士城开罗公路，埃及第 3 集团军的 4 万官兵陷入孤军作战的困境。

戈兰战线的战斗

戈兰高地，在实施猛烈的火炮轰击后，叙军第 5、第 7、第 9 三个步兵师同时向以军阵地发起攻击，叙军第 82 突击营乘直升机袭击并夺取了以军设在赫尔蒙山的哨所。但是在一个被称为“泪谷”的谷地战斗中，叙军严重受挫。泪谷南北长 2 公里，宽 1.2 公里，至 10 月 7 日下午 3 时左右，叙军被击毁的坦克和装甲车达 200 辆。在戈兰高地北部战线，叙军第 7 步兵师、第 3 装甲师以及精锐的阿萨德旅与以军进行了殊死的搏杀。

10 月 10 日，伊拉克军队、约旦军队和黎巴嫩巴勒斯坦游击队陆续参战和准备参战。以军总参谋部召开紧急作战会议，经梅厄总理敲定：越过边界，向叙利亚攻击。

10 月 11 日，以军从戈兰高地北部沿通向大马士革的公路向叙军发动强大攻势。以军第 7 装甲旅鏖战 7 小时，攻占马兹拉贝特詹附近地区，但第 188 装甲旅在特勒萨姆高地遭叙军重创。

13 日，伊拉克军第 3 装甲师（1.6 万人、310 辆坦克）与以军兰纳师在纳赛吉展开激战。以军因连续战斗十天，弹药、坦克不足，部队疲乏，转人防御。

16～19 日，叙利亚、约旦、伊拉克、沙特阿拉伯和摩洛哥等五国军队同仇敌忾，向以军发起强有力进攻，粉碎了以军侵占大马士革的企图。

22 日，以色列和约旦接受了联合国的停战决议。23 日，叙利亚也接受了停战决议。至此，戈兰战线的战斗停止。

两个超级大国的干预

十月战争开始 6 小时后，苏联紧急要求埃及总统同意在 48 小时内停火，美国也向埃及发出威胁，要求埃及停火。

埃及初战的胜利使前苏联的态度发生了变化。从 10 月 11 日起，苏联向埃及和叙利亚运去了大批地对空导弹、反坦克火箭和军用物资。

埃及的初战胜利令美国不安。10 月 13 日，美国总统尼克松召开了国家安全委员会会议，决定向以色列提供大规模武器援助。美国防部长施莱格说："我们是根据苏联人给了阿拉伯人什么来规定我们应提供什么武器的。我们希望力量均衡。"

正是因为美国人向以色列运去了足够先进的军事装备，从 10 月 14 日开始，十月战争发生了逆转。

10 月 16 日，苏联总理柯西金飞往开罗，要求萨达特停火。柯西金在开罗逗留了 4 天，与萨达特会谈 5 次，但没有取得任何结果。

10 月 19 日，当以色列军队突人埃及腹地后，苏联人再次向埃及人施加压力，要求萨达特停火，关键时刻苏联不但不再提供新的作战武器，而且停运了原来应该供应的武器，埃及的直升机有一半因此不能飞行。埃及急需坦克，阿尔及利亚为埃及支付了 1 亿美元现汇，但苏联仍不发货。与此同时，苏联却向以色列提供了以色列急需的人力。开战的 10 月份，有 3660 人由苏联"移居"以色列。

10 月 21 日，美、苏两个超级大国经秘密会谈后，向联合国安理会提出一项关于中东问题的联合提案。22 日，联合国通过美苏提案，即第 338 号决议。这一决议既没有规定以色列必须从侵占的阿拉伯土地上无条件撤出，也没有提及恢复巴勒斯坦人民的权利，而是欺骗埃及、叙利亚及其他阿拉伯参战国家停止战斗。此后，苏驻埃大使向萨达特转达勃列日涅夫的信件，“保证以色列在停火后完全撤出一切被占土地，回到‘六天战争’以前的经过一些小的修改的边界”。

10 月 22 日晚 7 时，埃及被迫接受安理会“就地停火”的决议，此后，叙利亚等国也接受“停火”决议。叙利亚发表声明说：“决定在下述基础上接受安理会决议，这个基础就是，安理会决议意味着以色列从 1967 年 6 月以及在这以后占领的阿拉伯土地上撤走其全部军队，并且保证巴勒斯坦人民的权利。”

巴勒斯坦解放组织坚决反对“就地停火”，并表示战斗到底。

以色列在接受“就地停火”的当天在运河东西两岸和戈兰高地发起了新的进攻，侵占了更多的埃、叙土地。

10 月 25 日，安理会通过一项决议，建立一支由联合国常任理事国以外的联合国会员国组成的联合国紧急部队，派往中东监督停火。

小 结

十月战争中，阿以两军的人员、坦克、飞机损失情况如下：

	以军	阿军合计	阿拉伯军队				
			埃军	叙军	约军	伊军	其他
战死人员	2838	8446	5000	3100	28	218	100
负伤人员	8800	18946	12000	6000	49	600	300
坦　　克	840	2554	1100	1200	54	200	
飞　　机	200 余架	400 多架	265	131		21	30

十月战争打破了以色列不可战胜的神话，使阿拉伯人恢复了信心和尊严，洗刷了六天战争中的耻辱。

十月战争停火后，美国国务卿基辛格在中东穿梭飞行，在 1974 年和 1975 年说服埃及、以色列签订两个协议，使驻扎在西奈的埃及和以色列部队脱离接触。

1974年4月11日，以色列总理梅厄因十月战争（以色列人称赎罪日战争）的“失误”而辞职，5月28日，原以色列军队总参谋长伊扎克·拉宾出任总理。

在基辛格的斡旋下，1977年11月，萨达特访问了以色列，揭开了中东和平的新篇章。1979年3月，埃以签署了《埃以和约》，结束了两国之间长达30年之久的战争状态。1982年4月，以色列归还了埃及的领土——西奈半岛。

秦兵马俑震惊世界

（1974 年 3 月 29 日）

“世界上有七大奇迹，秦俑的发现，可以说是八大奇迹了。不看金字塔，不算真正到过埃及；不看秦俑，不算真正到过中国。”

法国总统希拉克在赴我国陕西参观了秦始皇兵马俑博物馆后，激动不已地说了上述一番话语。

秦兵马俑的出土是从 1974 年 3 月 29 日开始的。但是，早在 1948 年，距出土秦兵马俑的西杨村很近的焦家村就挖出了两个较小的跪坐俑。如果再往前追溯 139 年，人们则可以听到一个更诱人的故事……

139 年前的奇谈

公元 1862 年，渭河流域爆发了回民大起义。1867 年，清军将领左宗棠调任陕西总督，对回民义军及捻军残部进行了残酷的镇压。当时，岳家沟村的一位老人为逃避兵祸，慌不择路，落入村里的一口水井中，人们只顾逃命，也来不及去救他。几天后，乡亲们返回村庄，以为老人早已被淹死，不料，老人突然从井里爬了出来，把众乡亲吓了一跳。乡亲们问老人是如何在井中生存的，老人回答，他误入了秦国，秦国人终日列队操练，兵强马壮……

秦国？那不是 2000 年前的事吗？

岳家沟的乡亲们以为老人跌落井中，神经出了毛病，对老人的话一笑置之。天长日久，老人“误入秦国”的奇谈变成了一个笑料，传遍乡里，一直传到今天。

岳家沟位于秦始皇陵附近，距离焦家村、西杨村也不远。

老人看到的是什么呢？是另一座兵马俑吗？

发现秦兵马俑

1974年3月24日，临潼县西杨村要打一口井，村里的头头杨培彦、杨文学在村西南柿园中选好了打井的位置。第二天，组长杨全义带领杨志发、杨学彦等七个人按选定的位置开始打井。杨全义等人轮番挖土，挖下去2米左右深就遇到了坚硬的夯土层，好不容易将夯土层的硬土挖尽，又遇到了一层红烧土，村民们以为是挖到了砖瓦窑或是破庙底子。

3月29日，杨全义等人继续向下挖，当挖到四五米深处时，杨志发忽然发现了一个空腹俑脖，杨志发以为是一个瓦罐，自言自语道："嘿！正好拿回去放鸡蛋。"杨志发小心地将空腹俑脖周围的泥土挖去，"嘿！原来是一个瓦人！"

杨志发将"瓦人"送出坑外，杨全义等人爱不释手，你称它"瓦盆爷"，我称它"神像"，将"瓦人"当作了"宝贝"。

杨志发挖得更起劲了，不久，又挖出了分散的俑头、俑手和俑腿以及3个弩机、大量的青铜箭簇，最后，挖到了用方砖铺成的地面。于是，村民们坚信是挖到了破庙底子，"瓦人"是神像。

西杨村挖出了"神像"的消息惊动了临潼县，周围几十里的人纷纷来西杨村观看。与西杨村为邻的下河村有一位何万春老人，何万春老人在观看了"神像"后说，"我小的时候，我爹在这里挖井，也挖出一个瓦人。我爹以为挖不出水，是这'瓦人'作祟，就和村上的人把'瓦人'吊在村南的大柳树上，你一镢头，我一棍子地把'瓦人'打了个稀巴烂。"

姜寨公社的水保员房树民是个有心计的人，他注意到"井"底的方砖跟秦始皇陵出土的方砖一模一样，觉得"瓦人"跟秦陵有关，于是打电话向县文化馆作了报告。县文化馆专管文物和考古的馆员赵康民当即赶到西杨村。赵康民下到"井"底，估摸了"井"与秦陵的距离，大胆地推断："什么'瓦盆爷'？没准儿是国宝！"

赵康民嘱咐村干部一定要保护好现场，又在村干部的帮助下，把"瓦人"和"瓦人"碎片运回文化馆，用了二个多月的时间，精心地将"瓦人"修复好——西杨村打"井"时挖出的"瓦人"原来是——一个铠甲俑，两个短褐俑，它们的大小与真人一样！

事有凑巧。中国新闻社有一名记者叫做蔺安稳，蔺安稳的妻子就在临潼县文化馆供职。6月初，蔺安稳回临潼与妻子团聚，到文化馆内随意走走，一眼就看到了刚刚修复的铠甲俑和短褐俑，蔺安稳简直不敢相信自己的眼睛，“天哪！太伟大了！”

蔺安稳马上写了一篇题为《秦始皇陵出现一批秦代武士陶俑》的“情况反映”送呈《人民日报》。

连蔺安稳也没有想到，《秦始皇陵出现一批秦代武士陶俑》一文印发后，毛泽东、周恩来、李先念等党和国家领导人迅速看到了这篇“情况反映”，惊动了中国最高层领导。

1974 年 7 月，国务院副总理李先念在《秦始皇陵出现一批秦代武士陶俑》一文上亲笔批示：“建议请文物局与陕西省委一商，迅速采取措施，妥善保护好这一重点文物。”

李先念副总理的批示立即转到国家文物局。此时，国家文物局对西杨村发现秦俑一无所知。国家文物局急忙向陕西省文管会了解情况，谁知，陕西省文管会对此也一无所知。7 月 6 日，国家文物局文管处长陈志德带着李先念的批示飞到陕西西安，又从西安赶到临潼县西杨村，在出土秦俑的现场听取了杨志发、赵康民的汇报。陈志德处长当场决定，由陕西省委组织考古工作队，认真清理及发掘工作。

考古工作迅速组成，不到一周即取得重大发现：西杨村杨志发等农民发现的秦俑置放在一个大型坑道建筑内，在此大型坑道的北侧 20 米处还有一个类似坑道，在其西北还有第二个类似坑道。考古工作队将三个大型坑道建筑分别命名为一号坑、二号坑、三号坑，并立即上报国务院国家文物局。

7 月 15 日，谷牧副总理指示有关单位：“继续同陕西省委联系。今年一定把秦俑一号坑工程搞完……”

同一天，陕西省文管会、考古研究所等单位联合组成秦俑考古队，进驻西杨村，对秦俑的发掘工作由此全面展开。

地下大宝库

秦俑一号坑、二号坑、三号坑都是地下土木结构建筑。建筑师在坑内排下大量立柱，在立柱上架起纵横交错的梁枋，梁枋上面是密密麻麻的棚木，棚木上铺席，席上覆盖胶泥土，胶泥土上是封土。

秦俑坑道内还建有多道承重墙（一号坑内的承重墙多达 10 道）。坑内的立柱有方、圆、八角形三种，直径 20～35 公分，枋木直径 30～70 公分，棚木为方形、圆形两种，直径约 20～40 公分。

秦俑一号、二号、三号坑内共出土8000余件陶质兵马俑和上万种铜、金、石、木、骨质文物，文物中以实战兵器居多。

什么是“俑”?

“俑”的最早记载可追溯到西周，是用土、木等材料塑雕的人像，作殉葬用。在我国商朝及周初，国君死后要用人来殉葬，因此用“俑”来代替人殉葬是社会进步的表现。继人俑出现后，各种动物俑也相继出现，制作俑的材料也不限于土、木，而是增加了玉、铜、石、三彩等种类。秦兵马俑均系陶质俑，即用黏土烧制的俑。

秦俑身高为1.75~1.96米，容貌神态各不相同，而且都有彩绘，彩绘的颜色共有蓝、黄、黑、白、红、绿、紫等十余种。

秦俑，从职务上区分，有将军俑、武官俑、武士俑；从兵种上区分，有步兵、车兵和骑兵。步兵又可分为作跪射、立射式的弩兵和一般武士俑，车兵又可分为御手（驾车者）和车士（车上武士）。

将军俑，身高达1.96米，头戴长冠，身穿两层战袍、外套铠甲，足登方口翘头鞋，左手按剑（还有其它动作的）。

武官俑，头戴长冠，身着战袍、铠甲（只是胸部和腹部有甲），足登方口翘头鞋。

武士俑，均束发挽髻，足登方口齐头鞋，根据其兵种不同，所执兵器亦不同。

御手俑头右侧梳髻，戴长冠，内穿战袍，外披铠甲，足登方口翘尖鞋，两臂平举，双手半握拳，作握缰绳状。

车士俑，头戴单层长冠（或白色圆形软帽），身着战袍，外披铠甲，足登方口齐头鞋，手作握长兵器状。

骑兵俑，头戴赭色圆形介帻（类似今日族小帽），身穿紧腰短袍，外披齐腰铠甲，着紧护腿，足蹬皮靴。

陶马可分乘马和车马两种。

乘马，即骑兵所乘之马。四匹乘马为一组，马高1.72米，身长2.03米，仰首站立，呼之欲出。

车马，即战车前的四匹马，中间两匹，左右各一匹，与真马大小一样，雕塑细腻，神态逼真。

秦俑一、二、三号坑出土的：兵器可分为远射兵器、长兵器和短兵器三类。远射兵器：弓、弩、箭镞；长兵器，矛、戈、铍（大矛）、戟、钺、殳；短兵器：铜剑、吴钩等。其中，在二号坑中出土的吴钩是我国考古工作者首次出土的古兵器，此前，人们只在唐诗及史书中读到过，但不知吴钩是何物。吴钩实际上是一种弯刀，半椭圆形，实心柄，刀身断面枣核形，两面刃，宽 2.2～3.5 厘米，全长 65.2 厘米，重 1.045 公斤。

二号坑中还出土了一批青铜剑。青铜剑长 86～94 厘米，剑身上共有 8 个棱面，专家们用游标卡尺测量，发现 8 个棱面之间的误差还不到一根头发丝。青铜剑在 4～5 米深的黄土下沉睡了 2100 多年，出土时仍寒光闪闪、极其锋利。经专家们测定，秦青铜剑表层有 1～1.5% 毫米的氧化膜，氧化膜中含 2% 的铬。这一发现一经公布，立即在全世界引起轩然大波，因为这种铬盐氧化处理方法是德国人在 1937 年率先发现的，美国人在 1950 年发现后申报了专利，而防锈时间一般只能在 60 年左右。

在清理一号坑的第一过洞时，专家们发现有一把青铜剑被一尊重 150 公斤的陶俑压弯，弯曲程度超过 45°将陶俑移开，又窄又薄的青铜剑竟在一瞬间反弹平直，自然复原！

除兵器外，秦俑一、二、三号坑还出土了各种车马、门楣饰物及一些铜制、铁制工具。铁制工具如铁锄、铁锸、铁釜等。

气势恢宏的“地下御林军”

秦俑一、二、三号坑内的 8000 兵马俑以多兵种混合编组，象征秦始皇的御林军，为死后的秦始皇守卫陵墓。

以秦俑一号坑为例：

秦俑一号坑东西长 230 米，南北宽 62 米，总面积 14260 平方米，内有兵马俑 6000 件。

一号坑东长廊中，三列弩兵俑成横队排列，每列 70 弩兵，手握弓、弩，背负箭囊，囊中有箭百余支，210 名弩兵脸都向东；西长廊中有一列弩兵俑，面向西。在南北边廊中，南廊有两列武士俑，一列面向南，另一列面向东；北廊也有两列武士俑，一列向北，一列向东。

与东长廊相连的是九个过洞，每一过洞中均有列四路纵队的武士俑。武士俑身披战袍或铠甲，手握戈、矛、戟等长兵器，步兵与战车相同。九个过洞的 36 路纵队兵马俑与南北边廊的两路兵马俑加在一起，一号坑内的兵马俑成 38 路纵队排列，气势磅礴。

秦俑二号坑呈“曲尺”形，东西长 125 米（含门道），南北最宽达 98 米（含门道），总面积 6000 平方米。二号坑内的兵马俑为步兵、车兵、骑兵混合编组，有战车90余辆，陶马356件，骑兵俑116件，步兵俑596件。

二号坑中最引人注目的是弩兵俑。

弩兵俑共有334件。军阵最前面的是一队立射俑，一队跪射俑紧随其后，两侧为骑兵俑，军阵中央有战车64辆。专家们在探讨二号俑坑军阵时颇费脑筋，有人认为是攻击形式的雁行之阵，有人认为是方阵疏阵，有人认为不管是什么阵，从总布局看，二号俑坑军阵都是一种攻防结合，进可攻，退可守的军阵。

秦俑三号坑呈“凹”字形，东西长17.6米，南北宽21.4米，深5.2~5.4米，面积是1号坑的二十七分之一，约为520平方米。三号坑内只有一辆战车，战车后有4具武士俑，此外还有64具武士俑，均身披铠甲，沿四周相向排列，从外观上看，这似乎是一个“卫队”。

8000兵俑，形体姿态、神情容貌各具一格，他们或站立，或右膝着地、左腿蹲曲，或左腿微弓伸向前、右腿后绷，或登战车上，或执长（短）兵器状，或作举弓瞄准状，或沉静威严，或神情傲然，或双眉怒视前方；马俑，马首有笼头，颈套铜管铜圈，马背雕有鞍垫，鞍下有垫，周围有缨络短带，有两条肚带将鞍垫固定，马鞍形状与今日马鞍大致相同。

8000兵马俑，列阵整齐，气势恢宏。

“世界第八奇迹”

秦俑一号坑发掘工作开始后，中央领导极其重视。1975年9月23日，谷牧、李先念两位副总理批示同意国家文物局的《关于修建临潼秦俑博物馆的报告》。1979年4月9日，德高望重的叶剑英到秦俑出土现场视察，鼓励道：“加快干!”，同年9月，叶剑英为秦俑兵马馆题写了馆牌：秦始皇兵马俑博物馆。

秦兵马俑

秦始皇兵马俑博物馆的主展厅建在一号坑的原地上。展厅为大型拱顶建筑，可防七八级地震。

1979年10月1日，秦俑兵马馆在万众欢呼声中正式竣工开馆，五洲宾朋纷至沓来。

新加坡总理李光耀赞叹道：“秦兵马俑的发现是世界的奇迹，

民族的骄傲。”

朝鲜领导人金日成在留言簿上写道：“这是一个伟大的古迹，中国的考古工作者付出了辛勤的劳动，他们的工作做得很好。”

从 1979 年 10 月 1 日至 1986 年 5 月底，秦兵马俑博物馆先后接待了 1157 万宾朋，其中国内参观者 1100 万人次，世界五大洲 80 多个国家和地区的外宾 57 万人次。

秦兵马俑有多珍贵？

博物馆未建成时，几名窃贼潜入发掘现场，盗走一将军俑（将头部割下带走），卖予文物贩子，在交货前被抓获，出手价 30 万元人民币。

1983 年 11 月，秦兵马俑在日本大阪展出，一暴徒打碎了一军吏俑，日方赔偿人民币 90 万元，中曾根首相还派遣特使专程到我国表示道歉。

1986 年 6 月，日方力邀秦兵马俑赴日本展出，对每件秦俑付 200 万人民币作担保。

法国总统希拉克（当时任总理）在参观了秦兵马俑后，激动地说：“世界上有七大奇迹，秦俑的发现可以说是八大奇迹了。不看金字塔，不算真正到过埃及；不看秦俑，不算真正到过中国。”

希拉克的话得到全世界的学者、专家、政治家及平民百姓的认可。从此，秦兵马俑被尊为“世界第八奇迹”。

神农架野人之谜

（1976 年 5 月 14 日）

神农架野人、尼斯湖水怪、飞碟、百慕大三角洲是当今世界的“四大世界之谜”。

神农架发现“野人”

1976 年 5 月中旬，中国科学院古脊椎动物与人类研究所办公室收到发自湖北省神农架林区革委会的加急电报。电报全文如下：

北京。

中国科学院古脊椎动物与古人类研究所：

我区革委会六位干部发现一奇怪的动物，（当地人称之为野人），其特点：1. 浑身红毛，脸呈麻色，脚毛发黑；2. 腿又粗又长，脚是软掌，走路无声，屁股肥大，行动迟缓；3. 眼像人眼，无夜间反光。脸长，上宽下窄，很像马脑壳，鼻子在嘴的上方，嘴略突出，耳较人的大些，额有毛垂下；4. 无尾，身长约五尺，体重在两百斤左右。

湖北省神农架林区革命委员会

1976 年 5 月 14 日

第二天，中国科学院以及自然博物馆、新华社、人民日报等 10 多个科研、新闻单位又收到河北省神农架林区革委会拍来的一份内容更为详尽的加急电报。电报全文如下：

昨日凌晨一点钟左右，我们一行六人乘吉普车从十堰市开会返回，车子行至房县与神农架交界处椿树崖，在里程碑 145 公里之间，见公路上有一个奇怪的动物，非猴，非熊。司机加快车速，开大车灯，笔直冲去，它机警地闪在路旁，注视着我们。司机急向左转向，高鸣喇叭，再次冲去，于是它转身往崖上攀抓，但岩石风化，崖又很陡，它未能爬上去，滑了下来，车子一下开到它的跟前。它前后肢着地，抬起头，两眼对着车灯，无反光。在强烈的灯光反照下，其全身毛泛棕红，细软，脸带麻色，背上毛呈棕枣红，臂毛下垂约四寸长；四肢粗大，大腿有饭碗粗，前肢较后肢短，脸上宽下窄，嘴略突出。我们一齐下车围着看它。任忻有在最前面，伸手可以抓住它的腿。舒家国从小就开始打猎，见过各种奇异动物，但从未见过这种家伙，不知道它的厉害，不敢动它。周忠义捡起一块石头，打在它的屁股上，这动物并不很快逃跑，它转过头望了大家一眼，缓缓走上山坡，进入林中。它屁股肥大，无尾，似怀孕状，行动迟缓，走路无声；我们一致怀疑是传说中的“野人”。

中共神农架林区党委副书记………………任忻有

神农架林区革委会副主任…………………舒家国

林区财贸政治部主任………………………余传勤

林区农业局长………………………………周忠义

林区党委办公室秘书………………………陈连生

林区党委办公室司机………………………蔡新志

1976 年 5 月 15 日

在中国历史上，1976 年是个特殊的年月。6 名市级革委会的中国共产党干部，联名向国内权威的科研机关、新闻单位报告他们发现的“奇异动物”可能就是“传说中的野人”，绝不是一时的“冲动”或“眼误”。

神农架地区，从古至今就流传着大量的有关有野人出没的故事。

仅仅几天时间，神农架发现野人的消息不胫而走，任忻有、舒家国等六人立即成为轰动世界的新闻人物。国外一家报纸的头版头条消息就是——“他们，真的看到野人了！”

国内外一些知名科学家、人类学家纷纷向联合国有关组织及中国科学院提出申请，要求到神农架去进行考察。

更多的人仍然持怀疑态度，他们向中国科学院提出质询：任忻有等人看到的“奇异动物”果真是“野人”吗？如果不是，那又是什么？

神农架与神农架野人

神农架的古老，可以追溯到华夏民族的源头。炎帝神农氏生于陕西，后来南下至如今的神农架一带。这一年，天降瘟疫，人畜纷纷死亡，神农氏在崇山峻岭中尝遍百草，寻找神药。一个古老的传说是：神农氏发现在一险峭的悬崖上有一株神草，神农氏砍伐树木，架起梯子，终于攀上悬崖取得神草，救活了天下的百姓。后来，架梯的树枝散落下来，生根发芽，长成了一片莽莽苍苍的原始森林，这片原始森林就是今天的"神农架"。

神农架西与四川省的巫山、巫溪县相邻；西北靠湖北省的竹山县、房县；东连保康县；南接兴山县、巴东县，总面积达3200多平方公里。神农架有许多海拔2500～3105米的高山，一山之内，春夏秋冬四季共存。由于山高路险，长期保持原始封闭状态，这里有1000多种中外稀有残余树种，2000多种优良野生种质和500多种珍禽异兽，被外国专家誉为"大自然的最后踞点"。

神农架的得天独厚的自然条件，为野人栖息、繁衍提供了一个理想的生活环境。

野人存在与否，迄今仍是一个谜。不过，稍有一些历史知识的人就会知道，古代世界许多国家都有有关野人的传说和记述。

在我国，古人给野人起了许多古怪的名称，如：山鬼、山大人、山精、山臊、毛人、大毛人、赣巨人、人熊、夔、山丈等。"野人"这个名称最早出现在明代李时珍所著的药书《本草纲目》中，"长支余……呼为山大人，或曰野人"。

《国语·鲁语下》韦昭注："夔一足，越人谓之山臊，……人面猴身。能言。"此处的"夔"、"山臊"都是指野人，而且记述了野人的具体特征：人的脸、猴子的身躯，还能像人那样说话。《国语》一书约写于春秋时期，距今有约2500年，可见，远在2500年前，我国就有有关野人的记录了。

《山海经》是中国古代的一部奇书，记载了上古时期有关地理、历史、生物、民族、矿产等各方面的情况，其成书时间大约在战国之前，其中有多处关于野人的记述。如：

《山海经·西次西经》写道：."又西百二十里，曰刚山……是多神魄"，其状人面兽身，一足一手，其间如钦。文中的"神魄"即是野人。这段文字的大意是：刚山之中有许多野人，野人长着人的脸、野兽的身躯，只有一只脚一只手，发出的声音好像人打哈欠。

《山海经·海内经》写道："南方有赣巨人，人面长唇，黑身有毛，反踵，见人则笑，唇蔽其目"，大意是，南方有野人，野人长着人的脸，嘴唇很长，黑黝黝的身子，遍身是毛，脚后跟反转生，见人就笑，笑的时候长嘴唇就翻上来遮蔽了自己的眼睛。

战国时期的楚国诗人屈原写过一首名为《山鬼》的诗，诗中对"山鬼"的生活习性作了生动的描述。屈原的家乡在湖北省秭归县，距离原始自然区神农架不远，3000 多年以来，神农架地区流传着许多关于野人的神奇故事，"神农架野人"因此成为当今世界的"四大世界之谜"，有关专家、学者认为，屈原所描写的"山鬼"极可能是"神农架野人"。

无独有偶。考古学家在对神农架以北房县汉墓群进行考察时，发现出土的文物上面刻有"毛人"的形象。

我国一些地方的"县志"也有关于野人的详细记载。如《内乡县志》记述：明万历二年（公元 1574 年），有野人从淅川县丹江山下来，日夜吼叫不止，声音像猪叫，在百姓家的房前屋后徘徊，留下许多巨大的脚印。又如《房县志》（清代）多次提到有"毛人"在房县一带活动，"房山高险幽远，石洞如房。多毛人，长丈余，遍体生毛，时出啮人鸡犬……"房县在神农架以北，这也是神农架有野人生存的一个佐证。

进入 20 世纪以来，神农架原始林区不断受到人们的侵扰，但神农架"野人"并未因此销声匿迹。

房县红塔乡马兰村支部书记黄新合与同村农民黄新咱、黄新奎就在：1922 年亲眼看到了"野人"。三人回忆说：

一天，保安团几十人握着枪将一"野人"押下山来。"野人"被粗铁链捆住上身，高约五六尺，满身是毛，棕色，根部是红色，头发中间向上，后面向下披，脚有一尺多长，眼、鼻像猩猩。保安团的人说，它还不是第一大的，只能排第 2 号，"野人"有时用两条腿走路，有时手脚并用。

1942 年，国民党第 75 军在房县与兴山县的地方捉住一公一母两个"野人"。两个"野人"身材很高，头上红毛披到肩，头比一般人的头要大，嘴也大，脸上有毛。母的"野人"有一对大乳房，公的直淌眼泪。野人的脚长约一尺左右。

原河北省水利局设计院副院长翟瑞生于 1947 年随部队南下，途径兴山与房县交界处时，发现了一个用树枝搭的窝棚。窝棚呈人字形，长约 3 米，宽约 2 米，高约 2 米，在距窝棚二三米处，两个"野人"抬头看着部队从山岭上走过去。翟瑞生回忆说："它们满身是毛，高的那个是母的，两个乳房很大，它还用树叶围着下身。身上毛是黑红色，头发较长，是淡棕色，披头散发，个子比普通人高，块头蛮大。"翟瑞生还说："当时我们与'野人'距离约20多米，我们一个团在山岭上走，'野人'在山沟中。"

1955年，房县城关针织厂工人胡原仁在途经神农架马湾附近的板凳垭时看到一个长着长长的棕毛发的动物，该动物用两条腿走路，手臂和人一样长，脚很大，又像人，又有些不像人，口中发出像喜鹊一样的叫声，"呷!""呷呷!"胡原仁将自己的发现告诉给马湾的人听，马湾人对他说：这是野人，每年都要从这里经过几次，他不害人。

1976年1月29日，房县桥上公社鱼腮大队社员曾宪国上山割榆皮时，突然遭遇"野人"。"野人"高1.9米，手指又粗又长，它走到曾宪国面前，一掌将曾击倒，曾立即昏迷过去。不知过了多久，曾宪国醒了过来，挣扎着回到家中，一连昏睡了三天，经医生治疗后才在第四天苏醒，随即向父母讲述了遭遇"野人"的情景。

1976年5月28日（注意：距任忻有等人在5月13日发现"野人"仅15天)，房县的塔公社双溪三队初中学生孙正杰与比她小几岁的于立华一起到大梨花沟口山上砍柴。上午9时左右，孙正杰忽然听到于立华的哭声，急忙走过去："怎么了?"。于立华向山下沟中一指，说："我看见红头发'野人'了!"孙正杰低头一看，山沟中果然有一个大红毛"野人"，它的身边还有一个小红毛"野人"。两个"野人"往山上走，走到一条沟边，小"野人"不知如何是好，大"野人"抱起小"野人"一甩，将小"野人"甩到沟那边的一块石头上，随后，大"野人"跳了过去。

孙正杰与于立华躲在一棵树后，一直目送大、小红毛"野人"走过山梁，才慌慌张张地跑回家。

180天的大"搜捕"

1977年3月20日，由中国科学院组织的、有全国52个大专院校、科研单位、博物馆动物园及1110名专家、学者、林区工人、有经验的猎手参加的"鄂西北奇异动物科学考察队"对神农架进行了大"搜捕"。

考察队的队长由河北省委书记出任，武汉军区某部副师长王高升率50名侦察兵配合考察队行动，几百名农民志愿军带着武器参加了对神农架"野人"

的搜捕行动，邻近各县的农民、工人也纷纷配合考察队“搜捕”“野人”，人数要比考察队的总人数多数倍。

所谓大“搜捕”就是搜山，全线出击，一个山头一个山头地搜索，以期发现“野人”，捕获“野人”。

6 月 19 日，考察队登上了神农架。神农架就是传说中神农搭梯寻取神草的地方，海拔 3052 米，是华中第一高峰（实际上还有一座无名峰，海拔 3105 米）。但是，考察队搜遍了山林，一无所获。

考察队没有找到“野人”，房县桥上公社群力大队女社员龚玉兰和她的儿子杨明安（4 岁）却在距村子不远的水池垭山中遭遇了“野人”。当时，“野人”正靠在一棵栎树干上蹭痒痒，看见龚玉兰后，呵呵直笑，两只长手一甩一甩地向龚玉兰走去，吓得龚玉兰拉着儿子没命地向生产队队长家中跑去。生产队队长的妻子在接受考察队的询问时回忆说：“我从门口出来，看见玉兰一身衣服被汗浸透了，有些地方刮开了口子，脸上的汗珠子黄豆样大，上气不接下气，一进门就喊‘野人!’‘野人!’……没讲完就晕在屋里，过了好久才醒。”

考察队请龚玉兰带路来到“野人”蹭痒痒的那棵大栎树前，在 1.3～1.8 米的树干上找到几十根棕褐色的“野人”毛，毛的形状粗细与人的头发相似，但其中有一类细的绒毛与人的头发不同——因为现代人的头发里不存在绒毛。

房县龚玉兰遭遇“野人”的消息令考察队员们极为振奋，经反复搜索，考察队终于在神农架主峰附近发现了大量的奇异脚印，根据对足丫足趾的分析，该动物高约 2 米，体重 150 公斤左右，很可能是一个群体。

8 月 30 日，考察队又获悉林区木匠肖德光、肖兴扬在八角庙龙洞沟附近的小山上与“野人”遭遇的消息。考察队在现场找到了几十个脚印和两处粪便，经化验，两处粪便属同类动物排泄，与熊、猴、猩猩的粪便不同，与人的粪便有差异。

从 9 月 25 日～10 月 26 日，考察队在发现“野人”粪便的龙洞沟附近采取设伏、挖陷阱、放套、集中搜索等方法企图捕获“野人”，但“野人”似乎知道考察队的目的，躲得无影无踪，令考察队大失所望。

在 180 天的大“搜捕”中，考察队对方圆 1500 多平方公里的山林沟谷进行了搜索，有 160 多人发现“野人”线索 54 次，但最终的收获只是发现了“野人”的毛发、粪便和足迹。大“搜捕”没有取得预期的成果。

“猴娃”谜案

有关神农架野人的最为神秘而离奇的故事是发生在神农架以西的巫山县当阳乡白马村（现名为玉灵村）的“猴娃谜案”。

白马村位于海拔1900多米的大巴山余脉，村中有位“桃花嫂”。1938年，32岁的桃花嫂为打猎的丈夫送饭进入大巴山，过了30多天后，才惊慌失措地回到家中，桃花嫂对这件事守口如瓶，对丈夫也只是说：“她被一只大青猴抢入山洞，后来趁大青猴打瞌睡之机，抓了一把烧苞谷的灰撒在大青猴的眼里，大青猴被苞谷灰迷了眼睛，什么也看不见，她这才逃脱出来。

过了不久，桃花嫂发现自己怀孕了，桃花嫂抱着丈夫痛哭……

1939年4月，桃花嫂生下一个类似猴的儿子，取名为涂运宝，村里的人则称之为“猴娃”。猴娃的手指尖得像个爪子，五六岁才勉强能够直立行走，而且摇摇晃晃。猴娃见人就“嘿嘿”笑，还能发出“呷!”“呷!”类似喜鹊的叫声。猴娃即使在冬天也不穿衣服，他喜欢爬梯子，能像猴那样敏捷地爬上爬下、钻来钻去。

猴娃有一个哥哥、两个姐姐、一个弟弟，他在家中排行老四。猴娃的哥哥、姐姐、弟弟的智力、生理，一如常人，惟有猴娃智力低下，只能发单音节的词语。随着年龄的增长，猴娃进入了青春期，家里的人担心猴娃“惹祸”，用绳子将他的手脚捆了起来，不许他出屋，猴娃的精神受到压抑，整日闷闷不乐。1962年8月的一天，猴娃被大火烧伤了屁股，随后高烧不退，由于家境贫寒，猴娃未经任何治疗，两天后，猴娃抱着母亲放声大笑，在笑声中匆匆离开了人间，死时年仅23岁。

80年代初，上海生物学专家刘名状教授来到当阳乡白马村，花钱买下猴娃的尸骨，一块不少地从坟内挖出来，带回了上海市。经有关专家鉴定，猴娃既不同于现代人，也有别于猴！而是非常接近曾轰动世界的“巫山猿人”。

我国“三峡地区古生物考察队”在巫山县发现了距今290万年前的人类化石，即“巫山猿人”。在同一化石层位，考察队还发现了巨猿化石，这表明巨猿和巫山猿人是生活在一起的，人们有理由问：三峡地区是人猿分野的沃土吗?

在此后举行的我国首届“野人”考察和第二届全国人类学学术会议上，专家们对“猴娃谜案”进行了专题研究，尽管未能解开猴娃之谜，但在一些重要问题上仍达成了共识。例如：猴娃智力低下，但并不等于“白痴”。一般

“白痴”多在幼年夭亡，最高者也只能活 18 岁，猴娃活了 23 岁，且是未经医治而死；猴娃喜欢爬树，行动敏捷，不能算是“白痴”。猴娃额颈低平，面部突出，脑容量仅为 655 毫升，颅骨及盆骨类似古猿，各方面都不像现代人，因此不能对猴娃的出现作为“返祖现象”的结论。猴娃的父亲是谁？是大青猴吗？一只大青猴不过 12～15 公斤，最多 25 公斤，要“抢”走一个 32 岁的山村妇女，令人难以信服。而且，人与猴的生殖生理差异太大，从无两者杂交产生后代的先例。人类由猿进化而来，人猿杂交产生后代则是有可能。据《广异记》记载，唐人杜万的妻子被野人抢入山洞生了两个杂交孩，“状如罗刹，后母子被救出，一直生活到大历年间。此事即发生在古代的神农架地区。《新齐谐》是清代袁枚所著，该书讲述了房县一妇女被野人抢去，生了两个杂交孩的故事。房县在神农架西北。

因此，专家们推测：猴娃的“父亲”很有可能是“神农架野人”。

“猴娃谜案”未能“侦破”，但神农架野人却依然在我行我素。

神家架“野人”仍在我行我素

1976 年冬，房县中坝公社横峪河五队农民施明成的妻子吴德兰去供销社买东西，一夜未归。第二天中午，吴德兰才披头散发地跑回来。吴精神恍惚，断断续续地讲，她走到松望峡附近，被一个身材高大的红毛野人抢到仁和寨的原始森林中，这是偷跑回来的。20 多天后，吴德兰不治而死。

1979 年 5 月 4 日，神农架林区高桥小学的女学生黄智娇等 6 人在经过茅子屋时，同时看到一个约有 6 尺高的大红毛母“野人”在路边站立着，母“野人”似乎对这群孩子没有恶意，一面笑，一面向孩子们招手。5 月 11 日，高桥小学的另外两名小学生——傅克前、莫显女在盘道拐弯处也看到了一个大红毛母“野人”。1979 年和 1980 年，我国又先后二次组织了鄂西北奇异动物考察队对神农架进行考察。曾参加了 1980 年考察的十堰军分区干休所干部孟庆宝回忆说：“那年 5 月，我们发现一处新踩出的脚印，这脚印前宽后窄，有 5 趾，脚长 45 厘米左右，陷进地面 5～10 厘米，循脚印追去发现一堆粪便，像人的一样，成条状。没有一种动物的粪便如是。一直追到太阳下山，只好作罢，但用石膏拓下了脚印。”“在两年的考察期间，我亲眼见过十几个野人窝，做窝的十多根活竹子用旁边生长的竹子捆绑在一起。其它动物没有这样的能力，人没有这样大的劲。”

1980 年 2 月 28 日，考察队员黎园华在神农架朱公坪与学堂岩屋之间的山村中行进时，猛然发现在距他约 70 米远的地方有一个高达 7 尺的红棕色“野人”。黎园华端起步枪向“野人”靠近。“野人”猛地发现了黎园华，迈开大步，飞跑进入密林，逃之夭夭。同年 12 月 18 日下午 5 时，黎园华与另一考察队员李仁荣在神农架无名峰南坡的响水河边再次发现一个长发垂腰的红棕毛“野人”正坐在石头上吃东西。当黎、李二人试图靠近“野人”时，“野人”察觉，拿起食物，飞也似地逃走了。

1987 年 7 月 23 日，河北省黄梅县青年唐月鹏进入神农架在一条溪水边饮水时，突然被什么东西击昏，醒来后发现自己是睡在一个山洞内，洞内可并排睡七八个人。唐月鹏借着亮光向洞口望去，看到了一个约 3 米高的人形动物。该动物长着棕红色的长发，两手下垂，五指撒开，头向前倾……唐月鹏趁奇异动物离开山洞之机逃离了山洞。此后，唐月鹏带一考察队意图找到该山洞，但却未能如愿。神农架野人研究会会长杜永林详细询问了唐月鹏遭遇奇异动物的经历，然后谈了自己的看法：唐月鹏所到的地方名叫麻湾，土名为迷魂塘，几乎无人涉足。在麻湾一带的大山丛林中，已有 56 次（不包括唐的发现）发现野人的记录，仅最近几年就有 3 次。

1987 年 8 月初，四川三名漆匠在古水割漆时与一红毛人形动物不期而遇。《湖北日报》在 1987 年 9 月 5 日头版以《神农架又一次发现野人活动》为题报道了三名漆匠的发现。

1993 年 9 月 3 日，铁道部科学院、铁道部大桥工程局、谷城桥梁厂联合组成了一支资源考察队进入神农架考察。当考察队员们乘车经过佛光风景点东七八公里、209 国道 1550 公里处时，10 名考察队员同时看到了迎面而来的 3 个野人——野人两矮一高，全身长满了黑红色的毛，手臂奇长，脸上宽下窄，眼大嘴突，直立行走，胯毛又多又长。当司机紧急刹住车时，车离野人仅有 5 米远。野人突然发现了车和车上的人，大为震惊，但他们很快从惊慌中醒来，一溜风似地跑下山坡，遁入茂密的丛林中。

1995 年 4 月 7 日，一支由各学科科学家和业余爱好者组成的科考队再次进入神农架，科考队虽然没有发现神农架野人，但仍找到了一些有关“野人”的重要信息。科考队将巨猿的复原像和其它几十种动物的图片混杂在一起，给见到野人的目击者看，神农架野人的目击者们纷纷指出，“巨猿”很像他们见到过的野人。

有关神农架野人考察研究的一份报告写道：自 1924 年至 1993 年，神农架林区范围内有，360 多人见到过“野人”，一些人曾多次与野人不期而遇。目击者们对“野人”的描述大致相同——棕红色毛发，身躯高大，没有尾巴，面貌与古猿相似。

但是，我国有关单位先后组织了 4 次大规模考察，特别是 1977 年的那次考察，考察队由全国 52 个大专院校、科研单位、博物馆等一些专家、学者及众多摄影师、工人、猎人、众多农民志愿者组成，在神农架进行了 180 天的大“搜捕”，但始终没有见到“野人”，这是为什么呢？

寻找野人，完全是为了了解我们人类的过去；

如果真有野人存在，它必然与人类遥远的、被遗忘的过去有着脐带般的联系。

为了证实猩猩的存在，人类用了 194 年的时间；

为了证实黑猩猩的存在，人类用了 222 年的时间；

为了证实大猩猩的存在，人类用了 234 年的时间。

为了证实“野人”的存在，人类还要付出怎样的努力，花费多长的时间呢？

“神农架野人”，你在哪里？

唐山大地震

（1976 年 7 月 28 日）

1976 年 7 月 28 日，北京时间 3 时 42 分 53.8 秒，位于东经 118.2°、北纬 39.6°的河北省唐山市因城市下面 16 公里处的岩石突然崩溃，形成了一次震惊世界的 7.8 级大地震，这就是唐山大地震。唐山大地震所产生的巨大破坏力相当于 400 枚投在日本广岛上空的原子弹同时猛烈爆炸！

顷刻间，拥有百万人口的唐山市被夷为平地。北京市、天津市以及整个华北大地都在剧烈震颤。强大的地震波传遍了整个地球，全世界的地震台都记录到了来自中国的强大冲击力，美国阿拉斯加天文台的专家们发现预告器跳动了约 1/8 英寸！

唐山大地震是迄今为止 400 多年来世界地震史上最悲惨的一幕。请看下面几组数字：

死亡：24 万 2 千 7 百 49 人；

重伤：16 万 4 千 8 百 51 人；

……

直接经济损失：50 亿元人民币以上。

地球，是人类的母亲，可是，人类对地球母亲又认识了多少呢？

痛定思痛，人们在对唐山大地震进行反思时竟发现，地球母亲早就在向人们发出大地震的警报了。

在地震发生前的半个月，即 7 月中旬，唐山市附近的丰润县杨官林乡一眼深 50 多米的机井不停地向外喷出气体，而邻近一些村庄的池塘，原先满池塘的碧水突然莫名其妙的消失了。与此同时，渔民们一个个喜笑颜开，因为一连好多天，鱼特别好打，于是唐山市民们吃到了又新鲜、又便宜的好鱼。

进入 7 月下旬，居住在唐山市东南海岸的渔民们感到了某种不安：几十年来一直露出海面的巨大礁石突然被海水淹没，原先碧澄澄的海水变为一片浑黄。

7月23日~24日，唐山附近昌黎地区升温1.2℃。

7月23日~25日，唐山升温1.5℃。

7月25日，停泊在天津大沽口海面上的“长湖”号油轮上的船员们惊异地发现油轮四周的空气会“嗞嗞”作响，无数的蜻蜓、蝴蝶、鸟雀一个劲儿地往船上飞，怎么驱赶也驱赶不走。在同一天，抚宁县坟坨乡的社员们眼睁睁地看着100多只黄鼠狼从一个古墙洞中爬出来，浩浩荡荡地向村外转移而去。

7月26日，距唐山仅50公里的滦县连续发生三次小震，分别为0.1级、0.7级、0.8级。

7月26日—27日，架设在距唐山200多公里远的延庆县佛爷顶山附近的两台测雨、警戒雷达连续收到源自北京、天津、唐山上空的一种奇特的扇形指状回波，这意味着在京津唐一带出现了一个强大的新磁场，尽管监测人员对此疑惑不解，但人们却没有采取进一步的行动。

7月27日，唐山北部的一个军营中发生了一桩怪异的事情，堆放在地上的钢筋不停地发出夺目的亮光，就像有人在钢筋中烧电焊一样。

古怪的事情层出不穷：

在唐山、北京等地，许多人家在半夜时关闭了的日光灯莫名其妙地亮了起来；在通县，有人发现卸下来放在地上的日光灯照旧在发光发热；在抚宁县，一家养貂场所养殖的400多只貂在铁笼中乱撞乱蹦，一刻不肯安宁；在昌黎县，一个养鸽户所喂养的200多只鸽子突然飞出鸽巢，在夜空中惊叫、盘旋……

7月28日，北京时间3时左右，地球母亲向无动于衷的人们拉响了最后的警报：

丰润县左家湖乡，100多匹马挣断缰绳，惊恐万分地跑出马厩，在旷野上狂奔；滦县安各庄，几个农民在从井中打水洗澡时，惊讶地发现井中的水像开了锅似的烫！

3时42分左右，一个古怪的声音，“吱”从地下飞出来，升入天空，阴沉沉的天空突然明亮起来，像是着了大火，天空中还挂着一块奇异的云彩……

3时42分53.8秒，最后的时刻来到了。唐山市地底下突然发出“呜呜”的巨响，几个大火球从裂开的地缝中钻出来，飞入空中，“轰隆隆！”地动山摇……

短短的几秒钟过去后，雄伟的唐山市肢残体碎，一片灰色的浓雾无声地笼罩着这座不幸的死亡之城，久久地、久久地不肯散去。

唐山大地震向人类敲响了警钟，人类再不能面对地震熟视无睹、束手待毙了。

据科学家们统计，地球上每年有约500万次地震发生，有约1000次会造成破坏，其中7级以上的强烈地震平均每年有10多次，形成较大灾害的特大型地震，平均每年约有一次。

唐山地区位于华北地块边缘的燕山断褶带和沧东断裂带的交汇处，震中区是一个近期仍在下沉的盆地，地壳运动十分活跃。百余年来，这一断带时有大地震发生。1830年、1937年、1945年、1966年、1967年、1969年，在河北磁县、渤海湾、山东荷泽、滦县、河间、渤海，分别发生了7.5级、7.0级、6.3级、7.2级、6.3级、7.4级较大地震，唐山大地震是其中最大的一次。

唐山大地震后，余震不绝。从1977年6月30日至年底，唐山地区又记录到3级以上地震2271次，其中5级以上破坏性地震21次。

唐山大地震后，西方一些人预言："唐山从此在中国的地图上抹掉了。"但是，勤劳勇敢的中国人民在短短五年内又重建了唐山市。1985年，最后一批3.6户居民告别防震棚屋，迁入新楼。西方的预言家们于是又说："中国的制度对天灾有特别强大的抵抗力。"

众多的事实表明，地震是一种有规可循的自然现象，可惜，人类探索地震奥秘的探秘之船才刚刚启航。

什么时候，人类才能精确地预报地震并成功对地震进行"疏导"，直至利用地震所产生的强大能量呢？这一天也许很遥远，但我们相信，这一天一定会来的。

圣克鲁斯机场的灾难

（1977 年 3 月 27 日）

圣克鲁斯是度假圣地——特纳里夫岛上的一个海港城市。

特纳里夫岛坐落在碧波万顷的大西洋北部，是美丽的加纳利群岛中的最大岛屿之一。从北美飞越大西洋前往非洲、欧洲的国际航线飞机都喜欢在特纳里夫岛上作短暂的停留，补充燃料，所以，圣克鲁斯便成为了北大西洋上的一个海空交通枢纽。

1977 年 3 月 27 日，星期日。圣克鲁斯国际机场迎来了最繁忙的一天——这一天共有 180 架次飞机在这里起降。在忙碌了整整一上午后，到了午后，天气突然变坏，大雾弥漫，还下起了小雨。但是，由于机场的能见度仍在最低标准以上，停落在跑道上的 11 架班机仍照常起飞。

11 架班机中有两架波音 747。波音 747 是当时世界上起飞总重量最大的民航飞机，也是所谓现代的宽机身的远程喷气客机。其翼展达 59. 64 米，全长 70. 51 米，机高 19. 33 米，最大起飞重量为 351540 公斤，驾驶舱 3 人，乘客 348 –447 人。两架波音 747，一架是从阿姆斯特丹飞来的荷兰皇家航空公司的 4805 航班，有 229 名乘客，15 名机组人员；一架是从洛杉矶经纽约飞来的泛美航空公司的 1736 航班，载客 370 人，机组人员 16 人。

雾越来越浓，机场的能见距离缩短为 500 码左右，这样糟糕的条件，飞机只能勉强起飞。但是，无论是荷兰的 485 航班，还是泛美的 1736 航班，人人都担心天会变得更坏，从而耽误了旅程，谁也不愿意在喧嚣的机场上过夜。

下午 5 时左右，荷航 4805 和泛航 1736 终于接到了塔台的通知：准备起飞。

圣克鲁斯机场的主跑道长 2 英里，东西向。

两架波音 747 先后滑行到达主跑道的东端，然后，按塔台的指令向西滑行到远处的起飞位置，荷航在前，泛美在后。

塔台呼叫荷航：“一直滑向跑道终端，然后调头。”

荷航4805班机的机长贾普·范赞特是一位有27年飞行纪录、经验丰富的驾驶员，是荷兰皇家航空公司中三名最优秀的驾驶员之一。听到塔台的呼叫后，范赞特一丝不苟地执行了塔台的命令。

塔台又命令泛美1736航班："向前滑行，通过左边一条通道，离开跑道。"

1736航班机长是56岁的空军退役飞行员维克多·格拉希斯，格拉希斯是二战的老兵。就像在部队中听从长官的命令一样，格拉希斯也严格地执行了塔台的指示。

机场与主跑道相平行的还有一条跑道，两条跑道在两端相连，但中间有4条通道。当荷航4805班机滑行到主跑道终端，调过机头来的时候，泛美1736班机越过了第4通道，向主跑道的另一端滑去。

弥漫的大雾挡住了荷航机长范赞特的视线，范赞特没有看见泛美的航班正对着他滑来。

荷航："4805准备就绪，等候跑道腾空。"

塔台："明白。停下，做好起飞准备，等候通知。"

塔台转而询问泛美航班："1736航班，你现在是否腾空?"

泛美："没有。1736航班正在跑道上滑行。"

塔台："腾空后，请立即报告!"

……

泛美1736航班在主跑道上向前滑行。副驾驶员罗伯特·布雷格猛地发现一架巨型飞机迎面冲来，大惊失色，急忙通过无线电狂呼："躲开！躲开!"与此同时，机长格拉希斯也发现了高速驶来的班机，通过无线电发出紧急呼叫："我们在跑道上！我们在跑道上!"

迎着泛美航班飞来的巨型飞机就是荷航4805班机，它的速度已达300公里/秒，即将离地升空。

格拉希斯机长操纵飞机紧急转弯，想避开对方，但荷航4805班机已逼近飞机，转弯已不可能。与此同时，荷航范赞特机长也发现了险情，范赞特拼尽全力拉起机头，企图使飞机从泛航飞机头顶飞过去，只听轰隆一声巨响，荷航4805班机的头部撞在了泛美1736班机的上中部，眨眼间，越过了泛美1736班机，沿跑道向前冲去，刹那间，轰然爆炸，机场上升起一团火球，飞机化为无数碎片，四处飞散，机组人员与229名乘客全部丧命。

命运之神似乎对泛美航空公司有所偏爱——1736航班受撞后，前方机舱顶部撕开了很大一个裂口，趁大火没有燃起之际，机舱前半部的旅客纷纷解开座位上的安全带，从裂口爬到机翼上，从机翼上跳到地面，逃离现场。

一名死里逃生的旅客回忆说："巨大的冲击力把我撞离自己的座位有 20 米远，眨眼间，样样东西都燃烧起来了，我看见机身上有一个破洞，急忙钻出破洞，跳下飞机，逃了出来。"

一名女乘客回忆说："撞机以后，我看到机舱前面和顶部有的地方被掀开了，形成一个很大的露天空洞。我立刻解开座位上的安全带，爬过东倒西歪的杂物，钻出空洞，跳出机舱，拼命地奔跑。我只觉得周围全是浓烟裂焰，并且不断听到爆炸的声音。"

在这次空前的撞机惨案中表现得最为勇敢的人是泛美 1735 航班的乘务长——35 岁的多萝西·凯利女士。

凯利女士从飞机上跳下来逃到安全地带后被一连串的惨叫声、呻吟声惊撼了，她转身跑向飞机，回到飞机内。

凯利女士发现机长格拉希斯跪在驾驶舱中，昏迷不醒。她抓住格拉希斯的手臂，将格拉希斯拖出驾驶舱，拖到跑道上。这时候，飞机上发生了一连串的爆炸，凯利毫不犹豫地返回机舱，将一些昏迷的乘客救出来，一直到认定飞机残骸内没有活着的人了，才终止救援行动。

凯利在事后被美国有关当局授予一枚勋章。

灾难发生后，圣克鲁斯机场的值班救援队迅速赶到了现场，美国国家运输安全委员派出一个 41 人小组紧急飞赴现场，美国、荷兰、葡萄牙（加纳利群岛归属葡萄牙）的专家组成了一个调查委员会，对事件进行正式调查。

圣克鲁斯机场两机相撞的根本原因并不难寻找——飞行控制塔是否给荷航 4805 班机下达了起飞的命令。尽管荷航 4805 班机后机组人员全部遇难，但飞机上的"黑匣子"自动地录下了整个飞行过程的参数。

泛美航空公司 1736 航班共有 68 人幸免遇难，其中有机组人员 7 人，乘客 61 人，总共死亡人数 338 人。

两机共死亡 582 人。

“旅行者”飞向太阳系尽头

（1977年8月20日）

1977年8月20日及9月5日，“旅行者2号”、“旅行者1号”宇宙探测器相继从美国卡纳维拉尔角肯尼迪航天中心发射升空，踏上了到太阳系的外层行星世界、探测外行星及茫茫宇宙的漫长通路。

“旅行者2号”在旅途中

“旅行者2号”、“旅行者1号”发回地球的每一条珍贵信息都令科学家们惊诧和欣喜、令世人惊诧和欣喜。

如今，两位“旅行者”已告别了太阳系的九大行星，正在向太阳系尽头疾驰……

一个宏伟的计划

1957年10月4日，前苏联发射了第一颗人造地球卫星，美国朝野大为震动，下定决心，一定要在空间技术方面赶上和超过前苏联，经过12年的奋斗，美国人将“阿波罗11号”载人宇宙飞船发射到了月球，在月面上第一次留下了人类的脚印，把前苏联人抛在了身后。

“阿波罗11号”宇宙飞船的成功极大鼓舞了美国的科学家们，他们雄心勃勃地计划向遥远的行星派出自己的使者，利用行星引力去探访木星、土星、天王星、海王星和冥王星。

利用行星引力来改变飞船轨道的设想是1925年一位叫霍曼的科学家提出的。1973年11月3日、美国发射了“水手10号”宇宙飞船，利用行星引力使飞船加速，三次飞探水星，取得了空前的成功。

为了避开行星环，美国的科学家们计划用两艘宇宙飞船分两条路线进行探测。

第一条路线：地球——木星——土星，飞出太阳系；

第二条路线：地球——木星——土星——天王星——海王星——飞出太阳系。

这个计划被命名为“旅行者计划”，两艘宇宙飞船分别被命名为“旅行者0号”、“旅行者2号”。

出类拔萃的“旅行者”

“旅行者”1号、2号探测器在结构设计和所携带的科学仪器方面完全相同，它们由美国喷气推进实验室研制，是当今世界最先进的行星探测器。

“旅行者”探测器重825公斤，起飞重量约为2100公斤，它由探测器和推进舱两部分组成，有约6.5万个零件。推进舱负责将“旅行者”加速到足够飞往木星的速度后即自动与探测器分离，坠入太空，探测的任务便由“旅行者”（在这里，“飞船”与“探测器”的概念已完全相同）自己去完成。

“旅行者”的主体是一个扁平的十面棱柱体，中央是球形推进剂箱，周围是电子设备舱。“旅行者”的头上戴着一个大抛物面天线，左右各伸出一支悬臂，一长一短，长的是磁强计支杆，短的是科学仪器支架，侧面挂着三节放射性同位素温差电池。

“旅行者”要完成多达11项的科学研究工作，这些研究工作是：成像、红外辐射、光偏振、紫外光谱、宇宙射线、等离子体粒子、低能带粒子、等离子体波、磁场、行星射电天文研究及无线电科学研究等，为了完成这些研究工作任务，“旅行者”携带了电视摄像机、红外辐射探测仪、光偏振计、等离子体波探测器等大批先进的科学仪器。

“旅行者”任重而道远，当“旅行者”到达木星时，地球给它下达的无线电指令要走40多分钟；当它飞到土星时，指令需85分钟才能被它接收到；当他抵达天王星时，约需170分钟；而到达海王星时，必须4个多小时。因此，“旅行者”必须有高度自动的工作能力，不能完全受命于地球。

“旅行者”是如何实现高度自动化的呢？

“旅行者”上的计算机能够检查包括本身在内的一切故障，并能自己立刻加以排除或修复。具体一点说，“旅行者”计算机系统中有一台“检定和修复处理机”，一旦某一分系统出现故障，处理机马上可鉴别发生故障的地方并进行修复，如不能修复就立即接通另一台备用的替代装置。

“旅行者”的巨大抛物面天线，其直径达3.66米，这是迄今为止的探测器中的最大天线，它使辐射能量集中在一个波束上，同时保持适中的信号强度，使设在地球上的基地能够接收到它在遥远的太空中发回的信息。

“旅行者”有储存5.38亿个数据的能力，其数据传输速度极高，这是使它具有极强通信能力的另一原因。

“旅行者”飞得越远，距太阳越远，太阳光就越弱，例如，木星附近，单位面积接收到的太阳能只有地球附近的4%，到了土星轨道上，只剩下1%，因此，使用太阳能电池是不可取的。“旅行者”上的同位素电池利用放射性同位素在衰变过程中放出的热量，经热电发电机转换成电能。同位素的半衰期有的较短，有的很长，例如钚—238的半衰期长达87.8年，它恰好适合作长期旅行的能源。

总之，“旅行者”上所有的部件及工作能力在当时都是首屈一指的，正因为如此，“旅行者”方能一路平安。

拜访木星

1977年8月20日，美国东部夏令时上午10时29分45秒，“旅行者2号”探测器从卡纳维拉尔角肯尼迪航天中心发射升空，9月5日美国东部夏令时上午8时56分，“旅行者1号”也从这里踏上不寻常的旅程。由于飞行的轨道不同，后上天的“旅行者1号”先于“旅行者2号”4个月抵达木星，成为名副其实的“哥哥”。

两位“旅行者”在拜访木星时，首次发现了木星环，首次在地球以外的天体上发现了极光，发现了木卫1上正在喷发的火山，发现了木星的新卫星……

一连串的新发现令科学家们欢欣鼓舞，也使人们对木星有了一个系统的、科学的认识。

木星的半径为71398公里，自转一周需10个小时，围太阳转一周则需11.86年，其质量是地球的319.6倍，体积是地球的1403倍。

木星的外围环绕着一个美丽夺目的五彩光环，木星大气上下激烈翻滚，所以，用天文望远镜观看木星，木星表面有横的条纹。木星赤道附近有一个巨大的旋风，其寿命在18年以上，地球人类看到的木星大红斑就是该旋风产生的。

木星表面的温度平均在-100°以下，但在木星表面的某些区域，温度可高达3～4亿摄氏度。

木星有17颗卫星，其密度为1.3克/立方厘米与太阳的密度（1.4克/立方厘米）相接近。

木星不但反射太阳的光，本身也发光，而且越来越亮。木星的内星是岩石核，中间有固态氢，外层是液态氢，最外层是含有甲烷和氨氢的大气层。

“旅行者兄弟”完成了探测木星的使命后，借助木星的强大引力给自己加速，改变方向，向土星飞去。

探望土星

土星因巨大的星环而闻名，它的赤道直径为12.02万公里，质量是地球的95.18倍，体积是地球的837倍，自转一周需10.67小时，围太阳绕行一周需29.46年。

土星有一个由岩石和冰构成的核心，核心之外是含水、甲烷和氨的部分，最外层是厚厚的氢和氦。在土星表面，最高温度为－150℃，因此，土星上的水、甲烷和氨都呈固态结构。

1980年8月23日，“旅行者1号”在距土星约9600万公里处拍下了土星及其美丽的光环的照片。土星环呈金黄色，它是由数千条微细光环组成，光环的直径达27万4千公里，厚30米，土星的细环全由几厘米到几十厘米的许多冰岩组成。

11月6日～8日“旅行者1号”对土卫6、土卫5、土卫4、土卫1、土卫8、土卫3、土卫2等卫星进行了拍照。11月12日15时45分，“旅行者1号”在距土星中心1.84万公里处与土星相会，其相会时间仅比预期时间提前43秒。

为了探测土卫6，“旅行者1号”与土卫6靠得很近（只有4000公里），结果发现，土卫6的直径仅4828公里（原来认为5800公里），土卫6的温度低达－201℃，大气中含氨98%。科学家们本以为会在土卫6上发现生命物质，但没有如愿，这一次近距离探测土卫6，使“旅行者1号”失去了借助土星引力飞往天王星、海王星的机会，在离开土星后，“旅行者1号”向北转弯，朝蛇夫座飞去，一直飞向太阳系的边缘。

“旅行者2号”于1981年8月下旬才飞近土星，它与土星环平面一直保持着15°以上的夹角，直到接近土星环才向光环下方飞去，以便居高临下地观测土星环。

“旅行者”兄弟都发现了土星的新卫星，现在我们知道土星的卫星一共有

23 个。

“旅行者”兄弟还发现了土星有极强的射电现象，发现了土星上的巨大雷暴，发现了土星上有无形的带电原子云。“旅行者 2 号”告别土星后，借助土星引力，直飞天王星。

作客天王星

天王星距太阳有 19.28 个天文单位，即约 28.8 亿公里，公转周期为 84.01 年，自转周期为 17.239 小时。

天王星的赤道半径是地球的 4.06 倍，达 2.59 万公里，其质量是地球的 14.63 倍，体积是地球的 63.15 倍，表面极限温度低达 -211℃。

天王星的赤道面和公转轨道面之间形成 90°左右的夹角，这样，天王星的自转便成了逆向的，而且是“躺着”运行，它的卫星的轨道反而垂直地“竖”了起来。因此，人们说，天王星是一个“颠倒的行星世界”。科学家们推测，大约在亿万年前，有一个巨大天体猛烈地撞击了天王星，将天王星撞了个“底朝天”，天王星才变成今天这副模样。

天王星如此古怪，距离地球又这样远，地球人类对天王星了解得很少，因此，人们对“旅行者 2 号”都寄予了重望。

为使“旅行者 2 号”准确到达天王星，美国宇航局通过启动探测器上的发动机对其飞行轨道进行修正，确保了“旅行者 2 号”不至于在茫茫太空中迷失方向。

1985 年 11 月 4 日，在经过了约 8 年的漫长飞行后，“旅行者 2 号”飞到了距天王星 1.41 万公里的太空中，开始对天王星进行拍照。1 月 24 日，“旅行者 2 号”与天王星家庭成员天卫 3 会面（约距 37.2 万公里），随后，“旅行者 2 号”又拜会了天卫 4、天卫、天卫 5。

1986 年 1 月 24 日上午 10 时，在距天王星 10.7 万公里的太空中，“旅行者 2 号”与天王星“相会”，此时此刻，“旅行者 2 号”已在太空中奔走了 8 年又 5 个月零 5 天，曲线距离为 48.3 亿公里，直线距离也有 29.65 亿公里。

1 月 24 日 7 时 42 分，“旅行者 2 号”在距天王星 10.7 万公里的太空中对天王星的极点进行探测后渐渐告别天王星，向遥远的海王星飞去。

“旅行者 2 号”拍下了数千张有关天王星及其卫星的照片，记录了大量极有价值的科学数据，使人们重新认识了天王星：

天王星有 15 颗卫星（新发现 10 颗）；

天王星有数千公里深的海洋，海洋的温度高达几千摄氏度；

天王星的大气层厚达数千公里，其主要成分是氢；

天王星有 20 个以上的大光环，它们由冰块或石块组成；

天王星有磁场……等等。

飞抵海王星

海王星是太阳系中的第八颗行星。

海王星的半径为 2.475 万公里，质量是地球的 17.22 倍，体积是地球的 58.42 倍，公转周期为 247.09 年，自转周期为 18.4 小时。

从天王星到海王星约有 15 亿公里，“旅行者 2 号”发回地球的信号以每秒 30 万公里的光速传输，也要用 4 小时零 6 分钟才能到达地球，信号十分微弱。为了接收到这些信号，美国宇航局把设在四大洲上的 38 座巨型天线连成一个超级天线阵，将微弱的信号送入计算机，由计算机转换成图像显示在荧光屏上。

当“旅行者 2 号”抵距海王星最近点（约相距 4800 公里）之后，美国宇航局将探测器发回的图像进行了实况转播，来自 7 个国家的 130 多位科学家及几百万电视观众分别在美国宇航局的荧光屏上和家中看到了有关海王星及其卫星的一幅幅神奇的照片。

“旅行者 2 号”的惊人发现有：

海王星至少有 5 个漂亮的光环；

海王星在很大范围内有极光，这种情况与地球只在南北极有极光不同；

海王星有一个大如地球的黑斑，这是巨大的风暴，堪与木星上的大红斑媲美；

海王星至少有 8 个卫星（新发现 6 个）；

由于“旅行者 2 号”所携带的能量有限，在完成对海王星的探测后，“旅行者 2 号”再也无力飞向冥王星，只好凭借惯性，孤独地向南天飞去。

飞出太阳系

飞离海王星后，“旅行者 1 号”和“旅行者 2 号”将飞越冥王星轨道，向太阳系边缘飞去，最后，一往无前地飞出太阳系。

太阳系的边缘在哪儿呢？

通常情况下，许多人认为冥王星就是太阳系的边缘，这是极其错误的。

冥王星是一颗比月球还要小的行星，绕太阳转一周约需 248 年，自转一周为 6.39 天。冥天星的运行轨道十分奇特，其距太阳的最近点、最远点分别是 45 亿公里和 74 亿公里，换句话说，冥王星是在海王星与天王星之间的轨道上运行，比海王星距太阳还要近得多，可见，冥王星不可能是太阳系的边缘。

荷兰天文学家奥尔特认为，受“太阳风”的影响，在太阳系的最外围应该有一个彗星带，彗星带绕太阳旋转，彗星带才是太阳系的边缘，奥尔特所想像的太阳系这一界限，被称为“奥尔特云”，从太阳到“奥尔特云”的距离约为 15 万亿公里。

美国科学家对奥尔特的观点进行研究后认为，太阳系边缘还在外围，太阳系的稳定区直径可达 5.3 光年，即约 50 万亿公里。

“旅行者”兄弟何时才能飞这么远呢？

公元 2001 年，“旅行者 1 号”将飞至 80 个天文单位的太空中（冥王星距太阳 39.54 个天文单位，1 个天文单位≈1.5 亿公里），而“旅行者 2 号”则还要晚一些；

公元 2010 年，“旅行者”兄弟将飞至 100 个天文单位的太空中；

公元 8571 年，“旅行者”只飞离太阳 0.42 光年；

可见，这是一次遥遥无期的飞行。

现在，“旅行者”兄弟仍在孜孜不倦地向地球发回各种信息。“旅行者”的重任是：

观察太阳风的变化，探测太阳风的边界；

探索太阳系的边界；

探测星际空间的外来引力场；

寻找第 10 颗行星（许多科学家都认为，太阳系可能还会有一颗行星——第十行星）；

寻找宇宙中的文明……

为了寻找宇宙中的文明，“旅行者”1 号、2 号都分别携带一盒“地球之音”声像唱片，其目的是向宇宙人传达地球人类的信息。

“地球之音”的内容十分丰富，它跨越了几百万年的时间，从地球上生命的起源、进化直到今天人类的生活。

“地球之音”录制在镀金的铜盘唱片上，唱片直径 30.48 厘米，唱片有一个底盘，还有一个磁唱头，一根金刚石唱针，其寿命可达 10 亿年。

在唱片的盒上，用符号语言刻着说明，指出了“地球之音”的使用方法及飞船所在故乡在宇宙中的方位。

"地球之音"包括 115 张照片和图表、35 种自然界的声响、55 种世界不同语音的问候语、27 种世界名曲、联合国秘书长瓦尔德海姆口述的录音、美国总统卡特签署的电文，例如：

地球上男人、女人的轮廓图及人体解剖图；

母亲正在给婴儿喂奶图；

万里长城图、联合国大厦图……

"各位都好吧，我们都很想念你们，有空儿请到这里来玩。"（汉语）

"喂，伟大的生命，我们欢迎你们！"（索托语）

"向群星上的朋友们致敬，我们希望有朝一日能见到你们。"（阿拉伯语）

联合国秘书长瓦尔德海姆向宇宙人致辞说道：

……我代表地球上的人类向你们表示敬意。我们走出太阳系，进入宇宙空间，只是为了寻求和平与友谊。我们深深懂得，我们的地球和地球上的居民不过是浩瀚宇宙海洋中的一滴水，所以，我们派出"旅行者"充当地球人类的和平使者……

茫茫宇宙，繁星闪烁。

"旅行者"在众星间跋涉。

为了探索宇宙的奥秘，建设一个繁荣、美丽的地球，人们必须付出不倦的努力，道路还十分遥远，遥远……

“红色旅”与莫罗总理绑架案

（1978年3月16日）

恐怖的“红色旅”

“红色旅”是20世纪名噪一时的恐怖组织，是世界十大恐怖组织之一。在意大利，红色旅的名字与黑手党一样令人心惊胆颤。

红色旅创建于60年代，主要缔造者是一个名叫库乔的青年人，他是意大利都灵市特伦多大学的学生。

60年代，意大利经济获得了快速发展，政府采取大学开放政策，即敞开大学校门，广招大学生。但是政府出现了一个大失误：对于大学毕业生的就业问题置之不理，一批批大学毕业生走上社会，四处游荡，没有毕业的大学生对前途感到迷惘，对政府感到不满，纷纷走上街头，示威游行。

库乔是特伦多大学的学生领袖，每次游行总是走在最前列。有一次，游行队伍与警察发生冲突，警察向赤手空拳的大学生投掷了催泪弹。库乔与其两个最要好的朋友毫不畏惧地拾起落在身边的催泪弹回敬给警察。不料，惨剧突然发生了——一颗催泪弹落在库乔附近，他的两个好朋友同时俯身去拾，催泪弹轰然爆炸，库乔的两个好友顿时倒在血泊中，停止了呼吸。

库乔发誓要复仇。如何去复仇呢？库乔想到了“城市游击队”，库乔的最初活动被称为“使权力机构残废”运动，他们所袭击的政府人员只限于“致残”。在罗马国会大厦前，在威尼斯机场，在那不勒斯及佛罗伦萨等城市，库乔一次次袭击政府人员，用枪将他们的膝盖击碎。库乔的逻辑是：政府工作人员为权力机构效力，他们的残废就意味着政权的残废。大约是在这一时期，库乔为他的组织起了个“红色旅”的名字，红色旅的标志是一枚环绕着圆圈的五角星。

红色旅有着明确的纲领、目标和严密的组织机构。红色旅鼓吹用暴力实现自己的目标。其城市“游击战”的规模不断升级，绑架、暗杀、爆炸，无所不为。红色旅以小组为基层单位进行活动，每小组三人，小组与小组之间没有横向联系，每 6 个小组构成一个“核心”，各地的“核心”再构成“旅部”。意大利警方在尝尽了红色旅的苦头后，形容红色旅道：“红色旅的组织机构活像一条被切成数段的蚯蚓，每一段都能蠕动。”

70 年代末至 80 年代初是红色旅发展的巅峰时期，仅在 1980 年，红色旅就发动了 2500 次攻击，使意大利陷于一片血雨腥风中。在这一时期，红色旅绑架并杀害了意大利总理莫罗，令世人大为震惊。

绑架杀害莫罗总理与抓获、审判库乔有着密切的关系。

审判库乔

1975 年，一个纯属偶然的原因，红色旅最重要的人物库乔落入了意大利警察局的手中。意大利警察局惊喜若狂，决心以库乔为突破口，将红色旅扫荡干净。

意大利警察局为库乔指定了一位辩护律师——著名律师柯希罗，被库乔一口拒绝。库乔吼道：“我不需要什么律师。我可以自己为自己辩护！”库乔又威胁柯希罗道：“小丑！你要小心点，不然会倒霉的！”

柯希罗是一位恪尽职守的人，他兢兢业业地为库乔准备好辩护材料，可是就在开庭审判库乔前的一周，红色旅将柯希罗枪杀在他的寓所旁。意大利法庭并没有被吓倒，照旧准时开庭审判库乔，库乔则在法庭上侃侃而谈，俨然他是法庭的大法官，而法官们则是罪犯。审判毫无结果。

此后，法庭又数次开庭审判库乔，但库乔旁若无人，不时还以死亡相威胁，致使审判每每中途告终。意大利都灵市法庭在总结了几次的失败教训后，经过精心准备，挑选大法官巴巴诺主持对库乔的再次审判。不料，刚一开庭，库乔就抢先发言：“你们无权审判我！被审判的应该是你们——资产阶级的老爷！”

巴巴诺不理睬库乔，他开始宣读手中的文件，“被告库乔……”

库乔突然把矛头指向坐在巴巴诺右侧的陪审团，“你们马上给我滚！不然，我的同志们会像杀狗一样地把你们一个个杀掉！”

库乔的威胁立刻产生效应，陪审团成员是由都灵市民选出来的，成员中的一名妇女站了起来，对巴巴诺说：“大法官先生，罪犯以恐吓相威胁将会妨碍公正决定，我申请退席。”陪审团的其他成员也纷纷站了起来，请求退席。

审判，又一次宣告失败。

巴巴诺收拾起案卷，宣告休庭。在将库乔押下去之前，巴巴诺对库乔说："我们一定要审判你。库乔，你等着吧！"

库乔毫不畏惧，回敬了巴巴诺一句话，"我等着，我等你们一千年！"

巴巴诺花了整整10个月的时间组建了新的陪审团，并把审判库乔的日期定在1978年3月17日，把审判的地点设在警察营内，还从全国各地抽调来4000名警察。

3月15日，距开庭的时间还有两天，都灵市内戒备森严，全副武装的警察和装甲车将法庭所在的警察营围得针插不进、水泼不入。然而，就在这天夜晚，红色旅拨通了大法官巴巴诺家中的电话，巴巴诺拿起话筒，一个冷漠的声音令他打了个冷颤，"这里是红色旅。巴巴诺，我们以上帝的名义起誓，绝不让审判如期进行！"

巴巴诺脱口喊道："不可能！"

"你等着瞧吧。" 对方不慌不忙。

巴巴诺愣住了："你们想干什么？后天……"

"不用等到后天，明天你就知道了。"

电话"咔嚓"一声挂断了。

"明天？……"

巴巴诺下意识地向挂在墙上的日历望去——今天的日历已经撕下去了，"明天" 的那一页上赫然写着"三月十六日"。

巴巴诺一夜没有成眠。

巴巴诺想到了许许多多可能会发生的事情，但是就是没有想到——红色旅会采用最卑劣的手段——绑架意大利德高望重的莫罗总理！

绑架莫罗总理

绑架莫罗总理的行动早在半年之前就已着手，这次行动的组织者和指挥者是红色旅的领导人马里奥·马雷蒂。

马里奥·马雷蒂为他们的行动取了一个动人的代号："宝石行动"。

阿尔多·莫罗总理是意大利天主教民主党主席，曾五次出任总理一职，是意大利政坛上举足轻重的一位领袖。在任总理期间，莫罗解决了许多棘手的问题，赢得了全国人民的尊敬。人们都说，如果没有莫罗，意大利早就四分五裂了。

莫罗总理是一位勤勉的人，习惯于早起。3 月 16 日凌晨 4 时半，总理先生就早早地起床。他小心地从妻子依列娜的卧室前走过，以免把妻子惊醒，然后到阳台上做柔软体操。

对于莫罗总理来说，1978 年 3 月 16 日这一天是他从政 30 年来最重要，也是最辉煌的日子。数天前，在莫罗总理的斡旋下，意大利各党派终于达成协议，组成联合政府，这意味着自第二次世界大战后，意大利最大的政治危机、持续数月的无政府状态即将结束——今天，国会就将讨论这个协议，莫罗总理已得到许多头面人物的保证，协议将会获准通过。

7 时半，莫罗与妻子共进早餐。

8 时半，莫罗在保镖头目里奇的陪同下走出家门，登上了他的菲亚特牌小轿车。另外 4 名保镖乘坐另一辆车紧跟在菲亚特的后面。

莫罗的保镖头目里奇是意大利反恐怖小组的警官，受过严格的特殊训练，反应敏捷。近年来，意大利的恐怖活动有增无减，警方除给莫罗总理配备了 5 名保镖外，还配备了防弹汽车，但莫罗拒绝乘坐防弹汽车，他说："作为一个政治领袖，就应该时时刻刻与人民在一起，如果被隔绝开来，那是最可悲的事了。"

菲亚特沿着斯特里大街向前疾驶。当汽车即将行驶到斯特里大街和玛利奥夫尼大街的交叉路口时，一辆白色的菲亚特 128 型旅行车突然从一条小巷里驶出，挡在了莫罗轿车的前面，迫使莫罗的轿车减速，跟在旅行车后缓缓行驶。里奇有所警觉，但是，当他看到旅行车悬挂的外交牌照时，又把绷紧的神经松弛下来。

菲亚特轿车跟在旅行车后缓缓行进了 100 多米，来到了斯特里大街和玛利奥夫尼大街的交叉路口。里奇向路旁扫了一眼，发现有 4 个身穿意大利民航制服的人站在路边上，每个人都提着一个大旅行包，似乎是在等待开往机场的班车。

里奇看了一眼手表，九时零三分，国会的会议快要开始了。里奇对司机说："超车！"

司机刚要加速，意想不到的事情发生了。前面的旅行车猛然刹住，莫罗的司机只好紧急刹车，里奇猝不及防，一头撞在挡风玻璃上，紧跟在后的警卫车则因刹车不及，"哐！"撞在了菲亚特轿车上。

路旁，4 名身穿意大利民航制服的人扔掉旅行包，乌黑的冲锋枪魔术般地出现在他们手中。训练有素的里奇警官还没有明白发生了什么事情，4 名罪犯已以迅雷不及掩耳之势扑到菲亚特轿车前，用枪托击碎轿车的挡风玻璃，将黑洞洞的枪口对准了司机和里奇。

里奇伸手掏枪，但太晚了。随着一阵清脆的枪声，里奇和司机全身被打得像马蜂窝一样，倒在了血泊中。

警卫车中的4名保镖看见了端着冲锋枪扑上来的4名罪犯，推开车门想要冲出去。但是，迎面而来的弹雨将四名保镖中的三人击毙在车中，只有一人勇敢地冲到车外，却又被一阵更猛烈的弹雨击倒。

从撞车到司机及5名保镖被击毙，仅仅花费了40秒！

"宝石行动"天衣无缝。

斯特里街和玛利奥夫尼街的交叉处是莫罗总理国会大厦的必经之路。

为了确保"宝石行动"成功，马里奥·马雷蒂及其同伙一次次来到两条大街的交叉处进行实战演练。马里奥·马雷蒂连最细微的地方也考虑过了，例如，每天上午8时半，有一个花匠就会驾车来这里卖花，马里奥·马雷蒂派人在15日的夜晚将花匠的汽车轮胎全部刺破，使花匠不能出现在绑架莫罗的现场。又如，为了不引起里奇警官的怀疑，撞车用的挂有外交牌照的旅行车是偷来的。再如，为了便于逃跑，马里奥·马雷蒂又偷来了一辆警车，因为在罗马，只有警车才能畅行无阻。

莫罗总理坐在菲亚特轿车的后排座位上目睹了自己的司机及里奇警官的惨死，他的身上溅满了司机及里奇警官的鲜血，但他的脸上没有一丝恐惧。

一名红色旅成员拉开车门，向莫罗总理喊道："出来！"

莫罗总理端坐在车上，俨然一尊石像。

"出来！"又是一声吆喝。

莫罗总理还是纹丝不动。

马里奥·马雷蒂将莫罗总理强行带出菲亚特轿车，推入窃来的警车。

警车呼啸而去。

莫罗总理的最后时日

莫罗总理被绑架，意大利一片震惊，全世界一片震惊。

是谁绑架了莫罗总理？意大利在猜测，全世界在猜测。

3月19日，罗马《信使报》记者巴沙拉接到了一个匿名电话："马上去亚兰诺路天桥下拿红色旅的'第一号公告'！"

巴沙拉大惊，"是你们绑架了莫罗总理？"

“……”沉默。

巴沙拉忍不住喊道：“你们要干什么?”

“我们要向全世界宣战!”

巴沙拉扔下话筒，驱车赶到亚兰诺路天桥下，在指定的地点找到了红色旅的“第一号公告”。红色旅在公告上明确提出——用莫罗来换库乔。

莫罗总理被绑架后，意大利政府立即出动大批警察和军队将罗马城团团围住，夜以继日地进行搜索，但却没有发现任何蛛丝马迹。最后，警方认为，莫罗已被转移出罗马，于是在全国范围内展开了艰难的大搜捕。

其实，莫罗总理就在罗马城内。

莫罗总理被马里奥·马雷蒂用窃来的警车载走后，随即被置入一个货箱中。马里奥·马雷蒂将“货箱”锁好，送到蒙塔尔奇尼大街的一套公寓中，公寓的主人叫做安娜·劳拉·布拉盖蒂。

安娜·芬拉·布拉盖蒂是红色旅创始人库乔在特伦多大学读书时的同学，是库乔的亲密战友。早在绑架莫罗总理之前，红色旅就让安娜以个人的名义买下了蒙塔尔奇尼大街的那套公寓，并用公寓的一个厕所和澡盆搞了一个 90 厘米宽的“囚室”，莫罗总理就是被囚禁在那间 90 厘米宽的“囚室”中。

看守莫罗总理的红色旅成员一共有 4 人，其中一人即是安娜，但莫罗总理从来没有见过安娜，也不知道看守他的人中有一位是女性。

安娜每天定时出入公寓，给人以“上班”的假象，以迷惑左邻右舍，不引起警方的怀疑，而其他三个人则日日夜夜地待在公寓中，“守护”在莫罗总理的身边。

红色旅在“囚室”中设立了“人民法庭”，几乎不间断地对莫罗进行“审判”。莫罗总理有从政 30 年的经历，早已习惯了马拉松式的会议和辩论，对红色旅的“审判”嗤之以鼻。

红色旅一次次地发表公告，要求与意大利政府“谈判”，要求“用莫罗交换库乔。意大利政府的态度异常坚决——拒绝同红色旅进行任何“接触”。政府认为：一旦与红色旅“谈判”，那就意味着在政治上承认了红色旅。

“囚室”中有一台电视，莫罗总理可以通过电视了解外面所发生的一切。当莫罗总理确信政府不会释放库乔后，莫罗总理想到了自己，想到了死亡。莫罗的信念动摇了，他拿起笔给政府写信，呼吁政府与红色旅“谈判”，释放库乔。

意大利政府收到了莫罗总理在“囚室”中写好的所有信件。与此同时，莫罗的夫人也一次次拜见天主教民主党的领袖们，请求他们接受红色旅的要求，拯救莫罗的生命。政府的许多要员和天主教民主党的领袖们都是莫罗的挚友，他们在经过痛苦的思索后，对莫罗夫人说：“我们绝不能同恐怖分子对话，它关系到整个意大利的命运。这样，即使莫罗遇到不幸，那也是意大利精神上的胜利。”

4 月 27 日，在莫罗总理被绑架 42 天后，意大利政府通过罗马电视台的特别新闻节目发表声明：如果红色旅胆敢伤害莫罗，那么他们必将遭到意大利人民及政府的彻底唾弃和毁灭性的打击。

至此，红色旅企图以莫罗交换库乔的幻想彻底破灭，红色旅决定处死莫罗，还意大利政府以“颜色”。

1978 年 5 月 9 日，即莫罗被绑架后的第 55 天，马里奥·马雷蒂走入“囚室”，对莫罗总理说：“你马上就可以出去了。”

莫罗总理疑惑地抬起头，“你们要释放我?”

马里奥·马雷蒂平静地说：“我们要送你出去。”

莫罗总理木然垂下头。

马里奥·马雷蒂让莫罗穿好衣服，然后将莫罗放入木箱中，又把木箱搬到停在公寓车库中的一辆雷诺牌汽车的行李箱中。

此时此刻，莫罗总理在想些什么呢？他知道死神正在向他逼近吗?

马里奥·马雷蒂拿起一支无声手枪走到行李箱边，对准莫罗的胸膛扣动了扳机：

“砰!”

声音十分微弱，在车库外面根本听不到。

“砰!”“砰!”“砰!”……

马里奥·马雷蒂向莫罗总理一连打了 11 枪，但没有一枪是击在心脏上，他要莫罗总理在痛苦中死去。

第二天凌晨，警方在市中心距天主教民主党总部只有几码远的地方发现了一辆可疑的汽车，拉开车门，发现了死去多时的莫罗总理遗体。

意大利全国为莫罗总理举哀。

无数的意大利人自发的举行示威游行，对红色旅的暴行表示憎恶和愤慨。

在安葬莫罗总理的那一天，数万人自动加入送葬的队伍。

全世界都为莫罗总理的死所震动。

红色旅走向末路

绑架、杀害莫罗总理是红色旅巅峰时期的标志，也是它走向末路的开始。

红色旅杀害了德高望重的莫罗总理，使千千万万的意大利人认清了红色旅的真实面目，红色旅遭到了人民的摒弃。

1981 年 12 月，红色旅在意大利维罗纳城绑架了北大西洋公约组织南欧联盟军司令部的美国将军多齐尔，这一次，他们则以彻底的失败而告终。

红色旅将多齐尔将军关押在意大利北部的帕多瓦市，一名“知情人”拨通了帕多瓦警察署的 113 报警话机。

值班警察：“我是帕多瓦警署，请先报姓名和住址。”

“我不愿意透露姓名和住址。”

值班警察摁下了录音机开关。

“现在，我把红色旅关押多齐尔将军的确切地址告诉你们……”

意大利警方迅速赶到关押多齐尔将军的地点，仅用 90 秒钟就救出了多齐尔将军，并将 5 名红色旅成员抓获，五名红色旅成员中有一人叫安东尼奥，他参加了当年绑架莫罗的“宝石行动”。

此后，红色旅的一些重要成员先后落网，其中包括绑架莫罗总理的策划者马里奥·马雷蒂及安娜·劳拉·布拉盖蒂。

马里奥·马雷蒂和安娜·劳拉·布拉盖蒂均被判处无期徒刑（当时，意大利没有恢复死刑）。

20 世纪最大的集体自杀案

（1978 年 11 月 17 日）

圭亚那，南美洲东部一个贫穷、落后的小国，在 1978 年 11 月以前世界上大多数的人几乎不知道它的存在。但是，11 月 18 日，人们在它与委内瑞拉接壤的西北部一块被原始热带雨林包围的庄园里发现了 409 具尸体。4 天后，人们又意外地发现了 287 具尸体。又过了几天，人们又找到了 248 具尸体。

骇人的停尸现场没有任何搏杀、殴斗的痕迹，死者的身上也没有任何外伤，没有血迹。

结论：集体服毒自杀身亡。

所有的死者都不是圭亚那人，而是美国人。他们全是一个名为“人民圣殿教”的教会成员。

“人民圣殿教”的教主名为吉姆·琼斯，他也是死者中的一员。

“人民圣殿教”教徒为何集体自杀？“人民圣殿教”内部究竟发生了什么事？

吉姆·琼斯与“人民圣殿教”

吉姆·琼斯是美国印第安纳州人，生于 1931 年，其父是当地三 K 党的骨干成员。琼斯的母亲是一个热心肠人，笃信灵魂转世学说。琼斯小的时候，母亲百厌不烦地讲述种种“前世”的故事，琼斯总是认真地听着。

1953 年，从印第安纳大学毕业的吉姆·琼斯在印第安纳波利斯附近建立了“国民公共教堂”，自任牧师，开始了他的布教生涯。当时，琼斯的信徒是一群贫穷、孱弱的人。据说，对于那些又肥又丑、举目无亲的老太婆，琼斯老远就走过去，又抱又吻，就像他真的爱她们一样。

1960 年，琼斯在北特拉华建了一座“人民圣殿纯福音教堂”。1972 年至 1976 年，人民圣殿教发展成为全州性组织，拥有几千名信徒，琼斯荣登“美国百名优秀牧师”榜，被旧金山任命为住房管理机构主席，旧金山成为人民圣殿教的大本营。

琼斯是如何布道的呢？一位曾是人民圣殿教教徒的女性——珍妮·米尔（原名迪安娜·默托）在脱离该教后写了一本《跟随上帝六年》的书，书中记叙了她第一次进入“圣殿”听琼斯宣讲时的情景：

> 我由神的启示看到，美国和世界的一部分正在消亡，旧金山将在某一天被夷为平地。那些幸存者是我已在洞中所显示的藏在山洞中的人——这些跟随我藏在山洞里的人将从核爆炸后毁灭性的放射结果中被拯救出来……
>
> 这个山洞深入地下，我的所有教会成员都将留在这山洞中直到安全地出来……

珍妮·米尔继续写道：

> 琼斯用各种手段向教徒们暗示，他就是“万能的上帝”。在一次秘密集会上，他对我们说，他曾经是佛，是巴布，是耶稣，后来又是列宁……
>
> 琼斯说这些话时，端庄神圣，我们全都相信他。
>
> 琼斯有一个伟大的理想，他说，有一天，我将成为美国的统治者。我将消灭种族主义、政治压迫、生态不平衡和贫富悬殊的社会问题。我将使全国变得像我们的社团一样，这就是“使徒的社会主义”。

人民圣殿教由两部分人组成，一部分是较穷苦的信徒，黑人占多数；一部分是比较富裕的中产阶级会众。琼斯鼓吹“圣殿可以代替家庭”。未来的世界以一种全人类都是兄弟的乌托邦式的观念为基础。在这个全新的大家庭中，人人都是兄弟姐妹，最重要的是，大家有一个共同的、权威的、关怀备至的“父”。“圣殿”就是这样一种家庭，因此称为“人民圣殿”，琼斯就是“人民圣殿”这个大家庭的“父”。

信徒的捐款和社会募捐是人民圣殿教的主要经济来源。对于教会外工作的信徒，要求他们把相当一部分收入缴给教会；另一方面，教会为信徒提供衣、食、住、医疗、娱乐等全方位服务，其中包括为上大学的信徒付学费，为孩子和老人提供日夜全托。人民圣殿教还免费向非信徒提供医疗、膳食等服务。

70年代，人民圣殿教“如日中升”；在旧金山、洛杉矶以及加利福尼亚的立法委员们都以得到一份人民圣殿教集会请柬引以为荣。有传说道：在1974年和1976年，有几位当地的官员是靠了琼斯的支持才得以当选的。真真假假，让人难辨。

人民圣殿教果真如琼斯和某些人所吹嘘的那样吗？在华丽外衣的遮掩下，其内幕如何？最先向世人披露人民圣殿教内幕的人是埃尔默·默托夫妇。

默托夫妇是在琼斯的崇高理想思想感召下入教的，他成了琼斯的个人摄影师。他的妻子迪安娜·默托是圣殿教会籍事务室的秘书。入教前，默托夫妇在红杉谷收养了几个孩子，日子过得很愉快。入教后，随着时间的推移，默托夫妇发现圣殿教并非他们所想象的那样美好，琼斯头上的光环也并非总在闪光。一个令默托夫妇作呕的事实是，琼斯一面大骂资产阶级式的性生活态度，一面随心所欲地与他所看中的女信徒作爱。默托夫妇的财产已全部“转让”给了教会，当他们想要脱离圣殿教时已一无所有。幸亏埃尔默·默托有一个富有的母亲，母亲将一所财源滚滚的疗养院转让给儿子和儿媳，默托夫妇才有勇气脱离“圣殿”。

琼斯对默托夫妇恨之入骨，称他们是叛徒，以默托夫妇的孩子及养子（他们在“圣殿”内）相威胁。默托夫妇则诉诸法力，签署了一份宣誓书，控诉琼斯的堕落不法行为。默托夫妇还更改了名字，分别称阿尔·米尔和珍妮·米尔，但是，琼斯仍旧我行我素。

继默托夫妇脱离“圣殿”后，一名年轻女信徒也悄悄地离开了“圣殿”。这名女信徒叫格雷丝，是琼斯的助手斯托恩的妻子。格雷丝与琼斯有性关系后生了一个儿子，起名约翰。约翰是琼斯的掌上明珠，格雷丝也深得琼斯宠幸。但是格雷丝厌倦了“圣殿”的生活，想过一种普通人的生活，为了不会影响儿子约翰的未来，她选择了不惊动任何人而悄然离去的方式。

格雷丝的离去对琼斯是一个打击，他决定离开美国，到一个愿意接受他的国家去实现他的“理想”。琼斯想到了古巴——卡斯特罗总统毫不犹豫地拒绝了他。琼斯把目光移向圭亚那——圭亚那虽然不是“社会主义”，但也不是“帝国主义”。1976年7月，琼斯与圭亚那政府签订了一份长期租约，圭亚那政府在与委内瑞拉接壤的西北部边境划出了1200公顷土地供“人民圣殿教”使用。琼斯率领他的信徒移居圭亚那，在圭亚那的原始热带雨林中砍伐树木，建起木屋，开垦荒地，种植了香蕉、木薯、柑桔、菠萝及豆类、土豆、胡萝卜、卷心菜等蔬菜。“人民圣殿教”迅速地实现了自给，还将一部分产品供应了圭亚那的市场。

琼斯在圭亚那的乌托邦被命名为“琼斯敦”，琼斯称之为“人民公社”，对“公社”实行铁腕统治。

琼斯离开了美国，但是，噩梦却从美国一直跟踪他到了圭亚那。默托夫妇以及“圣殿”的“叛徒”们渐渐联合起来向美国法院控告琼斯“穷凶极恶残酷无情地漠视人权”、“从肉体和心理两方面摧残社员”、“以没收护照和在公社周围设置岗哨的办法阻止社员离开琼斯敦”、“剥夺社员的私生活权利及言论集会自由”。1978 年初，美国加利福尼亚的检察官先后收到了 1200 余封控告琼斯的信件，美国有关人士开始关注远离美国本土 6000 英里、居住在南美热带雨林中的美国公民的命运。这时候，洛杉矶的一家颇有影响的报纸《全国询问者报》挺身而出，决心组织力量，深入琼斯敦，揭开“人民圣殿教”的内幕。

《全国询问者报》选中了职业记者戈登·林赛，为戈登·林赛提供了一万美元经费，赴圭亚那专题采访人民圣殿教及教主琼斯。

琼斯对戈登·林赛不屑一顾，命令保镖监视戈登·林赛的行动。林赛的口袋里不缺钱，他用酒灌醉保镖，又让同行的摄影师死死缠住保镖，然后溜出去，深入到教徒们的家中，终于揭开了“人民圣殿教”的内幕，看到琼斯的真实面目。

原来，“人民圣殿教”并非像琼斯所标榜的那样是“新社会主义”的“人民公社”，而是一个地地道道的奴隶制酋长部落。

例如：琼斯鼓吹消灭私有财产，他本人却拥有豪华轿车、高级住宅、私人仆人、成群的仆妇，拥有几千万美元的存款。琼斯强占两个少女作情妇，还任意奸污公社中的其他女人，但却不许教徒们过正常性生活。一个女教徒向林赛控诉道，她与丈夫感情很好，琼斯霸占了她。一天，她偷着离开琼斯与丈夫幽会，被琼斯发现。琼斯派卫队将她和丈夫押到中央广场，强迫她丈夫在所有教徒的面前与她性交。女教徒几次逃跑，每次被抓回来都被打得皮开肉绽，还被交给保镖们轮奸……更令人不寒而栗的是，每一个教徒在加入教会时都要签署“自杀盟约”，琼斯每个月都要进行一两次“自杀演习”；讲道之后，琼斯命人抬出一桶“毒水”，每个教徒一杯，当场喝下。

琼斯终于感到了林赛的威胁，下令将林赛驱逐出琼斯敦，又通过圭亚那警方，将林赛驱出圭亚那。

林赛将采访到的材料、录音交给《全国询问者报》领导层。报社正计划陆续刊出，但却接连不断地收到恐吓信、恐吓电话，报社权衡利弊，只好偃旗息鼓。林赛拿着材料去找其他报社，但没有一家敢刊载他所采访到的消息。

林赛想到了那些在“圣殿”内哭泣的教徒，想到了记者的职责，鼓足勇气，找到了富有同情心和正义感的众议员瑞安。瑞安大为震惊，马上向众议院外交事务要员会议作了汇报。10 月 24 日，经美国会议院外交事务委员会批准，众议员瑞安率调查团飞赴圭亚那琼斯敦进行调查，林赛也是该调查团成员。

瑞安还邀请了一批报纸、电台的记者及律师、社会学家与他同行。

在乔治敦，琼斯派去的律师、助手宣布林赛是不受欢迎的人，拒绝林赛进入琼斯敦，林赛因此得以幸免于难。

温馨夜中的泪眼

1978 年 11 月 15 日，瑞安一行飞抵圭亚那首都乔治敦。16 日，瑞安等人在琼斯的律师和代表陪同下，登上租来的两架双引擎老式飞机由乔治敦飞抵距琼斯敦只有数公里的凯图玛简易机场，在日落之前抵达琼斯敦。

46 岁的琼斯满面笑容地把瑞安一行带到营地的中央大厅，向瑞安保证：“你们可以随意与我的信徒们交谈。你们想了解什么就了解什么。在这里，你们是自由的，就像在自己家中一样。”

居住在热带雨林中的人民圣殿教徒听说华盛顿的尊贵客人到了，纷至沓来。瑞安一行人先后会见了 20 多位教徒，教徒们有问必答，气氛十分友好，看不出哪一位教徒像是被洗过脑或是受到威胁说了假话。瑞安与两位律师、记者们在琼斯敦内信步走访，琼斯敦建设得井井有条，教徒们虽然没有私有财产，家庭设施也大致相同，但温饱有余。

瑞安开始怀疑那一封封语言刻薄的“控告信”，并且对琼斯产生了好感。

晚上 8 时，琼斯设便宴招待瑞安一行人。晚餐后，琼斯命令教徒们点燃篝火，与华盛顿的客人们“联欢”。瑞安放眼望去，熊熊燃烧的篝火把一张张虔诚的脸映得通红，所有的脸上都带着笑容。

“不。一定是有人在操纵……”瑞安心想，“琼斯是个有能力的人，他干得不错。”瑞安在简短的致辞中对琼斯敦作了一番赞美。

瑞安致辞后，乐队奏起了美妙的音乐。在电吉它的伴奏下，一个漂亮的女教徒唱了一首流行在南美洲的情歌，歌词的大意是：

妈妈呀，亲爱的妈妈，
我哪里有心织布？
我心中已充满了
对那个人的爱慕。

妈妈呀，亲爱的妈妈，
我哪里有心在灯下缝补？
我心中充满了
对那个人的思慕。

妈妈呀，亲爱的妈妈，
我哪里有心舂米？
明天天一亮
我就要追随他上路……

多美的歌喉！

《旧金山日报》记者罗恩·贾维茨禁不住向唱歌的女教徒多看了几眼——那是一个美丽的姑娘，长着一双棕色的大眼睛。贾维茨猛地感到心头像是被什么撞了一下，是那双大眼睛！那阴郁的眼神分明在宣泄内心的哀怨和忧伤！

夜色渐深，瑞安一行人要离开琼斯敦返回乔治敦机场，数百名人民圣殿教徒弹奏着吉它和其他各种乐器，唱着歌，为华盛顿的客人们送行。瑞安、贾维茨及其他律师、记者们纷纷与送行的圣殿教徒们握手道别。

人群中，贾维茨看到了那个唱歌的姑娘，姑娘也注意到了贾维茨，并且从喧闹的人群中挤了过来，与贾维茨握手话别。

贾维茨惊愕地感到，姑娘的手是冰冷的。四目相视，姑娘的长长睫毛抖动了一下，似乎是在告诉贾维茨什么。贾维茨感到自己的手心上有一件什么东西。贾维茨明白了——他一面若无其事地与姑娘话别，与姑娘身边的圣殿教徒话别，一面悄悄地将那件小“东西”藏入口袋。

贾维茨随瑞安等人登上卡车。

乐队奏出深情的送别曲，晚风吹来阵阵蔓陀罗的花香，南美洲的夜，温馨，迷人。

卡车开动了，那个唱歌的姑娘跟着卡车跑了几步，棕色的大眼睛中含着泪珠。

血洒凯图玛机场

贾维茨在卡车上从口袋内掏出唱歌姑娘塞在他手中的小“东西”——一张迭好的纸条，纸条上只写着简短的两句话：

请帮助我们离开这个地狱。求求您！

下面是包括姑娘在内的四个人的签名，姑娘的名字叫做伊迪丝·帕克。贾维茨顿时省悟：“全是假的！一天来所看到、听到的，全是在高压之下伪装出来的。”

贾维茨将纸条交给众议员瑞安，瑞安大吃一惊，“被愚弄了！”瑞安惴惴不安，“这么说，所有的控告信都是真的了？”当飞机载着瑞安一行人飞到乔治敦时，瑞安决定在乔治敦停留下来，第二天返回琼斯敦，将在纸条上签名的那四个人带回美国。

当天晚上，瑞安一行人在乔治敦的酒吧、咖啡馆、夜总会以及当地土著人那里了解到许多有关琼斯敦的情况：人民圣殿教的教徒如果逃跑，即使不被抓回去严刑拷打，也要被潜藏在各地的教徒追杀！

人民圣殿教的残暴更坚定了瑞安救出四名教徒的决心，但瑞安等人低估了琼斯的力量，以致酿成杀身大祸。

17日，瑞安一行人返回琼斯敦。琼斯对瑞安的第二次光临感到意外，当瑞安提出要求后，琼斯用扩音器将教徒们聚集到中央大厅，将伊迪丝·帕克等四人召唤出列。

伊迪丝·帕克等四人战战兢兢地走了出来，忐忑不安地加入了瑞安一行人的行列。

琼斯用微笑掩饰住内心的恐惧，又装出一副正人君子的模样，向众教徒问道：“还有人愿意走吗？”

几百名教徒先是一片沉默，之后，一个叫约翰·海尔曼的男教徒毅然举起右手。

琼斯一怔，佯作镇定，“还有谁？”

人群中又有几只手高高举过头顶。

琼斯屏住呼吸，目光从众教徒的脸上掠过，“站出来吧！跟约翰·海尔曼站在一起。谁愿意走，都站出来。”

人群骚动起来，不一会儿，有20多人与约翰·海尔曼站到了一起，其中多数是男人，有 8 个女人，4 人是黑人。

瑞安从骚动的人群中感到了某种危险，他想尽快地离开琼斯敦，但不等他走，一名教徒手持闪光的匕首冲出人群向他扑来。瑞安转身想躲避，随行的律师马克·莱恩是位格斗好手，他挺身而出，挡在瑞安面前，用一连串令人眼花缭乱的格斗动作将凶手击倒，夺走了凶手的匕首。

凶手被教徒们拖入人群，但仍吼叫不止，“杀了他！狗杂种！”

伊迪丝·帕克对贾维茨说：“快走！他们会把你们全都杀死的！”

瑞安看了琼斯一眼，琼斯目光茫然，木呆呆地站在原地，不知在想些什么。瑞安命令 20 多名“圣殿教”的叛逆者们迅速登上卡车，记者和律师们也随后登上卡车，驾驶卡车，慌慌张张地驶入凯图玛机场。

下午 4 时 20 分，瑞安一行人及叛逆者们准备登上飞机，飞往乔治敦。这时候，一辆拖拉机轰轰隆隆地驶入机场，拖拉机上有 6 个人，他们的手中都端着枪。

贾维茨注意到拖拉机是从琼斯敦方向驶来的，又发现拖拉机上的人都端着枪，惊呼道：“他们是琼斯的人……”话刚出口，“砰！”一声枪响，一颗子弹击中贾维茨的右肩膀，贾维茨一头栽倒在飞机旁。

子弹是从叛逆者的队伍中射出来的——那是一名假叛逆者，他混在叛逆者之间，是一个最凶残的杀手。就在他打响第一枪后，拖拉机上的 6 名杀手同时向聚集在飞机下的记者、律师、叛逆者们猛烈开火。

瑞安胸部中弹，倒在飞机左轮下，一名杀手又在他的头部补了一枪。NBC 电视台的记者唐·哈里斯和鲍勃先后倒在血泊中，鲍勃是位摄影师，他的摄影机摄下了杀手们袭击调查团的场面。《旧金山观察家报》摄影记者蒂姆·赖特曼死在瑞安身边。

伊迪丝·帕克小姐被杀手们从背后开枪击杀。

还有 12 人在袭击中受伤，其余的人四散而逃，躲入密林中。

五六分钟后，杀手们扬长而去。

凯图玛机场上有四名荷枪实弹的圭亚那士兵、他们负责警卫飞机。四名士兵被突如其来的袭击打晕了头，又担心开枪会误伤调查团的人，所以一直未敢开枪。

杀手们逃走后，躲藏在机场四周密林中的记者、律师和叛逆者们才陆续返回到飞机旁。

飞机已被打成了蜂窝，机身上溅满了鲜血。在极度的恐怖和悲哀中，瑞安调查团的人们和叛逆者们度过了一个不眠之夜，他们利用无线电台一遍又一遍地向乔治敦发出紧急求援电报。

11 月 18 日上午 8 时 30 分，从乔治敦乘专机飞来的圭亚那军队先头部队才抵达凯图玛机场——他们害怕遭到圣殿教徒们的伏击，在距凯图玛机场约 50 公里的另一机场降落，然后辗转来到凯图玛机场。

集体自杀

圭亚那军队主力部队在威士德大尉指挥下与先头部队在凯图玛机场会合后，按作战队形，小心翼翼地向琼斯敦推进。

威士德大尉十分清楚琼斯的实力——琼斯有近千人，而且拥有精良的武器，一旦遭伏击，后果不堪设想！

越接近琼斯敦，威士德大尉越感到不安：“怎么回事儿？一点动静也没有。”沿途，大尉竟然没有看到一个人、一辆车，甚至连一只狗、一头牛也没发现。

军队缓缓地推进到琼斯敦营地，来到中央大厅门前的广场上。威士德大尉惊呆了——广场已变成了一个恐怖的停尸场，队梯上、花坛里、草丛中……到处都是死尸！

中央大厅的台阶上放着一只大桶，威士德大尉小心地靠近大桶，嗅了嗅——桶中还有一些残液是氰化钾！

琼斯倒在木桶边，他的太阳穴上被射入了一颗子弹。

琼斯的别墅中横七竖八地倒着十几具尸体，他们是琼斯的仆妇、保镖、管家。

琼斯的书房中躺着一具少女的尸体，半裸体，年纪只有十六七岁，她是被掐死的。她是谁？为什么被掐死？谜。

整个琼斯敦，有四人幸存，有两人得以逃生纯属偶然，另两人是有意逃脱。通过这四个人，人们得以知道圣殿教徒们“集体自杀”的一些情况。

17 日下午，瑞安率调查团及 20 余名叛逆者登车离开琼斯敦后，琼斯意识到“圣殿教”的内幕即将大白于世，由他一手遮天的情景将一去不复返，他本人也将身败名裂，于是采取了最后的行动。

琼斯派出杀手，务必将瑞安等人击杀！

琼斯命令助手搬来一只大桶，用果汁调和了氰化钾，然后把信徒们召集到中央大厅，发表自杀演说：“为了你们能过上好日子，我尽了最大努力。但是我们内部出了叛徒，今天发生的事我们甩不开了，我们现在是坐在火药桶上……我们不是自杀，这是革命行动……”

教徒们齐声喝彩。

琼斯继续说：“你们知道，对我来说，死并不可怕，活着倒是个靠不住的事。……我要告诉你们，这么活着不值得。这么活着不值得！”

并不是所有的教徒都视死如归，也有人提出疑问：“我们自杀了……不就是让他们——敌人们，打败了吗？”

“不，我们赢了。我们倒下的时候就赢了……我不是以牧师的身份说这话，我今天是以先知的身份说的。”

琼斯对医务人员说：“请吧！把药给我们。这很简单，很简单……国防军很快就要来了。快点，快点！别怕死……”

一位年轻的母亲抱着婴儿首先走上前，接过一杯毒汁，先给婴儿灌下去，然后倒入自己口中。

一位男教徒走上台阶，接过毒汁，喝下。

一位年迈的教徒也颤巍巍地走了过去，接过毒汁……

经专程赶到琼斯敦的法医检查，在所有 924 名死者中，除琼斯与一名护士死于枪弹，一名少女被扼杀外，其余死者绝大部分是自愿服毒死去的。法医们只在几个体力衰弱的老者身上找到了皮下注射氰化钾的证据。

1978 年 11 月 18 日及此后较长一段时日里，世界各大报纸、电台、电视台都纷纷载播了发生在圭亚那热带雨林中的这一骇人惨案——20 世纪最大的集体自杀案。

人们在议论、思索：

这是为什么？

是信仰？还是可悲的神坛祭品？

从这桩最大的集体自杀案中可以引出哪些教训？迄今，仍是智者见智，仁者见仁。

“麦田怪圈”，世界又一谜

（1979 年）

威尔特郡麦田中奇怪圆圈

1979 年，正是夏收季节，一条令人惊诧的新闻从英国西南部威尔特郡的一个村庄中飞出来——

在一片金灿灿的麦田中，一大片成熟的麦子倒伏在地，形成一个大同心圆。同心圆的外围有圈像跑道似的大圆圈，大圆圈之外还有 3 个相互距离相等的小圆，小圆圈中有一些古怪的像形符号。一个等边三角形的三条线将大

麦田怪圈

圆圈和3个小圆圈连接起来，使这些点、线、圆、三角组合在一起共同形成了一幅异常完美的几何图形，就像有一个巨人用巨大的双手拿着巨大的圆轨和直尺在田中画下来的一样。

威尔特郡麦田中出现神秘圆圈的消息迅速地传遍了英国、传遍了全世界。没有人能对麦田圆圈作出解释。于是新闻媒体创造出了一个新的词语——“麦田怪圈”。

“怪圈”，由来已久

“麦田怪圈”引起了科学家们的关注，科学家们发现不但英国有“怪圈”，世界其它地区也有，而且“怪圈”也并不是于1979年首次面世，类似“麦田怪圈”的“圆状痕”早在几百年前就出现过，但只是在民间口头流传，没有文字记载，缺乏足够的证据。大约在1950～1960年前后，有关“麦田怪圈”（圆状痕）的正式报告出现了，但当事者不以为然，因此，有关文件缺乏详细记载，也没有留下任何照片，只有发现怪圈的农民及当地人士的证词。

1966年1月19日，澳大利亚昆士兰州北部农村发生了一起UFO遭遇事件，人们在事件现场的草地上发现了顺时针方向的“圆状痕”，科学家们到事发现场进行了考察，这是对“圆状痕”进行科学研究的最早案例之一。

继澳大利亚昆士兰州出现神秘的“圆状痕”之后，世界许多国家都发现了“圆状痕”（“怪圈”），这些国家是：英国、法国、意大利、芬兰、奥地利、前苏联、德国、挪威、瑞典、捷克、瑞士、美国、秘鲁、加拿大、新西兰、日本和中国，即在欧洲、大洋洲和亚洲都发现了“圆状痕”（“怪圈”），这些“圆状痕”有的是一个单圆，有的是同心圆，有的是椭圆。从“圆”的数量看，有大小二圆组、有三圆组、有五圆组、有多重同心圆组，还有神奇的男女性别符号组（♂及♀）。

世界各国发现的“圆状痕”有的是在小麦田中，有的是在水稻田中，有的是在玉米地中，还有的是在大麦田或草地中。

因此，从广义上来说，1979年创造的“麦田怪圈”一词已不仅仅是指出现在麦田中的“圆状痕”（怪圈），而是泛指所有的来历不明的“圆状痕”（怪圈）。由于这些“怪圈”大多出现在农田中，人们又称之为“农田怪圈”。

“怪圈”，层出不穷

威尔特郡的“麦田怪圈”似乎是一个信号，一个“领头羊”的信号。1979年后，在威尔特郡，或者在英国、在世界各国其它地方；在麦田中，或者在水稻田中、在玉米地中，几乎每年的夏季都会出现“怪圈”，而且图形越来越复杂，规模越来越大。例如：

1990年5月，英国汉普艾斯顿镇的麦田中出现了一个直径20米的大圆圈，圈中的小麦按顺时针方向倒伏在地；大圆圈的周围有4个直径6米的小圆圈，小圈内的小麦逆时针方向倒伏。

1990年7月12日，在英国威德郡一个名为阿尔顿巴尼斯的小村庄中出现了一个由圆圈和爪状附属图形组成的巨大图形，图形长120米。有1万多人及多名科学家前往参观、考察。

1991年7月17日，英国史温顿市附近的巴布里麦田中出现了一个由巨大等边三角形和圆组成的图案，三角形的每一个角上各有一个小圆，三角形内有一个双边大圆。

1996年，“麦田怪圈”在英国刮起一阵旋风，令世人大饱眼福后又感到震惊：

6月17日，在威特郡阿尔顿巴尼斯出现了一个美丽无比的涡形图案，它酷似生物学中蛋白质：DNA的螺旋双链，因此马上得了一个名字——“DNA”。DNA长195米，由90个直径从60厘米~15米的圆组成。

7月8日，在距离斯埋伯格RAF机场和甫林军事基地仅几千米之遥的麦田中，一个长约275米的巨大图案突然出现在人们的视线内。图案由151个直径从60厘米~12米的圆组成。该农田24小时处于机场、军事基地的保安人员监视之下，没有任何人发现农田中曾有异常现象发生。有证据表明，该图案是在30分钟内完成的，平均每个圆只用了12秒钟。观看“麦田怪圈”的人纷至沓来，农场主菲利浦大为恼火。不过，精明的菲利浦脑瓜一转，在路边竖起一块大牌子：“欧洲最大的麦田怪圈，参观者每人收费2英磅。”菲利浦着实捞了一大把！

数天后，汉堡附近的农田中又出现一个三壁螺旋体图案，该图案由195个大小不同的圆组成一与其它“怪圈”不同的是，在所有195个圆的中心处均有一小撮谷物竖立着。

至8月中旬，英国各地出现的“怪圈”多达100多个。这一年，除英国外，在美国、加拿大、芬兰、德国、奥地利，捷克和荷兰等国也先后发现了 40 个“怪圈”。

迄今为止，世界各国共发现“怪圈”2000 多个，最大的“怪圈”直径达 300 多米。

“怪圈”的共同特征

“麦田怪圈”在英国及世界范围的不断出现引起了众多科学家的密切关注，例如：英国物理学教授泰伦斯·米登、北美久负盛名的航天专家帕特里克·德尔加多、长期从事不明飞行物研究的科学家科林·安德鲁等。泰伦斯·米登审察过 1000 多个“怪圈”，对 2000 多个“怪圈”编制了统计数字；德尔加多和安德鲁在多次亲赴现场考察后，写了一本论述“麦田怪圈”的书，该书一出版即被抢购一空，就连英国女王伊丽莎白也急忙购买了一本。

科学家们发现，“怪圈”不论是出现在麦田里，还是出现在水稻田、玉米地中，它们都有许多相同的特征，归纳起来如下：

1. 农作物都按一定方向倾倒成规则的螺旋状或直线状。

2. 农作物倾倒程度与地面齐平，少量“怪圈”中心处有 1 ~ 2 根作物直立。

3. 农作物外观完好，没有任何受损痕迹。

4. “怪圈”及整个图案的外观十分整齐，没有零乱感。

5. “怪圈”及整个图案的附近找不到任何人、动物的足迹或机械停留所造成的痕迹。

6. 事件都发生在晚间或黎明前。

7. 迄今为止，没有任何人目睹“怪圈”是如何生成的。

8. 事发的当天晚上，现场附近有神秘亮点或爆炸声音出现。

9. “怪圈”正中央部位有异样物质存在。其中，一些物质具有微量放射性，一些物质成分不明。

谁制造了“麦田怪圈”

“怪圈”是如何出现的？换句话说，究竟是谁制造了“麦田怪圈”？

科学家们在深思熟虑后，提出了如下几种观点：人为的恶作剧、大自然力、病毒引起、球形闪电、太阳表面黑子活动、UFO 所致、“更高智慧生命的信息”。

人类的恶作剧

1991年8月，从英国首都伦敦传出一个令人震惊的消息，一个名字叫做多格·鲍尔的人和另一个叫戴维·柯莱的人声称是他们年复一年地制造了“麦田怪圈”。

这两个人是于1958~1966年在澳大利亚昆士兰尝试着“画”“怪圈”；后来，他们渐渐地熟练起来，于是到了英国，利用两块木板、一根弹簧及一个固定在棒球杆上的古怪器具不停地制造出一个又一个的“怪圈”。

对于多格·鲍尔和戴维·柯莱的“供诉”，大多数的人持怀疑态度。这两个人或许真的制造了一些“怪圈”，但要制造出类似威德郡阿尔顿巴尼斯巨大的由圆圈和爪状附属圆形组成的图案根本不可能。而且，有许多“怪圈”几乎是同时在世界各地出现的，多格·鲍尔及戴维·柯莱是怎么可能同时出现在世界各地？

英国一个研究团体曾进行了几项实验。他们让50位身强体壮的人拉成圆圈，然后依同一方向用双脚踏，结果是留下满地的痕迹。研究人员又在地面上立一根棒子作中心点，再绑上绳子，绳子的一端附上重物，再以圆圈的方式移动重物，使作物倒状。结果发现，必须有150公斤以上的重物才能使作物全部倒状，而且，所有作物都受到明显损害，地面上也留下许多人类的痕迹。据此，研究人员认为：倘若是人为的恶作剧，那么，制造出“怪圈”的人一定是具有超能力的“超人”。

大自然力

许多科学家，特别是研究气象的科技人员深信“怪圈”是由某种特殊自然力造成的。

自然力可分另来自地下及空中的两种。

地下自然力包括：重力、离心力、潮汐作用力、火山压力、地下蒸气压、高压气体、金属的电位差、岩石变动的物理性压力等。

来自空中的自然力有太阳能、风、地磁、温度变化、静电等。

《国际先驱论坛报》曾报道说：“怪圈”可能是旋风引起的带有静电的气流漩涡在瞬间造成的。

日本大学菊地弘教授提出一种力学理论：带静电的尘土在旋转过程中接触地面或农作物倒伏，晴天时，农作物呈顺时针方向，阴天时，农作物呈逆时针方向，“怪圈”就是这样形成的。

但是，“怪圈”都是在夜间形成的，且十分复杂，自然界的风力能随人类的意志转移吗？

病毒引起

一些生物学家认为，“怪圈”是农作物感染上了某种病毒所引起的倒伏现象。但是什么样的病毒才会造成作物以规则性几何图形倒伏呢？科学家们尚不知晓。

球形闪电

英国“怪圈”研究小组组长特伦斯·米登博士认为，“怪圈”是由球形闪电和其它气候因素，即“等离子体旋法”造成的。

特伦斯·米登出版有数部“怪圈”研究专著，他的观点得到了日本科学家的印证。1991 年 3 月，日本科学家在实验室中，用球形闪电“制造”出“怪圈”。早稻田大学教授大木弘七说，空气中的电磁受干扰可形成“等离子火球”，等离子火球向下的强大压力会造成作物倒伏，从而形成“怪圈”。

太阳表面黑子活动

英国的特伦斯·米登博士认为，某些“怪圈”的出现可能与太阳表面黑子活动的增强有关。

众所周知，太阳黑子增加，耀班的爆发会引发一连串的空间——地球效应，给地球的大气层、磁场造成变化，某些“怪圈”就是这些变化的产物。

UFO 光所致

UFO 之谜是 20 世纪最令人激动的谜团之一。

UFO 专家们认为：大部分 uF0 出现时都会发出五颜六色的光，这些神秘的光具有一种非凡的力量，完全可以制造出不同的“怪圈”。

1990年7月25日，英、美、日等国的“怪圈”研究者们聚集在英国威尔特郡“怪圈”出没的地区，并安置了热成像仪，微光敏感照相机。凌晨3时30分，一束三角形的橙黄色光束自天而降，将地面照得亮如白昼，顷刻间，麦田中出现了一大一小两个“怪圈”，大圈直径100米，小圈直径50米。

威尔特郡“三角光束”与“怪圈”事件引起巨大轰动，一时间，“怪圈”成为了UFO的标志。

“最高智慧的生命信息”

1991年6月4日，以迈克·卡利和大卫·摩根斯敦为首的6名科学家带着总价值10万英磅的高科技夜间观察仪器、录像机、定向传声器和装在21米长的机械臂上的“天杆式”电视摄影机，来到英国威德群迪韦塞斯附近的摩根山上。

最近几个月来，这一带先后出现了十几个大小不一的“麦田怪圈”。

科学家们在摩根山顶建立了指挥站，将摄像机镜头对准了广阔的麦田。为了杜绝人为的恶作剧，科学家们在麦田的边缘隐秘架设了几具超敏感的动作探测器，任何东西在越过动作探测器发出的红外线时，都会触动警报器，警报器马上向坐在指挥站中的科学家们报警。

一连20多天过去了，科学家们一无所获。然而，6位科学家毫不气馁，坚信会有奇迹出现。

6月29日清晨，一团浓雾笼罩在科学家们正在监视的一片麦田的正上方。科学家们虽然什么也看不见，但却继续让摄像机开动着。6时左右，浓雾开始消散，突然，麦田上赫然出现两个“怪圈”，令6位科学家惊诧不已。科学家们跑下山，对“怪圈”作现场考察，“怪圈”内的小麦完全倒伏在地面，呈顺时针方向漩涡形状。麦杆虽然变曲，但并未折断，圆圈外的小麦则丝毫未受影响。

是谁制造了两个“怪圈”？

整整一夜，报警器没有响过；麦田周围的泥泞地上，看不到任何脚印；录音带、录像带没有录到任何线索。

科学家们于是作出一种大胆推测：这是更高智慧生命的杰作，是在向地球人类发出某种信息。

科学家们联想到了在秘鲁东部发现的“怪圈”，那些“怪圈”由男女性别符号（♂♀）组成。科学家们说，那是更高智慧生命向地球发出的“求爱信号”。

英国“麦田怪圈”研究中心主席迈克·格林说：“看来，制造这些圆圈的肯定是具有很高智慧的生命体，也许他们是在试图利用这些奇特的图形来和我们沟通，人类应该向他们伸出双手，与他们接触。”

仍是一个谜

1993 年 10 月 22 日，联合国在纽约总部主持召开了“地球外高智慧生命与人类未来研讨会”，该会议拟定研讨的四大主题是：

一、英国与世界各国作物田上神秘圈状痕迹的研究；

二、日本政府兴建 UFO 馆的意义；

三、人类被外星人绑架事件的真实性；

四、外星人制造的 UFO 以及地球人制造的 UFO 之间的区别。

神秘的“麦田怪圈”成为会议的第一项主题。遗憾的是，如今，世人对“麦田怪圈”仍是智者见智，仁者见仁，“麦田怪圈”仍旧是一个谜。

世界水库建设史上的最悲惨记录

（1979 年 8 月 11 日）

印度西部的古吉拉特邦地处印度河南岸大沙漠的边缘，雨量偏少。古吉拉特邦有一条区域性河流——马丘河。1972 年，印度当局在河上建造了一座拦河大坝。拦河大坝全长 3873 米，高 22.8 米，可灌溉农田 11.2 万亩，还可发电。

马丘河拦河大坝的下游是印度人口稠密区，在距大坝约 10 公里处有一座工业城市——莫尔雅。莫尔雅市有 7 万居民。

1979 年 8 月 11 日，一场百年不遇的暴雨从天而降，古吉拉特邦一昼夜降水 525 毫米，相当于古吉拉特邦全年降水量的一半。顿时，马丘河水暴涨，拦河大坝水位以每小时数厘米至十几厘米的速度迅速上升。大坝管理处连连拉响汽笛，发出水情警报，莫尔雅市的居民陷于一片恐慌之中。

大水即将漫顶，如果不及时泄出部分蓄水，大坝就有被冲毁的可能。大坝管理处技术人员按动电钮，启动泄水闸门，但是，泄水闸门纹丝不动。技术人员急忙指挥工人们用人力启动闸门，但泄水闸门还是一动不动——原来，闸门已经锈死了。

就在人们七手八脚地忙碌着启动泄水闸门时，汹涌的洪水节节上升，渐渐地逼近了坝顶。

“快拉气笛！发警报！”

大坝管理处负责人做出最后一项决定：发洪水漫顶警报。这一险情警报旨在告诉人们，大坝即将崩溃，赶快逃命！

但是，在这生死攸关的时刻，水力发电机组出了故障，汽笛拉不响了，电话也失灵了。

转跟间，咆哮的洪水漫上坝顶，狂泻而下。大坝颤抖起来，蓦地，3837 米的大坝全身瘫软下来，轰然崩溃，几十米高的洪水猛地平扑下来，以雷霆万钧之势向下游冲去。

小山似的洪峰仅用 15 分钟就推进到莫尔维市。

莫尔维市政府用广播喇叭发出最后的警报："死在片刻，赶快逃命!"

莫尔维市的居民已经熟悉了大水即将来临的紧急警报，但每一次，大水都没有来临。这一次，人们将信将疑地跨出大门，准备看个究竟，浊浪翻滚的洪水已涌到面前，顷刻间，全城水深达 4 米，7 万居民不是被洪水卷走，就是被倒塌的房屋压在下面。不久，莫尔维城就变成了一座水深达 9 米的汪洋世界，只有几座坚固的钢筋混凝土高层建筑还点缀在水面。

汪洋大水几乎卷走了莫尔维市的一切，洪水退后，只有若干水泥屋架子还在苟延残喘，似乎是在向世人倾诉着什么。

马丘河大坝溃决毁灭了莫尔维市，全城死亡人数多达 37000 人。大水还毁掉了 68 个村落，许多村民因此丧生。

马丘河大坝溃决酿成整座城市的毁灭和 37000 人死亡的惨剧，这是世界水库建设史上的最悲惨记录，令世界震惊。

在水库建设史上，1959 年，法国马尔巴塞水库因暴雨而滑坡溃决；1966 年，希腊克里马斯塔水库因 6.2 级地震溃决；1967 年，印度柯依纳水库因 6 级地震而溃决；1976 年，美国特顿河水库因渗漏而溃决，但在上述所有的灾难中，总共造成的死亡及失踪人数还不到 2000 人。

马丘河大坝溃决的原因有三：设计上的失误、工程质量差及管理上的混乱。正是因为管理制度不健全才造成了泄水闸门锈死和无电拉汽笛的重大事故。

暴君博卡萨下台

（1979年9月20日）

20世纪，非洲有两个臭名昭著的暴君，一个是前乌干达总统阿明，另一个就是前中非帝国的皇帝让·贝德尔·博卡萨。

博卡萨的暴行令人发指。其发迹史与下台足以为后人借鉴。

发 迹

1921年2月22日，博卡萨出生在中非洛巴耶河流域的博班吉村，父亲是一个小酋长。

在当时，中非是法国人的殖民地。

第一次世界大战期间，法国从法属黑非洲领地招募了17万人补充兵员。战争结束后，法国继续在黑非洲招募兵员。1939年，年仅18岁的博卡萨进入法国军营，当了一名士兵。博卡萨用了15年的时间，由普通士兵升为军士长，又花了2年时间，由军士长升为少尉，再过了2年，由少尉升为中尉，博卡萨成为了中非人在法国军队中军衔最高的一名军官。

1960年，中非独立，博卡萨应中非总统戴维·达科之邀组建军队，成为中非武装司令。

博卡萨是一个有心计的人。中非位于非洲中部，是一块绿洲宝地，盛产黄金、钻石和铀矿，姆巴卡人、姆布姆人、班达人、巴亚人、曼贾人、萨拉人、河边族人、恩扎卡拉人，等等，部族居民祖祖辈辈都生活在这块土地上。博卡萨招募的士兵大多数是其本人所属的姆巴卡人，所任命的军官，大多数是他的同乡人，因此，官兵都惟博卡萨之命是从。

博卡萨有枪杆子作后盾，逐渐地把目光移向了达科总统。达科是博卡萨的同族兄弟，眼见博卡萨一天天地强大起来，感到了来自博卡萨的威胁，于是一面削减了博卡萨的军权，一面组建了宪兵和保安队，与博卡萨的军队相抗衡。博卡萨看在眼中，气在心头，他小心翼翼地等待时机，以期推翻达科，取而代之。

1965 年 12 月末，达科总统的一个亲戚突然病故，按照当地习俗，达科离开首都班吉，回乡奔丧。博卡萨见时机已到，立即发动兵变，将达科赶下台。为了获得法国人承认，博卡萨没有杀掉达科，而是让达科在事先拟好的“辞呈”上签名。

达科总统在其任期内，在政治、经济、社会诸方面都有重大失误，百姓生活十分贫苦，而政府部长们个个腰缠万贯。博卡萨从清除国家的贪污腐败入手，将所有反对他的人一扫光，同时又赢得了百姓的信任，巩固了自己的权力。

1977 年 12 月 4 日，博卡萨把国名改为中非帝国，自封为皇帝，号称“博卡萨一世”。

暴戾恣睢，滥杀无辜

博卡萨大权独揽，一意孤行，即使是他的最亲密战友，最心爱的女人，亲生的儿子，稍有令他不满之处，转眼就会成为阶下囚、刀下鬼。

经济财政部部长及退伍军人部部长邦扎为博卡萨夺取政权效尽犬马之劳，只因未征得博卡萨本人同意就提出了一个“消灭卖淫、消灭酗酒、建设廉洁社会”的口号，引得博卡萨大发雷霆。博卡萨设计擒住邦扎，将为邦扎出谋划策的亲信卡洛特用剃刀一刀一刀地割死，随即将邦扎及与邦扎关系密切的人一一杀害。

博卡萨妻妾成群，凡是被博卡萨看中的女人，无一可逃出他的手掌。在中非国内各地，到处都有博卡萨藏娇的金屋。不仅如此，博卡萨还接受外国进贡的女子，将漂亮女子和幼女弄入宫中，供他淫乐。

来自罗马尼亚的东欧美女罗曼妮和中非美女玛蒂娜·恩杜塔是博卡萨的爱妾。罗曼妮和玛蒂娜为讨好博卡萨，经常拍裸照供博卡萨欣赏。一天，博卡萨在欣赏裸照时，发现照片上有两个卫兵的形象，勃然大怒。博卡萨下令将那两个卫兵抛入鳄鱼池，又命令罗曼妮和玛蒂娜睁大眼睛观看卫兵被鳄鱼吞食的惨状。玛蒂娜眼看着被咬撕成一段段的残肢在冒着血泡的水面上沉降，吓得闭上了两眼。博卡萨一把揪住玛蒂娜的头发，命令她睁开眼睛，玛蒂娜失声大叫，博卡萨再发淫威，命令一个心腹卫兵将玛蒂娜按倒在地上，凌辱她。玛蒂娜企图反抗，博卡萨便让卫兵将玛蒂娜推入鳄鱼池中。罗曼妮立即晕死过去，而博卡萨却饶有兴趣地站在池边，观看鳄鱼撕咬、吞食他的爱妾的情景。

博卡萨有几十个儿女，但绝不容许任何一个儿女对自己不满。有一次，一个儿子说了几句博卡萨的“坏话”，博卡萨命令卫兵将这个儿子绑起来，下令向儿子的生殖器内灌辣椒水。博卡萨说：“我这是为了让儿子懂得应该如何尊敬父亲。”

在博卡萨的科隆戈别墅，人们在冰箱中发现了一个小孩的尸体。别墅的厨师说：“主人要做烤人肉吃。”博卡萨被推翻后，一个叫菲利浦·林吉沙的厨师在法庭上作证说。博卡萨曾命令他准备“人皮菜”，还准备吃“烤人”。

博卡萨将所有反对他的人关入恩加拉巴监狱，这些“囚犯”绝大多数未经任何法庭程序，且都死于非命。

博卡萨把中非当作是他个人的庄园，把国库看作是他自己的钱柜，巧取豪夺，随心侵吞，其私人财产价值在10亿美元以上。

博卡萨加冕登基时戴的金皇冠上镶有6000颗钻石。其中最珍贵的一颗宝石重58克；皇后戴的凤冠上有1000多颗钻石，其中一颗重38克。两颗宝石都是世界上罕见的珍品。博卡萨登基时的豪华场景花费了3000万美元，仅次于日本天皇和伊朗国王，而中非是联合国划定的“最贫穷国家”。

博卡萨的暴行和贪得无厌使中非国内怨声载道，就连博卡萨最亲近的人也加入到反对者的行列之中。

林古布是博卡萨的心腹和最受信任的人，与博卡萨同族、同乡。博卡萨让他总管国家宪兵队，全权交给他处理各种棘手问题。但是，林古布对博卡萨的暴行越来越不满，终于走上了“造反”的道路，结果被博卡萨送入阴曹地府。

博卡萨有一名心腹警卫奥勃鲁，他将女儿马尔蒂嫁给了他。1976年2月13日，博卡萨出访回来，刚刚走下飞机，一颗丝丝作响的手榴弹落在了脚下，保镖急忙拾起手榴弹掷向远处，博卡萨逃过一劫。事后调查：暗杀的策划者竟是奥勃鲁！博卡萨不但处杀了奥勃鲁，还逼迫他的另一个当医生的女婿杀害了奥勃鲁刚出生的女儿！

下　台

多行不义必自毙。

1979年1月，首都班吉发生了学生骚乱事件，一部分工人也纷纷加入，博卡萨下令镇压，造成多人死亡。4月，学生们再次集会抗议，博卡萨下令大逮捕，恩加拉巴监狱人满为患，仅一间8平方米的囚室就塞入了30个学生，结果有 19 个孩子被折磨而死。

5 月 14 日，国际大赦组织驻巴黎办事处披露了中非虐杀儿童事件，博卡萨将责任推卸给了他的大臣们。对博卡萨敢怒不敢言的大臣们谁也不愿意背上“虐杀儿童”的黑锅，人人都在思忖如何开脱自己。

这时候，被博卡萨推翻的前总统达科看到了重新上台的希望。达科密锣紧鼓，四下活动。

1979 年 9 月 19 日，博卡萨飞往利比亚首都的黎波黑与利比亚领导人卡萨进行一项以换美元的谈判。早就对博卡萨一意孤行感到不满的法国人出动法国外籍兵团第 11 伞兵团从乍得首都恩贾梅纳出发，进入班吉，帮助达科夺取了政权。9 月 20 日，达科在中非电台向全世界宣布：“博卡萨一世已被推翻，中非帝国已不复存在，中非恢复为共和国。”

博卡萨从此过上了流亡生活。

1980 年底，中非共和国经过五天的缺席审判，判处博卡萨死刑。

1986 年 10 月 23 日，博卡萨乘飞机回到了班吉，企图东山再起，但他一下飞机即遭逮捕，并被送入恩加拉巴监狱，在监狱中度过了 8 年的铁窗生活。

1993 年 9 月，博卡萨走出监狱，过上了“普通人的生活”。

宫井洞的“最后晚餐”

（1979 年 10 月 26 日）

总统要到宫井洞吃晚餐

1979 年 10 月 26 日 16 时，韩国中央情报部长办公室。

“嘀铃铃……”

金载圭拿起话筒。

“金部长吗？我是车智澈。”

“原来是这个家伙！”金载圭一肚子的愤恨，但口中却吐出了一连串的奉承话，“您好！我是金载圭……”

车智澈并不想跟金载圭多说话，他冷冷地说道：“今天晚上总统要在宫井洞餐厅与您共进晚餐，请做好准备。”说完，挂断了电话。

宫井洞与韩国总统府青瓦台相连接，距青瓦台约有 500 米。

宫井洞并非是什么“洞”，而是一座由 3 米高砖墙围成的大院落。尽管围墙顶上安装着白色锋利箭头的金属栏杆，令人有一种壁垒森严的感觉，但围墙内却别有洞天，一座典雅别致的楼房坐落在庭院中，楼房的前面是一个花草繁茂的花园，花园中还有一个绿波荡漾的养鱼池。典雅别致的楼房共有二层，二楼是主人的办公室和居室，底层是豪华的小宴会厅和会客室。

韩国中央情报部部长金载圭的办公地点和住所就设在宫井洞。这里，也是韩国总统朴正熙寻欢作乐的好地方。

朴正熙与他的情报部长及警卫室长

朴正熙于 1961 年就任韩国总统，统治韩国长达 18 年之久。

金载圭和车智澈都是朴正熙的亲信。

金载圭与朴正熙既是同乡，又是同学。金载圭追随朴正熙二十余年，被朴正熙视为左膀右臂：1968 年，朴正熙任命金载圭为陆军保安司令。1976 年，金载圭出任情报部部长。金载圭任情报部长后，小心谨慎，尽职尽责，得到了美国中央情报局的赏识。近年来，朴正熙内外交困，反朴的呼声越来越高，美国人对朴正熙越来越不满，美国中央情报局有意地向金载圭透露了美国人的这种情绪。金载圭自认为有美国人作后台，认为是朴正熙的老同学、老同乡、老战友，因此屡屡向朴正熙慷慨陈辞，要求朴正熙改革现行政策，缓和内外矛盾。金载圭屡犯“龙颜”，引起朴正熙的不快，朴正熙因此疏远了这位亲信，移情于后来居上的车智澈。

车智澈不学无术，连中学的大门也没进过，更没有什么从政经验，只因为有一手好枪法才得到朴正熙的赏识。1974 年 8 月，朴正熙任命车智澈为总统警卫室长（侍卫长），车智澈从此平步青云。

车智澈不满足于小小的侍卫长角色。他利用与朴正熙形影不离的有利条件，赢得了朴的绝对信任。车智澈首先把跟随了朴 8 年之久的总统秘书长金正濂赶出了总统府，又控制了卫戍部队、空降特种部队和汉城警备部队。车智澈居朴正熙一人之下，凌驾于韩国政界、军界显要人物之上，任何人，包括新任总统府秘书长金桂元在内，没有他的同意，就见不到朴正熙，情报部长金载圭也不例外。车智澈实际上已成为韩国的第二号人物。

金载圭对此耿耿于怀。

就在 3 天前，即 10 月 26 日，金载圭获悉重要情报，韩国五大城市将在 29 日同时举行声势浩大的反政府示威游行。金载圭马上去总统府，却被车智澈挡在青瓦台的大门外。

“我有重要情报报告总统!”

“不会是过时的情报吧？……”

金载圭对车智澈的嘲笑大为恼火，幸好，朴正熙出来了，两人才没有吵起来。

进入屋里，金载圭报告道：“总统阁下，有情报证实，10 月 29 日全国五大城市将会同时爆发大规模的示威游行。”

朴正熙道：“你有什么想法？对策？”

“这是釜山事件的延续……”金载圭说。

10 月 16 日，韩国釜山市的工人、学生、市民及职员举行了轰轰烈烈的示威游行，反对政府的维新体制、反对物价飞涨、反对增加税收。愤怒的游行群众袭击了市政厅和执政党党部，还捣毁了警察所，烧毁了警车。这就是金载圭所说的釜山事件。

朴正熙大发雷霆，“谁敢闹事，格杀勿论！再出现类似金釜山的事态，我就下令开炮，就像当年的拿破仑那样……”

车智澈随声附和道：“柬埔寨杀了300万人，怎么样了？我们杀他一二百万，怕什么！”

金载圭从来不把车智澈放在眼里，打断车智澈的话，坚持劝说道：“总统阁下，高压政策只能把矛盾激化，还是缓和矛盾为上策……”

朴正熙斥责道：“放肆！今年以来发生了多少事！你的情报部是干什么的？……”

金载圭灰溜溜地离开了总统府。金载圭走后，朴正熙一面下令颁布戒严令，一面授权车智澈起草改组内阁计划。朴正熙改组内阁是为了找几个“替罪羊”，用中国的话来说就是“舍车保帅”。车智澈对此心领神会，何况，他早就“讨厌”金载圭了。在车智澈的新内阁名单上，情报部长金载圭和总统府秘书长金桂元都消失了。

不料，金桂元探知了车智澈的改组内阁计划，他立刻将这件事告诉了金载圭。

金载圭咬牙切齿，“不是鱼死，就是网破！”

金载圭下定了干掉朴正熙、车智澈的决心。

朴正熙要到宫井洞与金载圭共进晚餐，真是天赐良机！”

金载圭精心设下圈套

金载圭是个情报专家。刺杀朴正熙非同小可，在权衡利弊之后，他决定亲自动手。

金载圭首先给韩国陆军参谋总长郑升和打了电话：“郑总长，今晚有时间吗？我想请您来宫井洞吃晚饭。”

在得到郑升和的肯定答复后，金载圭又拨通中央情报部次官金正燮的电话：“今晚我约好了郑总长来宫井洞吃晚饭，可是总统阁下突然光临，我不能作陪，请你代我陪郑总长共进晚餐，待总统阁下离去，我马上过去相陪。”

金载圭打开保险柜取出一支西德造“尤尔塔”七连发32口径手枪，将子弹一颗一颗压进弹仓，拉开枪机，推子弹上膛，然后，检查了一遍，没有发现什么问题，这才将手枪藏在了书架后面。

17时10分，总统府秘书长金桂元首先来到宫井洞：“车智澈这家伙狂妄已极！”他气咻咻地说。

“就是这个家伙把所有的事情搅得一团糟。”金载圭接着说，“今天晚上我要干掉他!”

金桂元表示同意。

金载圭与金桂元在密谋的时候，朴正熙总统正在青瓦台中小憩。

对于朴正熙来说，1979 年 10 月 26 日这一天实在是个大不吉的日子。上午，朴正熙参加插桥湖纪念塔揭幕式，可是，当他拽动揭幕的绳索后，纪念塔上的罩布只揭开了一半，好不让人扫兴；朴正熙乘直升机飞抵道高温泉观光宾馆，准备在那里吃午饭，可是，当直升机降落时，飞机的巨大噪声和螺旋桨卷起的狂风惊动了宾馆中放养的一只温驯的獐子，獐子狂恐地东奔西跳，跌撞死去；午饭之后，朴正熙准备返回官邸，可是，直升飞机却出了故障，驾驶员费了好大的劲才排除故障，驾驶直升机把总统送回青瓦台。

朴正熙已年过花甲，但他人老心不老。

朴正熙的妻子还活着的时候，朴正熙就与一位姿色出众的影坛明星尹静姬勾搭鬼混。宫井洞是个幽静神秘的地方，也是朴正熙寻欢作乐的最佳去所。韩国在野党的一位负责人的女儿在选美会上一举夺魁，朴正熙竟明目张胆地将这位韩国第一美人攫为已有，而这位美人不过是朴正熙的第 17 个玩物。在宫井洞，朴正熙究竟葬送了多少无名姑娘的美妙青春，就连金载圭也说不清楚。

朴正熙每一次外出巡视归来都要到宫井洞吃喝玩乐一番，这一次当然也不例外。

金载圭为朴正熙准备了两位漂亮的女艺人，一个叫锦子，一个叫郑惠顺，她们都是 20 岁左右，丰满、苗条、妖艳迷人。

当然，金载圭还为朴正熙准备了足够的子弹。

血溅宫井洞

18 时 5 分，朴正熙一行人乘车抵达宫井洞。

朴正熙对自己的安全十分敏感，即使是到宫井洞，他也要带 5 名警卫人员（不包括车智澈）。朴正熙进入小宴会厅后，5 名警卫人员由金载圭的随行秘书朴兴柱接待，安顿在会客室。

在金载圭陪同下，朴正熙、车智澈、金桂元相继入座。朴正熙坐首席，面朝正门。两名女艺人身着薄如蝉翼的半透明长裙，手拿乐器侍候在朴正熙两侧。车智澈坐在朴正熙的右边。金载圭和金桂元则坐在朴正熙的对面。

18时35分，郑升和应邀前来赴宴，情报次长金正燮出面相陪。金正燮告诉对方主人去陪朴正熙总统了，一会儿过来，两人边谈边吃喝。

宫井洞的小宴会厅内，开始的时候，气氛还很热烈，可是，酒过数巡后，谈话的内容转到了釜山事件。车智澈大声指责金载圭无能，朴正熙也责备道："釜山的局面，难道不是因为中央情报部的情报不灵吗?"

金载圭怒火攻心，但他还：是克制住了自己。

18时55分，金载圭第一次离开坐席，观察了周围的动静，然后返回宴会厅。

19时10分，金载圭借故第二次离开坐席。这一次，他去办公室看望了正在边吃边谈的郑升和与金正燮，此后，召见了自己的两个助手朴兴柱和朴善浩（中央情报部礼宾处长），对他们说："国家沦亡，我们也无法生存，不知你们是怎么想的？今天我要干掉他们，你们听见第一声枪响，便立即解决他们的警卫员，明白了吗?"

朴兴柱和朴善浩有些感到意外，金载圭立即给他们吃了定心丸："这里有郑参谋总长和情报次长，你们怕什么?"这一着果然奏效，二朴以为有军队撑腰，不再犹豫。

为了做到万无一失，朴善浩提出要有30分钟的准备时间，金载圭同意了。

19时33分，朴兴柱和朴善浩挑选了几名精于可靠的警卫协助金载圭的行动，完成了解决朴正熙5名警卫的准备工作，然后通过端送酒菜的厨房长求见金载圭。19时35分，金载圭第三次离开坐席，5分钟后带着子弹上了膛的"尤尔塔"七连发手枪回到宴会席边。

金载圭在自己的座位上坐下，对朴正熙说："总统阁下搞政治要顾全大局呀！"说完，手指车智澈，"您带着这种废物搞政治，能搞得好吗?"不等朴正熙与车智澈作出反应，金载圭抽出手枪向车智澈打了第一枪，然后，站起来，向朴正熙射出第二颗子弹。

金载圭的第一枪只击中了车智澈的右手腕。车智澈乘金载圭向朴正熙开枪之机就地一滚，逃入室内厕所。朴正熙被子弹贯穿了胸膛，倒在了郑惠顺的膝上。两个女人惊恐万状地用手掌去堵朴正熙的前胸和后背——鲜血从那两个地方如同泉水般地涌流出来。

枪声一响，配合金载圭行动的朴兴柱、朴善浩以及几名警卫人员立即向朴正熙的5名警卫开枪射击，除一名重伤幸存外，其余4人当场毙命。与此同时，金桂元逃离了小宴会厅。

金载圭将朴正熙击倒后，举枪向逃入厕所的车智澈射击，但手枪却卡了壳。金载圭跑出宴会厅，另找手枪，当他从朴善浩手中接过 38 口径利布尔布左轮手枪再次跑回宴会厅时，一头撞见从厕所跑出来的车智澈，金载圭举枪击毙车智澈，又向没有咽气的朴正熙开了一枪。

两名女艺人——锦子、郑惠顺分别躲入厕所和厨房，成为刺杀朴正熙的见证人。

击毙朴正熙之后

金载圭击毙朴正熙后，跑到办公室，拉住郑升和离开住房，登上车，在车上告诉郑升和，朴正熙已经死去。

郑升和能当上陆军参谋总长，全靠金载圭的推荐。郑升和考虑到金载圭的权势，决心助金载圭一臂之力，使金载圭成为新的权力中心。

当天晚上 2 时 30 分，朴正熙的亲信、陆军保安司全斗焕在确知朴正熙死亡后，另立临时指挥本部，向国防部长卢载铉和郑升和施加压力，情势发生了微妙的变化。

22 时 40 分，金载圭向云集陆军本部的韩国文武官员宣布：“总统是我杀的，我的后边有美国！”

关键时刻，郑升和动摇了。当国防部长卢载铉屈从于全斗焕，准备下令逮捕金载圭时，郑升和同意把金载圭“看管”起来再说。

10 月 27 日零时 40 分，金载圭被卢载铉派出的武装人员逮捕。12 月 12 日，全斗焕发动政变，逮捕了郑升和等三军将领 40 余人，登上总统宝座。并对金载圭进行了秘密审讯。

律师问：“您为什么非要刺死总统不可呢？”

金载圭：“为了恢复韩国的自由和民主主义，我这样做是迫不得已的。”

律师：“您从什么时候开始想要刺杀总统？”

金载圭：“从去年（1978 年）12 月左右。我原想在今年 4 月动手，但一直没有适当的机会……由于一个人的独裁，三千七百万人不能享受自由；为了维护一个人的维新体制，就把国家安全置于危险境地，这是荒谬的，于是我就想要解决这个问题……”

1979 年 12 月 4 日，全斗焕控制的军事法庭开庭审理金载圭刺杀朴正熙案件时，在被告辩护律师席上坐着由 31 名律师组成的庞大律师团，专门为金载圭辩护的律师就有 21 人，律师们自愿免费为金载圭等人辩护，这在韩国历史上从未有过。

与此同时，韩国的学生、宗教人士、工人、农民以及金大中等著名人士在全国各地展开了一场轰轰烈烈的“阻止军方处决金载圭等人”的斗争，截止1980年5月20日，韩国有25万青年学生投入了斗争。韩国3500多名修女发表声明:“代表全体国民的正义呼声，为反对给金载圭等人处以极刑进行全国性的祈祷。”

但是，全斗焕凭借手中的枪杆子，疯狂镇压各地的斗争，并于5月24日下令绞死金载圭等人。

谁捉弄了历史，历史就会捉弄谁。

要民主，不要独裁——浩浩荡荡的历史潮流不可阻挡。

1987年12月16日，韩国举行了自1971年来的第一次由选民直接投票的总统选举，这次选：举宣告了全斗焕政权的结束。

麦加喋血事件

（1979 年 11 月 20 日）

伊斯兰教圣地——麦加

麦加是伊斯兰教三大圣地之一（其余两地是麦地那、耶路撒冷）。

麦加地处阿拉伯半岛上的沙特阿拉伯境内，其准确方位为北纬 21°38′、东经 40°9′。麦加有许多别名，例如：伯加、安全城、诸镇之母、哈蒂玛、禁城等。公元 2 世纪时，希腊地理学家在他的著作中提及麦加时，称麦加为“麦库尔巴（Macorba）。

麦加是伊斯兰教先知穆罕默德的诞生地，也是伊斯兰教的发源地，是全世界穆斯林祈祷时的朝拜方向和朝觐的地方。

麦加是一座地势相当高、面积十分大的宏伟城市，它的四面几乎全被高山围住，城市从西向东延伸，长 7 公里、宽约 3 公里，人口约 40 万左右。

麦加城内的房屋是依照阿拉伯半岛中古时代的式样建筑的。许多楼房高达六七层，蔚为壮观。麦加城内还有各时代建造的辉煌壮丽的宫殿。来麦加的人必须从麦加的入口杰尔富勒地区进入麦加，方能一睹麦加的雄姿。麦加坐落在巨大的峡谷中，四周的山麓上建满了住宅，一层又一层，鳞次栉比，十分壮观。

麦加城最著名的地方是麦加大清真寺——伊斯兰教第一大圣寺。麦加大清真寺又称‘禁寺’，是伊斯兰教最古老的清真寺。

禁寺西北长 545 英尺，东南长 553 英尺，东北长 360 英尺，西南长 364 英尺，它是一个周围环绕长廊的露天大院，禁寺内有一长方形石殿，称为“克尔白”（意为“立方体”），我国译为“天房”（真主之屋）。“克尔白”的东北和西南两面各长 40 英尺，其它两面各长 35 英尺，石殿的四个角按照它所朝的方向分别被称为伊拉克角、叙利亚角、也门角和黑石角。据伊斯兰教传统，该长方形石殿是人类的始祖阿丹摹仿天上的原型而建。后来，洪水泛滥，石殿被毁，安拉的使者易卜拉欣和他的儿子易司马仪重建石殿。

在克尔白东南面壁上离地4英尺处，有一块直径8英寸的黑石——“圣石”。传说，这是重建石殿时，天使哲布勒伊来递给易司马仪的。实际上，黑石并不完全是黑色的，它呈椭圆形，略带一点暗红色。数百年来，由于朝觐者的抚摸，圣石上形成了一个光滑的凹槽。

禁寺内外还有两处圣迹，一为易卜拉欣的立足地，它朝向大门；另一处是渗渗泉，位于克尔白东北，是易卜拉欣的妻子发现的。历史上和当今的朝觐者都要带回一瓶渗渗泉水作纪念。

麦加城内还有两座著名清真寺——尼姆赖大清真寺和海夫清真寺，前者可容纳50万人同时礼拜，传说，那是穆罕默德第一次接受安拉启示的地方。

本世纪50年代和70年代，因石油资源而富有的沙特阿拉伯政府出巨资对圣寺和麦加城进行了扩建。建后的圣寺总面积达18万平方公里，其中间露天广场可容50万人同时礼拜。沙特政府还在麦加城建造了直升飞机场、公路网、医院、旅馆，使麦加城变成了一个现代化的伊斯兰教朝觐圣地。

麦加朝觐

朝觐麦加克尔白是伊斯兰教的五功之一。

伊斯兰教的五功为：念诵“除安拉外，再无神灵，穆罕默德是安拉的使者；每天五次礼拜；每年9月（伊斯兰教历）全月斋戒；缴纳一定的课税；在条件允许的情况下一生中应朝觐麦加一次。

《古兰经》云：“凡能旅行到克尔白的，人人都有为真主而朝觐克尔白的义务。”

麦加朝觐期为70天，时间为伊斯兰教历的10月、11月及12月上旬，其传统仪式可分为受戒、巡游克尔白、进驻阿尔法特山、宰牲和辞行五部分。

受戒：朝觐者在指定的地点沐浴受戒，然后高诵：“主啊、我应命来了……”

巡游克尔白：包括以黑石为起点沿顺时针方向绕行七圈、拜谒易卜拉欣立足处、饮渗渗泉水等。

进驻阿拉法特山：朝觐者务须在伊斯兰教教历12月8日抵达米那山，在米那山过夜……

宰牲：12月10日是伊斯兰教的宰牲节（古尔邦节），朝觐者在米那杀一只牛（或羊、或骆驼），然后剃头剪发，开小戒……

辞行：再次巡礼克尔白后，离开麦加。

麦加朝觐是全世界穆斯林的大聚会。

1962 年穆斯林（伊斯兰教）世界联盟宣告成立，其总部就设在麦加。从那以后，麦加又成为世界各地穆斯林举行集会、交流情况、协调关系的重要场所。

麦加喋血记

圣城麦加对于虔诚的穆斯林教徒永远有着说不尽的魅力。近些年来，到麦加朝觐的人数呈上升势头，朝觐者每年多达 250 万人。

但是，也有一些别有用心的人企图借朝觐之机制造恐怖事件，攫取某些利益。

1979 年 11 月 20 日，一个名叫穆罕默德·伊本·阿卜杜勒的人率领 300 多名支持者，将武器放在 10 多口棺材内，抬着棺材，以朝觐者的面目和身份进入麦加大清真寺。这些人一进入寺内就从棺材中拿出武器，迅速关闭大门，将寺内的人员和朝觐者扣作人质，武装占领了圣寺。

穆罕默德·伊本·阿卜杜勒等人向沙特政府提出了一系列的政治和宗教上的要求：

宣布沙特阿拉伯为伊斯兰共和国；

中止与美国的关系；

封存石油资源，停止出口；

接受前利雅得伊斯兰大学神学高才生瓜塔尼为“马赫迪”（救世主）。

穆罕默德·伊本·阿卜杜勒还大肆抨击沙特王室腐败及社会堕落。

沙特政府急忙派出军队、国民警卫队、特别保安队将圣寺团团包围。由于伊斯兰教规定不准在圣寺内动武，沙特国王只好求助于乌里玛·法特瓦的裁决（即伊斯兰教法的裁决）。乌里玛引《古兰经》向叛乱者发出警告，引《圣经》驳斥“马赫迪”（救世主）再现的说法。《圣经》云：“当你们意见一致时，他的到来是想分裂你们，驱散你们。那么砍掉他的脑袋。”

乌里玛的裁决是不容置疑的。

沙特政府军在法国和巴基斯坦反恐怖专家的帮助下，以装甲车开路，撞开寺门，高呼“战死即升天堂”的口号冲入圣寺。由于叛乱分子占据了有利地势，又都是隐藏在暗处，战斗异常激烈。

12月4日，在1万多政府军及保安部队的围剿下，叛乱分子被全部肃清。有127名军人战死，117名叛乱分子被击毙，25名朝觐者死亡，170多名叛乱者被俘。沙特政府判处103名判乱者长期监禁，另外67人在沙特的8个城市中砍首示众。

麦加大清真寺喋血事件在世界上引起轩然大波。伊斯兰世界众多的宗教领导人及阿拉伯国家政府纷纷发表声明，对叛乱者进行谴责，对沙特政府的行动予以支持。

伊朗宗教领袖霍梅尼把矛头指向美国和以色列，指责麦加喋血事件是“美帝国主义和犹太复国主义的合谋；其目的是要“分裂团结一致的穆斯林队伍”。

霍梅尼的指责引起一些伊斯兰国家的共鸣。在这些伊斯兰国家中先后发生了一连串的反美事件。

与霍梅尼的指责不同的是，沙特首相哈立德亲王公开谴责前苏联是麦加事件的“后台”。

麦加事件发生距今已有20余年，据一些消息披露，穆罕默德·伊本·阿卜杜勒领导的武装集团中有一些人员是沙特军队和国民警卫队的成员，还有一些人是敌视沙特王室的部族成员，一些人与伊朗有联系。阿卜杜勒还得到某些海湾国家的支持，并在那里建有基地。

继1979年麦加事件后，1987年和1990年，麦加又先后发生两起较大骚乱事件，前者死亡402人，后者死亡1426人。

艾滋病向人类挑战

（1980 年 6 月）

发现艾滋病

1980 年 6 月的一天，一名旅居美国旧金山的加拿大人推开一家美容医院的大门，请求女医生琳达·鲁本斯坦为他除去脸上的一个紫色的疤。加拿大人的名字叫做盖尔坦·杜加斯，是一个同性恋者。

女医生琳达·鲁本斯坦认真地为杜加斯做了化验，发现杜加斯患了一种罕见的皮肤癌——卡波济氏肉瘤。面对这种疾病，女医生束手无策，女医生的同僚们也束手无策。不久，杜加斯的病情急转直下，医院里的医生及专家们只能眼巴巴地看着杜加斯痛苦地死去。

杜加斯有两个同性恋伙伴——侣里克和尼克，杜加斯死后，侣里克和尼克相继发病，不治身亡，病情与杜加斯完全相同。

从此，人类知道了世界上还有这样一种疾病——它使人类束手无策。

1981 年 1 月，一位 30 多岁的男性病人被送进洛杉矶全美疾病控制中心，病人在半年前还是一个身强力壮的模特，体重 220 磅，送入医院时体重骤减到 100 磅。病人的喉咙里长满了白色凝乳般的真菌，而且真菌以极快的速度增长，几乎阻塞了食管，显然，病人的人体自然免疫抵抗力遭到了破坏。

十多天后，病人的肺肿了起来，经诊断是患了卡氏肺囊虫。又过了数天，病人的身上生出紫黑色的肉瘤，随即痛苦地死去。病人是一名疯狂的同性恋者。

1981 年 6 月 5 日，美国正式向全世界报告了这种病例，这种病就是今天所说的“艾滋病”，旅居美国的加拿大人盖尔坦·杜加斯成为了世界最早被发现的艾滋病患者。

艾滋病的发现被列为 20 世纪 80 年代的十大新闻之一。

艾滋病（AIDS）是英文（Acguired Immuno Ddfi · ciency Syndrome）第一个字母组合的音译名，中文译为“获得性免疫缺乏综合症”或“后天性免疫缺乏综合症”，是人类感染艾滋病毒而患的一种恶性病，又称“艾滋病”或“爱之病”。

艾滋病在人类中已潜伏几千年

卢克·蒙塔尼是法国巴黎巴斯德研究所的一位著名科学家。蒙塔尼经多年潜心研究，于1987年8月12日在加拿大的埃德蒙顿国际病毒学会议上说：艾滋病毒已在人类中潜伏了几千年。

蒙塔尼领导的研究小组对已知的两种艾滋病毒进行了精确的基因分析，该研究小组还在猴子和其它灵长目动物身上发现了一种类似的病毒，同时进行了基因分析，研究小组发现，上述三种病毒演变了的艾滋病毒，出自几千年前的一个共同的本源。

蒙塔尼的研究结果得到了一些专家的支持。这些专家举出4000年前《民数记》加以佐证。《民数记》记载说，一些以色列人与娼妓交媾后患了一种“不知名的重病”，这种病常常是娼妓在与同性恋嫖客交媾后又传给男人的。这种病还有一个特点，即女人的发病率不高，且患病的潜伏期很长。专家们认为《民数记》中所记载的“不知名的重病”即是今天所说的“艾滋病”。

第一个发现艾滋病毒的人是谁

1984年4月，美国国立卫生研究院的罗伯特·盖洛向全世界宣告，他已成功地分离出艾滋病（HIV）。盖洛在科学界引起轰动，但等待盖洛的并不是荣誉，而是一场长达6年之久的争吵和官司。

对盖洛提出异议的人是法国的卢克·蒙塔尼，他是巴黎巴斯德研究所的研究员。卢克·蒙塔尼在美国最先进的实验室进修过，并获博士学位，对本领域的研究状况和动向有深刻的了解，学术造诣较深。

1983年，蒙塔尼及其领导的科研小组从艾滋病人的血样中分离出世界上第一份艾滋病病毒。蒙塔尼发表了有关人类艾滋病病毒生物学性质的论文，同时把病毒样品寄给了当时在国际上享有盛名的病毒学家盖洛。盖洛当时也正在倾尽全力分离和培养人类艾滋病病毒，但没有取得成功。蒙塔尼寄去艾滋病病毒样品后，盖洛立即着手分离和培养人类艾滋病病毒的工作，并获成功。于是，在 1984 年 4 月及 10 月连续在《科学》杂志上发表了几篇论文，描述了人艾滋病病毒的生物学性质。盖洛把他所分离出的病毒命名为 HTLV—ⅣB。由于盖洛的名气大，他因此赢得了第一个发现人类艾滋病病毒的桂冠。

盖洛的论文发表后，蒙塔尼发现盖洛所描述的 HTLV—ⅣB 生物学性质与他寄给盖洛的病毒样品的生物学性质完全相同，只不过蒙塔尼称人类艾滋病毒为 LAV—BRU，盖洛称之为 HTIJV—ⅣB 而已。蒙塔尼认为自己的科学成果被盖洛窃取了，十分愤怒，于是通过法国和美国的有关途径向法院提出上诉，与盖洛打起了一场国际科学官司。

1987 年，蒙塔尼与盖洛之间的官司惊动了法、美两国首脑，法国总理希拉克、美国总统里根经过协商达成谅解，两国共享人类艾滋病病毒发现者荣誉的成果。并平分艾滋病检验专利的使用费。但是，争论并未终止。

1989 年 11 月 19 日，美国《芝加哥论坛报》经过近三年的调查，公布了调查结果，此结果意味着盖洛是"偷窃者"。1990 年 1 月，美国国家科学院组成了一个 10 人调查小组，调查小组最后宣布盖洛无罪。同年 10 月，美国国家研究院对盖洛事件进行了全面审查，发现盖洛发表在《科学》上的论文中有许多漏洞和弄虚作假违反科研道德的问题。此后，经过不同实验室的试验证实：盖洛的 HTJV——IVB 的确来源于蒙塔尼的样品，美国官方宣布艾滋病毒的发现者是法国人卢克·蒙塔尼。

艾滋病的临床症状与传播途径

艾滋病毒（简称 HIV）侵害的是人的免疫系统，人的免疫系统遭到破坏，人体就会丧失对多种疾病的抵抗能力，从而造成严重后果。

艾滋病发病初期的主要症状是：长期发热、疲乏、盗汗、消瘦、身体各部位出现淋巴结慢性肿大。此后，即机会性感染和肿瘤。例如：卡氏肺囊虫引起的肺炎、卡波济氏肉瘤（皮肤上的蓝色或色结节）、同形孢子球虫病、隐孢子虫病、念珠病菌等。

卡氏囊虫在人体免疫功能缺乏后即可在肺组织内大量繁殖，充满肺泡，引起肺炎，病人因缺氧而死亡，72.6% 的艾滋病人死于此症状。

卡波济氏肉瘤是一种罕见的网状内皮细胞恶性肿瘤，HIV 迅速侵犯皮肤、粘膜、胃肠道，还可侵人心、肺、脑。

同形孢子球虫病多见于非洲，病人慢性腹泻；而隐孢子虫病艾滋病患者每日腹泻多达 25 次，病人因脱水而死亡。

念珠病菌使患者口腔粘膜和全身脏器上布满乳状白色如同发霉一样的斑点，令患者痛苦不堪。

一般地说，感染艾滋病毒的一般患者一旦发病，他的末日也就到了(1～3年)。

艾滋病患者发病后的生存期很短，但发病前的潜伏期却较长，一般为3～5年，有的达10年或更长时间。在“潜伏期”中，患者一般没有临床症状，但却可以把体内的HIV传染给他人。

艾滋病的传播途径大致可分为性传播、血源传播、医源性传播和母婴传播四种。

性传播：

性接触是艾滋病传播的主要途径，下述5种性行为尤为突出：有多个性伙伴；肛交；与妓女性交；非常规性关系；在HW感染率高的地区、城市与他人发生性关系。因此，讲求性伴的专一和正确使用避孕套是预防艾滋病的有效手段。

血源传播：通过血液或血制品传播。献血、输血、静脉吸毒、进口血制品或血液都可为艾滋病的传播提供可乘之机。

医源性传播：

用于穿刺皮肤的手术设备及其他侵入性操作设备如不严格按操作规程行事，极易造成艾滋病传染。例如共同使用被HIV污染后未经消毒的注射器针头。

母婴传播：

HIV可经胎盘传给胎儿，并在分娩及哺乳时感染婴幼儿。

迄今为止，科学研究尚未证实握手、亲吻、拥抱会传染艾滋病。病毒也不会通过空气传播。英国学者曾对101例艾滋病人家庭中与病人无性关系的成员进行了长达2年的观察，这些成员与病人使用共同的餐具及卫生工具，其中有37人还与病人同眠一张床，但没有一人感染HIV，可见，日常生活不会传染艾滋病。

20世纪震惊世界的100件大事

陈治平　冯晖　陈吉平　编著

㈡

吉林人民出版社

印巴战争与“克什米尔”

（1947 年——）

“印巴分治”与第一次印巴战争

印度、巴基斯坦、克什米尔本是一个整体，是一家人。

印度国有着悠久的历史，同时又有“宗教博物馆”之称。印度国内最大的两个宗教派别为印度教和伊斯兰教。印度教的历史可以追溯到公元前 2000 年左右，从公元 13 世纪起至公元 1859 年，印度则进入伊斯兰教王朝统治时期（德里王朝和莫卧儿帝国），19 世纪中叶，印度沦为英国殖民地。

进入 20 世纪后，印度的民族解放运动空前高涨，教派冲突也日益尖锐。1946 年 8 月，印度爆发了规模空前的印度教与伊斯兰教之间的仇杀，穆斯林领袖真纳宣布：“要么我们挑起印度分治，要么我们使其毁坏殆尽。”

在这种情况下，英国总督蒙巴顿于 1947 年 6 月 3 日发布了“印巴分治方案”，方案的核心是按宗教而不是按语言、文化、民族的区别来划分自治领域。根据蒙巴顿的分治方案，印度划分为以信奉穆斯林教为主的巴基斯坦共和国和以信奉印度教为主的印度共和国，而巴基斯坦共和国又是由东、西巴基斯坦组成，其间相距 1600 公里，是印度共和国的领土。8 月 15 日，英国将政权分别交给印、巴两个地区的领导机构。

在西巴基斯坦、阿富汗、中国、印度北部之间有一块面积为 22 万平方公里的富饶土地——克什米尔，它一直由当地土邦领袖统治，是原印度国的一个组成部分，但是，英国总督蒙巴顿在分治方案中没有明确将它划分给巴基斯坦或印度，而是说了一句含混不清的话——土邦可以自由选择加入任何一个自治领（印度或巴基斯坦）。克什米尔居住着 500 万人口，77% 是穆斯林教徒，20% 是印度教徒，还有 3% 是其他人。克什米尔不仅蕴藏着丰富的煤、石油、铁、镍、黄金等富贵矿藏，还是一个重要的战略要地，印、巴双方都对它垂涎三尺。

1947 年 10 月，巴基斯坦以给克什米尔地区人民以更大的主权为诱饵，诱使克什米尔广大的穆斯林起来造印度教地主的反，巴基斯坦的军队乘势进入克什米尔，先后占领穆扎法拉巴德和乌里地区，并且向克什米尔首府斯加那加进军。居住在斯加那加的土邦领袖担心宝座不稳，急忙向印度求援，印度用飞机将大批军队运到克什米尔河谷区域，印巴第一次战争由此开始。

在印巴第一次战争中，印军占有绝对的空中优势，拥有性能优良的武器，而巴军依仗对地形的熟悉巧妙与印军周旋，双方谁也奈何不了谁。

1948 年，联合国安理会通过了关于解决克什米尔纠纷的决议，该决议分停火、非军事化、公民投票三个阶段，印、巴双方表示同意。

1949 年 1 月，印、巴双方宣布停火。7 月 27 日，双方签订了停战协议。按照协议，印度占有克什米尔 3/5 的地区，拥有 400 万人口，并建立了邦政府；巴方占有克什米尔 2/5 的地区，拥有 100 万人口，在占领区建立了自由克什米尔政权。

第一次印、巴战争结束，其结果是在克什米尔南起马纳瓦尔，北至开伦，再从开伦向东至冰冻地区形成了一条长达 800 英里的无形的“分割线”，将克什米尔划分为 3/5（印度）、2/5（巴基斯坦）两部分。

印度挑起第二次印巴战争

印度第一任总理尼赫鲁早在 1947 年 10 月 31 日就向世界许诺：“一俟和平与秩序得到恢复，我们立刻从克什米尔撤军，让该邦人民决定该邦的前途。”

按照印巴双方签署的停战协议，实现停火后就应该进行“非军事化”和“公民表决”，巴方忠实履行了“协议”，印方则以种种借口反对进行“公民表决”。

尼赫鲁曾对世人说，印度要么做一个名声显赫的大国，要么就销声匿迹，印度不在国际舞台上扮演一个二等角色。正是基于此，印度对巴基斯坦与它“平起平坐”大为恼火。印度想方设法孤立巴基斯坦，在国内则不停地实施“巴基斯坦是印度的敌人”的教育。巴基斯坦为摆脱困境，于 1954 年与美国签订了巴美军事和经济援助条约。

1956 年，印度宣布印占克区“是印度不可分割的一部分”。1964 年 12 月，印度向全世界宣布，不仅仅印占克区是印度不可分割的一部分，整个克什米尔都是印度的组成部分，从而完全背离了当初“让该邦人民决定该邦前途”的诺言。

1965 年 8 月，印军 3 次越过“停火线”，向巴基斯坦占领区发起试探性进攻，拉开了第二次印巴战争的序幕。面对印军的挑衅，巴基斯坦外交部长布托向全世界发表讲话：“巴基斯坦从来没有贪图过印度的一寸领土”，“我们在敲了联合国的大门和用尽其它一切和平解决的办法之后，被迫拿起武器，去夺回自由。”

9 月 6 日，印军分三路越过边界线迅速攻取西巴拉哈尔前线的贾萨尔、瓦加·贝迪安。巴基斯坦总统阿尤布宣布全国进入紧急状态，并向印军发起猛烈反攻，于当天夜晚收复了失地。

但是，印军依仗其军事优势，再次向巴军发起全线进攻，9 月 8 日，印军出动主力装甲部队攻入巴基斯坦的亚尔科特地区；9 日，印空降部队在巴基斯坦的瓦齐拉巴德、奇尼奥特着陆；10 日，印军向巴基斯坦拉合尔地区发动大规模进攻，印度空军还袭击了东西巴基斯坦的重要城市、港口——拉瓦尔品第、吉大港、达卡等，使巴基斯坦面临空前的压力。

面对印军的侵略，巴基斯坦举国动员，同仇敌忾，不但顽强地打退了印军的进攻，还攻占了印军的几个据点，把战火烧到了印度本土，扭转了战局。

9 月 20 日，联合国向印、巴双方提出了 211 号决议，建议停火。巴基斯坦首先宣布接受停火协议，从 23 日凌晨 3 点起停止进攻。27 日，印、巴双方全面停火，各自撤回到交战前的地区。至此，印、巴第二次战争结束，在英、美、苏三国的斡旋下，印、巴两国又坐回到谈判桌旁。

印、巴第三次战争与孟加拉国独立

东巴基斯坦和西巴基斯坦相距 1600 公里，两者在民族、文化和语言上都存在很大差异，它们能合为一体完全是以伊斯兰教为基础，天长日久，东、西巴之间的矛盾日趋尖锐。

巴独立以后，其政权、经济的重心设在西巴，因此西巴人在政治地位、经济收入各方面都要高于东巴人。1968 年，以穆吉布·拉赫曼为首的东巴人民联盟向政府提出一个“6 点纲领”，要求“平等”，被政府拒绝。1971 年 3 月 25 日，巴基斯坦总统叶海亚宣布取缔人民联盟，实行军管。26 日，巴政府解散了由孟加拉人组成的军队和警察，逮捕了人民联盟领导人，由此造成了几百万难民流入印度，至 1971 年 5 月份，流入印度的难民达近 1000 万人，印度为此每年要付出 7 亿美元的救济款，此款相当于印度 1970 年国防预算的一半，令印度不堪承受。

印度总理英迪拉·甘地公开向世界声称："由于这么多的难民来到印度，孟加拉事件就不再是巴基斯坦的内政了。"英·甘地认为这是一个向巴基斯坦发难的好时机，她一面派出各种使者游说世界各地，标榜印度"慈善家"的形象，抨击巴政府的"暴行"，一面拟定入侵东巴的计划，寻求援助，加紧备战。

1971 年 8 月 9 日，印度与苏联签订了"和平、友好合作"的条约，苏联允诺向印度提供价值 5 亿美元的先进武器装备。从 11 月 2 日开始，苏联的安—12和伊尔—18 两种类型的军用运输机经苏联—南斯拉夫—开罗—印度航线源源不断飞抵印度，将包括先进的米格—21 型战斗机和地对空萨姆导弹在内的大量军用物资运抵印度。与此同时，10 余艘苏联船只抵达印度的孟买港，卸下了包括 250 多辆新型坦克、苏—7 喷气战斗机及大批歼击机所需的零件在内的军用物资。

苏联人的军援加快了印度的战争步伐。美国洛杉矶时报一针见血地指出："俄国人仍然在印度次大陆玩弄他们在中东玩弄的老式的 19 世纪的帝国扩张的把戏。为了得到最大的势力和空海军基地，他们不仅准备进行冒险，而且鼓励战争。"印巴战争"是勃列日涅夫（苏共首脑）发动的一场战争"。

1971 年 11 月 21 日，印军利用印度在地理上三面包围东巴的态势，分东、北、西三路向巴基斯坦发起攻击，直取东巴首府达卡。东巴驻军在巴亚兹中将指挥下进行了顽强的抵抗。11 月 28 日，印军在飞机和最新式苏制坦克的掩护下，从东巴东部的锡尔赫特、西北部的迪纳杰普尔和西部的杰索尔发动更猛烈的进攻，突破了东巴驻军的防线。为了缓解东巴的压力，12 月 3 日巴空军袭击了克什米尔境内的印度机场，印、巴第三次战争全面展开。印军对东、西两条战线作战早有准备，在西线，印军采取防御战略，在东线，印军大胆采用迂回穿插战术，分割包围巴军，使用直升机空投作战兵员，轻而易举地越过了巴军以河流构置的天然屏障，将达卡团团包围。

在隆隆的枪炮声中，"孟加拉人民共和国"宣告成立，英·甘地总理当即宣布承认"孟加拉人民共和国"，并置联合国大会的停火呼吁于一旁，宣布印度将"打到孟加拉国获得解放为止"。

决战在即，一个显而易见的事实是，不论尼亚兹如何战斗，失败是不可避免的。巴基斯坦总统叶海亚很清楚这一事实，他授权尼亚兹"有权最后决定是否向印军投降"。尼亚兹决定向印军投降。

12 月 16 日，当地时间 16 时 31 分，尼亚兹中将在达卡的赛马场上签署了无条件投降书。尼亚兹先是把投降书呈交给印度陆军参谋长贾格吉凡·辛格·奥罗拉中将，然后交出了军旗和左轮手枪。

当天晚上，印度发言人宣布：“既然巴基斯坦武装力量已在孟加拉国投降，孟加拉国现在已经自由，在我们看来，继续目前的冲突是没有意义的。因此，为了停止流血和不必要的生命损失，我们已命令我们的武装力量在西线的所有地方停火，从 1971 年 12 月 17 日星期五印度标准时间 20 时起生效。”巴基斯坦接受了这一建议，第三次印巴战争结束。

第三次印巴战争，东巴有 9.3 万人被俘，其中正规军 56998 人，准军事人员 18228 人。巴基斯坦不但输掉了战争，还丧失了一半的人口和一半的土地。印度是这场战争的大赢家，但仍付出了死亡 7621 人的代价。

印、巴为克什米尔打了三次大战，双方都损失惨重。然而，从第三次印巴战争结束至今，又过去了 18 年，克什米尔的前景仍然是扑朔迷离……

飞碟之谜

（1947 年 6 月 24 日）

阿诺德“……像一种碟子！”

有关 UFO 的记载自古就有。但是，人类第一次使用“飞碟”这个词则是在 1947 年 6 月 24 日。

6 月 23 日，专门推销救火器材的美国商人肯尼恩 · 阿诺德驾驶私人飞机在华盛顿雷尼尔地区飞行时，突然看到 9 个呈“U”字队形飞行的发光圆盘。

1952 年 7 月，美国人乔 · 史都克拍下的 UFO 照片

阿诺德急忙向邻近的机场值班人员报告："发现 9 个明亮的物体编队飞行！它们从邻近的贝克山飞来，在我的左侧。它们贴着山顶飞。速度极快。""我从未见过这样的飞行器。它们的形状不像是飞机……像一种碟子！就像打水漂玩的那种碟子……"

第二天，一家报纸上出现了一个新的词汇—Uniden-rified Fly-ing Object，缩写为"UFO"。UFO 的英文意思是"不明飞行物"，或称"飞碟"或"幽浮"。这家报纸以首创的"飞碟"一词，大篇幅地报道了阿诺德目击飞碟事件。

从此后，这位美国爱达荷州的商人名扬世界，并且在 UFO 历史上占有一席地位。

古书中有关"飞碟"的记载

古书中有关飞碟的记载很多。

东晋（公元 317 年 ~ 公元 420 年）王嘉所著《拾遗记》卷一"唐尧"篇记载："尧登位三十年，有巨槎浮于西海。槎上有光，夜明昼灭。海人观其光，乍大乍小，若星月之出入矣。槎常浮绕四海，十二年一周天，周而复始，名日贯月槎，亦谓桂星槎。"槎，古代的意思是木筏、船。"贯月槎"的意思就是穿行于星月间的"船"，用现代话来说，这是一艘太空飞船。

《博物志》记载了一则"仙槎"的故事："严遵仙槎，唐置于麟德殿，长五十余尺。声如铜铁，坚而不蠹。李德裕截细枝尺余。刻为道像，往往飞去复来。广明（唐僖宗年号，公元 880 年）以来失之，槎亦飞去。"用现人话来说，这是一艘可以遥控的无人驾驶飞船。

宋代科学家沈括在《梦溪笔谈》中记载了一个类似现代飞碟的物体："嘉祐；占（公元 1056 ~ 1063 年）中，扬州有一珠甚大，天晦多见，初出于天长县陂泽中，后转入甓社湖，又后乃在新开湖中，凡十余年。居民行人常常见之。余友人书斋在湖上，一夜忽见其珠甚近，初微开其房，光自吻中出，如横一金线。俄顷忽张壳，其大如半席，壳中白光如银，珠大如拳，灿然不可正视，十余里间林木皆有影，如初日所照，远处天赤如野火，倏然远去，其行如飞……"

淮阴有百一居士在他的《壶天录》中记载了两例类似飞碟的事件，其一："丁丑年七月十七日，扬州一士子夜读，忽见北首墙上，光明若昼。以为邻人失慎，急趋出观之，则天半有一红球，大如车轮，华彩四射，流于云端，隐约有声，余光越三刻，始敛尽焉。次日，通城轰传，所见皆一。是夜，秦邮甓社湖中光更朗若，自南直驶西北，后亦无所徵验云。”其二：“苏城于此月十六日，有火光一道，大若车轮，自东而西，如星之陨，如电之掣，霍霍有声，阊门外居民悉见之。”宋神宗熙宁4年（公元1071年），著名大诗人，大文学家苏轼在赴杭州任职时途经镇江，夜宿金山寺，这天晚上，苏轼在游览金山寺时，忽然看到了一个奇异的发光体，为此，苏轼写下了《游金山寺》“一诗……江山似有炬火明，飞焰照山栖鸟惊。怅然归卧心莫识，非鬼非人竟何物？……”

苏轼所见的“炬火明”与沈括所记的“扬州明珠”，时间相隔不远，地区也很靠近，《壶天录》的记载也与苏、沈所记有许多相同之处，三者互相印证，可见，早在900年前，“飞碟”对扬州地区独有所钟。

再举几例《二十四史》中有关飞碟的记载。

《魏书》卷99：“有光如车盖，声如雷，震动城邑，仲夏降霜。”

《新唐书·五行志》：“开元五年（公元717年）是岁，谭州灾，延烧州署。州不见有物，赤而暾暾飞来，旋即火发……”

《明史·五行志》：“成化二十一年（公元1486年）正月中朔，有火光自中天而少西，附下，化为白气，复曲折上腾，声如雷。”

……

我国还有许多古书对不明飞行物（飞碟）作了明确的记载，例如西藏《檀传》、《奃传》就提及史前的飞行器，称之为“天上的珍珠”。

在古代，有关飞碟的记载。不仅我国有，外国也有。

古罗马的学者列维和奥博斯昆都曾谈到，在公元前218年的某个夜晚，在阿普里城上空，人们见到一个“飞行盾牌”；大约在公元前213年，一个类似“祭坛”的物体在哈德里上空飞翔，类似“祭坛”的物体中有两个穿白色衣服的人；《劳里森纪事》曾报道，当撒克逊军队在向一座基督教堂发起进攻时，两面红色的“盾牌”突然出现在城堡上空，撒克逊军队惊恐地停止进攻，退走了。

日本国是世界上出现不明飞行物较多的地区之一，日本历史《国史大系》中有多处关于UFO的记载。例如：

嘉祥三年（公元850年）六月“丙寅（二十日），夜有流星，头尾转行。”

清和天皇贞观十三年（公元871年）八月“廿三日丁酉……夜，有大流星出东方，入天市口，其色赤白，入后，其尾白而曲环。”

阳成天皇元庆二年（公元 878 年）六月“廿一日乙酉，夜有流星，出自北边，人箕星下，色白尾短。”

……

以上各例，史家虽称之为“流星”，但从“流星”飞行的距离、速度、光色、尾迹及形状来看，并非真正意义上的流星所具备，而与现在的 UFO 相类似。

总之，不明飞行物（飞碟）并非是现代社会的产物，飞碟的历史可以追溯到遥远的古代，甚至于史前。

名人谈飞碟

美国第 40 任总统罗纳德·里根说：我相信飞碟是存在的。

1980 年，当美国选出新总统和组成新政府之后，一些研究 UFO 的人士向里根总统的助手询问新总统对待 UFO 的态度，这位助手在取得了不透露他的姓名的允诺后，侃侃而谈：“里根总统对我说，他曾被提名在一部有关这一题材的影片中担任主角，因此仔细研究了不明飞行物，他认为不明飞行物是存在的。”“里根总统还对我说，他认为也许看到过飞碟，但他不能肯定，因为那天夜晚很黑，而且有雾。当时，他正在一个山顶宿营，看到天空中有多种颜色的光在一闪一闪。起初，他认为自己看到的可能是金星，后来，光的颜色不断改变，而且变得越来越快，于是他产生了怀疑。但是，那天夜晚的能见度太差了，他始终也没有弄清楚看到的是什么。”

加勒比群岛格林纳达的总理埃里克·盖雷在 1978 年曾要求联合国成立一个专门组织，调查 UFO 事件。埃里克·盖雷说，他曾经亲眼目睹了一个金色的闪光体以异乎寻常的速度在空中飞过。据说，盖雷曾拍摄下许多不明飞行物的照片。

著名的拳击家穆罕默德·阿里 1972 年在纽约中心公园训练时看到了一个飞碟。阿里说：“那是一个空气清新的早晨，太阳还没有出来，我漫步向前走着，空中忽然有一束明亮的光照射下来。我抬头望去，天空中有一个像巨大的电灯泡的物体在盘旋着，光就是从这个物体中发出的，它好像在观察我。”

日本著名影星山口百惠在她的自传《春早》一书中生动地记述了她看到不明飞行物的经过。山口百惠写道：“一天夜晚，我正想上床睡觉，突然有个东西在窗外一闪，闪光亮极了……我想‘也许有人在使用闪光灯拍摄我家房屋的照片，我打开窗子，‘谁在拍照？开什么玩笑！’可是，窗外静悄悄的，一个人也没有。我关上窗子，上了床……无意中，我向刚关上的窗子看了一眼，只见有一团亮得刺眼的光直奔窗户而来，速度快得吓人……”山口百惠在《春早》一书中还记述了她在日本羽田机场上空和在日本千叶的九十九里拍照目击不明飞行物的情景。

美国俄亥俄州州长约翰·吉利根在1973年向“美国空中现象调查委员会”呈交了一份“飞碟目击报告”，吉利根报告说，他在密西根的安阿堡附近看到了一个飞碟，“它像一道闪耀着琥珀色的垂直闪电。”

德国血统的著名影星埃尔克·萨默1978年在洛杉矶家外看到一个闪亮的橘黄色物体，直径大约有6米，“它闪烁着、飘动着，像一个大月亮。它朝我飞了过来，我急忙逃进屋子。当我再露头时，它已经消失了”。

在所见到过UFO的政治家中，最著名的人物当属美国第39任总统吉米·卡特。

吉米·卡特在第二次世界大战期间是一名海军军官，接受过原子物理训练。1969年10月的一个夜晚，当时任美国佐治亚州州长的卡特亲眼看到了一个“像月亮一样光亮”的不明飞行物。吉米·卡特在竞选总统期间曾十分认真地对选民们说过这样一段话：“如果我当选总统，我将把国内所有关于目击飞碟的情报公之于众。我深信飞碟确实存在，因为我曾经见到过一个!”

1973年秋，全美国有数百人向“全国空中现象调查委员会”汇报关于飞碟的情况。10月12日卡特以书信及填表的形式向“调查委员会”汇报了他目击飞碟的经过。现将“飞碟目击报告”中有关项目摘录如下：

姓名：吉米·卡特

职业：州长

教育程度：大学毕业

专业训练：核子物理

观察日期：1969年10月。时间：下午7时15分东部标准时间。

观察地点：佐治亚州利里市

您看到该物体有多久：10～12分

请与太阳、月亮、汽车前灯等比较一下其亮度：有时和月亮一样亮。

会改变颜色吗：是的，会改变。它看来是从远距离向我们这边移动过来的，它停了一会儿，又开始移动，后来就离去了。起初呈蓝色，然后呈绿色，发光透亮，不具实心。

该物体发出声音吗：不出声。

你怎么会注意到这个物体的？有10～12个人一起都注意到了，光亮度吸引了我们。

那时您在干什么？在户外等着 7 点半钟开始的一次会议。

其他见证人的姓名与地址：佐治亚州利里市社会名流俱乐部的 10 名会员。

……

后来，吉米·卡特果然当上了总统。为了遵守竞选时的诺言，卡特让他的白宫科学顾问弗兰克·普雷斯博士将一份文件送给美国宇航局，敦促美国宇航局主持对 UFO 的研究。美国官方的消息说：当时的宇航局主任“拒绝”了卡特总统的意见。至于将“有关飞碟的目击情报公之于众”，这种事情，卡特总统从来也没有做过。

纽约大停电，为什么？

1965 年 11 月 9 日，像往日一样，当沉沉夜幕降临在美国纽约市时，一盏盏华灯大放光明。但是，这一天，奇怪的事情发生了。几分钟后，市内所有的电灯突然暗淡下来。

负责为纽约市供电的爱迪生联合发电厂经理调集所有技术人员对供电系统进行检查，但所有的设备都运转正常—监视仪器记录下一股巨大的不寻常的电流“流”向了北方。

5 时 27 分，纽约城一片黑暗。

紧接着，整个美国北部的江海岸和加拿大南部也陷入一片黑暗之中。失去电力供应的面积达 8000 平方公里。

11 月 10 日，约翰逊总统下令调查造成大停电的原因。爱迪生联合发电厂认为加拿大方面的尼加拉瓜瀑布北部的输电线路有问题。加拿大电力委员会把原因归结到一个供电中继站上，他们说：“安大略昆斯敦的中继站遭到了冲击电流的打击。在那个时候，强大的冲击电流反向流动，毁坏了中继站昂贵的电力设备……”

是什么原因造成强大电流的反向流动？

美国和加拿大联手调查了几个月也搞不清楚究竟是为什么。双方发表一个联合声明，承认“仍然不知道打击安大略昆斯敦中断电源的原因”。

这时候，美国空中现象研究组织参与进来，他们的调查人员采取了广泛的行动，调查的结果令人大吃一惊：

1965 年 11 月 9 日下午 5 时 14 分，飞行员威尔顿·罗斯驾驶一架客机在纽约的锡拉丘兹边上飞越两条3465万伏高压电线时，罗斯目睹了一个直径有30米的红彤彤的大火球正在从两条高压线上升起。这两条线载着电流从尼加拉瓜向科雷的莫霍克电力联合公司的中继站供电，1分钟后，加拿大南部的供电停止了。

5时24分，汉克菲尔德机场上空一片漆黑，民航委员会副主席罗伯特沃尔看到南部几公里远的高压线上也出现了类似的大火球。罗伯特沃尔命令为即将着陆的飞机安排紧急着陆灯，又过了2分钟，纽约的供电也完全停止了。

纽约大停电是飞碟造成的吗？

1968年7月29日，美国宇航科学委员会召开了一次专题讨论会，亚利桑那大学大气物理研究所高级科学家詹姆斯·E·麦克唐纳德提供了一些有关飞碟的证据：

纽约刚刚停电后，纽约市的一位妇女看到一个碟状物体在纽约上空盘旋；

11月9日（大停电）的晚上，美国联邦电力委员会收到几十份关于看到飞碟的报告，但电力委员会未予以重视；

当天晚上，新英格兰各地都传来发现飞碟的报告，在锡拉丘兹附近有5位目击者，他们同时看到一个闪光的物体在大停电的1分钟内腾空而上。

麦克唐纳德认为，造成纽约大停电的祸首就是飞碟。麦克唐纳德还提供了一系列飞碟与大停电事故有关的其它证据。

1957年，美国也曾发生一起大停电事故，当时，在美国伊利诺斯州的塔马罗阿和巴西的莫日米里姆上空都有不明飞行物在活动；

1958年8月，罗马发生大停电事故，一个闪耀白光的不明飞行物在意大利首都的上空盘旋，许多人都看到了；

1959年7月，阿根廷的萨尔塔发生大停电事故，萨尔塔上空出现不明飞行物；

1959年8月17日，当一个圆形的飞碟沿巴西的输电线路飞行时，一座发电厂的自动闸关掉了；当飞碟消失后，自动闸重新打开，一切恢复正常。

在1965年年末和1966年，世界范围的飞碟活动十分频繁，这期间，出现了一系列的停电事故。例如：从1965年11月9日~12月4日，萨尔瓦多市、俄亥俄州托莱多市、秘鲁的利马中继站、德克萨斯州和新墨西哥州、阿根廷的布宜诺斯艾利斯市、英国伦敦市、东德克萨斯等8个地区、城市都相继发生了原因不明的停电事故。

所有这些大停电都伴随着飞碟的活动，这都是“巧合”吗？如果不是“巧合”，飞碟为什么要扰乱人类的电力供应呢？倘若飞碟是由所谓的“外星人”操纵的，“外星人”到底想要干什么?

看来，只有彻底揭开“飞碟之谜”，人们才能搞清楚造成纽约大停电的原因。

罗斯韦尔的困惑

罗斯韦尔是美国西部新墨西哥州的一个小镇。

1947 年 7 月 6 日夜，罗斯韦尔风雨交加，电闪雷鸣。天亮后，风停了，雨也停了，牧场主布拉索尔惦记着牧场上的羊群是否会被这一夜的风雨惊吓，带着儿子匆匆向牧场深处走去。

“爸爸，那是什么?”

顺着儿子的手指望去，布拉索尔发现湿漉漉的草地上，散布着许多发光的碎片。布拉索尔捡起几块碎片掂量了几下，“嗯嗯……”布拉索尔觉得有些奇怪，这些碎片既不像金属，也不像塑料，不像陶瓷，更不像木片。这时候，布拉索尔的儿子又有了新的发现：“爸爸，瞧！看那儿……”

在一片草丛中，一个残毁不堪的庞然大物赫然映入眼帘，那是一个圆盘状的物体，直径大约有 10 米。

布拉索尔以为是失事的飞机，急忙将自己的发现报告了镇长。镇长毫不犹豫地拨通了罗斯韦尔空军基地的电话。空军基地的情报官员马赛尔上尉立即带领几十名士兵，坐上卡车，赶到布拉索尔的牧场。

作为一名空军情报官员，马赛尔上尉对美国空军和民航系统使用的飞机了如指掌。马赛尔拾起几块碎片，发现碎片异常的轻，但却又异常的坚硬；马赛尔绕着坠毁的飞行器转了一圈，该飞行器虽已损毁，但轮廓大致可以看出来——呈乌龟壳状，直径 10 米左右，分内外两个舱，内外舱中间是一个空腔夹层，内有许多密布的线缆，内舱壁下有一块板，板上有数不清的奇形怪状的控制开关，“飞碟?！……”马赛尔突然想到了这样一个概念。

马赛尔上尉命令所有官兵必须严守秘密，在回收了所有散布在草丛中的器物后于 7 月 7 日下午返回基地。与此同时，基地负责对外联络的情报官奥特中尉向新闻界公布了他们的发现。7 月 8 日，《每日新闻报》刊出了基地司令布朗查德上校签发的新闻公报：

> 7 日晨，牧场主布拉索尔报告发现不明坠毁物。空军认定该物是飞碟。现在，飞碟已全部回收，正送往更高一级的总部。

罗斯韦尔空军基地的新闻公布在美国掀起轩然大波。美国空军副司令范登贝格将军被责成处理此事，空军参谋长亲自飞抵罗斯韦尔空军基地，对该基地空军第八军司令拉梅准将严加斥责。拉梅准将立即采取严密措施。用B～29运输机将飞碟残骸运往指定地点，同时召开记者招待会，宣布所谓坠毁的飞碟不过是机场的气象球，以挽回在公众中引起的骚乱。

在拉梅准将遭到严厉斥责的同时，飞碟的发现者——牧场主布拉索尔也遭到了同样严厉的训斥，官员们指责布拉索尔引起了社会的混乱，命令布拉索尔必须向民众公开宣布自己的发现完全是一场误会，布拉索尔执行了官方的命令。

在中央情报局、联邦调查局和空军三方合作下，飞碟残骸及乘员遗体先是被运往美国空军第8军总部福特沃尔德空军基地，然后转运到怀特巴特和爱德华兹空军基地。

然而，罗斯韦尔飞碟坠毁事件并没能因美国军方的介入而销声匿迹，恰恰相反，关于罗斯韦尔飞碟的传闻迅速波及整个美国，人们纷纷要求知道真相，以致当时的美国总统公开宣布要对“罗斯韦尔飞碟事件进行一次调查”。不料，美国军方和情报部门都不买总统的账，中央情报局的一位高级官员甚至说：“任何总统都没有资格接触飞碟的档案材料”军方的态度则是：飞碟是极为先进的外星人派往地球进行科学考察的太空飞船。在地球上，谁能首先与外星人建立联系，谁就学到先进的外星人的科学技术，这在军事上尤其重要。美国必须保持军事上的领先地位，因此，保密是极为重要的。

美国总统对此大发雷霆。据说，经过多方协商，总统才得以走入爱德华兹空军基地，但是，一切都是在严格的保密措施下进行的，而且总统对自己在爱德华兹空军基地看到的一切守口如瓶。

迄今为止，有关罗斯韦尔飞碟坠毁事件的真相仍是一个谜。

飞碟探索与人类未来

UFO现象是一个十分严肃的课题。

自从1947年6月24日美国人肯尼恩·阿诺德目击飞碟事件发生以后，飞碟立即成为全球的热门话题。据美国有关组织统计，到目前为止，美国有超过1500万的人宣称自己看到过飞碟，如果加上世界各地不断发生的飞碟目击报道，这是一个相当可观的数字！

但是UFO的真实性有多少呢？德国的“特异天象研究中心”致力于对各种现象加以解释，根据他们所搜集到的事实，所有的UFO事件中，50%来源于天空中的热气球；30%是卫星和行星；15%源自流星、极光、探照灯、宇宙尘埃；只有5%暂时未能得到解释。

未能得到解释的那5%的UFO——这仍然是一个不小的数字，它们可能来自什么地方呢？

答案只有两个：或者来自地球外，或者来自地球本身。

有人会问：地球人类也能制造出“飞碟”？回答是：是的。早在第二次世界大战期间，纳粹德国就已研制出早期的“飞碟”了。

纳粹德国一共研制了3种型号的“飞碟”。第一种“飞轮－1”型飞行器是由德国工程师施里韦尔和加别莫列在1940年设计定型的，1941年2月曾在捷克首都布拉格近郊试飞，这是世界上首架垂直起飞飞行器。该飞行器的外型像一只平放着的自行车车轮，一个宽阔的圈状物绕着座舱旋转，由于平衡性能差，很快就被淘汰。第二种型号的飞行器被称为“垂直起降—2”型，它是第一种型号的改进型，也没有获得成功。第三种型号的飞行器被称为“柏罗湟女战神—3”型，这种型号的飞行器分直径为38米和68米两种，采用奥地利人弗·绍贝格尔发明的无烟无火焰爆炸式“绍贝格尔”型发动机驱动，以水和空气做燃料，借助反磁力飘浮升腾法使飞行器飞行悬空。1945年2月19日，“柏罗湟女战神—3”型飞行器进行了惟——次试飞，3分钟内升到15000米的高空，水平时速达2200公里，还能悬停在空中，或从原地前进或后退。由于在战场上的失利，希特勒下令将飞行器全部销毁。战争结束时，飞行器发明人施里韦尔、佛·绍贝尔等人逃到了美国，前苏联人则占领了空荡荡的飞行器制造工厂。

谁能保证，美国人不会利用施里韦尔、弗·绍贝格尔等人研制新的飞行器（飞碟）呢？

另一个耐人寻味的问题是：尽管前苏联也是个UFO多发事件的国家，但前苏联政府一直断然否定UFO的存在。

迄今为止，人们所看到的飞碟，以最大的想象力进行了不同的生动描述，归纳起来大致表现是：快速移动、盘旋、飘忽不定、短时间的静止不动、悄然无声或发生巨大的轰鸣，可变换多种色彩或发出某一种强烈的光。

飞碟的形状千奇百怪，据统计，约有100多种，其中较有代表性的有碟形、尖锥形圆盘、雪茄形、陀螺形、钻石形、卵形、强闪光形及其它各种古怪形状，如蘑菇状、锯齿状、救生圈状。

1952 年，加拿大皇家空军的两名通信技师在安大略省的北湾市空军基地值勤时发现了一个发光的圆盘在夜空中悄然飞行。加拿大的《渥太华日报》和《环球邮报》对此作了报道。

1954 年，一架英国飞机在纽约飞往伦敦的途中遇到了 7 个大小不一的飞碟，机长急忙向机场指挥塔作了报告。有关人员立即派出战斗机赶去救援，当战斗机出现在飞碟附近时，飞碟突然加速，消失得无影无踪。英国国防部在一项公告中说："我们已对在英国发现不明飞行物的许多详细报告给予重视。我们不能忽视在宇宙中存在智能生命以及他们访问地球的可能性。"

1987 年 8 月 27 日 ~8 月 31 日，我国江苏、浙江、福建、安徽、江西、北京、天津、河北等地区同时发现不明飞行物，成千上万的人目击了这一奇景。新华社、《人民日报》、《文汇报》、《解放日报》、《新民晚报》、《浙江日报》以及其它在国内很有影响的新闻机构都对此做了报道。"飞行物呈橘黄色，由一中心极亮点与一螺旋光环组成，在其周围有三圈呈螺旋表的烟雾状光晕，呈顺时针方向以大约 2 秒钟一周的速度旋转。""……嵊泗县发电厂在机器运转正常未关闸的情况下，突然停电，瞬间岛上一片黑暗。人们戴的手表大部分都停止走动。只见一形如陀螺，如直升飞机螺旋桨大小的物体由西北向东南旋转运行，所经之处如白昼。因为停电，岛上的部分驻军和居民都目睹了这一景象。""驻沪空军某部飞行员毛学成 8 月 27 日晚驾机追踪不明飞行物达 2 分 45 秒……"

1991 年 3 月 18 日傍晚 6 时左右，上海虹桥机场西北上空约 30000 米处，突然出现一个不明飞行物，该飞行物呈椭圆形，橘黄色。当时，上海至济南的 5556 航班正好经过虹桥机场，尾随不明飞行物飞行达 9 分钟之久。

1993 年 7 月 1 日 22 时 33 分，新疆航空公司 2607 号飞机在哈密上空 11000 米处飞行时，机组人员发现正前方有一发光不明飞行物在迅速升高，当不明飞行物升至 2607 号飞机上空的 2000 米高度时，该飞行物突然分解出两个光团，把飞机舱内照得亮如白昼。

……

以上有关 UFO 案例均摘自各国官方的报道。与上述相类似的飞碟案件还相当多。

毫无疑问，对 UFO 现象进行研究、探索，找出 UFO 现象发生的机制、形态、运动规律、物理化学特性以及对人类活动和环境的影响，具有重大意义，也许，这将导致一门新的学科——UFO 学的诞生。

事实上，人们早已经这样做了。

1948年1月，美国空军建立了第一所著名的专门研究UFO的机构，命名为“形迹计划”。1951年，该“计划”改名为“蓝皮书计划”。从1948年至1969年，该机构共收到1.3万份报道（其中有548项不能做出解释）。

1966年，当时的联合国秘书长吴丹指示著名UFO研究者冯·凯维茨基研究如何才能将UFO列入联合国议事日程。

1977年，讨论UFO的第一届国际代表大会在墨西哥召开。

1978年，联合国第33届大会第一次委员会通过了格林纳达政府提出的“建议各成员国协包括UFO在内的外星生命的科学研究和调查”的决议草案。

1979年，联合国第43届大会通过了把UFO作为世界性课题进行研究的提案。这次大会在第47次会议纲要中指出：“对涉及到整个人类的研究，应当是人类为解决世界的社会、经济、政治等问题所作的努力的一部分。”

1983年，第二届UFO代表大会在巴西举行。

1992年，在埃及首都开罗再一次召开了世界UFO大会。

人类对UFO的研究还处于停滞状态的初级阶段。尽管有关UFO的目击报告接连不断，但大部分报告都是依据目击者的感觉而成的。在这些报告中，模糊的形容比比皆是，有关UFO的高度、速度、体积、质量的精确数据很难得到，至于UFO的发光强度、电磁场强度，组成成分等资料更是凤毛麟角，因此人类要想彻底解开UFO之谜还要走很长远的路。

我们的银河系直径有8.15光年，厚3.0光年，银河系中仅类似太阳系的恒星系就有1000亿个，宇宙中类似银河系的河外星系就有1000亿个，人类目前能观测到的河外星系就有10亿个。

人们有理由要问：宇宙中除了地球上的人类以外，真的就没有其他智慧生命体了吗？如果有，如果他们比地球人类要先进百倍、千倍、万倍，他们是否会乘坐“飞碟”来拜访我们的地球呢？

一件十分令人深思的事情是，尽管人类对UFO的了解还很少，但人类却向外星球发射了四艘地球人制造的“飞碟”——它们是美国航空航天局发射的“旅行者1号”、“旅行者2号”、“先驱者10号”和“先驱者11号”太空飞船，其中后两艘飞船上各带有一个“写”在镀金盘上的“致外星人”的声明，声明是由美国总统吉米·卡特签署的。让我们摘引其中的一小部分作为本文的结尾：

……

我们向外星致文。……

这是来自一个遥远的小型世界的礼物，它是我们的声音、我们的科学、我们的意念、我们的音乐、我们的思考和我们的情感和象征。我们正努力延续时光，以期能与你们的时光共融。我们希望有朝一日在解决了所面临的困难之后，能置身于银河文明世界的共同体中。这份信息将把我们的希望、我们的决心、我们的亲善传遍广袤而令人敬畏的宇宙。

……

圣雄甘地遇难

（1948 年 1 月 30 日）

20 世纪最著名的非暴力运动领袖

圣雄甘地是 20 世纪闻名全球的非暴力运动领袖。

“圣雄”，印度文的读音是“玛哈德玛”，意思是“伟大的灵魂”，中文译为“圣雄”，是对甘地的尊称。

莫汉达斯 · 卡拉姆昌德 · 甘地，于 1869 年 10 月 2 日生于印度波尔邦达尔土邦（今古吉拉特邦）的首府波尔邦达尔城。甘地的祖父、父亲、叔父都曾担任过波尔邦达尔土邦的首相，这使得甘地从小就能受到良好的教育。1891 年 6 月，甘地在英国伦敦大学毕业并取得了律师资格，2 年后来到南非，试图在南非干一番事业。

在南非，甘地有幸读到了英国哲学家的《给最后这一个》、美国作家亨利 · 索罗的《非暴力抵抗的使命》、俄国作家托尔斯泰的《天国在你心中》三本书，正是这三本书影响了甘地，逐渐形成了甘地的“非暴力主义”和“非暴力抵抗”学说。甘地告诫自己的信徒：“以牙还牙，以眼还眼”的报复原则只能导致人类丧失理智；暴力只能孕育暴力。

1913 年 11 月，甘地率领一支由 2037 名男子、127 名女子和 57 名孩子组成的队伍从纳塔尔省向德兰士瓦省大进军，目标是要求南非当局消除种族歧视，维护印度侨民的已有权利和印度已婚妇女的地位。南非当局出动几千名军警对手无寸铁的游行大军进行了镇压，甘地并不气馁，仍然坚持非暴力抵抗，以致许多白人都深受感动，对甘地的合理要求表示支持。

1914 年 1 月 26 日，南非白人政府迫于舆论压力，废除了一些明显带有种族歧视的法律（例如，南非法律规定印度人必须交三英磅人头税），甘地领导的非暴力抵抗运动取得了胜利。

这一年，甘地45岁。

甘地想到了处于英国殖民统治下的祖国，决心回到印度实践自己的非暴力学说。

“玛哈德玛群丐之王圣雄”

1915年1月，甘地回到了印度，建立了一所非暴力抵抗学院，组织小土地种植者、破产农民、贫穷的工人为自己的生存而斗争。甘地因此成为印度历史上第一位关心贫苦大众的领袖。印度的伟大诗人称甘地为“玛哈德玛——群丐之王圣雄”，这一称号一直伴随“甘地”至今。

1920年12月，印度国大党通过了甘地起草的新党章，党章的第一条明确指出：“国民大会的宗旨是印度人民使用一切合法与和平的手段求得自治。”甘地从此成为国大党的领袖和印度独立运动的领头人。

甘地号召印度人民在各个方面抵制英国人，例如，学生不去英国人开办的学校去上课，政府官员不到英国机构任职，士兵不接受英国颁发的奖章，这种抵制被称为“不合作运动”。

甘地用以进行斗争的另一个法宝是“绝食”，在印度独立之前，甘地先后为不同的事件绝食16次。有两次长达3个星期，数次濒临死亡。绝食斗争是甘地非暴力思想的充分展现。也使全世界亿万人民真正认识了甘地。

甘地领导的争取民族独立斗争使英国殖民主义者一筹莫展。1947年2月，英国首相艾德礼被迫宣布，在1948年6月以前，将印度主权移交给印度人。

这一年，甘地78岁。

然而，谁也没有想到，就在甘地毕生奋斗的目标即将实现的时候，灾难也相伴而来。

根深蒂固的印度教与伊斯兰教教派冲突

追根溯源，印度教源自公元前7世纪左右的婆罗门教，而婆罗门教又是由吠陀教演化而来。吠陀教始创于公元前2000年前后。印度教是印度最大的教派，教徒占印度人口的83%。

伊斯兰教于公元712年传入印度，在古印度德里王朝和莫卧儿帝国时期，伊斯兰教占绝对统治地位，后来才逐渐衰落。但是，伊斯兰教仍然是印度的第二大教派。

印度教是多神教，印度教号称从天上七国到地上七界共有神灵 3 亿 3 千万；伊斯兰教是一神教，信奉唯一的真主安拉。印度教认为牛最圣洁，尊奉母牛为“神圣的母亲”；伊斯兰教以牛为食物。在英国统治时期，印度的穆斯林每年都要举行一次“穆罕默德宴会”，杀牛献祭。印度教分四大种性：婆罗门（僧侣和祭司）、刹帝利（武士）、吠舍（农民和商人）、首陀罗（手工业者），此外还有一个“贱民”阶层，他们生活在社会的最底层；伊斯兰教倡导教友之间的兄弟关系。印度教徒与伊斯兰教徒在经济上长期处于不平等的地位：印度教徒接受新思想快，他们最先接受了英国教育和西方思想，几乎垄断了印度的银行业、工业、保险业、证券交易；而穆斯林中的绝大多数人仍是城市中的“贱民”、小手工业者，在农村则是没有土地的农民。

由于以上种种原因，印度教徒与穆斯林教徒之间的相互仇杀，由来久远，屡见不鲜。

从 18 世纪至 19 世纪上半叶，由于英国殖民者的到来，印、伊教派的冲突有所缓减。19 世纪后期，英国殖民者采取分而治之的政策，不断挑起印、伊两教派的冲突。圣雄甘地从民族独立的大局出发，竭力联合穆斯林并肩战斗，但是，圣雄甘地本人就是一名印度教徒，而且随着国大党的不断成功，身为印度教徒的国大党政治家们陆续控制了全国许多地区的地方政权，穆斯林们日益感到不安。

1933 年 1 月 28 日，一位叫做拉赫马特·阿里的印度穆斯林大学生起草了一份建立独立的穆斯林自治国的方案，并为这个想象中的国家起了个名字——巴基斯坦，意思是：精神上纯静的人的国土。阿里的方案得到了穆斯林联盟领导人穆罕默德·阿里·真纳的认可，真纳从此将建立巴基斯坦国作为自己的终生奋斗目标。

甘地坚决反对将印度分裂。

1946 年 8 月，印度再次爆发印、伊仇杀事件，有 12000 人因此丧生。真纳宣布：“要么我们挑起印度分治，要么我们使其毁灭殆尽。”

在这种形势下，英国驻印度的最后一位副王蒙巴顿勋爵召集印度教、伊斯兰教、锡克教的代表商讨印度分治问题，并通过了“分治”的决定。根据“分治”决定，巴基斯坦应分得 5 亿 5 千万卢比的款项。1947 年 8 月 14 日，巴基斯坦国正式诞生。

甘地仰天长叹道：“愿神保佑他们。愿神赐他们以智慧！”

印、巴分治了，英国人在划分印、巴边界时只是用铅笔在地图上轻轻地画了一条线，由此而引发了“大移民”。例如：在旁遮普，有 1000 万人在不到3个月内改变了他们的住所，人们将所有能带走的东西全部带走，甚至连一件炊具也不肯抛下。

"大移民"引发了空前的大仇杀。短短一个多月就有约50万人死于仇杀，1200万人无家可归。宗教仇杀像瘟疫一样笼罩了印度全国。在首都新德里，印度教徒和锡克教徒为他们在旁遮普死亡的教友复仇，向新德里的穆斯林大开杀戒。

这时候，甘地站了出来，他出入在穆斯林难民营，呼吁印、锡教徒与穆斯林教徒友好相处。这位坚决反对印、巴分治的领袖竟然成了穆斯林的救命恩人。

甘地的行为引起了印度教徒极端分子的强烈不满。

然而，甘地走得更远。

1948年1月13日上午1时55分，甘地宣布"绝食"，要求占领清真寺和穆斯林住宅的印度教徒撤离，要求印度政府付给巴基斯坦分治应得的5亿5千万卢比，以帮助巴基斯坦度过艰难。

甘地的"要求"——特别是付给巴基斯坦巨额款项的要求，在印度公众中引起轩然大波。一项"铲除甘地"的秘密计划立即被付诸实施。

巨星陨落

纳图拉姆·戈德森是《印度民族报》报社社长。

当甘地第一次进出穆斯林难民营时，戈德森就义愤填膺。他说："甘地曾公开宣称，印度只能踏着他的尸体一分为二，现在印度已经惨遭分割，可是他还活着！"当甘地再次"绝食"后，戈德森怒不可遏："我们必须铲除掉甘地！"

1月20日傍晚，戈德森带领卡卡雷等5个印度教徒极端分子潜入甘地的住处。在这之前，甘地在经过121小时30分钟的绝食后，取得了又一次"胜利"——新德里各方领导人一致同意了甘地的要求，以此平息一场印、伊两教派一触即发的大冲突。

卡卡雷按照事先的安排进入一个房间，但他刚走出几步就惊愕地停下了——一个一只眼睛失明的佣人坐在门前——按照一个古老的习俗，独眼是最不吉祥的预兆。卡卡雷愣怔怔地站在门槛外，他的同伙已点燃了炸药的导火索，"轰！"一声巨响，这时候，卡卡雷应跑到预定地点向甘地投出一枚手榴弹，但是，卡卡雷退缩了。

第一次行刺甘地就这样失败了。戈德森认为失败的原因是因为人员过多，于是决定只带两名助手，由他自己亲自动手，“干掉”甘地。

1948 年 1 月 30 日下午 4 时 30 分，戈德森与两名助手再次来到甘地在新德里的比尔拉寓所。

每天下午 5 时，甘地都要到寓所前的草坪上进行晚祷。这一天，甘地因为与国大党的一位领导人（帕泰尔）交谈而耽误了时间，直到 5 时 10 分才匆匆步出房间，甘地的两侧是他的两位侄孙女阿巴和摩奴。

夕阳撒下最后一片余辉，照亮了这位 79 岁的干瘪老人。聚集在草坪上的信徒们用充满崇敬之情的欢呼声向他们心目中的圣人致意，同时向两边散开，为甘地一行人让开一条通道。

纳图拉姆·戈德森把手伸进衣袋，握住手枪，毅然向前迈出一步，迎着甘地走去，身体稍稍向前弯曲，口中低声说道：“圣父甘地，您好！”

摩奴以为戈德森要行印度教传统的触脚礼，于是伸手礼貌地将戈德森推开，说：“兄弟，巴布已经迟到了 20 分钟。”

戈德森猛地推开摩奴，将枪口顶在甘地赤裸的前胸上连击三枪。

三声沉闷的枪响声令草坪上的信徒们大为震惊。甘地双手合十，身子向前倾，似乎想迈出最后的一步，向等候在草坪上的信徒们致以最后的歉意，但甘地终于没能迈出这一步就倒在了草地上。

1948 年 1 月 31 日，印度人民为甘地举行了隆重的葬礼。数十万人瞻仰了甘地的遗容，数十名妇女号啕大哭，试图冲破军警的警戒线，跳入火葬台的熊熊烈火中，以实践印度古老的殉葬风俗。

英国国王乔治六世及首相艾德礼、美国总统杜鲁门、法国总理乔治·皮杜尔、巴基斯坦领导人真纳等世界政坛的显要人物都纷纷发来唁电。

刺杀甘地的凶手戈德森被处以绞刑。其他凶手也分别被处以绞刑和徒刑。

甘地的骨灰被安葬在印度首都新德里附近的亚穆纳河之滨，一块用黑色石头琢磨而成的纪念碑上用英文和印度文镌刻着甘地的一段名言：

我希望印度自由强盛，敢于牺牲自己，勇于创造一个美好的世界。每个人应当为自己的家庭牺牲，每个家庭应当为自己的县牺牲，每个县应当为自己的国家牺牲，每个国家应当为全人类牺牲。

中华人民共和国诞生

（1949 年 10 月 1 日）

1949 年 10 月 1 日下午 3 时。

北京。

世纪伟人毛泽东佩戴着印有闪着金光的“主席”烫金二字的红色锦缎飘带。一步一步地沿天安门城楼梯登上了一百个台阶，登上了天安门城楼。

毛泽东向广阔的天安门广场投去深情的目光：广场上聚集着 30 万喜庆的人们，30 万人都在焦急地翘首盼望……

毛泽东站到了麦克风前，庄严地向全世界宣告：“中华人民共和国中央人民政府今天成立了！”

刹那间，广场上欢声雷动，呼声如潮。

乐队奏起了中华人民共和国国歌《义勇军进行曲》。在令人热血沸腾的国歌声中，毛泽东用他那扭转乾坤的巨手按动电钮……一面鲜艳的五星红旗冉冉升起。

54 门礼炮齐放 28 响。

28 响，它象征着伟大的中国共产党走过了 28 年不平凡的历程。

中国共产党的成立

20 世纪初，古老的中国在经历了辛亥革命之后，仍处在封建军阀统治的半殖民地半封建社会中，亿万同胞，水深火热。

中国向何处去？

1915 年，曾参加过辛亥革命和反袁（袁世凯）斗争的陈独秀在上海创办了《新青年》，由此揭开了中国新文化运动的序幕。1917 年，世界上第一个无产阶级专政的社会主义国家苏维埃社会主义共和国联盟在第一次世界大战的硝烟中诞生。俄国十月革命的炮响给苦难的中国送来了马克思主义，革命先驱李大钊首先写作了《德俄革命之比较》、《庶民的胜利》、《我的马克思主义观》等文章，大力宣传俄国十月革命。李大钊是在中国大地上第一个举起社会主义大旗的人。

1919 年 5 月 4 日，中国近代史上具有划时代意义的“五四运动”在北京爆发，“五四运动”波及全国 20 多个省、100 多个城市，这是一场由学生、工人和市民掀起的反帝反封建的革命斗争，李大钊、陈独秀通过发表文章、组织社团、与进步青年联系等等方法，指导和推动了“五四运动”的发展。“五四运动”后，马克思主义在中国广为传播，马克思主义逐步与中国的工人运动相结合，从而为中国共产党的建立奠定了阶级基础和思想基础。

1920 年初，陈独秀与李大钊开始酝酿成立共产党，共产国际派维经斯基来到中国，帮助李大钊、陈独秀进行建党的筹备工作。

1920 年 5 月，陈独秀在上海创建了中国第一个共产主义小组，不久，李大钊、毛泽东等人分别在北京、长沙等地建立共产主义小组。在各地的共产主义小组领导下，社会主义青年团也相继在上海、北京、武昌、天津、长沙成立。

1921 年 7 月 23 日，中国共产党第一次全国代表大会在上海法租界望志路举行（后移到浙江嘉兴南湖的游船上继续进行），出席代表大会的正式代表共有毛泽东、董必武、何叔衡等 12 人，代表着全国 50 多个党员。

中共“一大”确定党的名称为“中国共产党”，选举陈独秀为党的书记。

中共“一大”宣告了中国共产党的诞生。

1922 年 7 月，中共“二大”在上海召开，“二大”制定了党的最高纲领和党的最低纲领。党的最高纲领是实现共产主义。党的最低纲领（民主革命的纲领）是：（一）消除内乱，打倒军阀，建设国内和平；（二）推翻国际帝国主义的压迫、达到中华民族完全独立；（三）统一中国为真正民主共和国。

“大革命”失败

中国共产党的诞生给苦难深重的中国人民带来了光明和希望。但是，当时的中国正处于军阀混战时期，各派军阀不仅为争夺势力范围混战一场，还对共产党人和由共产党领导的工人运动进行了血腥的镇压。为了把中国革命引向胜利，中国共产党在共产国际的促进下，于 1923 年在广州召开“三大”，正式决定与孙中山领导的中国国民党合作，建立革命的统一战线。

孙中山是中国民主革命的先驱。1912 年，孙中山在广州就任非常大总统后，组成陆海军大帅府，通称广东革命政府。1925 年，广东革命政府改组为国民政府，国民政府所属的军队统一编为国民革命军。由共产党员叶挺指挥的国民革命军第四军叶挺独立团成为了中国共产党领导的第一支革命武装力量。

国民革命运动的兴起引起了反动军阀的恐慌。1926年，直系军阀头目吴佩孚和奉系军阀头目张作霖在“反赤”的口号下结成了反革命同盟。为打倒帝国主义、推翻军阀统治、统一中国，国民革命政府于1926年5月挥师北伐，用了不到半年时间即占领南京，进驻上海，威震全国。叶挺独立团作为北伐的先锋，攻城拔寨，势如破竹，为国民革命军第四军赢得了“铁军”的称号。

北伐战争的胜利推动了工农运动的蓬勃发展。在中国共产党领导下，上海工人举行了三次武装起义，取得了胜利，全国工会会员壮大到200多万人；在“一切权力归农会”的口号鼓舞下，农民运动如火如荼，其中尤以湖南的农民运动发展最为迅速。

蓬蓬勃勃的工农运动引起了国民党右派的恐惧。以蒋介石为首的国民党右派为争夺革命的领导权疯狂地向共产党人举起了屠刀。在事关共产党生死存亡的关键时刻，陈独秀坚持右倾投降主义的错误，妥协退让，助长了反革命气焰。1927年4月12日，蒋介石发动反革命政变，占领了上海总工会，仅三天之内就公开屠杀300多人，逮捕1000多人，致5000多人失踪。7月15日，担任国民政府主席的汪精卫公开提出“宁可错杀千人，不可使一人漏网”的口号，对共产党员和革命群众实施大屠杀。至此，中国共产党与国民党的第一次合作完全破裂，轰轰烈烈的“大革命”以失败告终，中国革命跌入了低谷。

井冈山反“围剿”与万里长征

“大革命”的失败使中国共产党人逐渐认识到，要取得革命胜利，必须坚持无产阶级对革命的领导权，必须掌握革命的武装。

1927年8月1日，周恩来、叶挺、朱德、贺龙等人率领革命党人在南昌起义，打响了武装反对国民党反动派的第一枪。9月，曾任全国土地委员会委员、全国农民协会委员长的共产党中央委员毛泽东在湘赣边发起“秋收起义”。10月，毛泽东率领秋收起义的工农革命军登上井冈山，创建了第一个农村革命根据地，建立了工农革命政权。1928年4月，朱德、陈毅率南昌起义的部分军队与毛泽东领导的工农革命军在井冈山会师，两支军队合编为中国工农红军第四军。

从1927年至1930年夏，中国共产党在全国10多个省建立起10多个农村革命根据地，革命武装力量发展到10万多人。

红军和农村革命根据地的建立、发展令国民党反动派大为恐慌。从 1930 年底到 1934 年春，蒋介石先后向井冈山发动四次反革命“围剿”，红军不但没有被消灭，反而不断壮大。1934 年 10 月，蒋介石在美、英、德、意等帝国主义支持下，纠集 100 万人马，向井岗山发动了第五次“围剿”。在强敌面前，以博古为首的中央领导人排斥毛泽东的正确路线，推行“左”倾冒险主义，“御敌于国门之外”，导致第五次反“围剿”失利，中共中央和中央红军被迫实行战略转移，离开井岗山，开始“长征”。

长征开始，博古等人犯下逃跑主义的严重错误，红军在连续突破敌人的四道封锁线后，由 8 万多人锐减到 3 万多人。

面对国民党重兵的围追堵截，毛泽东建议红军向敌人力量薄弱的贵州地区前进。1935 年 1 月，红军渡过乌江，攻占遵义，取得了长征中的第一次大胜利——遵义战役的胜利，随即在遵义召开了政治局扩大会议，选举毛泽东为中央政治局常委，取消了博古等人在军事上的最高指挥权。

遵义会议是中国共产党历史上一个生死攸关的转折点。遵义会议确立了以毛泽东为核心的新党中央的正确领导，挽救了红军、挽救了党、挽救了革命。

遵义会议后，毛泽东指挥红军，四渡赤水，歼灭了黔军及国民党中央军增援部队共 20 个团，打乱了蒋介石的追剿计划。此后，红军越过金沙江，强渡大渡河，飞夺泸定桥，将雪山、草地抛在身后，于 1935 年 10 月与刘志丹领导的陕北红军胜利会师。

长征的胜利粉碎了国民党反动派扼杀中国革命的企图，使中国革命转危为安。

抗日战争的胜利与推翻蒋家王朝

日本帝国主义对中国的侵略蓄谋已久。1931 年，日寇乘国民党围剿红军之机，制造了震惊世界的“九·一八事变”，攻占了我国东北的重要城市沈阳。蒋介石下令东北军不准抵抗，致使东北三省全部落入日寇手中。

“九·一八”事变后，中国共产党立即发表宣言，反对日本帝国主义的野蛮侵略，并选派大批干部到东北组织抗日游击队；长征途中，中国共产党发表《为抗日救国告全体同胞书》；1935 年，中国共产党发表“八·一宣言”，号召停止内战，一致抗日；同年年底，中共中央在瓦窑堡召开会议，确定建立抗日民族统一战线的方针。

中国共产党从民族利益大局出发的主张与国民党“攘外必先安内”的反动方针形成鲜明对比，赢得了全国各界爱国人士和全国人民的拥护。1936 年 12 月 12 日，国民党爱国将领张学良、杨虎城在西安扣押了蒋介石，逼蒋抗日，中国共产党力主和平解决“西安事变”，迫使蒋介石接受了停止内战，联共抗日的主张。

1937 年 7 月 7 日，日寇向我宛平城和卢沟桥发起进攻，至月底，连续攻克北平城和天津。8 月 13 日，日寇又大举进攻上海，威胁南京。在这种险恶的情势下，国民党政府发表了自卫宣言，声言抗战。1937 年 9 月，国共两党再次合作，北方的中国工农红军和南方的红军游击队分别改编为国民革命军第八路军和新编第四军，抗日民族统一战线正式建立。

得人心者得天下。

国民政府在正面战场消极应战。尽管有成千上万的将士为国捐躯，但国民政府执行单纯依靠政府和军队力量的片面抗战路线，节节败退，上海、南京、徐州、武汉、广州相继失守。与此同时，国民党却对坚持抗战的共产党屡下毒手。1941 年初，新四军 9000 余人遵照国民党军事当局的命令移师北上，被数倍于己的国民党军队包围在安徽茂林地区，除少数人突围外，军长叶挺被扣押，副军长项英和大部分官兵遇难，事发后，蒋介石竟宣布新四军“叛乱”，下令取消新四军番号。

国民党反动派的倒行逆施，使全中国人民擦亮了眼睛，共产党领导的八路军、新四军和抗日游击队在全国人民的支援下迅速壮大，他们深入敌后，建立了一块又一块敌后抗日根据地。至 1945 年抗战胜利前夕，共产党在全国 19 个省建立了 19 个抗日根据地，人口近一亿六千万，八路军和新四军等主力部队发展到 90 多万人，抗击了侵华的大部分日军和几乎全部伪军。

1945 年 8 月，随着欧洲战场的反法西斯战争的胜利结束，前苏联对日宣战，中国的抗日战争转入全国规模的反攻阶段。8 月 15 日，走投无路的日本侵略者被迫宣布无条件投降，抗日战争取得了最后的胜利。

抗战刚刚胜利，蒋介石就在美帝国主义的援助下，迫不及待地发动了旨在消灭共产党的内战。然而，蒋介石人心丧尽，士气低落，毛泽东指挥的人民军队越战越勇，双方的力量对比发生了逆转。1948 年 9 月—1949 年 1 月，毛泽东果断地发起辽沈、淮海、平津三大战役，共歼灭和改编国民党军队 150 多万，蒋介石赖以发动内战的主力部队已丧失殆尽。1949 年 4 月 21 日，毛泽东、朱德发布向全国进军的命令，百万人民解放军横渡长江，占领南京，推翻了蒋家王朝，推翻了统治中国达 22 年之久的“国民政府”。

“进京赶考！”

1949 年 3 月 2 日。

河北省平山县西柏坡村。

毛泽东、朱德、周恩来、刘少奇、任弼时、陈云、李富春、张闻天等中共最高层的领袖们兴致勃勃地走出村庄，向停泊在村边大路旁的一长溜儿十几辆旧式军用吉普车走去。

毛泽东笑着说：“走啦，咱们这是进京赶考！”

周恩来说：“我们都要考及格，可不要退回来呀。”

毛泽东自信地挥动手臂：“我们决不当李白成！”

十几辆吉普车将领袖们一直送到涿县。领袖们从涿县坐火车直抵北平。在周恩来的安排下毛泽东住进了中南海丰泽园菊香书屋。

1949 年 9 月 27 日，中华人民共和国政治协商会议第一届全体会议在中南海举行，会议通过了四个议案：

毛泽东向全世界宣告——中华人民共和国诞生了

一、中华人民共和国国都定于北平，自即日起改名为北京。

二、中华人民共和国的纪年采用公元，今年为1949年。

三、中华人民共和国的国歌未正式制定前，以《义勇军进行曲》为国歌。

四、中华人民共和国的国旗为五星红旗，象征中国革命人民大团结。

1949年10月1日，中华人民共和国中央人民政府成立盛典在北京天安门广场隆重举行（12月2日，中央人民政府通过《关于中华人民共和国国庆日的决议》，规定每年10月1日为国庆日），毛泽东、朱德、刘少奇、周恩来、宋庆龄、林伯渠等新中国第一代领导人登上了天安门城楼。

24小时后，前苏联政府向毛泽东发来了世界上第一份外交贺电：

……苏维埃社会主义共和国联盟热烈祝贺

中华人民共和国的成立，并正式承认中华人民共和国中央人民政府……

中华人民共和国的诞生是继俄国十月社会主义革命和世界反法西斯战争胜利之后世界历史上最重大的事件。

中华人民共和国的诞生揭开了中国历史的新篇章。

朝鲜战争

（1950 年 6 月 25 日～1953 年 7 月 27 日）

战前的朝鲜

朝鲜位于亚洲东北部的朝鲜半岛上，东滨日本海，西临黄海，南隔朝鲜海峡与日本国相望，北与我国东北接壤。朝鲜半岛南北长 800 余公里，东西宽 200 余公里，全部面积为 22 万平方公里，境内多峻岭江河，矿产丰富。朝鲜是帝国主义入侵亚洲的一块跳板，其战略地位十分重要。

朝鲜是一个具有悠久历史的国家，1910 年 8 月沦为日本的殖民地。在本世纪 30 年代和二战期间，以金日成为首的朝鲜共产党领导人民在中国东北和朝鲜北部坚持了 15 年的抗日武装斗争。1945 年 8 月 8 日，苏联对日宣战，9 日，苏联红军突入我国东北，给日本关东军以致命打击。苏联红军向朝鲜北部疾进。此时，美军尚在几百公里外的冲绳岛。美国担心整个朝鲜半岛被苏联控制，提出以北纬 38°线为界，38°线以北为苏联对日受降和占领区，38°线以南为美军对日受降和占领区。苏方表示同意，“三八线”由此定了下来，朝鲜南北分治的局面由此定了下来。此时，朝鲜共有 3000 万人口，三八线以北人口占 40%，土地占 57%；三八线以南人口占 60%，土地占 43%。

1948 年 8 月 15 日，美国一手炮制了“大韩民国”，将李承晚推上“总统”宝座；1948 年 9 月 8 日，金日成将军当选为朝鲜民主主义人民共和国内阁首相，9 月 9 日，朝鲜民主主义人民共和国正式诞生。

1948 年 12 月 25 日，苏军从朝鲜撤出。1949 年 6 月，美国也从南朝鲜撤军。

朝鲜内战爆发，美国及“联合国军”介入

第二次世界大战结束，美国成为帝国主义世界的第一大强国。美国总统杜鲁门公开宣称：“美国有经常而迫切的必要来领导世界了。”

在美帝国主义支持下，李承晚集团一再叫嚣要用武力统一朝鲜。1949 年 7 月 17 日，南朝鲜国防部长发表演说：“我们的军队正在等着我们总统的命令，只要他一下命令，我们就会在一天之内占领平壤和元山。”李承晚也鼓吹道：“我坚信我们能够在三天内占领平壤。”

1950 年 6 月 25 日拂晓，在美军顾问团的直接指挥下，李承晚的所谓国防军向“38°线以北地区发起突然攻击，突入海州西部、金川及铁原方面 1 ~ 2 公里”金日成下令还击。26 日，朝鲜人民军将李承晚击退后，乘胜追求，越过 38°线，进入 38°线以南 10 ~ 15 公里。6 月 28 日，朝鲜人民军势如破竹地攻下了汉城，李承晚集团丢盔卸甲，一败涂地。

朝鲜半岛上的战争本来是朝鲜南北双方的一场内战，但是，美国要“领导世界”，称霸世界，所以，朝鲜内战爆发，美国就迫不及待地行动起来。

6 月 25 日，美国在苏联未出席联合国安理会的情况下，操纵安理会通过非法决议，指责北朝鲜对南朝鲜“发动武装进攻”，“构成了对和平的威胁。”27 日，美国总统杜鲁门下令美国驻远东空海军向南朝鲜提供“掩护和支持”。30 日，杜鲁门又下令将美国驻日的地面部队派往朝鲜半岛。这一天，美国再次操纵联合国安理会通过了一个非法决议，给美军和其它国家的侵朝军队披上了“联合国军”的外衣。7 月 14 日，联合国秘书长赖依公开宣布已通知联合国 52 个会员国，要求他们支援“联合国在朝鲜前线的司令部”。

美国纠集的“联合国军”共包括 16 个国家的军队，这 16 个国家是：英国、法国、土耳其、澳大利亚、新西兰、泰国、菲律宾、希腊、比利时、卢森堡、南非联邦、埃塞俄比亚、哥伦比亚、荷兰、加拿大及美国。“联合国军”总司令是二战期间的著名将领麦克阿瑟。

仁川登陆

麦克阿瑟到达朝鲜半岛。

杜鲁门交给麦克阿瑟的任务是：扭转战局，击败北朝鲜。

麦克阿瑟登上汉江边的一座山头。麦克阿瑟看到的是被火海包围的汉城，

狼狈逃窜的南朝鲜国防军士兵。麦克阿瑟后来回忆说："在这座山上，在我脑子里描绘着能够对付现在绝望情况的唯一方法，就是投入美国陆军和转败为胜的唯一的战略机动——仁川登陆方案，并且分析了具体实施的可能性。"

麦克阿瑟作为西太平洋舰队司令官，指挥过11次登陆作战，这些登陆作战的共同之处都是迂回到敌方侧翼，从其背后登陆，一举歼灭敌人。仁川登陆的设想即是源于二战中11次成功的登陆作战的经历。

1950年7月7日，侵朝美军陆续到达朝鲜参战，但是，南朝鲜军队兵败如山倒，而朝鲜人民军越战越勇。13日，朝鲜人民军强渡锦江，发起大田战役，重创美陆军第24师，师长迪安少将也成为朝鲜人民军的战俘，人民军长驱直入，进抵洛东江。此时，朝鲜人民军已解放了朝鲜南部90%以上的地区和占人口92%以上的人民，将美、李军压缩到了洛东江以东1万平方公里的狭小的釜山地区。美军称釜山为"最后一道防线"。美侵朝司令官第8集团军司令沃尔顿·沃克中将命令美军就地死守，沃克说："我们现在是为争取时间而战斗，绝不容许以战场准备或其它任何名义再后退。我们的后防再也没有可退的防线了。""向釜山撤退，将意味着历史上最大的杀戮，因此，我们必须战斗到底。"

麦克阿瑟预感到朝鲜人民军终将突破洛东江防线，而第八集团军的有限兵力难以保住釜山，而仁川登陆是以保住釜山为前提的，只有保住釜山，在正面牵制住朝鲜人民军，才能考虑仁川登陆，否则，朝鲜人民军会有足够的兵力用于仁川的防御，为此，麦克阿瑟一面派兵增援釜山，一面加快仁川登陆的准备。

但是，华盛顿的军队首脑们对麦克阿瑟选定仁川为登陆地点一致表示反对，其理由是：（一）仁川离釜山有240公里之遥，万一釜山不保，仁川必定崩溃。（二）仁川是登陆作战最忌讳的地方。仁川港位于朝鲜西海岸，在汉城西南40公里处，平均水深39.3米，是典型的劣等港，而朝鲜东海水深达3699米，更有利于大型舰船靠岸。（三）仁川的潮水差特别大，涨潮时潮高达11.2米，落潮后，从海面至港口有宽达24公里的淤泥滩，不利于展开军事行动；仁川港外有一条狭窄而弯曲的飞鱼峡，一旦有船沉没，航道即被堵塞，而且，舰船驶入海峡后无法调头。（四）无论是在白天，还是在夜间登陆，两栖部队只有2个小时的时间冲过海峡航道，然后建立滩头阵地，等候增援部队随潮水的到来而到来。（五）主要登陆地点月星岛和绿海滩是一条长约200码的沙滩、石滩，大陆上的红海滩是一条半流质的泥滩，还有一条高达3米多的海堤，对登陆部队威胁很大。

麦克阿瑟力排众议，他在8月23日的军事会议上说："仁川的确是两栖登陆最为糟糕的地方。但正因为它是糟糕的地方，在军事上也可能恰恰是最好的地方。人民军对仁川的防务未曾做好应有的准备，这恰恰是有助于保证这次出奇制胜的因素。""仁川之战不会失败，仁川之战必将取得胜利，它将挽救10万人的生命。"

8月31日，朝鲜人民军发动釜山战役，人民军果然突破了洛东江防线，但在釜山前受阻，战局成胶着状态。

9月15日凌晨，由19艘舰只组成的入侵舰队悄然驶入通过飞鱼峡的航道，它们将2845发炮弹和1000发5英寸的火箭弹倾泻到仁川的屏障——面积仅0.6平方公里的月星岛上，扫清了登陆部队的障碍。6时33分，7艘登陆艇在月星岛北端撞上沙滩，登陆部队只遭到零星步枪的射击。6时55分，登陆部队占领了月星岛地势最高的北坡。2小时后，潮水退去，登陆部队陷于泥滩的包围之中。但是，正如麦克阿瑟预料的那样，朝鲜人民军在仁川没有重兵设防，人民军总共有1600人部署在仁川地区，且大多是新兵，他们无法对登陆美军实施有效攻击。

15日下午，美军两栖部队随海潮而至。5时31分，美军陆战队员架起梯子登上了3米多高的防坡堤，从仁川南部高地登陆成功。16日，18000名美军全部登陆并攻占了仁川城，美军为此付出的代价为：20人死亡，1人失踪，1人死伤未定，174人负伤。

中国人民志愿军参战

麦克阿瑟在仁川登陆后，立即向汉城发起攻击，退守在釜山地区的美军同时发起反攻，朝鲜人民军连连败退。10月7日，联合国通过了所谓"统一"朝鲜的决议，美军越过三八线，向北朝鲜挺进。20日，美军攻占平壤。27日，南朝鲜第6师第7营先头部队抵达鸭绿江畔的楚山镇，将战火烧到了中国的大门前。

危急关头，金日成致函毛泽东和中国政府，请求"出兵增援"。中国共产党中央政治局扩大会议为此一连进行了6天的争论，最后达成共识，"中国出兵参战，既是朝鲜人民利益和世界人民利益的需要，也是中国人民眼前利益和长远利益的需要"。1950年10月8日，以彭德怀为司令员的中国人民志愿军组成。志愿军辖第十三兵团及所属之38军、39军、40军、42军及边防炮兵司令部与所属之炮兵第1师、第2师、第8师。

10 月 19 日，中国人民志愿军渡过鸭绿江，进入朝鲜。

寒风瑟瑟，一场 40 年未见的严寒席卷了整个朝鲜半岛。中国人民志愿军的每位士兵背着至少有 6 天可食用的干粮在陡峭的山谷中行进，出奇不意地出现在美、李军面前。在首次交锋——云山之战中，志愿军歼灭美“王牌军”骑兵第一师第八团大部、第五团一部及南朝鲜第一师第十二团一部，毙伤俘敌 2000 余人，其中美军 1800 余人。紧接着，志愿军摧毁了麦克阿瑟的“圣诞”攻势，又于 12 月 6 日收复了平壤，歼灭美、李军 36000 余人，其中美军 24000 多人，美第 8 集团军司令沃克中将也在败逃的途中因车祸身亡。志愿军和朝鲜人民军并肩作战，解放了除襄阳外的全部三八线以北的领土和三八线以南的翁津、延安半岛，扭转了朝鲜战局。

1950 年 12 月 31 日，志愿军突破临津江、汉滩川等防御阵地，鏖战七天七夜，歼敌近 2 万人，再次解放汉城，美、李军被迫退至“三七线”附近地区。

1951 年 4 月 9 日，杜鲁门免去了麦克阿瑟的“联合国军”总司令职务，任命李奇微将军为麦克阿瑟的继任者。

李奇微是一位作风谨慎、请熟军事韬略的军人。他充分利用美军的良好运输条件，将一大批老兵从美国本土、欧洲、日本补充到在朝鲜战场上的部队中，又把美第 10 军调入第一线作战序列，然后突然向志愿军发动大规模进攻，志愿军被迫后撤。

1950 年 4 月 22 日 ~5 月 21 日，志愿军和朝鲜人民军发起反攻，中朝、美李双方投入了 80 万兵力，美李损失了 46000 余人，后撤了 50 ~70 公里。此战役结束之后，战线稳定在三八线附近。

停战谈判

1951 年 7 月 10 日上午 10 时，朝鲜停战谈判的第 1 次会议在朝鲜古都开城市西北约 2 公里处的来凤庄举行。这次谈判一直是在谈谈打打、打打谈谈中进行的，所以，谈判一直持续到 10 月中旬。

8 月 18 日，李奇微发动“夏季攻势”。失败后，李奇微又调整部署，转入重点进攻，同时出动 1100 余架飞机，对中朝军队后方进行狂轰滥炸，企图摧毁交通运输线。李奇微以 7.8 万人伤亡的代价只前进了 2 ~8 公里。在攻击文登里 851 高地及其以南一线高地时，美第 2 师、陆战第 1 师及李第 1 师损失惨重，在一次攻击中，美军 1 个营死伤 1/4，其中一个排只剩下 3 个人，美军官兵称 851 高地为“伤心岭”。

由于开城谈判没有结果，在国际舆论压力下，美国于 1951 年 10 月 25 日再次回到谈判桌边，但是将谈判地点改在了板门店。位于汶山和开城之间的板门店只有一幢小房，谈判是在临时搭起的帐篷内进行的。与开城谈判一样，板门店谈判也是在打打谈谈中进行。1952 年 10 月 8 日，板门店谈判宣布无限期休会。

1952 年 10 月 14 日，美军在金化以北的上甘岭地区发动强大的“金化攻势”，在上甘岭 3.7 平方公里的地面上倾泻了 190 余万发炮弹，最多时，一天就发射炮弹 30 余万发，炮弹密度超过第二次世界大战水平。志愿军战士经 43 昼夜苦战，毙伤俘敌 25000 余人，守住了上甘岭。美国国会议员惊呼：“不管采取什么办法，美国的死亡名单必定会更长。”

1953 年 5 月 13 日，志愿军与朝鲜人民军发起夏季反击战役，歼敌 41000 余人。7 月，志愿军发起抗美援朝战争中的最后一仗——金城战役，毙伤俘敌 78000 余人，给美、李军以沉重打击，终于为板门店停战协定的签字铺平了道路。

1953 年 7 月 27 上午 10 时，双方代表在板门店签署了朝鲜停战协定及临时补充协议。接着，朝鲜人民军最高司令官金日成、中国人民志愿军司令员彭德怀、“联合国军”总司令克拉克分别在停战协定上签了字，协定在当天下午 10 时生效。

克拉克将军后来回忆说：“我成了历史上签约‘停战’而没有取得胜利的第一位美国陆军司令官”，“我感到一种失望的痛苦”。

朝鲜战争，朝鲜人民军和中国人民志愿军共歼灭“联合国军”和李承晚军 109 万余人，其中美军为 397000 余人。中国人民志愿军伤亡 36 万余人。战争中，美军开支费用达 830 亿美元，中方消耗各种物质 560 多万吨，折合人民币 62 亿元。

伦敦大雾

（1952年12月4日~8日）

雾锁伦敦

英国首都伦敦素有雾都之称。

英国大作家狄更斯在他的《伤心之家》一书中对伦敦的大雾作了如下的描写：

> 到处是雾。雾散在上游，浮在下游，钻进运煤船的厨房，铺洒在港口码头上，滞留在大船的帆缆上……街上到处是煤气灯透过雾气闪烁出的昏黄的灯光，多家店铺提前两小时开灯……

其实，早在300年前，英国著名的日记体作家约翰·伊弗林就已在观察伦敦的大雾了。约翰·伊弗林在1661年写道：

> 绝大部分伦敦人所呼吸的尽是一些浓浊的雾霭，外加一种又脏又臭的气体。它们一直侵入人的肺腑，使得全伦敦患粘膜炎、哮喘、肺结核的人比全世界患这些病的总人数还多。

约翰·伊弗林不仅看到了伦敦的大雾，还看到了伦敦大雾对伦敦人造成的危害。可惜，几百年过去，人们对约翰·伊弗林的警告置若罔闻，直到1952年12月4~8日，一场大雾笼罩在伦敦上空，一连5天不肯散去，伦敦市民有4000多人因大雾窒息而死。人们才如梦方醒：伦敦大雾——空气污染，竟如此可怕！

1952年12月3日，伦敦是一个阳光灿烂的日子，从北海吹来的风将伦敦上空的云、烟吹得一干二净，中午时，气温达 5.6℃ 相对湿度约为 70%。但是，到了 4 日，风向变了，风速越来越小，大西洋上空的一股暖流移到伦敦城的上空后便凝固了似的，裹足不前，在暖流的下面则是一股潮湿的寒流，层层浓雾向地面压去。到了中午，气温降至 3.3℃，相对湿度则达到 82%。

12 月 5 日，伦敦气象台的风速表测不出任何量度，即"无风"。实际上，当风速不超过每小时 3 公里时，就会出现这种情况。伦敦城内烟囱林立，从千家万户和工厂、火车、泰晤士河上轮船排出的煤的未燃尽物——煤气、煤烟和灰粒融入浓雾中，形成了名副其实的"烟雾"，空气中弥漫刺鼻的烟味，较大的烟尘颗粒落到了楼顶、街道上、轮船上以及人们的帽子上、衣服上；较小的烟尘颗粒几乎无孔不入，它们飘入房屋中，进入人们的喉咙里，钻入人们的肺中……

12 月 6 日，昏黄的烟雾遮住了整个天空，伦敦的气温降至 -2.2℃，相对湿度则上升到 100%。

为了御寒，人们不停地向壁炉中加煤，把炉火烧得更旺，更多的烟尘升入空中，空气污染得更加严重。伦敦城的能见度仅为几米，有的地方能见度仅在咫尺之内，所有飞机的飞行都取消了，火车只能缓缓地向前开，救护车和消防车必须有人在前面领路才敢启动，人们只能摸索着在户外行走。

12 月 7 日和 8 日，空气中散发着令人恶心的臭味，这是煤在燃烧后散发出的浓烈的烟和硫的气味，污浊的空气使年轻人感到头晕和不适，对于那些老年人和气喘病患者，无疑是雪上加霜。

据测定，当时，伦敦城烟尘浓度最多时达 4.46 毫克/立方米，是平时的 10 倍；二氧化硫最高浓度达百万分之五点三四，是平时的 6 倍。

伦敦医院的工作人员发现，入院病人剧增；验尸官和死亡登记负责人发现，死亡人数激增，在烟雾最严重的一周时间左右，共有 4703 人死亡。还有成千上万的人因大雾而诱发呼吸系统疾病，有成千上万的患者病情加重。

从死者的年龄看，在这场灾难中，45 岁以上的死者最多，其次是 1 岁以下的孩子，死亡人数分别是平时的 3 倍和 2 倍；从发病原因看，因支气管死亡人数最多，其次是冠心病、肺结核、肺炎、肺癌、流感以及其他呼吸道病患者，前者死亡人数比平时高 9.4 倍，其他疾病患者死亡人数也比平时多一倍或几倍。

伦敦市民并非唯一的受害者。

大雾笼罩伦敦时，伦敦史密斯俱乐部传统牲口展正在进行，一头牛当场死亡，12 头牛被迫宰杀（其中有 10 头牛的牛肉不能食用），160 头牛患病需要治疗。伦敦动物园的许多动物也深受其害，其中许多猴子患上了肺病。

拨开大雾

12 月 9 日，从南方吹来的风为伦敦市民送来了洁净的空气，但昏黄的烟雾仍未散去。10 日，一个强大的冷峰通过英格兰，强劲的西风将笼罩在伦敦城上空的烟雾刮得无影无踪，伦敦的 825 万市民重新呼吸到了清新的空气。

灾难过去了，人们从噩梦中惊醒。英国政府在舆论的压力下，成立了专门委员会对死难者的情况进行调查，试图查明烟雾致人死亡的原因。这项工作直至 1962 年才宣告结束。原来，煤烟粉尘中含有三氧化二铁，它能使空气中的二氧化硫生成硫酸泡沫附在烟尘上或聚在雾点上。当硫酸泡沫随空气进入人的呼吸系统后，人的呼吸系统受到损伤，从而引发病情及致人死亡。

科学家们说，烟尘与二氧化硫的危害不仅仅限于人类和其它动物，它们造成的环境污染还会使世界经济蒙受巨大损失。以英国为例，英国政府在 1952 年伦敦大雾事件后对全国器物腐蚀状况作了一次全面调查，结论是，每年因“烟雾”造成的损失达 8 亿美元；英国的铁轨有 1/3 是因大气污染而损坏的。

1956 年，英国议会通过了空气净化法案，对排烟量严加控制。该法案还极力鼓励企业和家庭放弃使用煤作燃料，而改用石油、天然气等低硫燃料。自从实施该法案后，伦敦城的空气能见度大幅度提高，大雾的频率显著减低，轻雾的情况也日益渐少。1962 年 12 月 3 日 ~7 日，伦敦再次发生大雾，气候状况与 1952 年 12 月 4 日 ~8 日相仿，但大雾只造成 340 人死亡，其中 2/3 是 70 岁以上的老人。

雾都伦敦，将来会是什么样子呢？

人类首次征服地球之巅

（1953 年 5 月 29 日）

1953 年 5 月 29 日 11 时 30 分，英国登山队队员埃得蒙·喜拉里和丹增·诺盖登上了地球之巅——喜马拉雅山珠穆朗玛峰。

为了这一天，英国人花费了 32 年时间，付出了 9 人死亡的代价。

这是英国人用几代人热血和生命铸成的里程碑。

喜马拉雅山与珠穆朗玛峰

“喜马拉雅”，梵文的意思是“雪的故乡”。

喜马拉雅山脉全长约 2500 公里，宽约 150～400 公里，它雄踞于青藏高原的南缘，略呈弧形，连绵不断、重重叠叠的山峰巍然屹立在我国西藏、尼泊尔、不丹和北印度的大部分地区，这些国家和地区，其海拔高度均在 4500 米以上。

喜马拉雅山拥有十多座海拔 8000 米以上的高峰，海拔 7000 米以上的高峰达 50 多座。

世界第一高峰——珠穆朗玛峰屹立在中国、尼泊尔边境的喜马拉雅山山脉的中段。珠峰的附近还耸立着洛子峰、南迦帕尔巴特峰、乔乌雅（又译卓奥友）峰、希夏邦马峰等 6 座 8000 米以上的姐妹峰，气势宏伟，壮丽非凡。

“珠穆朗玛”一词最早见于清代乾隆十三年（公元 1748 年）出版的《乾隆内府舆论图》中。在此之前的《康熙宝舆全览图》上，“珠穆朗玛”被写作“朱母朗玛阿林”。“阿林”，满语的意思是“山峰”。《康熙宝舆论全览图》出版于公元 1721 年。

在西藏的佛经中，珠穆朗玛峰是一位女神，名叫珠穆朗桑玛。珠穆是女神的意思，朗桑玛是女神的名字，简称为珠穆朗玛。

在明代出版的藏文著作《米拉日马诗歌集》中，珠穆朗玛峰即是后妃神女《次仁玛》。神女右手握一柄黄金九尖金钢杵，左手捧着大长瓶，她全身白色，骑一头威严的狮子，是政权和神权长存的象征。

关于神女次仁玛的记述还可以在 1346 年成书的藏文名著《红史》中看到。神女次仁玛是藏族人民心中最敬畏、最圣洁的女神。

130 多年后，英国人乔治·埃弗勒斯爵士指挥一支测绘队闯入西藏喜马拉雅山地区，对喜马拉雅山进行了测绘，在此后出版的英国地图（1855 年出版）上，珠穆朗玛峰被标以“埃弗勒斯峰”，1950 年，我国政府正式公布了“珠穆朗玛峰”的本来名称，恢复了历史的真面目。

8 次攀登，8 次失败

19 世纪初，英国的东印度公司为了扩充实力，制定了庞大的勘察计划，对印度的所有国境地带进行测绘，以制成地图。1823 年，乔治·埃弗勒斯爵士被任命为印度测量局局长，埃弗勒手下的测绘人员乔装成僧侣混入尼泊尔等地，对喜马拉雅山进行了测绘。正是在这一时期，埃弗勒斯经过计算，证实了珠穆朗玛峰海拔高度在 8800 米以上，埃弗勒斯以自己的名字命名了珠峰，从而轰动了西方世界，并把一批又一批的西方冒险者引入东方，引导到喜马拉雅山。

1919 年 3 月，当时担任英国登山俱乐部理事会会长的帕希·法拉在伦敦正式宣布，英国登山俱乐部从本年度起将开始组织和筹备征服世界最高峰——珠穆朗玛峰的活动，从而奏响了攀登珠峰的序曲。

1921 年 5 月，英国派出第一支登山队在登山家乔治·玛洛里率领下，从北坡向珠峰挺进，此次登山证实了经北坳沿东北山脊向上是一条能够登上珠峰的路线。

1922 年，英国的第二支登山队登上了珠峰东北的山脊上海拔 8225 米处，但因 7 名舍巴人向导死于雪崩，登山又告失败。

1924 年，玛洛里率英国第三支登山队向珠峰发起冲击。玛洛里挑选了体力最好的欧文与他共同冲击珠峰，在海拔 8500 米高度处，他们的氧气装置失灵，他们以生命为代价踏出了一条从北坡东北山脊登上珠峰峰顶的道路，英国政府为玛洛里举行了隆重的国葬规模的葬礼。但是 75 年过去了，玛洛里和欧文的遗体仍未被发现，人们只是在海拔 8350 米的一个高山营地的上部发现了两位登山家遗留的一把冰镐和一节登山绳。玛洛里和欧文很可能是滚坠入深谷中，但他们是在登上了珠峰之顶后滚下陡岩的呢，还是没有登上珠峰之顶，迄今仍是一个谜。

在一连串的失败阴影笼罩下，英国人偃旗息鼓，连续8年按兵不动，直到1933年，英国人组织了一支由16名优秀的登山家组成的登山队，第四次远征喜马拉雅山；此后至1938年，英国人又连续4次冲击珠峰，但均以失败告终，英国陆军大尉米·威尔逊还葬身在东绒布冰川上方的海拔6400米雪峰上。

英国人不畏艰险，前仆后继，他们用汗水和生命为以后的首登珠穆朗玛峰铺平了道路。

埃得蒙·希拉里和丹增·诺盖冲向珠峰峰顶

由于受第二次世界大战影响，世界范围内的登山活动终止了11年之久。大战结束后，世界各国的登山勇士再次掀起了以攀登珠穆朗玛峰为目标的登山热。

1950年6月3日，法国登山队队员埃尔佐格和拉什耐尔登上了海拔8091米的世界第10高峰——安纳鲁普峰，开创了人类首登8000米以上的成功纪录。

法国成功登上安那普鲁峰后，雄心勃勃地向全世界宣布：一定要在1955年登上珠穆朗玛峰。

瑞士人则提出在1954年登上珠穆朗玛峰！

英国人着急了。

英国人为攀登珠峰付出了巨大代价并进行了不懈的努力，他们不愿意看到首登地球之巅的荣誉被法国人或瑞士人夺走，特别是瑞士人，他们在1952年2月和10月两次越过珠峰南坳，一度抵达海拔8540米处，只是因为运气不佳，气候恶劣，才不得不下撤。

英国登山界作出决定：必须抢在瑞士人和法国人之前登上珠峰。只许成功，不许失败！

1953年，42岁的约翰·汉特上校被皇家地理学会和登山俱乐部任命为英国珠穆朗玛峰探险队队长。汉特是一位在英国登山界享有盛名的登山家。1935年至1938年期间，他多次参加英国登山探险队在喜马拉雅和喀喇昆仑山等山脉探险，有丰富的登山经验和卓越的组织才能。

在经过了一年的技术和身体训练后，英国登山界从100多名预备队员中精选出8名队员作为登山队队员，但是，汉特认为不够，必须再选三名对冰雪环境有经验的队员，汉特把目光移向了英伦三岛之外，选中了28岁的新西兰人乔治·洛易、32 岁的新西兰人埃德蒙·希拉里和 39 岁的喜马拉雅山区雪巴族人丹增·诺盖。

埃德蒙·希拉里是一个来自奥克兰的养蜂人，身高 6 英尺 4，穿 12 号登山鞋，体力充沛，当时尚未结婚。丹增·诺盖在 1952 年曾两度随瑞士登山队登攀珠穆朗玛峰，是雪巴族人，当其他队员在新西兰和威尔士进行训练时，他一个人在家乡的雪山上背着满背包的沉重石块，不停地做上山下坡的训练。

在精心挑选登山队员的同时，英国人汲取了法国人成功经验，对装备进行了改进。

汉特决定沿瑞士人在 1952 年开辟的登山路线前进，这样，可以使登山队在人力、物力和路线上有一定的保证。从南坡登顶，高坡上有七道难关——地形复杂的昆布冰川、悬崖峭壁的冰瀑、两峡谷（一个冰谷）、几乎垂直的正面山坡、马鞍形南山口、南高峰和通向顶峰的山脊。汉特针对南坡的上述特点进行了三个星期的适应性训练。

1953 年 4 月下旬，汉特率领登山队进入昆布冰川。昆布冰川的尽头在珠峰的底部，长达六、七百米的巨大冰瀑令登山队员们大伤脑筋，他们使用绳梯登上尖塔一样高的大冰块，架起铝制梯桥越过很宽的冰裂缝，最后，登山队员们为冰瀑区起了个绰号：“鬼门关”。

在通往南山口的雪坡、冰瀑、冰谷中，汉特先后设置了 8 座补给营地。由于登山队员们难以适应海拔 8350 米的气候，部分队员患了严重的高山病，头痛、头晕、心律过速等高山症状困扰着这些队员，汉特不得不把原计划的 6 个人突击组减少为 4 个人，他们是：登山家波提隆、医生艾文斯、丹增·诺盖、埃德蒙·希拉里。

马鞍形的南山口一片荒凉，那里除了光秃秃的冰封的岩石和冰块外，只有从不停止一分钟的呼啸山风。

5 月 26 日黎明，由波提隆和艾文斯组成的第一突击小组从第 8 营地出发，沿着一条通往南高峰的积雪冲沟奋力向顶峰登去，终于在下午 1 时登上了南高峰，并且看到了珠穆朗玛最后的山脊线，但是波提隆和艾文斯已精疲力竭，更糟的是，他们携带的氧气所剩无几，两名登山家只好遗憾地告别南高峰，下撤回到第 8 营地。下山中，他们多次滑坠和摔倒，但都有惊无险。

当天晚上，气温急剧下降，呼啸的狂风一直吼至黎明，又从 27 日的黎明连续吼叫到 28 日天亮。在上午 8 时 45 分，汉特首先派出三名登山队员为第二突击小组的丹增和希拉里开辟登上南高峰的道路，1 小时后丹增和希拉里才走出帐篷，沿同伴们开出的道路向顶峰推进。

丹增和希拉里接受了第一突击小组的失败教训，两人在海拔 8500 米处的一块陡峭的岩壁下清理出一块搭帐篷的平台，建立了第 9 号营地，在营地中过了一个寒冷的夜晚后，于 29 日上午 6 时 30 分离开营地，向南高峰登攀。

上午 9 时左右，希拉里和丹增顺利地登上了南高峰。这时候，天空晴朗，没有风。在经过几十年艰苦卓绝的奋斗和惨痛失败后，英国人终于迎来了一个好天气，这是一个吉兆。

只剩下最后一道脊岭了。脊岭的右边，冰雪像飞檐似地伸展出去，下面是高达数千米的陡崖；脊岭的左边，万仞石壁，深渊无底。脊岭上的积雪坚硬，希拉里在前，丹增在后，两人一步接一步地往脊岭上爬。

一块巨大的岩石挡在了希拉里和丹增的面前。岩石高约 10 多米，岩石上结了一层冰，光溜溜的，很难直接爬上去。希拉里和丹增小心地寻找越过岩石的道路，终于发现岩石的右边，在岩石和雪檐之间有一条既深又窄的裂缝，仅容一人通过。希拉里小心地把一只脚踏入裂缝，慢慢地将重心移过去。然后，双手抓牢可能找到的凹角或裂口，一步步向石壁上登去，终于登上石壁。

不久，脊岭不再上升，而是下斜，希拉里和丹增俯瞰山下，看到了北口和昆布冰川，仰头看，则可看到一条狭小的雪岭，直达积雪的绝顶。

希拉里和丹增继续往上爬，他们相隔约 2 米远，希拉里首先登上绝顶，随后，丹增也登了上去。

这时是 1953 年 5 月 29 日上午 11 时 30 分。

希拉里和丹增热烈握手、拥抱，他们在冰镐上分别悬挂起联合国、英国、印度和尼泊尔四面旗帜，拍下了人类首次登上地球之巅的珍贵镜头。

希拉里在珠峰绝顶挖了个雪洞，埋入了一个小十字架，那是队长汉特托他带上顶峰的；丹增则挖了一个小雪洞，放进了巧克力、糖果和饼干作为祭奠珠穆朗玛峰女神的供品。

珠峰的南侧是尼泊尔，山下有一座丹勃齐寺；珠峰的北侧是中国西藏，山下也有一座寺庙，名为绒布寺，丹增是世界上第一位同时看到山南、山北两座大寺庙的人。

从离开第 9 号营地到登上山顶，希拉里和丹增一共用了 5 个小时，攀登路程为 348 米。希拉里与丹增在珠峰峰顶停留了 15 分钟。

6 月 1 日，希拉里和丹增登上珠峰的消息传到了伦敦。这一天恰巧是英国女王伊丽莎白二世举行加冕典礼的第一天。希拉里和丹增为女王加冕典礼奉上了一份厚礼，新女王则慷慨地将“爵士”的称号授予了埃得蒙·希拉里和登山队队长约翰·汉特。

苏伊士运河战争

（1956 年 10 月 29 日～11 月 6 日）

战争由苏伊士运河引发

苏伊士运河位于埃及东部。

1798 年，拿破仑率法国远征军攻占埃及后，企图变埃及为法国殖民地，遂命令手下人就开凿苏伊士运河的可能性进行研讨。60 年后的 1859 年，在法国工程师莱塞帕斯的主持下，整个工程正式破土动工，并于 1869 年 11 月 17 日竣工，正式通航。

有 12 万埃及劳动人民为此献出了生命。

苏伊士运河北通地中海，南接红海，最大限度地缩短了从大西洋到印度洋、太平洋的航程，具有十分重要的经济和战略意义。运河通航后，它立即成为欧、亚、非三大洲海上交通的枢纽，成为世界上最繁忙的运河，被马克思誉为“东方伟大的航道”。

苏伊士运河通航后，英国人看到了埃及在经济和战略上的重要地位，对埃及垂涎三尺。1875 年，英国乘埃及财政拮据之机，收买了埃及政府在苏伊士运河公司所持有的 44% 的股票，这样，英、法两国利用债权人的身份控制了埃及的主要收入来源。英国人威尔逊和另一名法国人甚至当上了埃及的财政部长和公共工程部长。英国人在埃及修建了最大的军事基地，驻埃官兵达 8 万多人。

埃及人民为收复苏伊士运河的主权进行了前仆后继的斗争。1954 年 10 月，英国被迫同意分批从埃及撤军。1956 年 6 月 12 日，最后一批英军撤出了埃及，结束了英军对埃及 74 年的占领历史。

1956 年 7 月 26 日，埃及总统纳塞尔向全世界宣布：将苏伊士运河收归国有。

苏伊士运河的国有化对英、法两国都是沉重的打击。英国首相艾登说：这是英国自1940年以来“所遇到的最危险局势”。法国也惊呼：埃及的行动造成了“严重的局势”。

英、法两国首脑并非是“杞人忧天”。在当时，西欧的大部分石油供应依靠中东。1955年，通过苏伊士运河的船只有14666艘，其中3/4属于北大西洋公约组织国家，其中又有1/3属于英国。

艾登紧急致电美国总统艾森豪威尔：“当前受威胁的是西欧的石油供应，其中的大部分都通过运河……然而，威胁更大的倒是未来的长久的局面……”

艾登最后说：“我的同僚和我都深信，作为最后一着，我们必须准备用武力来使纳塞尔恢复理智。因此，今天上午我已指示三军参谋长拟定一项军事计划。”

艾登期望得到美国的支持，然而，美国从自身利益出发，含糊其辞。美国人甚至告诉苏联人，“美国好不容易才制止了英法的军事行动”。

英法两国恼羞成怒，决心抛开美国，用武力夺回苏伊士运河。

英法两国同时想到了与埃及紧张对峙的以色列。以色列从1953年起就被埃及封锁了蒂朗海峡，一直对埃及耿耿于怀。以色列人认为要想解决苏伊士运河危机，唯一的办法就是使用武力。英法以在向埃及诉诸武力的选择上达成了共识。

10月22日，以色列总理本·古里安、总参谋长达扬、国防部副部长佩雷斯赴巴黎，与法国协商了作战的细节问题。25日，以色列向全国下达了战争动员令。同一天，埃及、约旦、叙利亚三国宣布缔结军事协定。

战争到了一触即发的时刻。

以色列率先挑起战端

10月29日下午5时左右，以色列空降在米特拉山隘以东数公里处的约400名士兵向米特拉山隘逼近。几小时后，在法国空军6架飞机的支援下，以军将8辆吉普车、6门106毫米无后座力炮、2门120毫米迫击炮及弹药、水、医疗药品等物资空投给空降部队，但埃及军队却没有察觉到以军的行动。

米特拉山隘是苏伊士运河以东的一个战略要地。山隘全长30公里，东端为海坦谷地，西端为米特拉谷地，中部是碟状盆地。海坦谷地全长6公里，50米宽，两侧是陡崖峭壁，十分险峻。

就在以色列的空降兵降落到米特拉山隘附近时，为配合空降部队的行动，沙龙上校指挥 3000 官兵突破以埃边境，向埃及境内疾进。10 月 30 日上午，沙龙在萨马德遇到埃军第二机械化边防团的 2 个连顽强的阻击。沙龙自恃人多势众，用迫击炮猛烈轰击埃军，双方激战 1 小时 30 分钟，埃军被迫撤退。沙龙在西奈半岛上经 30 小时的跋涉，挺进 250 公里，终于在 30 日晚 10 时 30 分赶到米特拉山隘，与空降的以色列部队汇合。

埃军总司令部得知以军进攻的消息是在 10 月 29 日晚 7 时，即以军在突破以埃边境 3 小时以后。

对于英法以军的入侵，埃军作了充分准备。埃及有常备军约 10 万人，也有一些较先进的武器装备。但在当时，埃军的飞行员、坦克手都还在苏联受训，埃军的 130 架飞机，只有 42 架可飞行，200 辆苏制坦克，仅有 50 辆可作战。在这种情况下，纳塞尔作出了最坏的打算：一旦英法向运河区进攻，埃军即撤出西奈，全力保卫运河和尼罗河三角洲地区；如运河被占领，坚守开罗；如开罗失守，沿尼罗河组织防线，誓死战斗到底。

10 月 29 日下午 8 时，埃军第 2 步兵旅向米特拉山隘的以军发起攻击，控制了米特拉山隘东端入口。10 月 31 日，埃军与以军在海坦谷地展开了两个半小时的肉搏战，沙龙旅伤亡 158 人，埃军也有 100 多人阵亡。

埃军第 4 装甲师和 2 个步兵旅渡过运河，实施早已拟订好的反击以军进攻西奈半岛的计划：前线部队迟滞以军的进攻，主力部队由左翼向阿布奥格拉方向，实施包围作战。进攻发起时间定于 11 月 2 日。

阿布奥格拉是埃军在西奈半岛北部的关键性防御阵地，如果阵地丢失，以军就会控制通向阿里什的公路。阿布奥格拉的埃及守军（2 个营）面对凶猛的敌人毫不畏惧，致使以军第 10 旅、第 4 旅在阿布奥格拉接连受挫，达扬总参谋长不得不撤换了第 10 旅旅长，同时命令第 37 机械化旅向埃军坚守的另一战略要地乌姆·卡泰夫发起进攻。11 月 1 日凌晨，第 37 旅先头部队在埃军炮兵和反坦克武器的集中攻击下，遭到重挫，旅长戈林达上校阵亡，大部分军官负伤。

英、法参战

10 月 31 日下午 7 时，英法空军轰炸了埃及的开罗、亚历山大、塞得港、伊斯格利亚和苏伊士等城市和机场，埃及空军损失惨重。

纳塞尔总统立即命令停止对西奈的增援，并命令西奈防御部队向苏伊士运河方向撤退，以集中兵力抗击英法联军，粉碎英法以两面夹击的阴谋。

埃及军队有45000人集中在西奈半岛，但埃军的撤退行动十分成功。指挥阿布奥格拉战斗的埃军第6旅旅长穆塔·瓦雷上校将全旅分成4个梯队，将火炮炸毁，将重武器掩埋起来，利用夜色，从容不迫地从乌姆·卡泰夫阵地和阿布奥格拉阵地撤出，以军毫无察觉。

埃军在上有飞机轰炸，后有以色列追兵的情况下，且战且退，付出了约1000人牺牲、几十辆坦克和军车被炸毁的代价，成功地撤出了西奈半岛。

11月1日~3日，英法空军接连对埃及各大城市及机场进行大规模轰炸，炸毁埃及空军飞机260）架。

11月5日，英法向塞得港空投了两批伞兵1000多人。

11月6日，英法海军陆战队22000人在塞得港登陆。登陆前，英法实施45分钟的舰炮射击和10分钟飞机轰炸，使埃军海岸守备队陷于瘫痪。但是，埃及人民拿起刀枪与英法侵略者展开了殊死的巷战，就连十三四岁的孩子也拿起武器加入了战斗。在塞得港保卫战中，埃及有1000多居民牺牲，20000多人受伤。

出于自身利益的需要，美国在苏伊士战争爆发前就对英法大要两面手法；战争爆发后，美国更是不择手段，压制英法“停战”。美国的目的是企图取代英法，控制苏伊士运河，控制埃及。

11月1日，联合国召开紧急会议，有10个亚非拉国家代表发言，谴责英法以的侵略。2日，大会通过了“各方立即停火，停止将军队和武器运入该地区”的提案。

11月3日，联合国大会通过了“关于限定英法在12小时内停火的决议”，通过了加拿大提出的“组织一支保证和监督停火的‘联合国紧急部队’”的提案。

但是，英国首相艾登和法国人仍不顾一切地命令英法联军在埃及实施登陆进攻。

11月5日，前苏联人也从自身利益出发，向英法发出威胁。前苏联部长会议主席布尔加宁致信英法以三国领导人道：“英法和以色列对埃及的侵略战争有可能扩及到其他国家，发展成为第三次世界大战。苏联政府已经向联合国和美国总统建议，同联合国其他会员国一起使用海、空军来制止埃及战争，制止侵略行动……”

11月6日，艾森豪威尔总统发布命令，美国渐次进入战略状态，武装部队和北大西洋公约组织处于警戒状态。

美国的举动是针对前苏联的，是为了抵制前苏联的影响。但同时，美国又强烈要求英法以立即停战。

英国首相艾登屈服了。艾登指示英法联军总司令斯托克韦尔：11 月 6 日 24 时前停止战斗行动。

至此，苏伊士运河战争宣告结束。

对苏伊士战争的思索

苏伊士战争最大的失败者是英国和法国。英法占领苏伊士运河的军事目的未能实现，艾登首相还因此辞职。英法两国在人力、物力、财力上也蒙受了重大损失。

以色列占领了西奈半岛，但迫于美国和联合国的压力，又于 1957 年 3 月 16 日从西奈半岛撤出。虽然如此，以色列的军事目的得到了实现，以色列国防军的威名从此令世人关注。

埃及虽然在军事上惨败，但实现了苏伊士运河国有化和使以军撤出西奈半岛的政治目的，埃及人的胜利受益于美国、前苏联及世界舆论。

苏伊士运河战争后，英法在埃及的影响消失，美苏两个超级大国取而代之。

开拓北极冰下航线

（1958年8月~1959年3月）

从16世纪中叶开始，经过一代又一代探险家的努力，到了19世丝已末，（其间约300年）人类已成功地开辟了北极的东北航道、西北航道，但是，遍布北冰洋的一座座冰山和严寒气候仍然令航海者们望而却步。20世纪时，破冰船问世了，人们期待可以借助破冰船在冰海中畅通无阻的航行，但是，当破冰船行至北纬80几度的高纬度冰海中时，山岳般的冰山挡在破冰船面前，令破冰船一筹莫展。

潜水艇发明后，富于幻想的人们马上又想到可以凭借潜水艇的特殊航行本领，开辟一条从冰下穿越北极的航线，而且，可以看一看北极的冰层下面到底有些什么，将北极的奥秘大白于天下。1931年，一艘名为鹦鹉螺号的潜水艇从大西洋出发，驶入北极圈（北纬66°33′不久），潜水艇的主要部件连连出现故障，最后连机舱也结了冰，鹦鹉螺号知难而退，使用潜艇穿越北极的计划宣告失败。

鹦鹉螺号是一艘普通的、以柴油发动机作为动力的潜艇。这种潜艇的最大缺陷是：由于柴油机工作时离不开氧气，潜艇航行一段时间后必须上浮到海面“换气”。在一般的海洋中，这当然不成问题，但北冰洋气候寒冷、千里冰封。鹦鹉螺号幸亏没有向高纬度区航行多远，不然，它被冰封在水下，无法“换气”，那就只有死路一条了。

1953年，美国人将核技术运用到潜艇上，建造了世界上第一艘核潜艇——鹦鹉螺号，随后，它的核姐妹潜艇鳐号也问世了。

了不起的核潜艇姐妹——鹦鹉螺号、鳐号

鹦鹉螺号核潜艇全长90米，外形呈流线型，总重量为2800吨，其内部装置，包括各种仪器、作战装备、生活设施都是当时世界上一流的。

核潜艇的最大特点是凭借燃料航进。核潜艇的机舱里安装着核反应堆，核反应堆工作时铀核裂变释放出大量热能，热能使水变成水蒸气，从而推动

气轮发电机组发电，推动核潜艇航进。核潜艇可以连续在水下航行几个月，或者几年。鹦鹉螺号的航速每小时 20 海里，是普通潜艇的一倍半。加足核燃料（只需几公斤）后，它可以以时速 25 海里的最高速度连续航行 50 天，行程 3 万公里（环绕地球一周约 5 万公里）！核潜艇鳐号自重 3000 吨，各种技术指标与它的“姐姐”鹦鹉螺号大致相近。

核潜艇鹦鹉螺号和鳐号姐妹的诞生再次燃起了人们从冰下穿越北极、开辟北极冰下航线的希望。

美国人决定首先派鹦鹉螺号做穿越北极的试航。为了做到万无一失，有关专家对潜艇上的所有仪表进行了反复调试；专家们在潜艇上装备了一台大型回转罗盘和一台自动惯性导航仪，惯性导航仪可根据地球自转测定出核潜艇所在的精确位置。这样，即使鹦鹉螺号航至北极巨大的冰山下，艇上的磁性罗盘失去作用，核潜艇也不会迷失方向。

专家们甚至作好了最坏的打算，万一发生不幸，鹦鹉螺号可使用鱼雷将冰山炸裂，然后浮出水面，向设在附近的美国极地考察站求援，全体人员则可携带准备好的御寒衣物和食品离开潜艇逃生。

鹦鹉螺号穿越北极

1958 年 6 月 8 日，核潜艇鹦鹉螺号在舰长安德森中校指挥下，从美国北部的西雅图港出发，开始了穿越北极的历史性航行。鹦鹉螺号的计划是：自太平洋北进—白令海峡—北冰洋—穿越北极—太平洋—航抵英国的波特兰港。

对于鹦鹉螺号来说，白令海峡是它此次历史性航行中的第一道大关。

白令海峡是连接北冰洋和太平洋的唯一通道，海峡宽35 ~ 86 公里，海峡中还有两个小岛屿——克拉曼诺夫岛和圣劳伦斯岛。白令海峡最大特点是海底极浅，海水平均深度只有 42 米，最浅处仅 30 米，北冰洋的一座座冰山就是经白令海峡涌入太平洋的。

如果在越过白令海峡时遇到巨大冰山的阻挡，核潜艇就有可能被夹在冰山与海底之间，甚至有被冰山压得粉身碎骨的危险。

6 月 13 日傍晚，鹦鹉螺号小心翼翼地驶入了白令海峡，第二天清晨，水手们从潜望镜中看到了一块块浮冰，一座座冰山，你连我，我连他，络绎不绝地向白令海峡漂来。不久，最担心的事情终于发生了，鹦鹉螺号被夹在了冰山与海底之间，潜艇顶部距浮冰仅有 8 米，潜艇底部离海底只差 14 米，到了午夜时分，鹦鹉螺号又遇到了一座冰山，冰山沉入水中的部分距潜艇仅 10

多米，鹦鹉螺号花费了好大的劲儿才擦着冰山底部滑过，令全舰官兵稍稍松了一口气。

但是，迎面而来的冰山越聚越多，安德森中校与随核潜艇航行的一位冰学专家对冰山进行了分析，认为从西路越过白令海峡要比事先预料的危险得多，于是指挥核潜艇按原路退回到圣劳伦斯岛，从东路航进。

圣劳伦斯与北美洲阿拉斯加之间的河床的确很浅，鹦鹉螺号提心吊胆地摸索着前进，不时浮出水面从浮冰的缝隙中绕浮冰向前航行。在白令海峡的东路，浮冰并不比西路少，有的冰块甚至有 1 海里宽，但冰块厚度并不大，鹦鹉螺号终于在 6 月 17 日凌晨越过了白令海峡驶入楚科奇海。

进入楚科奇海即是进入了北冰洋。楚科奇海的面积为 58 万平方公里，平均深度是 88 米，但最浅处也仅为 30 多米。起初，鹦鹉螺号在距海底 10 多米、艇顶距冰块几米、十多米的深度航行，还比较顺利。后来，深度探测仪上显示的数据表明潜艇已与海底及浮冰的距离越来越宽，即离开了“危险区”，全体官兵绷紧的神经都松弛下来，安德森中校也放心地回到舱房中睡觉去了。

恰恰是在这时候，一场危机悄然逼近。

晚上 11 时左右，安德森中校被值班军官从梦中唤醒——警报！鹦鹉螺号危在旦夕！

原来，鹦鹉螺号的船身嵌入了一座厚 21 米，宽约 1 海里的巨大冰山之下，潜艇顶部距冰山底部只有 20 厘米，潜水艇底部距海底仅有 2. 7 米。

安德森中校镇定自若。他发现左侧海水较深，于是命令潜艇向左。可是，潜艇刚刚向左转动，监测仪器上显示，左侧出现了两座更厚的冰山悄然向潜艇压了过来。安德森急忙命令潜艇停止向左转动，把目光扫向了数座冰山、空隙之处……

在死一般的寂静中，安德森中校指挥鹦鹉螺号死里逃生。但是，经过这一次磨难，安德森中校考虑到前面航程的艰难，为了对这艘世界一流的核潜艇负责，对全艇 116 名官兵的生命负责，安德森中校毅然下达了返航的命令。

一个月后，北半球进入盛夏时节，白令海峡和楚科奇海中的浮冰和冰山明显减少。安德森中校认为这是穿越北极的最佳时期，指挥鹦鹉螺号再次由太平洋驶入白令海峡。

白令海峡，碧波荡漾；楚科奇海，一片蔚蓝。鹦鹉螺号顺利地越过白令海峡，于 8 月 1 日驶过位于阿拉斯加最北部的马罗角，进入巴罗海谷。从此以后，海水逐渐加深，在深深的海水下面，再宽的浮冰、再厚的冰山也奈何不了鹦鹉螺号了。

1958 年 8 月 3 日晚 11 时 15 分，鹦鹉螺号核潜艇从北极的冰层下平安通过北极极点。

鹦鹉螺号在人类北极探险史上谱写了崭新的一页。

鳐号穿越北极

当鹦鹉螺号核潜艇平安穿越北极极点的消息通过无线电波传遍全世界，人们还在为这一喜讯欢呼时，鳐号核潜艇奉命驶离了美国康涅狄格州新伦敦海军基地，潜入浩淼的大西洋中，悄悄然向北极驶去。

鳐号肩负科学探险和军事目的的双重使命，它要完成穿越北极、寻找距极点 300 英里远的美国阿尔法科学观察站、并在观察站附近浮出水面的任务。

鳐号越过斯匹次卑尔根群岛后即潜入北极冰盖之下的深海中。由于是首航北极冰盖之下，对于北极冰盖下海流的分布情况、海底情况一无所知，潜艇上只能依靠自动惯性导航确定潜艇所处在的位置和向前航行。8 月 10 日，鳐号核潜艇的艇长卡尔维特发现潜艇上方有一片未冻的水面，于是下令作浮出水面的首次尝试。

核潜艇缓慢地上浮。水面虽然没有冻结。但水中漂流着大大小小的冰块，潜艇小心地避开了冰块和参差嵯峨的冰棱，“哗—”一声巨响，浮出水面。官兵们激动地走出舰舱，站到甲板上。

一幅多么明丽的北极夏季风景图啊！

在温暖的阳光下，成百上千只海象紧紧地挤在一大块浮冰上，有的侧身，有的趴着，有的仰面朝天的躺着，有的竟肆无忌惮地爬到同伴的身上。浮冰在漂流，海象们也在漂流。远远地，有一只白熊在冰原上踽踽而行，几只漂亮的白鸥陪伴着它。更远处，嵯峨的冰山则在阳光的照射下闪着翡翠一般的诱人光芒。天空中不时飞过几只凶猛的大隼，真的是天高海阔、万物竞辉。

鳐号的上浮成功给全艇官兵增强了完成任务的信心。

两天后（8 月 12 日），鳐号顺利地接近了北极极点，格林威治时间 1 点 40 分左右，艇上的各种科学仪器显示，北极极点就在面前，在到达极点的十秒钟之间，卡尔维特艇长开始倒计数数：“十、九、八、七、六、五、四、三、二、一，到了！”

1958 年 8 月 12 日 1 时 47 分，鳐号从北极冰盖下精确无误地穿过了北极的正中。

距阿尔法观察站还有 300 英里。阿尔法观察站是建在冰原上的，而鳐号是在冰原之下、在黑沉沉的海水中航行，要寻找到冰原上一个小小观察站，“犹如大海中捞针”。为了与阿尔法站取得联系，鳐号在距极点约40英里的冰下发现了一片狭窄的未冻水面，卡尔维特艇长命令潜艇上浮。但是，这个“冰间小湖”实在是太小了，鳐号冒着巨大的危险，紧贴垂直的冰盖边缘将潜望镜和指挥塔升出水面，这时候，一旦冰盖崩塌，艇毁人亡势在必然，所以，当鳐号收到了阿尔法观察站确切位置的电报后，不敢有分秒的耽搁，立即下潜，离开了“冰间小湖”。

第二天，鳐号在距离阿尔法观察站30英里处发现了一个冰间小湖，鳐号再次浮出水面，用无线电与阿尔法观察站的科学工作者取得了联系，随即下潜，向阿尔法观察站台驶去。

阿尔法观察站的科学工作者们接到了鳐号又驶近他们的电报后，立即发动了停泊在观察站附近的摩托艇。鳐号全速前进，声纳员很快就监听到了摩托艇发出的声纳，迅速的测定出声纳源。观冰仪观测员目不转睛地注视着面前的仪器，当潜艇驶至冰间湖下方时，分毫不差地向卡尔维特艇长报告：“顶上出现未冰水面!”

卡尔维特果断地发出命令“上浮!”

3000吨重的鳐号核潜艇顶开冰间湖水面，激起千万朵银色的水花，傲然浮出水面。

阿尔法观察站的科学工作者与鳐号核潜艇上的全体官兵热烈拥抱在一起，激动万分。

8月17日晚，鳐号告别了阿尔法观察站，驶近北极点，在极点海下测取了一系列的科学数据后，驶出北冰洋，返回到波浪滔天的大西洋中。

这一年的10月，美国著名的北极探险家哈伯特·威金斯爵士到鳐号拜访，向凯旋的官兵们祝贺。威金斯同时向鳐号官兵建议：鳐号应在冬季航抵北极点，这是人类的智慧和勇气向大自然的挑战。威金斯还表示，自己已是风烛之年，希望鳐号把自己的骨灰撒在北极。

哈伯特·威金斯爵士终身从事北极探险，为美国人登上北极、了解北极做出了巨大贡献。数月后，威金斯爵士在重返北极的向往中溘然长逝。美国海军部为实现威金斯爵士的遗愿，决定派遣鳐号将爵士的骨灰送到北极，同时完成一些重要的科学考察任务。

1959年3月，鳐号在做了必要的加固和改装后，载着威金斯爵士的骨灰，勇敢地经大西洋驶入冰冻水寒的北冰洋。

冬季的北冰洋昏天暗地，完全是冰雪和朔风的世界，不过，对于在黑沉沉的冰盖下航行的鳐号官兵来说，这一切并不重要，因为他们是在冰下凭借先进的科学仪器航行的。

在坚冰下航行了 200 英里以后，鳐号发现了冰盖上一个封冻的大型水道。卡尔维特艇长决定在这里做一次上浮的试验，因为极点附近的温度更低，所有的水道或冰间湖湖面无疑也会结冰。卡尔维特的想法是：用坚固的钢铁指挥塔撞击冰层，撞开一条通道，浮出水面。

“上浮！”

随着卡尔维特的一声命令，鳐号将潜艇顶部的指挥塔对准了潜艇上方的薄冰层，倾全力向上撞去。不料，3000 吨重的潜艇没把冰层撞开，反而被弹沉 150 多英尺深的水下，猛烈的震动使全艇官兵感到一阵阵恶心。

“好家伙！厉害！”

卡尔维特艇长总结了失败的教训。仔细地寻找了冰层最薄的一个地方，再次指挥鳐号上浮。“哗啦！”咔嚓嚓！”随着一声声刺耳的响声，碎冰和海水向四处飞进，鳐号终于成功地钻出了水面。这一次展现在鳐号全体官兵面前的北极再也不是一年前的那副壮丽风景画了，由于已进入漫长的极夜，天空中没有太阳，没有星辰，天地间昏昏沉沉，除了怒吼的寒风和漫天飞舞的雪花，什么也看不到，什么也没有……生命似乎已在这里凝固了。3 月 17 日，鳐号再次航抵北极极点北极冰盖之下。但是，如同所预料的那样，极点海域已完全冰封，甚至连找一处较薄冰层的地方都找不到。卡尔维特艇长耐心地指挥鳐号在冰盖下巡弋。经过数小时的细心搜寻，终于找到了一处比潜艇大不了多少的薄冰区，撞开冰层，将艇身挤出水面。

鳐号再次创造了一个人间奇迹……在严冬中航抵北极，成功地撞开极点的冰层，浮上水面。

鳐号的官兵们走出艇舱，在凛冽的寒风中排列在甲板上为哈伯特 · 威金斯爵士举行隆重的撒放仪式。当鳐号核潜艇首席工程师德夫把爵士的骨灰洒向北极冰原飞旋的风雪中，士兵们鸣枪三响，向哈伯特 · 威金斯爵士致意，也同时向为征服北极、探索北极而英勇捐躯的所有探险家们表达深深的敬意。

哈伯特 · 威金斯，这位为北极探险而执着追求了一生的极地探险家终于实现了自己生前的最大愿望——长眠在北极，与北极长伴长存。

3 月 27 日，鳐号告别北极，驶离北冰洋，平安返回设在大西洋岸的新伦敦海军基地。

鹦鹉螺号、鳐号核潜艇姐妹在冰下穿越北极是人类征服自然的勇气的表现。从此后，一条连接太平洋、北冰洋和大西洋的冰下航线正式诞生。

“U—2”间谍飞行事件

（1960 年 5 月 1 日）

第二次世界大战结束后，美国与前苏联进入冷战（指国际间进行的不使用武器的斗争）状态。这种冷战状态一直持续到 1959 年 1 月，前苏联第一副总理阿纳斯塔斯·米高扬出访美国。米高扬出访美国的目的是为了促成一次东、西方首脑会议，美国总统艾森豪威尔、法国总统查理斯·戴高乐、英国首相哈罗德·麦克米伦都作出了积极的响应，四国首脑开始慢慢地向首脑会议靠拢。

1959 年 9 月中旬，前苏联总理赫鲁晓夫胸前挂着三块金光闪闪的勋章访问了美国，艾森豪威尔与赫鲁晓夫进行了会谈，双方发表了一个联合公报。这一年的 12 月中旬，艾森豪威尔、戴高乐、麦克米伦等西方首脑相聚巴黎，向全世界渴望和平的人们宣布了一条令人兴奋的消息：“（美、苏、英、法）四国首脑将在 1960 年 5 月 16 日在巴黎会晤”。

此后，四国首脑频频展开全球范围的外交活动，赫鲁晓夫向艾森豪威尔赠送了一批礼品，艾森豪威尔则回赠赫鲁晓夫一头小母牛和一头公牛。

冷战的紧张状态确实在松动，和平露出了曙光。

西方人希望通过首脑会议在裁军、禁止核试验、缓和东西方关系三方面有明确的行动，还希望能在柏林问题上达成一个临时协定；而赫鲁晓夫也希望能在禁止核武器试验问题上达成一项协议。

然而，就在这个关系到战争与和平的关键时刻，一件意想不到的事情发生了……

鲍尔斯：“……一团明亮的橙红色火光……”

1960 年 5 月 1 日，格林威治时间 2 时（巴基斯坦当地时间 7 时）。

巴基斯坦白沙瓦飞机场。

一架外型古怪的黑色飞机——它的巨大翅膀下垂着，两翅展开时约为 24 米宽，是机身长度的两倍——沿着平坦的跑道缓慢地向前滑行着，滑行着……

古怪的黑色飞机即是大名鼎鼎的 U—2 高空侦察机，侦察机的驾驶员名字叫做弗朗西斯·鲍尔斯。鲍尔斯身高 1.76 米，体重 75 公斤，他受雇于美国中央情报局，已驾驶 U—2 飞机飞行了 500 多个小时，完成了 27 项使命。

U—2 飞机猛地抬起机头，跃入空中。

鲍尔斯从亚洲的巴基斯坦白沙瓦起飞，终点是欧洲大陆西北角濒临挪威海的博德（属挪威），全程约 6000 公里，其中有 4800 多公里是在敌国——前苏联领空飞行。

鲍尔斯用娴熟的技术驾驶 U—2 向 21000 米高空爬升，当飞机升至 18000 米空中时，高速前进的 U—2 已飞到了兴都库什山脉的上方。"再向前就是前苏联的国境了。"鲍尔斯小心地打开了飞机上的反雷达装置，全速飞入前苏联领空，直奔咸海东面的列宁斯克（今哈萨克斯坦南部）。

根据中央情报局的情报，前苏联正在列宁斯克修建一座洲际弹道导弹基地。鲍尔斯的主要任务之一就是飞临前苏联人的洲际弹道导弹基地上空，对基地进行拍照。

鲍尔斯是一位优秀的驾驶员。1950 年，他在佐治亚奥尔巴尼特纳空军基地学会了驾驶 F—84 型喷气机，并获得空军中尉军衔。1956 年，鲍尔斯辞去了月薪 700 美元的空军飞行员工作，进入受中央情报局控制的洛克哈特航天器公司工作，月薪为 2500 美元，从此被中央情报局所雇用。

U—2 的确是一种杰出的飞机，在 21000 米高空高速行进（在当时，这样的高度是世界各国的任何一种战斗机所望尘莫及的），就像雄鹰在蓝天自由翱翔一样。

塔吉克斯坦、吉尔吉斯斯坦、乌兹别克斯坦先后被抛到了身后，克孜勒库姆沙漠东缘的砀尔河渐渐地跃入了鲍尔斯的眼帘。

列宁斯克就坐落在咸海以东的砀尔河畔。

鲍尔斯开始拍照。U—2 所携带的照相机镜头为 944.7 毫米，它通过机内的 7 个孔伸出去拍摄，可以在长 3500 公里，宽 200 公里的条形地带上连续拍摄 4000 幅照片。

U—2 风驰电掣地飞越列宁斯克。鲍尔斯调转机头，按既定航线向北飞越哈萨克斯坦，飞向乌拉尔山脉西伯利亚一侧的重工业城市斯维尔德洛夫斯克。

斯维尔德洛夫斯克始建于 1722 年，在第二次世界大战中是前苏联的武器装备供应基地，二战后发展成为前苏联的电子产品、化学品、橡胶制品的生产中心及乌拉尔地区铁路、航空运输中心。斯维尔德洛夫斯克的周围布满了前苏联最先进的防空火箭。

在经过了紧张的8个小时的连续飞行后，鲍尔斯驾驶U—2飞临斯维尔德洛夫斯克东南约30公里~50公里的高空中，突然，鲍尔斯听到了一阵巨大的爆炸声，爆炸声来自飞机外面。过了一会儿，飞机的右翼猛地下沉——鲍尔斯后来在美国参议院军事委员会回忆说："飞机被一团明亮的橙红色火光笼罩住了……我将操纵杆向后拉，但操纵杆失灵了，整个机身向下翻滚……"

U—2飞机上装有自毁装置，如果按下自毁装置电钮，飞机将在70秒钟之后爆炸。但是，鲍尔斯没有按自毁装置电钮。他推开座舱罩，解开安全带，半个身子立刻被抛出机舱，不一会儿，系在身上的氧气管断裂了，鲍尔斯飘入空中——降落伞自动打开……

U—2一头向地面栽去，"轰！"地面上升起一团烈焰。

数分钟后，鲍尔斯飘飘摇摇地降落到斯维尔德洛夫斯克附近的一个集体农庄中，成为一群集体农庄工人的俘虏。

U—2高空侦察机——"黑衣谍女"

U—2高空侦察机是美苏冷战的产物。

第二次世界大战后，美国与前苏联进入冷战状态，前苏联人在军事保密方面占有较大优势。为窃取前苏联人的军事机密，美国先后派遣上百架次飞机侵入前苏联领空，但至多能深入前苏联境内几百公里，还赔上了20多名飞行员的性命。1953年，经当时的艾森豪威尔总统批准，中央情报局实施了U—2型飞机的研制，并于1954年底由位于加利福尼亚州伯班克的洛克希德公司研制成功。

U—2高空侦察机可在21000米以上高空飞行，连续飞行时间在8小时以上。U—2飞机上装备了当时最先进的电子侦察设备——照相机、磁带录音机，无线电通讯设备、雷达。U—2座舱的最末部是盛有3磅黑索令炸药的175—10A型爆炸装置，它可以将整架飞机及机内的所有物件炸个粉碎。一架U—2的造价为85万美元。

在最初的试飞中，U—2并没有所期望的那样好，从1956年到1958年，至少有6名战略空军司令部的U—2飞行员丧命。但是，到了1960年，U—2飞行不再具有危险性了，它们从土耳其和巴基斯坦的基地上起飞，从日本、台湾、冲绳岛、菲律宾、阿拉斯加、西德和英国等地的基地起飞，肆无忌惮地飞越前苏联、中国、朝鲜、越南及前苏联的欧洲盟国领空。前苏联人发现了U—2在他们的领空上高高地飞行，愤怒地派出战斗机堵截、攻击，但战斗机还未上升到U—2飞行的高度就失去了控制，前苏联人只好眼巴巴地看着U—2从他们的眼前消失。

为此，当时，集党、政、军大权为一身的前苏联领导人赫鲁晓夫将属下一顿臭骂，命令武装部队无论如何要打下一架U—2，“给美国人一点颜色看看!”

前苏联人给U—2起了一个雅号——“黑衣谍女”。

如今，“黑衣谍女”终于栽在了前苏联人手中，前苏联人，尤其是赫鲁晓夫，怎么能不惊喜若狂!

赫鲁晓夫得意洋洋

鲍尔斯被前苏联集体农庄工人俘获的时候，赫鲁晓夫正在莫斯科红场检阅一年一度的“五·一国际劳动节”游行大军。

莫斯科当地时间10时45分，前苏联空军总司令康斯坦J·A·弗希林匆匆登上检阅台，挤到赫鲁晓夫身边，将击落U—2并抓获U—2驾驶员鲍尔斯的消息向赫鲁晓夫作了汇报。5月5日，在有1300名最高苏维埃会议代表、各国外交使节及新闻记者参加的最高苏维埃代表大会上，赫鲁晓夫向大会、向全世界扔下了“击落美国U—2飞机”的重磅炸弹：

> 五月一日莫斯科时间5点30分，一架美国飞机侵入苏联领空，国防部长当即作了报告，政府回电国防部长，如果入侵者没有受到惩罚，他就会得寸进尺，所以最好的回答是把它打下来。国防部长执行了这一命令，飞机落了下来……
>
> 美国人一再申称：美国的A型轰炸机、B型轰炸机时刻处于戒备状态，一旦敌人的飞行器逼近，它们即飞上蓝天，扑向预定轰炸目标——那就意味着爆发战争!
>
> 如今，美国人作了些什么呢？美国空军犯下的侵略罪行是在向“五·一节”献礼吗？
>
> 我们向美国政府提出强烈抗议!
>
> 我们要问：是谁派遣这架飞机侵入苏联领空的？是美国的军事专家们还是美国总统？
>
> 众所周知，武装力量总司令是受总统控制的……

玩火者必自焚。

伟大的苏联人民是吓不倒的。

让我们高举列宁的伟大旗帜，在共产党人的领导下，从胜利走向胜利！

赫鲁晓夫在他的讲话中玩弄了一个圈套——自始至终也未提及前苏联人是如何击落U—2的，更没有提及抓获了U—2驾驶员鲍尔斯。

一条紧急电文发向了合众国际社华盛顿分社：

华盛顿分社：

来自路透社的一则消息称，赫鲁晓夫在发言中说，一架入侵苏联领空的飞机被击落。

美国总统艾森豪威尔、中央情报局头目艾伦·杜勒斯及国防部长托马斯·盖茨等美国高级官员得知赫鲁晓夫的讲话内容后，一个个大惊失色。

美国人一错再错。

鲍尔斯没有在5月1日预期的时间抵达挪威的博德，美国中央情报局错误地认为飞机出了事故，鲍尔斯已毁掉了飞机，或者鲍尔斯本人也已经死了，于是，通过一名记者向世人讲述了一个早已拟定好的荒唐故事：

据悉，一架美国的U—2型气象侦察机在星期日失踪。U—2飞机素以性能卓越著称，失踪前停泊在土耳其阿达那附近的英格里基地。

失踪的U—2飞机在1000米以上的高空深入大气层，调查气候状况及其变化原因时，飞行员报告说他的氧气设备出了问题，此后，再没有收到该飞机的任何消息。

赫鲁晓夫的“讲话”使美国中央情报局编造的谎言不攻自破——所谓的“气象飞机”侵入了前苏联人领空，并且被前苏联人击落了。

美国人觉得有必要发表一项声明，回击赫鲁晓夫，但他们不愿意承认自己的间谍行径，执意要把原本就荒唐之极的故事继续讲下去。中央情报局和国务院的官员们拟定了一项声明：

国务院已接到国家航空太空总署的通知，诚如 5 月 3 日所述，一架基地设在土耳其阿达那的非武装飞机——由民航飞行员驾驶的 U~2 型气象侦察机在 5 月 1 日失踪。失踪前，飞行员报告说他的供氧设备出了故障。赫鲁晓夫总理宣称在 5 月 1 日击落了一架进入苏联领空的美国飞机，也许就是那架失踪的 U—2 气象侦察机。氧气设备发生故障从而导致飞行员失去知觉，飞机靠自动驾驶仪继续飞行，因此偶然进入苏联领空。美国政府将就此事，特别是飞行员的命运，与苏联政府交涉。

5 月 7 日，赫鲁晓夫在克里姆林宫中向全体最高苏维埃代表宣布了俘获 U—2 驾驶员鲍尔斯的消息。赫鲁晓夫说："我们抓获了飞行员，他的名字叫弗朗西斯·加里·鲍尔斯，30 岁。鲍尔斯供认，他是美国空军的一名上尉，于 1956 年加入中央情报局。""U—2 飞机是一架彻头彻尾的军用侦察机……它的任务是横越苏联的整个疆域，从帕米尔至科拉半岛，沿途拍摄苏联的军事和工业目标……"

美国人被赫鲁晓夫的讲话打晕了头，以致发表了一个破绽百出的声明：

国务院已收到赫鲁晓夫先生对那架非武装飞机作进一步评论的原文……由总统下令进行的调查表明：在华盛顿的有关当局没有批准任何诸如赫鲁晓夫先生所说的那种飞行。

……

如果"华盛顿的有关当局没有批准"，那么，U—2 的飞行是由谁批准的呢？

正是基于此，艾森豪威尔总统在反复思考后决定改变主意，宣布 U—2 飞机的飞行是由总统的权力机构派出的，美国人的声明全文如下：

自从斯大林发起冷战以来，这个世界就生活在一种不信任和充满敌意的气氛中。谁能知道，在苏联人那张丝风不透的铁幕里面，苏联人正在为发动一次突然的袭击作些什么呢？

美国政府曾多次要求："开放天空"和提出裁军的建议，但都被苏联政府拒绝了。允许苏联为不明战争作“秘密准备”是“不能接受的”。

为了对美国人民，对整个自由世界负责，美国政府必须与苏联达成一种衡量标准，以期减少和消除发起突然袭击的危险。

根据1947年的国家安全法，总统从任职起就提出了一些指导性意见，要求运用一切可能使用的手段收集有关情报，确保美国及整个自由世界免遭突然袭击。在总统的指导性意见指导下，一些具体的计划形成了，并被付诸实施，这些计划包括由非武装的民用飞机进行大范围的监视。一般地说，飞机的活动范围都在合法范围内，只有偶尔的深入。这些非武装民用飞机的特殊使命并不受总统权力的限制。

必须指出，这些民用飞机的飞行对苏联领导人来说并不是一个秘密，它们并不损害即将在巴黎召开的最高级会议。这个事件应视做是对全世界强调——免遭突然袭击和侵略的重要性。

在美国历史上，一位总统公开就一项间谍事件负责，这是第一次。

美国政府的声明经新闻媒介的传播迅速传遍全世界，各大新闻媒介纷纷评述美国政府的声明，并指出“声明”“无视赫鲁晓夫的抗议”，“暗示”“飞行会继续下去”。

例如：合众国际社评论道：美国承认在苏联及苏联周围上空作“大范围的监视”，并暗示飞行会继续。

《纽约时报》评述道：（声明）暗示将继续实施U—2飞行计划。

不欢而散的四国首脑会议

尽管发生了不寻常的U—2间谍飞机事件，令世人瞩目的美、苏、英、法四国首脑会议还是如期在巴黎召开。

赫鲁晓夫第一个到达巴黎，并且拜访了戴高乐总统，在总统那里留下了一个备忘录。赫鲁晓夫在备忘录中明确要求美国立即终止U—2飞机的间谍飞行，追究U—2事件直接负责人的责任。一天后，赫鲁晓夫又拜访了英国首相麦克米伦，请麦克米伦向美国人施加压力。

艾森豪威尔是第二个来到巴黎的人，他也去拜访了戴高乐总统。艾森豪威尔在研究了赫鲁晓夫的备忘录后得出了一个悲观的结论：四国首脑会议尚未正式拉开帷幕，但已被扼杀了。

5 月 15 日，四国首脑会议的前夕，前苏联成功地发射了一颗五吨重的人造卫星。

5 月 16 日，美国副总统尼克松在对 U—2 飞行进行辩解时称：U—2 飞行是涉及到捍卫美国主权，防止他国突然袭击的重大问题，是完全必要的。

四国首脑会议的地点设在法国总统府二楼会议厅，时间为 5 月 16 日 11 时。11 时零 1 分，作为东道国的元首，戴高乐正式宣布会议开始。四国首脑——在当时，戴高乐和艾森豪威尔都是一国之首，而赫鲁晓夫和麦克米伦在级别上属于总理级，为此，戴高乐首先邀请艾森豪威尔讲话："我们先听听美国总统的陈述。"但是，赫鲁晓夫却抢先发言，"等等……"赫鲁晓夫没有征得戴高乐的同意就拿出事先拟好的稿子宣读起来，"大家都知道，美国空军对苏联进行了一次挑衅性活动——一次特别的间谍行动……"

赫鲁晓夫面色灰白，两手颤抖，情绪十分激动：

"美国政府和总统本人不但不对这种挑衅进行谴责，反而宣布这种举动将作为对苏联的一种既定政策继续下去。在这种情况下，怎么可能充分而有效地去商讨、研究首脑会议的有关问题?"

赫鲁晓夫左眼上方的眉睫不住地抽动着：

"美国政府必须对美国空军的挑衅行径加以谴责……美国政府必须终止 U—2 型飞机的飞行，并向苏联人民表示道歉……"

艾森豪威尔的双唇紧闭，脖子和脸涨得通红，但是，他还是强忍怒火，听任赫鲁晓夫把话说完：

"总之，我们认为，鉴于目前的状况，最好的办法就是将这次首脑会议推迟 6 ~ 8 个月再继续进行。"

赫鲁晓夫终于"说"完了，艾森豪威尔开始反击：

"U—2 飞机是美国及整个自由世界防止突然袭击的安全保障，它并不存在侵略的企图。谁不知道呢？不单单是美国，也包括全世界绝大多数国家，他们每时每刻都是苏联搞间谍活动和从事间谍阴谋的目标。"

艾森豪威尔又说：

"苏联方面在关键性问题上有一个明显的误解——认为美国通过官方声明的渠道威胁将继续飞越苏联领空，实际上，美国政府从未有过这样的威胁，我和我的政府也从来没有产生过这种想法。"

"我要郑重声明：美国绝不会逃避捍卫国家主权、防止突然袭击的责任。

事实是，U—2 飞机在最近的事件发生后已经停止飞行，而且也不准备重新飞行。更何况，这件事并不能成为中断这次首脑会议的理由……"

赫鲁晓夫问："总统的保证是否意味着 U—2 的飞行只在首脑会议期间暂时停止?"

"不。"艾森豪威尔说，"无限期地停止。"稍停，又补充道："当然，我不能代表下届政府。"

"我也不会永远在台上。"赫鲁晓夫说，随后指责美国仍然没有向苏联道歉。

赫鲁晓夫的话引起了戴高乐的不满，他说：

"苏联昨天才发射的'史泼尼克'号人造卫星，一天内就在法国领空上飞越了 18 次，谁能保证它不是正在法国领空上偷拍照片呢？……

"我要声明，任何光明正大，不搞阴谋诡计，不搞分裂的国家都可以在法国领空飞行，法国没有任何东西要加以隐瞒!"

赫鲁晓夫顿时大怒，张开大嘴，咆哮起来……

一直默不做声的英国首相麦克米伦站起来劝阻道：

"全世界的眼睛都盯着这间屋子，都在注视着这间屋子里的每一个人，先生们，让首脑会议按预期的目标继续进行下去吧！全世界人民都把和平的希望押在了这次首脑会议上。"

然而，麦克米伦失望了，在一片争吵声中，第一次首脑会议匆匆宣告休会。尽管在当天下午，首脑们又聚到了一起，但会议仍是在争吵中结束。

5 月 17 日上午 10 时，四国首脑会议继续在法国总统府举行，但是，赫鲁晓夫却没有到会。赫鲁晓夫在苏联驻法国大使馆的门前对新闻记者们说："如果艾森豪威尔不公开道歉，承认美国的行径是对苏联的侵略，我就打点行装回国……明天下午就走!"

戴高乐无可奈何地将会议改在下午 3 时举行。但是，从 3 时一直等到 4 时 55 分，赫鲁晓夫仍然没有到会。这时候，戴高乐、艾森豪威尔、麦克米伦三国首脑发表了一个联合公报，公报如实写道：

戴高乐总统邀请美国、苏联、英国三个国家的首脑出席会议，出席会议的有艾森豪威尔总统、麦克米伦先生，缺席的有赫鲁晓夫总理。鉴于这种情况，原定讨论计划无法如期进行。

5 月 17 日下午 5 时，四国首脑会议正式宣布休会。

至此，酝酿了一年多的四国首脑会议在一片喧闹声中宣告流产。

鲍尔斯受审与回国

1960 年 8 月 17 日，前苏联人在莫斯科对鲍尔斯进行了审判。审判长是前苏联军事委员会成员维克多·鲍里索格列夫斯基。原告是前苏维埃最高检察院院长诺曼·鲁登科。

“被告鲍尔斯，你服罪吗?”

“服罪。”

“你对这次飞行感到后悔吗?”

“是的。……我的这次飞行直接导致了首脑会议没有开成。艾森豪威尔原先计划对苏联的访问也被取消了。我感到，世界上的紧张局势被加剧了，我为此深表歉意。”

“你是否想过，一次入侵就有可能挑起一场军事冲突?”

“派我来的人应该考虑到。”

……

原告鲁登科作了长篇发言，对美国政府中央情报局进行了抨击和指责，但在结束发言时，他却说：“我有足够的证据和理由请求法庭对被告鲍尔斯处以极刑，但考虑到被告对其罪行的真诚悔悟，我不坚持判处他死刑。我请求法庭判处被告 15 年徒刑。”

鲍尔斯的指定辩护律师米凯尔·格里列夫是一位多次处理过棘手案件的专家，曾在纽伦堡的审判庭上当过辩护律师，为斯大林的内务部长拉夫连季·贝利亚当过辩护人。格里列夫为鲍尔斯辩护道：

“鲍尔斯驾机侵入苏联是受那些侵略成性的统治者指派的，而不是出于他的本意，鲍尔斯不过是一个小卒……”

“也许，被告是美国大规模失业的牺牲品……”

格里列夫的辩护无关轻重，但不要忘记原告的身份，他是苏维埃最高检察院院长——而他只请求法庭判处被告 15 年徒刑!

最后，法庭宣布：

> 出于社会主义人道主义精神，判处被告弗朗西斯·加里·鲍尔斯有期徒刑 10 年，头 3 年在监狱服刑。

尽管如此，鲍尔斯在苏联监狱中仅仅被关押了一年零 9 个月又 9 天。

1957 年 6 月 21 日，美国中央情报局成功地抓获了潜入美国达 9 年之久的苏联克格勃上校鲁道夫·伊万诺万奇·阿贝尔，并判处阿贝尔 30 年监禁；1962 年新上任的美国总统肯尼迪下令用阿贝尔换回鲍尔斯和被当时东德政府拘禁的一名美国学生。

1962 年 2 月 10 日 8 时，鲍尔期和阿贝尔被带到柏林道恩的格利尼克尔桥上。格利尼克尔桥有“联合桥”之称，这是为纪念美国和前苏联在第二次世界大战中结为联盟的缘故。格利尼克尔桥的正中横刷着一道 6 英寸宽的白线，白线的一侧是德意志民主共和国（东德），一侧是德意志联邦共和国（西德）。

柏林时间 8 时 52 分，阿贝尔的双腿横跨过格利尼克尔桥正中的那道 6 英寸宽的白线，进入东德；鲍尔斯则跨越白线，进入西德，美国中央情报局的官员微笑着迎了上来……

U—2 间谍飞行事件的余波

U—2 间谍飞行事件大白于天下后，全世界哗然。前苏联政府向巴基斯坦、挪威、土耳其等国提出强烈抗议，而挪威、巴基斯坦等国则向美国提出抗议，至于美、苏两国，外交照会，你抗议我，我抗议你，自不必说。

艾森豪威尔原计划在 6 月份对日本进行访问。6 月 16 日，日本首相传话给艾森豪威尔，由于发生反对日—美安全条约的左翼暴动（示威游行），他不能确保总统的安全，言下之电是要求艾森豪威尔取消对日本的访问，而 U—2 事件是造成示威游行的重要原因。

U—2 事件发生在东西方逐渐趋于缓和的关键时刻，是否纯属巧合？一个耐人寻味的事实是——从此后，冷战加剧了。

“U—2”间谍飞机被击落的真像

正当全世界惊诧于“U—2”被苏联人击落时，赫鲁晓夫在莫斯科举办了一个“U—2 飞机残骸展览会”，赫鲁晓夫一面暴跳如雷地抨击美帝国主义的“军国主义狰狞面目”，一面是气势汹汹地狂呼“苏联的洲际导弹可以打到世界的任何一个角落。”

全世界，包括美国在内，没有任何人对赫鲁晓夫说的话产生任何怀疑。

5 年后，苏联“克格勃”的一个重要官员巴托列斯基叛逃到了美国，向美国人讲述了“击落”U—2的真相，美国人懊丧不已——

原来，在当时，苏联人根本不具备击落“U—2”的能力。当“U—2”一次又一次、一年又一年地从苏联的一个个海军军港、空军基地、火箭发射场的上空悠然自得地飞过去时，赫鲁晓夫咆哮如雷：“马利诺夫斯基同志（国防部长），这种令人无法忍受的局面什么时候才能结束？”

马利诺夫斯基呐呐地说：“赫鲁晓夫同志，我们已尽了最大努力，它飞得太高了……”

马利诺夫斯基告诉赫鲁晓夫，苏联要研制出飞到50000英尺以上高度的飞机、导弹至少还要3年。

赫鲁晓夫想到了“克格勃”。不久前，“克格勃”头目谢列平呈交给他一张从日本藤泽机场偷拍到的“U—2”飞机照片——那是一架黑色的、两翼奇长的、没有任何标志的轻型飞机。“让‘克格勃’去干！一定能成功……”赫鲁晓夫拿定了主意。

赫鲁晓夫把这一重要任务交给了自己的副官格兰尼托夫，让格兰尼托夫去找“克格勃”负责中东和南亚地区事务的头目马林斯基。马林斯基受宠若惊，连夜飞到阿富汗的首都喀布尔，找到了一名叫穆罕默德·喜兹尼·汗的阿富汗空军飞行员——他是“克格勃”的谍报员。

“您是帕坦族人？”

“是的。”

“你有亲戚在巴基斯坦白沙瓦市吗？”

“我们帕坦族人是同族认亲的。我有一个很亲密的朋友，他叫牟尼伊·汗。”

“太好了！”马林斯基说，“有一项任务，光荣的任务……”

根据“克格勃”掌握的情报，巴基斯坦白沙瓦市机场是美、巴两军合用的空军基地，美国“U—2”经常在自沙瓦机场起飞，然后飞入苏联领空。在马林斯基的授意下，穆罕默德潜入巴基斯坦白沙瓦市，又通过牟尼伊在白沙瓦机场找到了一份打扫跑道的工作。穆罕默德是一个机敏、能干的小伙子，加之他本人又是一名飞机驾驶员，没用多久就对白沙瓦机场了如指掌。接着，他又用金钱和帕坦族人的身份结交了一名在美国飞行员用膳的餐厅当服务员的侍者，从侍者那里了解到美国军用区的布防情况，查清了美国人的活动规律——美国人对“U—2”实行24小时的守护，每2小时换一班岗，换岗地点在“U—2”的右舷处，距机门较远。

又是一个漆黑的夜晚。穆罕默德潜入美国军用区，在一片草丛中隐藏起来，静静地等候美国兵来换岗。几十分钟过去了，来换岗的美国兵蹒跚来迟，使守护在“U—2”飞机旁的岗哨大为不满。

“亨利，晚了5分钟，你睡过头了！”

“我是从白沙瓦市区赶回来的，真抱歉。”

“你干什么去了？”

“跟一个巴基斯坦女人睡觉去了。”

“吹牛！”

“不信？这手上还有那女人的香味呢，闻闻看……”

穆罕默德能讲一口流利的英语，当然能听懂两个美国兵在说什么。穆罕默德脱下鞋子，在夜幕的掩护下蹑手蹑脚地从草丛中爬出来，溜到“U—2”的机翼下，钻进驾驶舱。

穆罕默德一眼就从繁多的仪表中认出了高度表。“美妙极了！”穆罕默德赞叹道。他取出螺丝刀，小心地卸下高度表右上方的一颗小小螺丝，把一颗磁性螺丝安装上去，然后，耐心地在“U—2”的驾驶舱中等了2个小时，等到下一个美国兵来换岗时，悄悄地溜出驾驶舱，溜出白沙瓦机场。

以后的事情就十分简单了：当鲍尔斯驾驶“U—2”升空后，随着高度的增加，高度表的指针渐渐与磁性螺丝接近，磁性的作用力渐渐增大，终于将指针吸引过去。鲍尔斯检查飞行高度时，发现高度表的指针已指向21000米，认为飞机已升至安全高度，于是不再攀升，而是保持这一高度作水平飞行。实际上，“U—2”尚未升至18000米，这个高度是苏联的导弹可以抵达的，“U—2”因此被升空的导弹碎片击中……

赫鲁晓夫的杰出“表演”骗过了艾森豪威尔，也骗过了全世界，苏联人因此赢得了宝贵的5年时间。5年后，苏联人不但研制出可以准确攻击21000米以上高空目标的地对空导弹，还研制出“可以打到世界的任何一个角落”的洲际导弹，美苏在战略核武器方面打成了“平手”。

智利大海啸

（1960 年 5 月 22 日）

智利位于南美洲西海岸，东倚巍峨的安第斯山脉，西临狭长的太平洋深海沟，南北长 4270 公里，东西宽 90～435 公里。由于地处高山和深渊之间，是太平洋板块与南美洲板块相互碰撞的俯冲带，地壳极不稳定，因此，智利是一个多地震、多海啸的国家。

1960 年 5 月 21 日，智利中南部蒙特港附近突然发生地震。地震之初，大地只是轻轻地抖动。在经过时断时续的前震之后，地震的震级一次比一次高，一些不很结实的建筑物先后倒塌，这使得一些人不以为然，另一些人则担心还会有更大的地震发生，纷纷向广场、码头、海边等他们认为是“安全”的地带转移。

5 月 22 日下午 19 时 11 分，世界地震史上有纪录的震级最大的一次地震发生了——惊天动地的轰鸣声从蒙特港以西的太平洋传来，大地剧烈地颤抖，许多陆地裂开一道道大缝儿，海水激烈地翻滚，海洋发出骇人的狂吼……

这次震级为 8.9 级的大地震持续了 3 分钟。大地震的震中位于南纬 38.2°、西经 72.6°，即在蒙特港附近的智利海沟内。地震使海底地壳断裂，最大断裂处达 3～4 米，下沉达 2 米，震中裂度为 11°。刹那间，震中周围 500～800公里范围内的太平洋沿岸城市（蒙特港、康塞普西翁城等）及乡村中的建筑物毁于一旦，海滩上到处都是崩塌的岩石，数不尽的人被砸倒、埋在废墟之下，到处是绝望的哭喊声。大地震持续 3 分钟之久，这在地震史上罕见。

大震过后不久，“唰——”海水以惊人的速度退落，隐藏在海水下的海底突然裸露在人们的面前，被海水抛弃了的贝类、虾、蟹、蛤以及大大小小的鱼在海滩上翻滚、挣扎、跳跃。“往高处跑！”“快往高处跑！”有经验的人们大惊失色，他们知道接下来的将会是什么，纷纷向山顶上跑去或惶恐地登上大船。但是，也有许多人还在残墙断壁下寻找自己的亲人，有的人则无动于衷。过了10~20分钟，海水如同一堵高达8~9米的巨大水墙，有的地方，水墙高达25米，呼啸着扑向蒙特港，扑向太平洋沿岸的城市、乡村……

“海啸!”

海水所及之处，摧枯拉朽，一片汪洋。海水来得快，迅雷不及掩耳；海水退得同样快，令人无遐思索。海水退去时，将所有能带走的东西都席卷而去。

海水一涨一落，一落一涨，反复冲击，持续时间达数小时之久。海啸不但将蒙特港以及蒙特港南北800公里的太平洋沿岸洗劫一空，还波及太平洋东、西沿岸的众多国家。海啸波以700公里/小时的速度向西横扫太平洋，用了14个小时，到达美国夏威夷群岛，此时海啸波高仍达到9~10米。海啸波冲毁了夏威夷岛的防波堤，涌上海岛，又冲倒了数不尽的树木、电线杆、房屋及其它建筑物。海啸波用了26个小时，行程17000公里，到达日本列岛，此时，波高为6~8米。凶猛的海浪给日本沿岸的本州和北海道造成巨大破坏，大部分码头被毁，109艘船只沉没，3259所房屋被卷走，340人伤亡。海啸波还袭击了堪察加半岛和库页岛。

据统计，在这次大海啸中，智利共有万余人死亡和失踪，200多万人无家可归。智利太平洋沿岸的码头全部瘫痪，被海啸卷走的房屋难以统计。

智利大海啸是由智利大地震引发的。智利大地震从1960年5月21日开始，一直持续到6月23日。除5月22日的那一次8.9级超强地震外，还有3次震级大于8级的地震，震级大于7级的地震多达10次。地震和海啸给世界，尤其是给智利人民造成了巨大灾难。

加加林飞入太空

（1961 年 4 月 12 日）

1961 年 4 月 12 日是人类航空航天史上的一个难忘日子，在这一天，苏联宇航员加加林乘坐“东方”号宇航飞船飞入太空，实现了人类进入太空的梦想。

加加林因此成为人类航空航天史上的航天第一人。

航天第一人——加加林

尤里·阿列克谢耶维奇·加加林于 1934 年 3 月 9 日出生在斯摩棱斯克的克鲁申诺村。加加林从小就对星空有一种特殊的向往，他喜欢听星空的故事，还喜欢提出各种各样的问题，譬如，他指着闪烁的星星问叔叔：“那上面有人?”二战中的一天，一架受伤的苏联飞机降落在克鲁申诺村附近的沼泽地，加加林勇敢地跑上前帮助飞行员钻出座舱。不久，又飞来一架战斗机，停在沼泽地里。战斗机的飞行员很喜欢加加林，他把加加林抱人机舱，从此，加加林与飞机结下了不解之缘。

1955 年，21 岁的加加林从萨拉托夫航空俱乐部毕业，随后被奥伦堡空军学校录取。二年后，加加林从航校毕业，成为一名出色的飞行员。然而，加加林并不满足于作一名飞行员，他向往飞入太空，向神秘的太空挑战。

1957 年 10 月 4 日，苏联成功地发射了世界第一颗人造卫星一“人造地球卫星 1 号”。当天晚上，加加林凭想象画出了一幅宇宙飞船图。飞行员们问加加林：“以后会怎么样?”加加林毫不犹豫地回答：“该是人上去的时候了!”

1959 年 10 月，加加林向空军指挥部递交了一份独特的报告。他在报告中写道：“为了发展苏联宇宙研究事业，可能需要人做飞向宇宙的科学试飞，请考虑我的迫切愿望，如果有可能，派我去作专职准备工作。”

加加林的真知灼见得到了苏联有关领导的赏识。当时，苏联与美国在航天领域内的竞争已趋白热化，两国都想率先飞入太空，压倒对方。美国成立了航空航天局，苏联也建立了航天部。两国都在紧锣密鼓地筹建航天员（宇航员）培训基地。1960 年，加加林如愿以偿地被吸收成为苏联星城培训中心的第一批预备航天员。在培训中心，加加林勤奋好学、无私无畏，很快得到了苏联宇宙飞船总设计师科罗廖夫的青睐。科罗廖夫将加加林选入航天“6 人突击小组”，在经过一系列的训练和测试后，加加林脱颖而出，被包括科罗廖夫在内的众多专家们选定为“上天第一人”。

飞入太空

1961 年 4 月 12 日，巨大的火箭矗立在苏联拜科努尔航天发射场，火箭的顶端是“东方”号宇宙飞船。将第一个人送入太空的一切准备工作已全部就绪。

科罗廖夫与加加林一起乘升降机登上发射台，来到“东方”号宇宙飞船前。

“东方”号是前苏联、也是全世界的第一艘载人宇宙飞船。“东方”号连同末级火箭在内总长 7. 35 米，重 4. 725 千克。其轨道参数为：近地点高度 181 公里，远地点高度 327 公里，轨道倾角 64. 95 度。飞船既可自控，也可由航天员手控。“东方”号的驾驶舱与飞机驾驶舱相似，但在布局上不同。飞船驾驶舱的左侧是操纵台，正面是方位测定仪和一个小地球仪，舱内充满氧气和氮气混合的气体，气压正好是一个大气压，湿度为 65%，温度为 19℃。

科罗廖夫对加加林说：“你真是个幸运儿，将从那么高的空中观看我们美丽的地球。”稍停，又说：“发射和飞行都不会很轻松。你既要经受超重，又要经受失重，还可能遇到未曾预料到的情况……总之，什么都可能发生。但你要记住，不管发生什么事，我们将竭尽智慧，全力援助你。”

科罗廖夫郑重地与加加林握手道别。

上午 9 时零 7 分，拜科努尔航天发射场操纵员切古诺夫按下了发射电钮。在震耳欲聋的巨响中，高达 38 米的多级火箭抖动着巨大的身躯，拖着耀眼的火柱，缓慢地离开了发射架，笔直地向高空攀去。

加加林头戴白色飞行帽，身着笨重的增压服，外套一件衣裤相连的桔色工作服，仰面躺在一个弹射座椅上。随着火箭的速度越来越快，强大的过载如同一只无形的大手向加加林紧紧地压去、压去……

火箭顺利地穿越了大气层，保护飞船的锥形头罩已被抛掉，加加林透过舷窗向地球望去—

“多美啊！我看见了陆地、森林、海洋和云影……”

宇宙间第一次响起人类的语言。

火箭的第一级燃料用尽，随即被自动抛掉，第二级火箭点火，将“东方”号送入环绕地球的椭圆轨道。加加林进入了一个奇异的世界：整个太空漆黑一片，闪烁的星星犹如镶嵌在黑天鹅绒上的钻石，太阳的高度要比从地球上观看到的亮百倍以上；加加林的周围，一切都处于失重状态……

宇宙飞船以 28000 公里的时速飞行，没过多久就进入地球的阴影。这时候，加加林什么也看不见。在地球阴影中飞行了半个多小时后，太阳再次照射到舷窗上，这时候，“东方”号飞临南美洲上空。

10 时 25 分，加加林完成了环绕地球轨道飞行一圈的任务，加加林打开飞船上的制动发动机，点燃逆向火箭，使飞船偏离轨道。在地球引力作用下，飞船沿圆弧形轨道返回地球。在闯入稠密的大气层时，加加林透过舷窗望去，飞船简直是一个燃烧的火球！

10 时 55 分，在飞行了 108 分钟后，“东方”号降落在萨拉夫州的一个农庄的田野上。农庄的一位机械师在被飞船撞击形成的凹坑旁立了一块牌子，牌子上写道：

“别动 11961 年 4 月 12 日—莫斯科时间 10 点 55 分。”

为加加林庆功

加加林是在“东方”号距地面约 7000 米的高度被弹射出座舱，凭借降落伞在伏尔加河畔乌兹莫廖村山一块沃土上安全着陆的。

加加林卸掉降落伞，他发现不远处有一位中年妇女，妇女的身边有一个女孩和一头牛犊。那位妇女是当地护林员的妻子，名叫达赫达洛娃。

当地防空部队的加西耶夫少校匆匆赶来迎接从太空归来的英雄。加加林向少校报告道：“少校同志，苏联航天员加加林上尉完成任务！”加西耶夫少校纠正加加林的话说：“不，您已经是少校了。”

在“东方”号升空之际，苏联国防部长马利诺夫斯基下达了为加加林破格晋衔的命令。

加加林太空归来

加加林被送到邻近的思格斯城，受到成千上万群众的热烈欢迎。随后乘专机来到伏尔加河畔的一座高级别墅，接受了科罗廖夫等知名专家的祝贺。在7架歼击机的护航下，加加林乘伊尔—18专机飞至莫斯科，赫鲁晓夫、勃列日涅夫、科兹洛夫、伏罗希洛夫、米高扬等苏联高级领导热烈地拥抱了加加林，苏联领导人为加加林举行了盛大招待会，授予加加林“苏联英雄”称号。

加加林的成功标志着人类从此步入太空时代，这是一个崭新的起点，一个里程碑。十分遗憾的是，1968年3月29日，加加林在一次意外的飞机失事中牺牲，年仅34岁。

"一场错误的战争"——越南战争

（1961 年 11 月 16 日～1973 年 1 月 27 日）

命运多舛的越南

越南是中国海西岸—中南半岛上一个美丽的国度，越南人的祖先是安南人。

越南国土狭长，总面积约 33 万平方公里，全境有 3/4 为山地和高原。越南属热带季风气候，降水丰富，境内有河流千余条，有莽莽无边的热带雨林。几千年来，越南各族人民栉风沐雨，披荆斩棘，用勤劳的双手和汗水创造着自己的文明。

在近代史上，越南命运多舛。

1861 年，越南沦为法国人的殖民地。正当越南各族人民为争取独立与拥有坚船利炮的法国人拼死抗争的时候，日本侵略者的铁蹄又踏上了中南半岛。1945 年 8 月 16 日，日本战败投降，但是，法国人在英军的配合下，卷土重来，恢复了殖民统治，越南各族人民在友好邻邦—中国人民的鼎力支援下，与 10 多万装备精良的法国军队展开了前仆后继的战斗。

1953 年 12 月，越南人民军发起"奠边府"战役，歼灭法军 1.6 万人，活捉了法军总司令，赢得了抗法战争的胜利。在随后召开的有关讨论印度支那问题的国际会议上发表的《日内瓦会议最后宣言》，明确确定了"立即在印度支那三国（越南、老挝、柬埔寨）停止敌对行动"、"与会各方保障尊重三国的主权、独立、统一和领土完整"、"不干涉三国内政"等基本条款。

但是，美国人和越南政府没有出席 11 日《日内瓦会议最后宣言》签字仪式，也没有在"宣言"上签字。

美国人想干什么呢？

美国的侵入

第二次世界大战后，世界格局发生重大变化，以美国为首的西方国家和以前苏联为首的“社会主义”国家形成“冷战”对峙。前苏共总书记尼基塔·赫鲁晓夫公开宣称：共产主义者将通过“民族解放战争”在第三世界赢得胜利。赫鲁晓夫向西方宣告：“我们将埋葬你们。”

以美国为首的西方世界认为：共产主义“是一种威胁”。前美国总统约翰·F·肯尼迪在他的就职演说中说：“无论它（共产主义）对我们抱有善意还是恶意，我们都将愿意付出任何代价，承担任何义务和艰难困苦，支持朋友反对敌人，以确保自由的生存和实现。”

1954 年 4 月，当时的美国总统艾森豪威尔预言说，一旦印度支那落入共产党人手中，其它东南亚国家也会“紧随其后”，就像“多米诺骨牌”一样，“这种损失将极有可能给自由世界带来难以估量的后果。”

美国人用冠冕堂皇的词藻掩盖了他们不愿在《日内瓦会议最后宣言》上签字的真正原因：称霸亚洲，称霸世界。

在美国的世界战略中，印度支那三国是围攻中国的重要一环。

1954 年 9 月 8 日，美、英、法、澳大利亚、新西兰、菲律宾、泰国和巴基斯坦八国在马尼拉签定《东南亚集体防务条约》，将越南、老挝、柬埔寨划入“保护地区”。

1955 年～1961 年，美国向南越吴庭艳傀儡政权提供了 70 多亿美元的经济、军事援助，吴庭艳拒绝了越南北方政府提出的协商、普选、统一建议，对爱国力量、特别是共产党人进行了血腥镇压，仅 1954～1957 年间就关押和杀害了 10 多万人。

吴庭艳的倒行逆施引起了越南各方爱国人士、爱国力量的顽强反抗。1960 年 12 月 20 日，“越南各方民族解放阵线”成立，随后，南越各地人民武装力量合并为“越南南方人民解放武装力量”。

面对南越人如火如荼的武装斗争，美国当局一片惊骇。1961 年 5 月 23 日，美国副总统林顿·约翰逊扬言“美国在东南亚没有别的选择，必须迎接挑战，而不是认输。”10 月，马克斯韦尔·泰勒将军访问南越后，向总统提交了一份建议美国人采取军事卷入的报告。

1961 年 11 月 16 日，美国总统肯尼迪宣布派遣军事力量支持南越政权，从此陷入了持续 13 年之久的侵越战争泥潭。

"特种战争"——"局部战争"——"越南战争越南化"——撤军

美国挑起的侵越战争，首先采取的是"特种战争"战略，即由美国出钱、出枪、出顾问，协助南越傀儡集团围剿革命力量。

美国在布莱格堡建立了一个特种战争训练中心，训练派往越南的军官和士兵。美国在南越直接训练和装备了 7 个拉迪族连，在一年内将南越空军扩大了一倍，将大量作战物资，如 AD6 型、B26 型、T28 型作战飞机及军舰、坦克，运入南越。

在美国的支持下，吴庭艳对爱国力量进行了残酷的"清剿"、"扫荡"。1962 年 4 月，吴庭艳确立了"战略村"计划，把百姓都迁入"战略村"，控制人和物质的来往，以共同"在村落和村落之间组成一道连续不断的火力线，使共产党得不到便利的条件，失去传统的前线"。吴庭艳打算在 1962 年底在南越总计 17116 个村中建立 163332 个"战略村"。

越南南方民族解放阵线得到了广大人民的支持，他们以机动灵活的游击

美军撤离越南

战对付吴庭艳伪军的“扫荡”，将一个个“战略村”分别捣毁。经过一年多的较量，爱国力量不但未被剿灭，反而一天天壮大，而吴庭艳本人也被以阮文绍为首的少壮派军官推翻。

1964 年，美军加强了对北越的军事打击，美国国会通过了《东京湾议案》，授权总统扩大侵越战争。1965 年 3 月，美国派遣地面部队在南越岘港登陆。7 月，“美国驻越南陆军总司令部”成立。从此，美国开始了以美军为主，以“南打北炸”为特点的“局部战争”，美军人数逐年增加，1965 年为 17.5 万人，1966 年达 27.7 万人，1969 年增至 54.55 万人。

美国依仗空军的优势对越南北方和越南南方爱国力量进行了疯狂的轰炸，仅在 1965 年 10 月份一个月内，就出动 12000 架次。美国野蛮的“毁灭式”轰炸造成了大批平民的死亡，数百万人离乡背井。但是，美军在付出 3000 多架（1966 年 4 月）飞机被击落的惨重代价后，并未取得任何预期效果。在北方，越南人民团结在胡志明主席周围，同仇敌忾，与美国人打一场“全民战争”；在南方军民连续挫败美伪的“旱季攻势”，并且向西贡、顺化、岘港等 64 个大中城市、省会，军事基地发起猛烈攻击。

1968 年 3 月，焦头烂额的美国总统约翰逊被迫宣布部分停止对北越的轰炸。11 月，美国宣布完全停止对北方的轰炸。至此，“局部战争”彻底失败。

美国的侵越战争在国内遭到了猛烈的抨击。约翰逊和副总统汉弗莱在一片声讨声中下台。1969 年 1 月 20 日，新一任总统理查德·尼克松进入了白宫。

尼克松从入主白宫的那一天起，就意识到由美国人挑起的越南战争是“一场错误的战争”，美国人不可避免地要失败。但是，尼克松并没有立即下令从越南撤军，而是下达扩大战争的命令—1969 年 3 月 18 日，美军出动 B—52 战略轰炸机轰炸了越南的邻国柬埔寨，并人侵柬埔寨 21 英里，摧毁了北越设在边境处的大规模补给站。用尼克松本人的话来说，美国要“体面地撤出”。

1969 年 5 月 31 日，侵越美军司令部公布了最新美军伤亡、损失数字：自 1961 年入越作战以来，美军官兵死亡 35000 多人，损失飞机 5400 架。

1969 年 7 月 25 日，尼克松在访问越南途中，在关岛发表讲话，提出了越南战争越南化，用亚洲人打亚洲人的“新亚洲政策”，即“尼克松主义”。与此同时，尼克松又派出基辛格，与越南北方代表进行“谈判”。越南战争至此进入了打打谈谈，谈谈打打的格局。

1971 年 4 月 24 日，美国全国有近百万人上街游行，举行大规模反战示威。

1972 年 7 月 19 日至 1973 年 1 月 23 日，美国国务卿基辛格与北越外长黎德寿举行了一系列的马拉松式会谈，终于草签了《关于在越南结束战争、恢复和平的协定》，27 日，越南和平协定正式在巴黎签署，美军从越南全部撤出。

美国人的反思

美军撤出越南后，越南人民向南越阮文绍政权发起全面进攻，在“西原顺化”和“岘港”、“西贡”三大战役中打垮了阮文绍，于 1973 年 5 月 1 日解放了越南南方全境。越南人民的抗美救国斗争取得了全面胜利。

越南战争历时 13 年，有几十万越南战士、平民在战争中丧生，300 多万人沦为难民，而美国则为这场战争付出了 1650 亿美元的经济损失和 58191 名官兵的生命。

美国人为这场战争作了深刻的反省（当然，在反省中有许多“美化”之处）。

美国前总统约翰逊说：“对我们在越南的所做所为，有某种程度的强烈反对……我坚定地相信这种意见分歧拖延了战争，妨碍在公正的基础上得到和平解决，纵容敌人，损害朋友，削弱了我们的国家。”

国务卿基辛格说：“美国本来是根本不应该闯进去的，但是既然闯了进去，作为一个大国就不能狼狈不堪地逃脱出来，而是应该走得光彩体面。”

曾是美国进入越南的决策人的罗伯特・S・麦克纳马拉说：“我们对敌人（指北越、中国、苏联支持下的越共）的地缘政治意图进行了错误的估计，我们夸大了他们的行动对美国构成的威胁。”“我们低估了民族主义的力量……今天，在世界上的许多地方，我们仍然在重复着类似的错误。”

美国前总统尼克松说得更干脆：“我们在一个错误的时间，错误的地点，打了一场错误的战争。”

古巴导弹危机

（1962年10月24日）

导弹运入古巴

古巴是加勒比海西北部的一个岛国，距美国佛罗里达州仅有200余公里，中间只隔着一个小小的佛罗里达海峡。

1859年，卡斯特罗推翻巴蒂斯塔独裁政权，建立了革命政府。卡斯特罗采取了一系列革命措施，包括将外国和国内所有私人企业收归国有，古美关系日益恶化。1961年4月，在美国中央情报局策划下，1000多名武装的古巴流亡分子在古巴猪湾口登陆，企图推翻古巴革命政权，结果被卡斯特罗全部歼灭，这就是世人皆知的“猪湾事件”。

古巴是一个仅有几百万人口的小岛国，面对着势力强大、心怀叵测的美国，难免忐忑不安。为了生存，卡斯特罗只好向世界上唯一可与美国抗衡的超级大国苏联求援，卡斯特罗派他的弟弟劳尔·卡斯特罗去莫斯科拜会苏联领导人赫鲁晓夫。

劳尔·卡斯特罗向赫鲁晓夫开列了一个长长的求援清单，坦克、大炮、飞机、快艇、军事顾问……赫鲁晓夫在思索了一阵后，突然说：“我们可以把最新式的、威力最强大的武器运给你们，如何?”

劳尔脑袋有些发懵，“您说什么?”

“中程导弹、中远程导弹、热核弹头。有了它们，任何大国都不敢惹你们。”赫鲁晓夫兴奋地说。

劳尔大吃一惊，“我们……不想把国家卷入热核战争……”

劳尔将赫鲁晓夫的建议向菲德尔·卡斯特罗作了汇报。菲德尔起初也不同意，但在权衡利弊后，答应了赫鲁晓夫，条件是：各类常规武器仍如数供应古巴，核武器和导弹归苏联人掌握，所有权归苏联人。

赫鲁晓夫之所以把核武器、导弹运人古巴是想在美洲建立一个共产主义的桥头堡、扩大核武器对美的覆盖面，提高苏联及他本人的威望。

但是，赫鲁晓夫没有想到此举的后果，没有想到美国人可能采取的行动。

肯尼迪："隔离"古巴

1962 年 10 月 14 日，美国 U—2 型间谍飞机在飞越古巴的圣克里斯托瓦尔上空时，拍摄到了苏联正在古巴建造带有核弹头的 SS—4 型中程弹道导弹发射设施的照片。在此之前，U—2 飞机已发现了古巴境内的 9 个中、短程弹道导弹基地和 24 个防空导弹基地正在修建中。肯尼迪总统马上召开国家安全委员会执委会会议，商讨对策。

美国中央情报局长麦科恩向与会者宣读了技术专家的报告：10 天后，古巴的一些导弹发射场即可投入使用，美国人将要生活在古巴的核导弹阴影下。

美国参谋长联席会议主席泰勒上将、前国务卿艾奇逊、财政部长主张使用武力摧毁古巴的导弹基地，国防部长麦克纳马拉则表示反对："能不能暂时不轰炸呢?""炸死了大批俄国人，恐怕就难免要与苏联人打一场全面战争，包括热核战争。"麦克纳马拉问众人："我们作好了打核战争的准备了吗?"

一个令人不寒而栗的问题。肯尼迪宣布暂时休会。

肯尼迪向已退休的老外交家洛维特请教对策。洛维特说："封锁古巴"，"第一步先采取较温和而不是流血的步骤较合适"，我们可以随时加快战斗的速度，但是一旦交战，再想降低就困难了。

肯尼迪决定接受洛维特的建议。在下一次"执委会"上，肯尼迪明确表示了自己的态度，他说："我主张实行海上封锁。海上封锁可以避免立即发生战争，还可以保持很大的灵活性……但是，"封锁"这个词很难听，从技术上讲，这是一种战争行为，应该称为'海上隔离'。"肯尼迪讲完话，"执委会"进行投票表决：6：11，6 票主张袭击古巴，11 票赞同"海上隔离"。

10 月 22 日，肯尼迪向全世界发表了态度极其强硬的电视讲话："苏联即将在古巴部署针对美国的中程核导弹发射场，这对所有美洲人的和平与安全都构成巨大的威胁，美国绝不能容忍他们这样做。即使是面临一场世界大战的危险，我们也绝不后退!""我已下令对古巴实行'海上隔离'，检查一切运往古巴的战略进攻性军事装备。如果苏联强行闯过'隔离线'，那就意味着一场巨大的军事冲突，那将是一场不可避免的核大战，美国武装部队已做好了一切准备。"肯尼迪还要求苏联在"联合国观察员监督下，迅速拆除和撤退在古巴的进攻性武器"。

美国的盟友英国、法国、前西德和肯尼迪一个鼻孔出气，抨击苏联的轻举妄动。

10月23日，肯尼迪签署了“禁止把进攻性武器运往古巴”的公告，宣布从24日起将拦截一切可能前往古巴的船只。

与此同时，美国在海上出动了183艘舰只（含8艘航空母舰）实现“隔离”古巴计划；命令携带核武器的B52型轰炸机在空中飞行，还有500架飞机随时待命起飞；命令9万伞兵和海军陆战队员、25万名陆军进入战备状态。一句话，美国人在对古巴实施“隔离”的同时，作好了入侵古巴及与苏联对抗的准备。

赫鲁晓夫对肯尼迪的电视讲话嗤之以鼻，认为肯尼迪不过是在“演戏”而已。赫鲁晓夫当即作出强硬反应——下令苏军处于战备状态。赫鲁晓夫还扬言：美国军舰如阻拦苏船只进入古巴，苏舰队将击沉胆敢阻拦苏船只的美国军舰。

美苏双方，剑拔弩张，全世界都瞪大了眼睛，注视着古巴，注视着美国、苏联，注视着驶向古巴的第一艘苏联船只。

较 量

10月24日，苏联的25艘巨型商船载着SS4中程核导弹，按既定航线驶向古巴，一支苏联舰队为商船护航。

美军侦察机发现了驶向古巴的苏联舰队。肯尼迪立即下令美国军舰迎头拦截。大西洋上顿时波涛滚滚，美国海军“特遣136”舰队的13艘驱逐舰、6艘巡洋舰以每小时27海里的高速航进，在距古巴东端500英里处“迎候”苏联人。

肯尼迪通过各种途径使赫鲁晓夫得知：美国人已做好了核战争的准备，宁可冒核大战的危险，也绝不让苏联在古巴部署导弹！千方百计向赫鲁晓夫施加压力。

两支舰队越来越近，星条旗和镰刀、斧头红旗相互辉映，在阵阵海风下飘动，发出“哗哗哗”的声响。

美海军士兵向苏舰发出减速的信号，但苏联舰队既不回答美舰信号，也不减速……

美国舰队的官兵紧张得喘不过气来，令他们大惑不解的是：苏军舰队上的官兵全是一副若无其事的面孔，他们没有作出任何开战的准备。

肯尼迪坐在白宫的总统办公室里，更是紧张得喘不过气来。

肯尼迪的“隔离”古巴并非是一时的冲动，肯尼迪大喊打“核大战”也并非是一时的鲁莽，肯尼迪对苏联的核技术和打核大战的能力有充分的了解。1961 年，苏军事情报机关格鲁乌的潘可夫斯基上校投靠了美、英间谍机构，向美、英提供了 5000 余份苏军事情报。美国中央情报局就是根据潘可夫斯基上校提供的情报了解了苏运往古巴的导弹及军事装备的种类、型号、性能，发现了苏在古巴的导弹基地。根据潘可夫斯基上校的情报，苏联在导弹的数量及性能上都远不如美国，因此，肯尼迪得出结论，苏联不敢贸然打一场“核大战”。

然而，苏联庞大的商船队伍在舰艇护卫下，仍在前进，没有丝毫的畏惧……

肯尼迪患有周期性气喘，经常感冒，脊柱天生畸形，此时，肯尼迪佝偻得愈加严重，脸色自得像一张纸，气更喘不上来了，“难道潘可夫斯基的情报有假？世界真的要毁灭？这是我的过错吗？……”

根据专家们的估算，如果美国和苏联打一场核大战，在战争爆发后的一个小时内，美国和苏联将会有 1 亿人员伤亡！

在美国纽约，一群青年人一边砸毁商场的玻璃窗，一边狂喊：“与其让俄国人的原子弹来轰击，不如自己毁灭算了！”在苏联莫斯科，几名女大学生躲在宿舍内相拥哭嚎，等待世界末日的到来。在古巴哈瓦那，天空中的每一个黑影，每一个声响都令市民们心惊肉跳……

赫鲁晓夫在干什么呢？

赫鲁晓夫坐在他的办公桌前，正通过无线收报机紧张地注视着海面上的情况。赫鲁晓夫终于“相信”肯尼迪不是在“演戏”了，克格勃向他报告：美国人要不惜一切代价阻止苏联在古巴部署核导弹。赫鲁晓夫打了个冷颤，真要打一场核大战，苏联也许不是美国的对手——论核弹头，美国是苏联的6~9倍；论洲际核导弹，美国至少要比苏联多 150 枚；论洲际核战略轰炸机，美国要比苏联多 400 架；美国的北极星导弹潜艇拥有约 144 枚核导弹，苏联则没有……

这是一场实力威慑和心理意志的较量。

双方舰队的官兵可以相互看见对方的容颜了。美军再次发出信号，要求苏联军舰减速，美方要登舰检查……

赫鲁晓夫再也支撑不住了，只好发出命令：“返航！全部返航……”

1962 年 10 月 24 日上午 10 时 32 分，全世界都记住了这一时刻，“俄国人的货船停下来了！”“货船掉头了！”

庞大的苏联船队及护航舰队在海面上来了个180°的大转弯，疾驶而去。

肯尼迪从椅子上跳了起来，喃喃地说："世界得救了！我也得救了……"

余 波

赫鲁晓夫屈服了美国，丢尽了脸面。

10月26日，赫鲁晓夫致信肯尼迪：苏联愿意撤出导弹来换取美国不入侵古巴的保证。苏联人还要求美国撤走部署在土耳其丘比特的地对地导弹。

肯尼迪同意了赫鲁晓夫的要求，算是给了赫鲁晓夫一点面子。

美国国务卿腊斯克后来回忆说："我们互相瞪眼，各不相让，但我想，还是对方先眨眼了。

古巴导弹危机就这样结束了。

古巴人感到受到了莫大的侮辱。卡斯特罗愤怒地指责苏联人"出卖了"古巴。在哈瓦那大学的一次集会上，卡斯特罗讥讽赫鲁晓夫"没有种"，在集会结束时，大学生们编了一支歌，唱道：

尼基塔、尼基塔（赫鲁晓夫的名字），

你给了人家的东西，

你不该又收回啊！

……

古巴导弹危机后，苏联人集中资金和人力，加大了战略核武器的研制力度，以期赶上、超过美国。

肯尼迪与他的助手

肯尼迪遇刺迷案

(1963 年 11 月 22 日)

1963 年 11 月 22 日，一条特大新闻以最快的速度传遍了世界各地：

美国总统约翰·肯尼迪于 1963 年 11 月 22 日 12 时 30 分在达拉斯市遇刺身亡，终年 46 岁……

全世界都迅速地对肯尼迪的遇刺做出了反应。

古巴总理卡斯特罗说："我们要对美国总统的去世表示哀悼，尽管美国对古巴搞经济封锁，使我们得不到任何东西。"

法国总统戴高乐说："他是一位欧洲人。"这是戴高乐一生中对一位外国领导人做出的最高的评价。

肯尼迪的"冷战"对手——前苏联领导人赫鲁晓夫在得知肯尼迪遇刺身亡的消息后，黯然神伤，据说，还流下了眼泪……

肯尼迪遇刺案是 20 世纪最复杂、最神秘的谋杀案，迄今仍是一个谜。

遇　刺

1963 年 11 月 22 日，约翰·肯尼迪携夫人杰奎琳·肯尼迪乘"空军一号"总统专机抵达得克萨斯州的第二大城市达拉斯作竞选旅行，从而争取蝉联下一届总统。

得克萨斯州州长约翰·康纳利携夫人和政府官员在达拉斯勒夫机场迎候肯尼迪总统夫妇。在欢迎仪式结束后，肯尼迪夫妇与康纳利夫妇共乘林肯牌防弹轿车驶向市区。总统专车的前面是达拉斯市警察局长杰西·柯里乘坐的执行开路任务的汽车，专车的后面依次是总统的警卫车、副总统的专车、国会议员及随行人员的汽车，总统专车的两侧还有由警察驾驶的担任护卫任务的摩托车。

车队进入达拉斯市区，热情友好的达拉斯市民纷纷聚集在街道两旁向肯尼迪总统欢呼、致意。肯尼迪十分感动，多次让轿车停下来，与兴高采烈的市民们握手。

12 时 30 分，总统的车队从缅因街向右拐入休斯敦街。

肯尼迪站立在轿车上，挥舞双手，频频向欢迎的人群致意："谢谢！谢谢……"

在休斯敦街行驶了一段路后，车队向左拐入埃尔姆街。埃尔姆街道边矗立着一座高楼——达拉斯市教科书仓库大楼，这是该街区最高的一座楼房。

突然，肯尼迪的手举到喉部，他身边的杰奎林好像听到一声摩托熄火的声音，肯尼迪的保镖则听到了步枪或卡宾枪的射击声。

肯尼迪的咽喉中了一枪，但这一枪还不至致命。紧接着，"砰！"，"砰！""砰！"第二枪，第三枪，第四枪，肯尼迪的颅骨炸裂，头壳碎片和脑浆飞向空中，身子颓然倒下。

杰奎琳眼睁睁地看着丈夫的头被炸开了一块，伸出双手将肯尼迪抱在怀中，惊呼道："天哪！他们都干了些什么？上帝，他们杀了杰克！他们杀了我的丈夫！"

康纳利州长也中弹倒在妻子的怀中。

警卫车的保镖们一拥而上，但他们不知道刺客在什么地方。专车司机加大油门，驱车直奔邻近的帕克兰德医院。

肯尼迪总统的咽喉、肩部、头部分别中弹，其中头部被两颗子弹击中，一颗子弹划破头皮，一颗子弹击中右太阳穴，穿过颅骨——正是这颗子弹置肯尼迪总统于死地。

帕克兰德医院的外科医生佩里尽了最大的努力，期望会创造一个奇迹，但他未能使肯尼迪总统起死回生。

凶手被杀

肯尼迪总统遇刺时，一位电视摄影师看到教科书仓库大楼上的一个窗口有一个拿步枪的人影，摄影师当即向警察作了报告，警察马上冲进大楼，此时距刺客开枪仅 3 分钟。

警察在 6 楼的一扇打开的窗台上发现了 3 个弹壳，在附近的一个房间里找到一支意大利卡尔卡诺 M91/38 军用卡宾枪，枪上装有一具日本造瞄准器。科教书仓库主任向警察报告："管理员奥斯瓦尔德失踪！"

达拉斯警察局指挥中心立即通知全体警员:“杀害总统的嫌疑分子是一个24 岁的白人男子,面孔瘦削,身高约 1.75 米……”

在达拉斯第 10 街区,警察蒂皮特发现人行道上有一个男青年有些像被通缉的嫌疑分子。蒂皮特走下警车,“过来!”他向那个男青年喊道。

男青年满不在乎地走近蒂皮特,突然拔出手枪,朝蒂皮特连开四枪,掉头就跑。

这个男青年就是奥斯瓦尔德。奥斯瓦尔德跑到距第 10 街区有 7 个街区远的得克萨斯电影院前,买了一张票,一头钻入电影院。但是,奥斯瓦尔德在慌慌张张跑过一个鞋店时引起了店员的怀疑,店员从广播中得知了总统遇刺的消息,马上报告了警察。5 分钟后,警察冲入电影院,将奥斯瓦尔德擒获。

警察局对奥斯瓦尔德进行突击审讯,奥斯瓦尔德矢口否认他刺杀了肯尼迪,只是翻来覆去地说着一句话:“我是替罪羊。”

11 月 24 日,达拉斯警方打算将奥斯瓦尔德从警察总部转移到更为安全的地区监狱。可是,在警察们将奥斯瓦尔德转移之前,达拉斯脱衣夜总会的老板杰克·鲁比闯入关押奥斯瓦尔德的警察局地下室,连开两枪,将奥斯瓦尔德击毙。肯尼迪总统的亲弟弟、美国司法部长罗伯特·肯尼迪亲自提审了这个杀人灭口的凶手。

“姓名?”

“杰克·鲁比。”

“职业?”

“夜总会老板。”

“为什么杀死奥斯瓦尔德?”

“他杀死了我们尊敬的总统,我恨他!人人都恨他……”

鲁比滔滔不绝地说了起来。

“拙劣的表演!”司法部长愤怒不已,“这里面一定有一个大阴谋……”

在以后的采访中,鲁比说了一大堆令人迷惘的话。“我是受骗去杀奥斯瓦尔德的。”“我惟一可说的一句话就是,所发生的一切事情始终是个谜。全世界永远无法解开这个谜。这便是我杀死奥斯瓦尔德的动机。我是惟一知道我行动的人。”

有记者问鲁比,是否有一天,刺杀总统一案会大白天下?

鲁比回答:“永远不会。因为知情人永远不会让真相大白。他们有着不可告人的目的。”

说完这些,鲁比就再也不肯回答任何问题了。

1967年初，鲁比因患癌症死在狱中，于是，所有无人知晓的秘密都随鲁比一起进入了另一个世界。

肯尼迪死因质疑

肯尼迪遇刺18天后，联邦调查局提交了一份调查报告，结论是：第一，是奥斯瓦尔德枪杀了总统；第二，他和任何性质、任何种类和形式的阴谋都没有牵连。

由约翰逊总统（肯尼迪在任时，他是副总统）组织的一个委员会在经过10个月的调查、25000次审讯和听证会后，提交了一份报告，结论是：暗杀肯尼迪总统系由一名精神病患者李·哈维·奥斯瓦尔德所为。

1976年9月，美国众议院成立了一个新的调查委员会调查肯尼迪总统遇刺真相。该委员会用了10年的时间，耗资500万美元，呈交了一份报告，声称：委员会对此案无能为力。

星转斗移，36年过去，世人对肯尼迪之死不但没有忘却，反而表现出更多的关注。在美国，各地出版商先后推出近十本有关此案的新书，披露了一些罕为人知的内情，提出了一些全新的观点。

关于凶手奥斯瓦尔德

奥斯瓦尔德于1939年10月18日出生在美国新奥尔良州。1956年，奥斯瓦尔德加入美国海军陆战队，三年后他提前退役，怀着对“共产主义”的向往去了前苏联。奥斯瓦尔德娶了一个前苏联女子作妻子，于1962年6月携妻和女儿回到美国。这时候，对美国和前苏联都失去信心的奥斯瓦尔德把政治兴趣转向了古巴，把古巴当做新的革命偶像。1963年9月27日，奥斯瓦尔德走进古巴驻墨西哥大使馆，申请过境签证，但使馆工作人员拒绝了他的申请。于是，奥斯瓦尔德失望地回到美国。

奥斯瓦尔德行刺的卡尔卡诺卡宾枪是1963年2月向芝加哥科林斯运动器材商店购买的，卡宾枪上同时装有4倍瞄准镜，售价21.45美元。随后，奥斯瓦尔德又在另一家武器商店订购了一只史密斯韦森点38口径左轮手枪。

奥斯瓦尔德从报纸上得知了肯尼迪总统的具体行车路线。11月22日，奥斯瓦尔德早早地起床，他取下结婚戒指放在一只咖啡杯上，把仅有的170美元放在柜子里，然后走出家门。奥斯瓦尔德的邻居说，他“背着一个沉甸甸的大口袋”。

12 时 30 分，刺杀事件发生了。当时，一位名叫霍华德·布伦南的人正在仓库大楼对面的人行道上，他说他的确看到了 6 楼射击时的闪光。摩托巡警马里昂·L·贝克是第一个进入仓库大楼的人，他与仓库主任一起登上二楼，看见奥斯瓦尔德正拿着一瓶可乐在喝。当后面的警察进入大楼，奥斯瓦尔德已逃离了现场。

根据上述事实，人们怀疑奥斯瓦尔德受雇于前苏联，暗杀肯尼迪总统是由克格勃策划的。由于奥斯瓦尔德与亲近卡斯特罗的人有接触，又有人怀疑古巴人插手了这一事件。

但是，根据警方的现场录音，一共有 4 声枪响，奥斯瓦尔德只开了三枪，第四枪是谁开的？录音显示，枪声源自附近的一个小丘。

达拉斯联合运输公司职员鲍尔斯后来说，在肯尼迪总统到来之前，有三名陌生人在警戒区附近停了下来。当总统专车驶到小丘后面时，有什么东西在两个陌生人身边“闪亮”了一下，警察迅速跑向三个陌生人，将他们抓获。后来，警察局又把他们放了。鲍尔斯讲完这些话不久，即因车祸死去。

关于联邦调查局、联邦调查局长胡佛

联邦调查局长胡佛与肯尼迪家族积怨极深。胡佛一直掌握着肯尼迪年青时的风流韵事，即使是肯尼迪当上了总统，他也没有停止对损害肯尼迪家族材料的收集。肯尼迪遇刺后，胡佛的一位亲信对胡佛说：“让肯尼迪兄弟见鬼去吧！先是杰克（约翰·肯尼迪），、现在是博比（罗伯特·肯尼迪），接下去是特迪（爱德华·肯尼迪），这三个人将骑在我们的脖子上，一直到 2000 年。”事情的发展与该人所言几乎完全一致。约翰·肯尼迪死后，1968 年，罗伯特·肯尼迪参加总统竞选，就在问鼎之际被一名移居美国的阿拉伯青年西汉·比沙拉·西汉开枪击毙，法院调查的结论是：“一个精神不正常人的个人行为，与其他人无关。”1969 年，爱德华·肯尼迪与女友——起驾车落入水中，女友被溺死，爱德华逃生。这事本与胡佛的联邦调查局无关，但胡佛指使手下将有关爱德华与其女友的材料公之于众，使爱德华声名狼藉，问鼎白宫的希望也化为泡影。

奥斯瓦尔德被鲁比打死后，作为司法部长的罗伯特·肯尼迪飞到达拉斯寻找第一手资料。罗伯特问达拉斯警察局长：“两天内，你们对他（奥斯瓦尔德）审讯了多少时间？”

局长回答:“12 小时。我们尽可能把一切事情都搞清楚。”

罗伯特:“请把审讯录音复制一份给我。”

局长慌了,“录音?……没有录音啊!”

“那么,把审讯记录复印一份给我。”

“记录?……没有记录。当时太紧张了,忘记派人记录……”

联想到前面所说的“三个陌生人”被捕又被释放的情节,达拉斯的警察的确有些“失职”。

1972 年,胡佛去世。几年后,电子专家戈登·诺维尔披露,1967 年,他卷入了同调查肯尼迪总统遇刺有关的人事件中,“胡佛要我放弃此事”,“我被告知,如果我搞下去,会引起胡佛的愤怒。”

胡佛的所作所为的确令人怀疑。但是,他到底在肯尼迪遇刺事件中充当了什么角色呢?

也许,永远是个谜。

关于肯尼迪家族、黑手党、中情局及奥斯瓦尔德

老肯尼迪——乔·肯尼迪是一位爱尔兰移民,一位亿万大富翁。老肯尼迪与纽约、芝加哥的黑社会组织有着密切的联系。老肯尼迪有了钱,一心想让儿子在政界上飞黄腾达,在他的扶持下,约翰和罗伯特在 50 年代中期就当上了美国参议员,并且向总统宝座发起冲击。就在这时候,老肯尼迪遇到了麻烦,黑社会内有一股强大势力想要搞垮肯尼迪家族,老肯尼迪于是向奥菲特(芝加哥黑社会集团)总头目莫尼求援。

山姆·莫尼·吉安卡纳是意大利西西里的移民,一个老黑手党成员,他又是美国黑社会的老大——1953 年,黑社会各犯罪辛迪加老板大会在古巴首都哈瓦那举行。美国全国 36 个最大犯罪团伙首领共同推举莫尼为总头领。在莫尼的干预下,老肯尼迪赢了。老肯尼迪许诺,一旦约翰当上了总统,一定会报答他。

莫尼不但是美国黑社会的老大,而且与中情局(美国中央情报局)有密切联系。

莫尼的奥菲特无孔不入。在莫尼的鼎力相助下,约翰·肯尼迪于 1960 年击败尼克松,成为美国第 35 任总统。但是,约翰·肯尼迪并没有履行老肯尼迪的承诺,他任命弟弟罗伯特·肯尼迪为司法部长,向犯罪组织团伙发动了

美国历史上规模最大的进攻，而山姆·莫尼·吉安卡纳名列首位。

莫尼大为恼火。

约翰·肯尼迪喜欢玩女人，他与影星玛丽莲·梦露、加州社交名媛朱迪·坎贝尔、艺术家玛丽·迈耶夫人以及众多的女明星、女演员、女记者都有床上交往。梦露掌握着莫尼、中情局、约翰·肯尼迪之间往来的众多证据，后来她被总统冷落了，为此，她威胁要“揭露他的全部丑事”。莫尼企图干掉梦露，使肯尼迪卷入女明星自杀的丑闻中，搞垮肯尼迪，但是司法部长罗伯特却技高一筹，使莫尼的努力付之东流。

莫尼当然不甘心失败，他决心干掉约翰·肯尼迪。在将计划付诸行动时，莫尼想到了奥斯瓦尔德。

奥斯瓦尔德很早就为美国情报组织服务，是一个地地道道的中情局特工人员。奥斯瓦尔德又与莫尼的奥菲特组织有联系。

1988 年 9 月 12 日，一名叫爱丝达·马斯的妇女突然向外界披露了自己目击刺杀肯尼迪总统的凶手策划举事的经过。马斯在达拉斯一家酒吧当女招待，是杰克·鲁比的情妇。肯尼迪遇刺前的一个夜晚，鲁比带着 5 名着黑色西服的男子到酒吧来，最后到场的是鲁比的好友季·哈维·奥斯瓦尔德。这些人一直在酒吧中待到凌晨 1 点多钟才散。几天后，肯尼迪总统遇刺，马斯在电视上看到了被警察押解着的奥斯瓦尔德，这才恍然大悟。过了 2 天，鲁比也被捕了。马斯曾想过去告发，但想到鲁比，想到逍遥在外的 5 个黑衣人，只好保持沉默。但是，马斯一直受到良心的折磨。那一天，她偶然从报上看到鲁比早已死在狱中的消息，顿时如释重负，卸下了压在心头的 25 年的千斤石……

“奥菲特”为莫尼选派了 6 名一流杀手，中情局还派出了蒂皮特和另一名特工怀特。奥斯瓦尔德的使命是拿着武器，守候在现场，真正开枪的人是莫尼的人，而蒂皮特的任务是干掉“替罪羊”奥斯瓦尔德。不料，奥斯瓦尔德抢先下手，蒂皮特反而赔上了性命。

杰克·鲁比是奥菲特在达拉斯的代表。当发生了一连串的“意外”之后，鲁比只好进入监禁奥斯瓦尔德的地下室，把奥斯瓦尔德干掉，否则，莫尼是不会饶恕他的。

刺杀肯尼迪总统是莫尼对老肯尼迪的警告。约翰·肯尼迪死后，老肯尼迪曾表示“不要求政府深入调查”，当时令许多人不解。

1975 年 6 月 19 日，美国参议院情报委员会成员来到芝加哥，准备请莫尼出庭作证，向莫尼询问有关莫尼与中情局“合作”的一些事情。当天晚上，莫尼被人刺杀，1 枪打入莫尼后脑，1 枪打入莫尼口中，5 枪打在他的下颌。

1990 年 10 月，中情局特工人员怀特的儿子向美国报界披露：他的父亲和蒂皮特都参与了刺杀肯尼迪总统的活动。该消息成为轰动美国的爆炸性新闻。

关于约翰·肯尼迪总统的死因，还有种种推测。

笔者想要说的是：明天，又会有什么人提出什么样的新“线索”呢？

六天战争

（1967 年 6 月 5 日～10 日）

战争的起因

苏伊士运河战争，以色列被迫将到手的西奈半岛“退还”给埃及，以色列对此大为不满，率军攻入西奈的达扬将军叫嚣道：“我们准备跟阿拉伯人进行第三次、第四次、第七次、第八次战争。”

进入 60 年代后，前苏联利用美国陷入越南战争的机会，扩大了在中东、特别是在埃及的影响。在六天战争之前，前苏联向埃及提供的军火总值达 15 亿美元，仅 1964 年，前苏联向埃及提供的军事和经济援助就达 5 亿英磅。美国总统约翰逊惊呼：“苏联在这个战略地区扩充实力，严重威胁着我们在欧洲的地位。”为了削弱前苏联在中东的影响，美国决定利用以色列打击埃及，向以色列提供了大量先进的军事装备，例如，在战争发动前的 1967 年 3～5 月间，美国不但向以色列运去了 400 辆坦克、250 架飞机，还从美国空调 1000 名“志愿人员”充实以色列空军的力量。

苏伊士战争后，西奈半岛埃以边界的埃及一方驻有联合国紧急部队，以色列不敢触犯联合国紧急部队，于是设计引诱纳赛尔上钩。以色列先是不断在叙利亚制造冲突。1964 年 4 月，以军在叙以边界大量集结，击落叙空军 6 架米格—21 型飞机，飞机飞至叙利亚首都大马士革上空。埃及与叙利亚签有防御协定，任何一国的被侵略都被视为对另一国的侵略。在这种形势下，纳赛尔宣布：为对付以色列的侵略，埃及同意向叙利亚派遣空军部队。

以色列人暗暗高兴，他们马上又制造了一个假情报：1967 年 5 月 17 日将向埃及和叙利亚发动攻击，并故意让前苏联地中海巡逻艇截获。前苏联人将假情报转告了埃及和叙利亚。纳赛尔信以为真，5 月 15 日宣布进入戒备状态，同时派军队进入西奈；5 月 18 日要求联合国紧急部队撤走（正中以色列下怀)；5月22日宣布封锁蒂朗海峡。

纳赛尔一步步走入以色列人设下的战争陷阱。

5月19日，以色列向全国下达了战争动员令。

蒂朗海峡宽9英里，航道距埃及海岸不及1英里，在埃及领海范围内。苏伊士战争后，由于有联合国紧急部队驻防，以色列所需伊朗的石油大部分依靠蒂朗海峡运入。

纳赛尔把自己推到了战争的前台，还为以色列发起战争提供了借口，以色列指责埃及是“对以色列的侵略”，以色列要“坚决斗争”。以色列对世界说：它受到了军事包围，处于生死攸关的关头。

5月23日，美国总统约翰逊发表声明，公开支持以色列：

亚喀巴湾是一条国际航道。封锁蒂朗海峡是非法的，也是对和平的威胁……

战争已迫在眉睫，但前苏联人却对纳赛尔说：苏联已从美国那里得到保证，以色列不会发动进攻；如果以色列挑起战端，苏联“决不袖手旁观”。苏联人的信誓旦旦令纳赛尔大为感动，于是向苏联人作出保证，“埃及不会开第一枪”。苏联人随后向美国和以色列通报了埃及的态度。

以色列人从美国那里得到支持。

埃及人被前苏联推上战争前台，却紧接着被注射了一针大剂量的麻醉剂。

达扬的“闪电战”

达扬将军是以色列在苏伊士运河战争中进攻西奈半岛的指挥官。达扬以骁勇好战闻名。达扬的一句名言是：“以色列最好的防御，在开罗上空。”

5月31日，达扬就任以色列国防部长，他与骁勇多谋的总参谋长拉宾一起制订了“闪电”进攻战计划。按照这一计划，以色列将在6月5日清晨发动大规模空袭摧毁埃及、叙利亚、约旦的空军；然后，迅速夺取西奈半岛；再后，打败埃及地面部队；最后，打破对蒂朗海峡的封锁。为此，以色列在埃及、叙利亚、约旦三国边境分别集结了足够的兵力和坦克，其具体数字是：65000人、650辆；25000人、100辆；50000人，350辆。

6月5日上午7时45分，以军集中全部可飞行的轰炸机196架，向埃及的9个机场实施突然打击，几分钟后，又袭击了埃及的第10个机场。

以色列选择在7时45分攻击是以色列情报部门根据各方面的情报分析后建议做出的：（1）埃及空军每天拂晓前有数架米格—21飞机处于半待命状

态，有 1—2 架米格—21 飞机在空中巡逻，过了这一段时间，2 ~ 3 小时后，埃及的雷达就关机了。换句话说，7 时 30 分左右是埃军戒备最松懈的时候。（2）拂晓时，尼罗河地区多雾，7 时 30 分左右，雾散，8 时，视野最好，有利于轰炸的准确性。（3）埃军高级将领一般在 8 时上班，在此之前的 15 分钟，军官们都在上班的路上。

以色列的空袭使埃及空军在开战初的 3 小时内有 300 架飞机被炸毁在地面上，100 名飞行员丧命。

6 月 5 日下午，以色列空军轰炸了约旦、叙利亚，重创了约、叙空军。以色列空军夺取了制空权。

以色列海军袭击了埃及的潜艇和舰艇，埃及有 100 多名官兵伤亡。

以色列陆军在西奈沙漠中取得了决定性的胜利。

埃及在西奈前线部署有 5 个步兵师和两个装甲师共计 12 万人，分别驻守在拉法、加沙、阿布奥格拉、阿里什等战略要地上。

拉法地区是通向加沙、阿里什、奥贾三个方向的中心，埃军在拉法正面构筑了 10 公里宽的防御阵地、设置了地雷场、铁丝网，在阵地后方部署了得到炮兵支援的两个旅。以色列以配备了 250° ~ 300 辆坦克的装甲军团向拉法阵地发起攻击，在埃及反坦克炮火的猛烈打击下，以军损失惨重。战斗一直持续到深夜，埃军伤亡 2000 余人，以军伤亡 500 人，防御阵地落人以军之手。

同一天，阿布奥格拉被以军攻占。

6 月 6 日晨，埃军总司令阿密尔在得知阿布奥格拉陷落和以军正向阿里什进军的消息后，既不向纳赛尔总统请示，也不征求参谋们的意见，立即向西奈半岛上的埃军下达了“撤退”的命令。阿密尔的命令使参谋部一团混乱，也使奉命撤退的埃军乱作一团——他们既不知道撤退的顺序和路线，又得不到掩护。埃军总参谋部的三名参谋长觉察到“撤退”的危险性要求直接与阿密尔司令面谈，被阿密尔拒绝。此后以调查部长贾马尔少将为首的三名将军会见阿密尔，要求阿密尔收回“撤退”命令，阿密尔勉强同意，但已为时晚矣，因为埃军第 3 师已撤退完毕，第 2、6、7、20 师正在撤出防区。

以军发现埃军大规模地撤离西奈，立即召开紧急作战会议，协调下一步作战指导思想，达成共识：如不立即转入追击，埃军将会退回运河以西，一定要抓住时机，歼灭埃军。

以军以两个师的兵力向米特拉山隘、吉迪山隘、吉米加法三条公路突击，不给埃军构筑阵地、封锁公路之机，以三个师的兵力在正面推进。

6月9日中午，以军完全控制了西奈半岛。

在约旦战线，以军付出亡200人、伤600人的代价就轻松攻占了耶路撒冷、腊马拉、希布伦。以色列继续向约旦萨马里亚地区突进，于7日深夜夺取了约旦河上的三座桥梁，侯赛因国王向约旦人民发出号召：战斗到流尽最后一滴血！

在叙利亚战线，以军是在开战后第5天才向戈兰高地发起攻击。5月9日，以军在空军火力支援下，与叙军激战3个多小时，占领了提尔法尔。5月10日，以军攻占库奈特具有重要战略意义的库奈特腊，控制了通往叙利亚首都大马士革的几条主要公路，夺取了横跨阿拉伯地区，最后抵达黎巴嫩的输油管。

第三次中东战争，前后历时6天。英国中东问题专家理查德·艾伦评论说："这种惊人迅速而彻底的胜利，在严格的意义上已是一种闪电战了——的确，在历史上第一次发明这一词的德国人，在第二次世界大战中并没有成功地预期达到那么迅速而彻底地击败敌人，以便结束战争，而以色列人现在却做到了。"

六天战争中，埃、叙、约、以的损失如下表：

	死 亡	负 伤	被俘失踪	坦 克	飞 机
以色列	983	4517	15	394	40
埃 及	11500	约30000	5500	700 356	
约 旦	2500	5000	600	86	55

一个险些酿成大祸的小插曲

6月7日，以色列海、空军在阿里什附近海域发现一艘身份不明的军用船只。4架军用战机呼啸着掠过该船，命令船长报告该船所属国籍，但始终得不到船长的回答，也查不到船身上的标志。

原来，这是美国第6舰队所属的自由号监听船，一艘间谍船。

早在开战前，以色列就通告美方，以军将在西奈附近袭击埃及舰船，请美方舰船撤走，如没有撤走，请美方通报其确切位置。美国国防部将以方通报转告了第6舰队，但舰队的某些官员却没有通知"自由"号。

以色列的海军得不到"自由"号的回答，随即向"自由"号发射了鱼雷，“自由”号被摧毁，32 名军官被炸死，更多的官兵受伤。

“自由”号在阿里什海域执行窃听以军用希伯来语交谈的秘密使命，做贼心虚。所以当以军飞行员要求其报告国籍时不愿透露其真实身份。以军迫不及待地发起攻击，船上的美军军官误以为是苏联人在攻击他们，连忙向第 6 舰队司令部报告：“自由”号遭到苏联空、海军的野蛮袭击！

第 6 舰队司令部立即向约翰逊总统报告：俄国人击毁了“自由”号！

约翰逊大为震惊：是干吃哑巴亏？还是以牙还牙，命令第 6 舰队进攻前苏联的地中海分舰队？而后者将会冒引发两个超级大国核大战的危险！

在经过几个小时的激烈思想斗争后，约翰逊选择了前者——吃哑巴亏吧。

不久，以色列人弄清了“自由”号的真实身份，随即向美国人作了通报、向美国人致歉。

约翰逊暗暗庆幸，“幸亏……”

以色列人在尴尬之余又感到难过：“自由”号上的许多美国军官都是美籍犹太人。

停 火

六天战争爆发后，前苏联发表声明，呼吁“停火”。6 月 7 日，安理会通过决议，要求埃及、叙利亚、约旦等阿拉伯国家与以色列在当天格林威治时间 20 时停止一切军事活动。这一决议袒护了以色列对阿拉伯领土的侵占，以色列在 8 日宣布接受停火，埃及、约旦、叙利亚迫于前苏联压力，也宣布

以色列海军袭击埃军舰艇

停火。

但是，以色列人因为其军事目的尚未完全达到，于9日再次向戈兰高地发起进攻，并于10日夺取了战略要地库奈特腊，兵临大马士革郊区。在这种情势下，前苏联人担心自己在叙利亚及中东的利益会丧失殆尽，同时，也为了缓和阿拉伯人对它的不满，于是向以色列发出威胁：苏联将采取“必要的措施，包括军事上的措施”。

6月10日，前苏联、保加利亚、匈牙利、前捷克斯洛伐克、波兰、南斯拉夫断绝了与以色列的外交关系。

美国人沉不住气了，他们警告以色列人：“情况非常严重”，“你们必须立即声明同意停火！”

以色列人惟美国人的话是从，他们宣布：6月10日18时30分正式停火。

六日战争至此落下帷幕。

1967年11月22日，联合国安理会通过了由英国提出的关于中东问题的提案，即著名的“联合国第242号决议”。决议没有谴责以色列的侵略行径，但提出了“以色列武装部队从占领的土地上撤退”、“不能容忍以战争攫取领土”、“建立公正和持久的和平”等内容。决议还要求保证以色列在苏伊士运河和亚喀巴湾的“通航自由”。

“联盟1号”、“联盟11号”宇宙飞船神秘失事

(1967 年—1971 年)

1967 年 8 月 23 日，前苏联著名宇航员弗拉迪米尔·科马洛夫驾驶“联盟 1 号”宇宙飞船，在太空绕地球飞行了 18 圈（历时 26 小时 45 分）后，圆满完成了预期的任务，返回地球。

科马洛夫生于 1927 年 3 月 16 日，1949 年从巴泰斯克谢罗夫军事航校毕业，1959 年又在茹科夫斯基空军工程学院学习、毕业，1960 年被选人宇航员队伍。1964 年成功地指挥了“上升 1 号”宇宙飞船的飞行，被授予“苏联英雄”称号。

“联盟 1 号”穿越大气层，在蓝天上追云逐电。

此刻，前苏联的公民们纷纷坐到了电视机前，世界其它国家的一些电视观众也聚集在电视机前，人人都想一睹“联盟 1 号”宇宙飞船凯旋的壮丽景观。

该打开降落伞了——打开它，是为了减慢宇宙飞船的飞行速度。

科马洛夫把食指触向一个电钮，“怎么回事？……”

启动张开降落伞的机械装置毫无反应。

科马洛夫的额前沁出了大颗大颗的汗珠。科马洛夫立即将这一突发事件向地面指挥中心作了报告。地面指挥中心采取了一切可能的救助措施，试图帮助科马洛夫打开飞船的降落伞，但是，所有的努力都没有成功。地面指挥中心马上向当时的苏共中央领导请求该如何处理这一突发恶性事件，前苏联的领导人研究后作出决定：如实向公民们转播这一悲剧。于是，前苏联的一位最著名的播音员沉痛地向全国的公民们宣布：联盟 1 号宇宙飞船因无法排除故障，飞船将因不能减速，将于两小时后在着陆基地附近坠毁，我们将目睹民族英雄科马洛夫以身殉职。

太残酷了！人们将一分一秒地看着自己的英雄飞向死亡，却无力去援救。

前苏联的公民们被震撼了，其它国家的电视观众也大为震惊。他们围聚在电视机前，注视着风驰电掣的“联盟1号”宇宙飞船，沉浸在巨大的悲痛中。

地面指挥中心的领导把科马洛夫的母亲、妻子、女儿请到指挥台，让科马洛夫与亲人们做最后的话别，但是科马洛夫却要求汇报在太空飞行探险的情况，地面领导同意了。由于科马洛夫的报告关系到重要的国家机密，指挥中心关掉了电视直播的录音传递，人们只能看到科马洛夫无声的形象。

科马洛夫的汇报用了整整70分钟。科马洛夫汇报完毕，地面指挥中心打开了录音传递的开关，当时的前苏联领导人第一个接过话筒，与科马洛夫通话，他力图把话说得快一些，以便科马洛夫有更多的时间与亲人通话，但因为过于激动，怎么也讲不快，他说：“尊敬的弗拉迪米尔·科马洛夫同志，我代表最高苏维埃向你宣布，你是苏联的英雄，是人民的好儿子……”

科马洛夫激动地回答道：“我是一名宇航员，我为神圣的宇航事业献身，无怨无悔！”

前苏领导人把话筒交到科马洛夫母亲的手中，这位满头白发的老人只说了几个字便泣不成声：“儿子，我的好儿子，你……”

科马洛夫竭力想要安慰老人，“妈，我在看着您呢，您的每一根白发我都能看清楚。”

老人泪水涟涟地把话筒交给了儿媳——科马洛夫的妻子。科马洛夫向妻子送了一个深情的飞吻，他的妻子只说了“亲爱的，我好想你！”便泪如雨下。

科马洛夫热泪盈眶，他拿出一支金笔，脱下宇航服把金笔包裹好，说：“这是我最喜爱的东西，我已把它包好了，即将发生的大爆炸不会损坏它。请你把它转送给你未来的丈夫，我想我不会下地狱的，我会在天堂里衷心地祝福你们幸福！”

科马洛夫的女儿只有12岁，她拿起话筒，说：“爸爸！亲爱的爸爸……”

看着女儿悲痛欲绝的样子，再也控制不住自己了，“好女儿，你不要哭！”话刚出口，自己反而热泪滚涌。

女儿反过来劝慰父亲，“好爸爸！我不哭，你是苏联英雄，我是英雄的女儿，我要告诉您，我会像您那样生活下去的！”

科马洛夫问女儿：“好女儿，爸爸就要走了，告诉爸爸，长大后你要干什么？”

“像爸爸一样，当宇航员！”

泪水再一次从科马洛夫眼窝中涌出，“你真是爸爸的好女儿！”他说，“不过，我要告诉你，告诉全国的小朋友，请你们学习时，一定要认真。要认真对待每一个小数点，认真对待每一个标点符号，‘联盟 1 号’今天发生的事故就是因为在升空之前，在地面检查时，忽略了一个小数点，这是一次一个小数点的事故，请同学们牢牢记住它吧！”

在生命的最后一分钟，科马洛夫向全国的电视观众发表了热情洋溢的演说：“同胞们，请允许我在这茫茫太空中与你们告别……”

“全国全世界的同胞们，我爱你们！”

“同胞们，请与我一起呼喊，人民万岁！科学万岁！”

“同胞们，我已看见大地了。多美的大地啊！倘若上帝让我再一次回到人间，我还要当一名宇航员，我要与女儿一起飞入太空，因为太空太神奇了，很好玩，真的很好玩……”

“轰隆！……”

一声巨响，“联盟 1 号”撞毁在地面。

前苏联，举国上下，一片寂静。在世界其他地方，无数的科学工作者、飞行员及普通电视观众都无言地垂下了头——人人都在向这位视死如归的英雄致以深深地哀悼。

科马洛夫是世界航天史上第一个在执行飞行任务中牺牲的宇航员。科学家们将月球背面的一座环形山以他的名字命名，以示永久的纪念。

“联盟 1 号”飞船失事后，苏联有关当局没有公布飞船失事的原因——它当然不会像科马洛夫所讲的那样一仅仅是“一个小数点的事故”。

“联盟 1 号”事件在苏联人民的心中留下了深重的阴影。

时光荏苒，四年过去。1971 年 6 月，当苏联的又一艘宇宙飞船——“联盟 11 号”发射上天后，在苏联境内的几个地方同时发现了内容相同的小传单，传单上的内容古怪而又令人不安：

> 苏联的宇航专业人员请注意：
>
> 我的名字叫 1，你们使用我的名字，就会给我带来许多麻烦。所以，我不得不让‘联盟 1 号’的减速器出现故障，以期引起你们的注意。谁知时隔四年，你们又以‘联盟 11 号’命名，再次侵犯我的权益。我只好再次作出反应。但愿此类事件以后不再发生。
>
> 谢谢合作。
>
> 签名：1
>
> 即日

古怪的传单在苏联各地引起骚动，苏联当局认为是有人在恶作剧，嗤之以鼻，不屑一顾。

6月30日是“联盟11号”返航着陆的日子，在飞船着陆10小时之前，苏联航天部、公安部在电视上发表联合公告，稳定人心。公告内容大致如下：

“联盟11号”飞船一切正常，10个小时后将安全着陆。关于昨日在乌克兰、哈萨克等地发现传单一事，经查，是一名精神病患者利用气球从莫斯科郊区发出的传单。

在“联盟11号”着陆前2小时，即今日16时零6分，我们将通过电视直播，向全国人民报道飞船运行实况。请准时收看。

“公告”不但没有消除人们心中的不安，反而将所有的苏联公民“驱赶”到了电视机旁——16时零5分一到，人们都停止了工作，围拢在电视机前。

“联盟11号”上有3名宇航员。在卫星的协调下，地面基地上的记者向3名宇航员作现场采访，3名宇航员也神采飞扬地向全苏联公民发表了热情洋溢的讲话。总之，一切都很正常。

“联盟11号”闯入大气层；

“联盟11号”成功地打开了减慢飞船速度的降落伞；

“联盟11号”作减速飞行；

“联盟11号”在预定的时间内，在预定的地点缓缓地着陆，停稳；

航天部的技术人员走上前，将飞船的座舱打开，捧着鲜花的少女走上前，电视摄像机镜头对准了座舱——

3名宇航员，一动不动，他们已在平静中安详地死去。欢迎的人群及亿万电视观众惊呆了。

在震惊和悲伤之后，人们又想起了那些古怪的小传单。于是，电话、电报、各类信件，暴风雨般地飞向苏联航天部，让航天部对宇航员死亡作出解释。

航天部先后推出四种解释：

3名宇航员通过屏幕看到了全国人民对他们的关心，。因超常兴奋，导致心功能紊乱，猝然而死；

打开舱门，大气高压使宇航员心脏不堪重负，导致死亡；

3名宇航员都飞行了48小时，因过度疲劳、饥饿而死亡；

“联盟11号”着陆时，座舱发生漏气，3名宇航员因未穿宇航服，难以承受气压的剧变，同时丧生。

前三种解释实在令人难已置信，第四种解释得到了大多数人的认可。不料，几天后，数家报纸同时刊出了地面站通过电脑记录的“联盟 11 号”座舱气压的原始档案，原始档案证实：座舱并未漏气。

到底是什么原因造成“联盟 1 号”及“联盟 11 号”失事？

苏联民间的一种说法是：

散发传单的“1”，是一位身手非凡的外星人。“联盟 1 号”、“联盟Ⅱ号”的失事是外星人“1”的报复所致。

果真有“外星人”吗？

他们来自何处？到地球来干什么？为什么不肯露面？或者，“联盟 1 号”、“联盟Ⅱ号”的失事与小传单的出现，纯属巧合？

一个事实是：

“联盟Ⅱ号”失事后，前苏联发射的所有航天器，再也没有用“1”命名的，同时，也再未发生类似事件。

前苏联航天部对后者的解释是：这是科学进步的缘故。

追捕暗杀黑人牧师
马丁·路德·金的凶手

（1968年4月4日）

美国黑人的反种族歧视斗争

从20世纪50年代至20世纪末，美国发生过多起反种族歧视事件。例如：

1957年，美国南部阿肯色州小石城公立学校不准黑人儿童入学，当地黑人群众愤怒地示威抗议，艾森豪威尔总统竟派出空运师到小石城镇压；

1967年7月，底特律成千上万的黑人为抗议警察无理抓人，与20000名军警进行搏斗，底特律市因此陷于瘫痪；

1968年4月，美国黑人牧师马丁·路德·金被杀身亡，美国100多个城市由此引发新的抗暴斗争。

1985年，为抗议美国政府与南非种族主义政权“建设性接触”，数万名黑人和白人在南非驻美使馆前游行示威，美国当局逮捕了3000余人；

1992年，洛杉矶发生4名警察无故殴打黑人事件，洛杉矶法院竟宣判警察无罪，黑人与军警发生重大流血冲突。事件中，有约50人死亡，2000人受伤，先后发生3800起纵火案，经济损失达五六亿美元；

……

黑人反种族歧视斗争是美国社会生活中一个十分敏感的问题。

1968年4月，有“黑人之音”美誉的美国黑人牧师马丁·路德·金遇刺身亡，全世界为之震惊，为缉拿刺杀马丁·路德·金的凶手，美国政府和联邦调查局先后投入了3014名特工……

“黑人之音”——马丁·路德·金

马丁·路德·金 1929 年 1 月 15 日出生在美国佐治亚州亚特兰大市一个浸礼会牧师家庭。马丁·路德·金勤奋好学，先后求学于莫尔斯学院、克罗琪尔神学院、宾夕法尼亚大学和哈佛大学，1947 年成为一名牧师，1954 年在波士顿大学获神学博士学位，同年，任阿拉巴马州蒙哥马利市德克特斯特街浸礼会教堂的牧师。

阿拉巴马州是当时美国种族歧视最厉害的一个州。甚至在公共汽车站也设立栅栏，黑人与白人被隔开，白人先上车，然后黑人才能上车。马丁·路德·金被推举为黑人组织“蒙哥马利市政进协会”主席，开始了以抵制乘坐公共汽车为内容的反种族歧视运动。经过 385 天的斗争，美国最高法院在 1956 年底做出判决：“在公共汽车上实行种族隔离，即违反宪法。”斗争取得了胜利。马丁·路德·金大受鼓舞，从此踏上了争取黑人权力、反对种族歧视的斗争道路，被誉为“黑人之音”。

马丁·路德·金受印度圣雄·甘地的影响很深，在斗争形式上主张非暴力行动，宣传“爱”的思想。

1963 年 4 月，美国南部伯明翰市发生黑人反对种族歧视、争取选举权利的集会、游行因而遭到当局暴力镇压事件。8 月 28 日，25 万黑人和同情黑人的白人参加了向美国首都华盛顿的“自由进军”，来自美国 50 个州的黑人代表参加了这一规模空前的行动。就是在这一次“自由进军”中，马丁·路德·金发表了举世闻名的“梦想”演说。马丁·路德·金演说道：“我梦想，有一天，在佐治亚州的红色小山上，过去的奴隶同奴隶的子孙同坐在友爱的桌前；我梦想，有一天，就连非正义充斥其间的密西西比州，也会变成自由和正义的绿洲。”

1964 年，马丁·路德·金因其在美国提倡非暴力运动和为和平做出的贡献，荣获该年度诺贝尔和平奖。

1968 年 3 月下旬，田纳西州孟菲斯城 1000 名清洁工人要求提高薪水和承认他们组建工会的权利，这些清洁工人中有 90% 以上是黑人。清洁工人们的行动得到了 6000 多名黑人的支持，当局则出动了 4000 多名军警。为了声援孟菲斯城清洁工人的合理要求，马丁·路德·金于 4 月 3 日乘车抵达孟菲斯，下榻在洛雷汽车旅馆。4 月 4 日，马丁·路德·金准备在晚上出席一个声援清洁工人的集会。当晚 6 时左右，马丁·路德·金走出房间，来到阳台上，一眼看见他的朋友黑人音乐家杰西·杰克逊在楼下的停车场中，于是，倚在阳台上的栏杆上，与杰克逊交谈。

杰克逊与另一名叫本·布兰奇的音乐家也将参加晚间的声援集会。杰克逊仰起头问马丁·路德·金："你认识本·布兰奇吗？"

"是的。我认识他……"

就在这时候，"砰！"一声枪响，马丁·路德·金用双手捂住脖子，鲜血从他的右颌和脖子上喷射而出。

子弹击中马丁·路德·金脖子的下部，炸断了颈动脉，炸开了一个很大的弹洞。尽管马丁·路德·金被迅速送往医院，但医生们已回天乏术。7时零5分，医生们宣布马丁·路德·金因抢救无效死亡。

艰难的追捕

马丁·路德·金的死震惊了全美国，引发了全国性的大骚乱。当晚，华盛顿、纽约、波士顿等20多个大城市同时爆发大规模黑人示威暴动，孟菲斯市被迫宣布"宵禁"。美国总统约翰逊急调第82空降师和海军陆战队的12500人赴华盛顿"维持秩序"，约翰逊总统还发表电视讲话，对马丁·路德·金的死亡表示哀悼。

马丁·路德·金遇刺后，联邦调查局孟菲斯分局局长罗伯特·G·詹森立即向美国联邦调查局局长J·埃德加·胡佛作了报告。胡佛下令：严加调查，弄清真相。

联邦调查局特工人员迅速查清子弹是从洛林汽车旅馆对面的贝西·布鲁尔公寓射出来的。

房东布鲁尔太太告诉特工人员：一个自称为约翰·威拉德的白人男子租用了公寓后部的5—B号房间，那个房间正对街对面洛林汽车旅馆的阳台，该男子约35岁，身高5英尺11英寸。

一名叫查尔斯·斯蒂芬斯的房客说："我听到了枪响。我打开房门，看见一个男子跑过过道，携带一个很大的包袱。这个人胖瘦适中，30多岁，身高5英尺10英寸左右。"

距布鲁尔公寓仅隔几座门的卡居普游艺场经理普伊·W·卡尼普与几位游客在游艺场凹进的入口处发现了一个大包袱，他们告诉联邦调查局，他们看见了一个可疑的男人，他登上了一辆白色的小汽车，似乎是"野马"牌的，疾驶而去。

特工人员打开了可疑的大包袱，包袱里面有一支雷明顿公司制造的 760 型“打猎能手”式步枪！一架望远瞄准镜和一个手提包。手提包内有一架望远镜、一条带洗衣签的男式短衬裤、两罐啤酒、一个纸袋，还有一张约克枪械公司售货发票，发票上的日期是 1968 年 4 月 4 日。

联邦调查局的运气十分好，特工人员很快就查清了下列事实：射杀马丁·路德·金的步枪及望远镜源自阿拉巴马州伯明翰的航空航海用品公司，时间是 3 月 29 日。购枪者的外貌与布鲁尔公寓的房东太太和房客所描述的相似；

两罐啤酒源自密西西比州的南黑文米诺商店；

一个化名埃里克·斯塔沃·高尔特的男人于 4 月 3 日在伯明翰雷伯尔汽车游客旅馆住过，高尔特驾驶一辆白色野马牌汽车，这辆汽车是高尔特于 1967 年 8 月 29 日购买的，其汽车驾驶执照上的相貌特征与约翰·威拉德很相似。

高尔特在大陆舞蹈俱乐部舞蹈室学习舞蹈。

联邦调查局的特工人员走访了洛杉矶舞蹈学校，在洛杉矶全国舞蹈室的档案中发现了高尔特的名字，随后又查到了高尔特毕业时的照片。

联邦调查局的另一些特工人员追踪到亚特兰大市，找到了高尔特丢弃的野马牌白色小汽车，进而找到了高尔特曾居住过的房间，发现了一张标有马丁·路德·金住址的地图，地图上留有高尔特的一枚指纹。

该联邦调查局的指纹技术室就这样开始工作了。当时，调查局指纹检查室保存着 8200 万人的手指，即 8 亿 2 千万个手指的指纹（每人有 10 个手指），专家们将指纹收缩到仅限于 25 岁 ~ 50 岁之间的白人男性在逃犯的范围内，在核对了 53000 名罪犯的指纹后，终于在“405942G”号档案卡中找到了可疑的第 702 号指纹卡。经 8 名专家验证，第 702 号指纹卡与地图上的指纹完全相符。

第 702 号指纹卡片上赫然写着卡片主人的真实姓名：

詹姆斯·厄尔·雷，1928 年 3 月 10 日生，伊利诺斯州奥尔顿。

卡片上的文字太简单了，但这已足够了，因为联邦调查局还保存着有关雷的 10 份档案。

雷生活在一个贫困的家庭，后来，家庭解体，雷与祖母在一起生活。17 岁时，雷进入军队，但他适应不了军队生活，因酗酒、拒捕而被罚苦役三个月，以“非自愿退役”处理离队。雷玩女人、抢劫出租车、抢劫超级市场，最后锒铛入狱，被判20年徒刑。

1967年4月23日，雷藏身在一个大面包箱中，随运送面包的汽车逃出了监狱。

联邦调查局迅速查明了雷越狱后的行踪：

1967年4月23日至11月18日，雷先是隐藏在芝加哥等地，并与其兄弟约翰和杰里取得联系。此后雷来往于加拿大、美国、墨西哥之间，一个叫做“拉乌尔”的人为他提供了4500美元的款项，雷买了那辆白色野马牌小汽车。

1967年11月19日至1968年3月23日，雷进入舞蹈训练班，然后驱车前往伯明翰，会见“拉乌尔”。

1968年3月24日至28日，雷跟踪马丁·路德·金来到亚特兰大市，并在一张亚特兰大市的地图上把马丁·路德·金的住宅、办公室都用笔圈了起来，雷的一枚指纹就是留在了这张亚特兰大市地图上。

3月29日，雷从“拉乌尔”那里得到750美元，并购买了那枝射杀马丁·路德·金的枪。

4月1日，雷在亚特兰大皮德蒙特洗衣店洗了一些衣服。

4月3日，雷跟踪马丁·路德·金抵达孟菲斯。马丁·路德·金下榻于洛雷汽车旅馆，雷则在对面的布鲁尔公寓的5—B号房间住下。

4月4日晚6时左右，马丁·路德·金走上阳台，早已等候在公寓中的雷端起了步枪。当马丁·路德·金进入步枪瞄准镜的十字中心时，雷扣响了扳机……

联邦调查局掌握了有关雷的所有材料，他们花了半个月的时间在全国各地布下天罗地网，但是却一无所获。联邦调查局推测雷已逃往国外，于是向国际警察组织所有成员国发出了红色通知，通知附有雷的照片、指纹。

6月1日加拿大皇家骑警队的一名警察在审查一份署名为拉蒙·乔治·斯奈德的护照时，发现照片上的人有些像雷。警察追寻到“斯奈德”曾住过的旅行社，获得了“斯奈德”的掌印。有关“斯奈德”的材料立即被送往美国联邦调查局，调查局的专家们对“掌印”加以检验，得出结论：“斯奈德”即是雷。

雷离开加拿大去了英国伦敦。

6月8日，当雷在英国伦敦希思机场正准备登上飞往比利时的班机时，机场的警察出现在他的面前。为了防范凶手雷被人杀死灭口，警察们为雷穿上了防弹背心，把他关入特制装甲囚车，他的囚室四周也有厚厚的钢板防护。

为了追捕雷，美国联邦调查局投入了 3014 名特工，累计行程 50 万公里，还花费了 140 万美元！

谁策划了对马丁·路德·金的谋杀

在法庭上，雷对暗杀马丁·路德·金一事供认不讳。

雷为什么要暗杀马丁·路德·金？是谁策划了对马丁·路德·金的谋杀？

雷似乎是对黑人有着很深的仇恨。

在密苏里州监狱中，雷对一个同狱犯说：这座监狱的黑人囚犯全部“应该杀掉”。雷还说：如果赏格优厚，他愿意去杀掉马丁·路德·金。1963 年，美国总统约翰·F·肯尼迪遇刺后，雷就此事发表议论时说：“击毙了一个爱黑鬼的杂种。”雷在报纸上看到马丁·路德·金为反种族歧视而四处奔波时，曾信誓旦旦地说，出狱后，一定要干掉金博士！

与雷同关在一个监狱的犯人们还提供了另一条线索：雷说，出狱后，他要捞一把，一个“工商业家协会”出 10 万美元赏金杀掉马丁·路德·金。可是，当同狱犯向他垂询是哪个工商业家协会时，他却说“我不知道，但是我一定能找到！”

雷的确数次得到“拉乌尔”的资助，但“拉乌尔”是谁？雷闭口不答。

1973 年底，一名叫拜尔斯的黑社会成员无意中向联邦调查局透露，在 1967 年，有人曾愿意出 5 万美元雇用他暗杀马丁·路德·金，但被他拒绝了。联邦调查局只是记录下了拜尔斯的话，却没有进行深入的调查。

1969 年 3 月 10 日，詹姆斯·厄尔·雷被判 99 年监禁。

到底是谁雇用了雷去刺杀马丁·路德·金？为什么？也许，只有时间才能够回答。

不凡的葬礼

1968 年 4 月 9 日，亚特兰大市为马丁·路德·金举行了不凡的葬礼。美国副总统汉弗莱、民主党总统候选人的竞争者罗·肯尼迪和尤金·麦卡锡、共和党总统候选人理查德·尼克松以及一大批政界、宗教界、金融界最高层人物和成千上万的黑人、白人参加了马丁·路德·金的葬礼。

葬礼仪式上播放了马丁·路德·金在亚特兰大埃比尼泽浸礼会教堂最后一次讲道的录音片断。马丁·路德·金的讲道催人泪下：

> 假如，当我必须去见上帝的时候，在那一天，你们也在场，我不希望你们开很长的追悼会。如果你们让谁念颂词的话，请告诉他不要讲得太长。告诉他，不要提我获得了一项诺贝尔和平奖，那算不了什么……

20 世纪震惊世界的 100 件大事

陈治平　冯 晖　陈吉平　编著

㈠

吉林人民出版社

图书在版编目(CIP)数据

20世纪震惊世界的100件大事 / 陈治平,冯晖,陈吉平编著.
—2版.—长春:吉林人民出版社,2011.8 (2015.5重印)
ISBN 978-7-206-03404-6

Ⅰ.①2… Ⅱ.①陈… ②冯… ③陈… Ⅲ.①历史事件—世界—
20世纪 Ⅳ.①K14②K15

中国版本图书馆CIP数据核字(2011)第180571号

20世纪震惊世界的100件大事

编　著:陈治平　冯晖　陈吉平
责任编辑:李彦珍
吉林人民出版社出版发行(长春市人民大街7548号 邮政编码:130022)
网　址:www.jlpph.com
全国新华书店经销
发行热线:0431-85395845　85395821
印　刷:北京一鑫印务有限公司
开　本:700mm×1000mm　1/16
印　张:24　　字　数:500千字
标准书号:ISBN 978-7-206-03404-6
版　次:2011年9月第2版　　印　次:2015年5月第2次印刷
定　价:89.40元(全三册)

前　言

20 世纪是人类发展史上的一个里程碑。

20 世纪，大前进，大后退；大辉煌，大暗淡；大喜庆，大悲哀；大彻悟，大迷惘……

一桩桩大事件，令世界震惊。

1969 年 7 月 20 日，人类第一次挣脱了地球母亲的怀抱，登上了月球。1997 年 7 月 4 日，从美国卡纳维拉尔角发射升空的探路者号探测器在太空中跋涉了 1.05 亿公里之后准确地在火星上着陆，“外来者”号 6 轮遥控火星漫游车悠悠然在火星上“漫游”，向地球发回一张又一张令科学家们惊诧的火星照片。

1994 年，哈勃太空望远镜发现：在 M87 银河的正中心，一个超热气盘以每小时 1.93 万公里的速度旋转，像水流入沟里那样地注入一个有 200 万个太阳大的“黑洞”之中；1998 年 5 月，“哈勃”又在半人马座 A 射电源的中央发现一个巨大的“黑洞”，其质量比 10 亿个太阳还要大，“哈勃”还发现了 13 颗日外行星，发现宇宙中有 1250 亿个星系！

人类突然感到了地球的渺小，人类谦逊地称呼地球为“地球村”。人类同时又感到了骄傲：在 20 世纪，在科学技术领域取得了何等伟大的突飞猛进啊 1996 年 7 月，当白白胖胖、一身卷毛的“多利”——世界上第一只克隆出的哺乳动物来到世间时，生物界的自然规律被打破了，人们在惊喜之余又陷入了沉思。

20 世纪，人类不屈不挠、大智大睿，奋发进取，改变了世界的面貌。但是，20 世纪不仅仅有阳光灿烂、金碧辉煌，20 世纪还有硝烟弥漫和血雨腥风。

战争、政变、谋杀、仇杀、自杀；

地震、海啸、飓风、洪水、瘟疫、火山爆发……

哪一件事不令世界为之震惊！

20 世纪，人类在对宏观世界和微观世界的探索中取得了长足的进步，但同时又增添了许多的迷惘，宇宙是怎样形成的？生命是如何诞生的？人类是如何起源的？生物形态是如何构成的？飞碟幻影？天外来客？密林野人？金字塔？玛雅人？百慕大三角？厄尔尼诺……

人们在解开这些谜团上每前进一步，世界便为之增一份惊诧、惊喜。

《震惊 20 世纪的 100 件大事》忠实地描述了 20 世纪人类在战争、政治、科研、考古、经济、发明、科学探险、体育、自然灾害等领域内的所思、所言、所为。这 100 件精心挑选出来的重大事件，件件惊世骇俗，件件具有世纪性、直至世界性影响。

历史是一面镜子。

回首人类是如何走过 20 世纪的，是为了更加激昂奋发地缔造一个美好的 21 世纪。

本书资料翔实，文笔细腻，具有珍藏价值。

目　　录

震惊世界的克里特考古大发现

（1900 年 3 月 ~1908 年）

传说：很久以前，在希腊爱琴海最大的岛屿——克里特岛上有一个米诺斯王国，米诺斯在克里特岛上兴建了豪华的克诺索斯王宫，缔造了灿烂辉煌的克里特文明。克里特文明果真存在过吗？

二三千年过去，从来没有人相信过克里特文明的真实性，人们（包括那些著名的史学家）只知道那是一个神奇的传说。

历史的车轮辗转进入了 20 世纪。

1900 年，英国人伊文思却追寻那个神奇传说的线索，在克里特岛上发掘出辉煌的克里特文明，令世人震惊。

一个迷人的希腊神话故事

古老的希腊神话传说讲述道：

最早统治着天上人间的神是克洛诺斯。克洛诺斯是一位暴虐蛮横的神，他从大地和群星之间得知——有一天，他会被亲生儿子推翻，克洛诺斯大为恐慌，于是，只要妻子瑞亚生下了男孩，他就毫不犹豫地把男孩吞下肚中，瑞亚为此十分悲痛。这一年瑞亚又要临产了，惴惴不安的瑞亚求助大地女神，骗过克洛诺斯，来到克里特岛，在一个隐秘的山洞（狄克梯安洞）中生下了一个儿子—宙斯。宙斯被藏在山洞中，靠吃母山羊奶长大。后来，宙斯在母亲和众神的帮助下，果然推翻了克洛诺斯的残暴统治，宙斯成为了众神之王。

众神之王宙斯念念不忘自己的“故乡”，他要使克里特名震天下。一天，宙斯将美丽的少女欧罗巴引入山洞，欧罗巴为宙斯生下了一个儿子—米诺斯。米诺斯长大后成为克里特岛的统治者，在岛上建立了米诺斯帝国。米诺斯带领他的臣僚进入狄克梯安洞拜见父亲，宙斯赠给儿子一套治国的法典——这就是传说中的米诺斯法典。在米诺斯的治理下，克里特岛日益繁荣，米诺斯聘请伟大的艺术家、建筑师达大鲁斯设计、兴建了宏伟豪华的克诺索斯王宫。

克里特人视牛为圣物。米诺斯的妻子帕西淮爱上了一头公牛，生下了人首牛身的怪物。家丑不可外扬，米诺斯命达大鲁斯在城内造了一座美丽而神秘的迷宫——克诺索斯迷宫，这样，牛怪不能走出去，外人也无法进入。牛怪每9年要吃童男童女各7人，由臣服米诺斯的雅典邦国进贡。过了27年，年轻英俊的英雄提修斯继任雅典王位。提修斯一心为民除害，自充童男来到克诺索斯王宫。米诺斯王的女儿阿里阿德尼公主对提修斯一见钟情。公主送给提修斯一个线团和一把魔剑，线头系在迷宫的入口处。提修斯一面放线，一面向迷宫中心走去，经过一番殊死奋战，斩杀牛怪，但还是迷了路。这时候，建筑师达大鲁斯出现了。在达大鲁斯帮助下，提修斯走出迷宫，并带着阿里阿德尼公主连夜登船离开了克里特岛，返回雅典。

米诺斯大为震怒，将达大鲁斯父子囚禁在临海的高塔中。达大鲁斯做了两对“翅膀”，与儿子“飞”离高塔，逃离克里特，但是，达大鲁斯的儿子不听父亲的忠告，坠入大海而死，达大鲁斯则一直“飞”到了西西里岛。

米诺斯追到西西里岛向国王柯卡鲁斯要人，柯卡鲁斯唯唯诺诺，盛情款待，并命令公主陪浴。在浴室中，公主刺杀了米诺斯。

有关米诺斯的神话传说至此结束。神秘的克里特文明与神秘的米诺斯之死同时消失。

“神话传说考古学”的忠实信徒—伊文思

“神话传说考古学”的开山鼻祖是德国人海因利希·施莱曼。

施莱曼从小就迷恋希腊神话故事和荷马史诗，坚信荷马的诗就是史实。

1870年，施莱曼凭着对荷马的坚信不移，怀揣史诗《伊利亚特》，越过达达尼尔海峡，来到荷马在诗中所描述的古战场—小亚细亚平原，寻找希腊神话中的特洛亚古城。施莱曼依据史诗对古战场进行了周密的勘察，最后选定了挖掘的地点。在苦干3年，挖掘了325000立方米的泥土后，传说中的特洛亚古城呈现在施莱曼面前……

施莱曼创造了一个人间奇迹——他不但使深埋在地下3000多年的特洛亚古城重见天日，还挖出了另外8座城市，挖出了数不尽的黄金宝藏。

1883年，施莱曼登上克里特岛，向伊达山宙斯大神祈祷，希望上天能把重现克里特文明的荣誉赐给他。但是，施莱曼未能完成这一事业就于1900年溘然长逝。

1883年是一个值得纪念的年份。这一年，一位叫伊文思的英国人来希腊旅游，拜访了正在雅典的施莱曼。施莱曼不但热情接待了这位年轻人，还向伊文思介绍发掘特洛亚的经过及发掘克里特的宏伟构想。

伟大的盲诗人荷马在他的史诗中这样描述着克里特：

在深蓝色的海上有一个克里特岛
富饶而秀丽
克里特岛上有 90 多座城镇
最大的一座是克诺索斯
米诺斯王临朝 9 年
享有宙斯大神的恩宠

伊文思听得如醉如痴。伊文思当时只有 32 岁，他下决心献身施莱曼开拓的“神话传说考古学”事业。

伊文思返回英国，施莱曼发掘米诺斯文明的宏伟构想令他魂牵梦萦。他期待着从克里特岛传来施莱曼重现米诺斯文明的捷报，但日子一年年过去，所有有关施莱曼的消息都令他扼腕：先是关于发掘失败的消息，然后施莱曼积劳成疾不得不离开克里特岛的报道……

伊文思终于忍耐不住了，他打点行装，奔赴克里特岛。伊文思要实现施莱曼未能实现的梦想！

“古老的传说是确实的”

伊文思登上克里特岛，宣称自己代表“克里特考察基金会（实际上，这个组织是在 5 年后由希腊乔治亲王发起成立），申请并取得了发掘权。

伊文思总结了德国人施莱曼发掘特洛亚古城的成功经验和在克里特岛上的失败教训，并不急于发掘，而是走遍克里特岛的山冈谷地，阅读各种有关资料，悉心向岛上的居民了解海岛的昔日情景，反复丈量克里特岛上的每一块土地，以求对克里特岛有一个全面的认识。

克里特岛总面积为 8336 平方公里。伊文思花了 5 年多的时间，经再三勘察、考证，判定在该岛首府伊腊克林以南 7 公里的克诺索斯地下埋藏着一座古城，极有可能就是盛极一时的克诺索斯王宫。

1900 年 3 月，伊文思与忠实的助手霍加斯一起招募了一批工人，在凯夫拉山麓打下第一口井穴，拉开了发掘米诺斯文明的帷幕。

伊文思的选点非常准确。仅仅过了一个月，被掩埋在地下达 30000 年之久的克诺索斯王宫就逐渐露出了它的真实面目。

克诺索斯王宫的总面积达2200多平方米，主体建筑为三层，低坡地的东宫为四层，在东宫与西宫之间有一个1400平方米的长方形中央庭院，共有大小宫室1700多间。克诺索斯王宫的各个建筑物以长廊、门厅、复道、阶梯相连，支撑屋面的立柱都是用整棵大圆木刨光而成，大圆木的上下一般粗，十分壮观。

王宫走廊中有两处巨大的壁画，画面上的人物与真人一样大小。画面上的男子有着古铜色的皮肤、卷发、黑眼睛、宽肩膀、肌肉发达、束细腰；画面上的女子穿透明的无袖短衫，袒胸露肩，其发型、服饰、风度与20世纪初法国的摩登女郎相似，一位学者在目睹壁画后惊叹道："这不是巴黎的妇女吗?"

随着发掘向纵深进展，议事厅、寝宫、后妃居室、贮宝库、亭阁、地下排管系统也相继被发掘出来，这一间间宫室，千门百廊、忽分忽合、神秘莫测（是所谓的"迷宫"吗）。各宫室、廊道上有众多的壁画，由于作画颜料都是从植物、矿物和骨螺中提炼的，而且是在泥壁未干时作画，色彩渗入墙壁，所以色彩鲜艳如初。在所有的壁画中至少两幅格外引人注目：其一，觐见室的壁画是三只怪兽的头、身、尾分别代表天上、地面、地下的神灵，是克里特人顶礼膜拜的图腾；其二，西宫北墙上有一幅《斗牛》，画面上的黄牛正向前方猛冲，一英俊少年挡在牛前，用力按住牛角，牛身后还有一名少年，少年双脚离地，双手扬起，将一名红衣少女弹向空中，而少女则稳稳地倒立在牛背之上……

王宫的西侧有许多陶制的大油罐，油罐贮油可达25000加伦以上。

在王宫的遗址中，工人们还挖掘出了3000多块泥板，上面刻有许多神秘的线形文字。专家们破译了其中的一部分文字，发现古克里特人在泥板上用线形文字记述了国王的档案和重要事件，其中一块文字泥板上赫然写着："雅典贡来妇女7人，童子及幼女各一名。"

克诺索斯王宫重见天日，全世界为之震惊。在发掘出来王宫的胜利鼓舞下，伊文思的助手霍加斯对神话传说中的宙斯出生地——狄克梯安洞进行了发掘。霍加斯用炸药炸开洞口，发现狄克梯安洞是一组套叠的溶洞，霍加斯在洞中找到了众多的祭品，其中最引人注目的是柄双面斧——宙斯的象征，所有的祭品证实，狄克梯安洞正是湮没了数千年的宙斯圣堂。霍加斯激动万分，他说："在世界上所有的神圣洞穴中，狄克梯安洞无与伦比!"

在伊文思发掘出克诺索斯王宫后，同在1900年，意大利人哈布赫尔在克里特岛南部发掘出法斯托宫；1915 年希腊考古学家约瑟夫和哈兹达吉斯发掘出第三座王宫——马利阿宫；20 年代初，由尼古拉·伯拉东率领的希腊考古队又在岛的东海岸发掘了第四座王宫——萨克罗斯宫，这四座王宫在建筑上极相似—每座宫殿都有中心庭院，四周建有储藏室、工场、档案室（内藏米诺斯线形文字）、祭祀室、接见厅和国务办公室。

伊文思将全部财产献给了他所热爱的考古事业。他在发掘现场建造了一座宏大的克诺索斯王宫博物院（在原址基础上整理修复），供世人参观。

伊文思感慨地对世人说："现在我们知道，古老的传说是确实的。"

几个疑团

伊文思完成了施莱曼未竟的事业，使一个比希腊文明还要古老的文明——米诺斯文明在地下沉睡 3000 多年后重见天日。

米诺斯文明是如何毁灭的？

希腊爱琴海上有一个面积仅 78 平方公里的桑托林岛，公元前 1470 年前后，该岛上的一座海拔 584 米的火山爆发，喷出 625 亿立方米物质，引发了地震和大海啸，大海啸横扫半个地中海。米诺斯文明是毁于这次火山喷发吗？最近，考古家们在清理克诺索斯遗址的一座神庙时，发现三具骸骨，一具腿被砸断，一具躺在祭台上，一具双手捂脸，附近有一把青铜尖刀。据考证，这三具尸骨分别属于刽子手、供祭者、祭司，离祭台较远处还有许多杂乱的骸骨。专家们推测：当年米诺斯人一定是遇到了巨大的自然灾害，所以才不得不用活人祭神，但祭神仪式尚未结束，灾难就突然降临，祭者、被祭者、米诺斯文明在同一时刻被毁灭。

伊文思和他的导师施莱曼笃信盲诗人荷马，但荷马生于公元前 800 年，特洛亚王朝毁于公元前 1200 年，米诺斯文明毁灭在公元前 1700 年（假设真是毁于桑托林火山爆发），特洛亚和米诺斯王宫早已夷为平地，荷马为何描绘得异常准确？

神话传说与荷马史诗、历史的真实是怎样的关系？

迄今，尚无人能回答。

圣皮埃尔的毁灭

（1902 年 5 月 8 日）

圣皮埃尔是中美洲加勒比海小安德烈斯群岛中部马提尼克岛上的一座小城。

马提尼克岛总面积为 1100 平方公里，海岛最高点是大名鼎鼎的彼雷火山，海拔 1368 米。彼雷火山的山顶有一座高 375 米，直径约 100 米的熔岩锥，远远望去，熔岩锥状如一个塞住火山口的瓶塞，有趣的是“瓶塞”会自动升降，当火山内部岩浆活动剧烈时，它就被高高地托起来，当岩浆活动减缓时，它又缓缓地落回到原来的位置。

最先发现马提尼克岛的人是大航海家哥伦布。

1635 年，法国驻圣基茨岛（在马提尼克北）总督皮埃尔登上马提尼克岛，在岛上建立了殖民据点，取名为圣皮埃尔。斗转星移，到了 20 世纪初，圣皮埃尔发展成为一座拥有 4 万人口的繁荣城市。

圣皮埃尔城距彼雷火山约 8 公里。

1902 年 5 月 8 日清晨，灿烂的阳光照耀在圣皮埃尔城上，人们走出家门，走向海边，开始了新一天的工作。7 时 52 分，“轰!”一声巨响，接着又是三声巨响，着实把圣皮埃尔城的居民们吓了一大跳，但是，此后，一切又归于宁静，人们下意识地看了看高耸的彼雷火山——那个瓶塞似的熔岩锥依旧牢牢地“塞”在火山口上，忐忑不安的心情才稍稍平静。但是，人们仍旧议论纷纷，议论的中心就是彼雷火山。

早在 2 月份，圣皮埃尔的居民们就发现了许多反常的现象，例如：银器的表面变黑了，鸟儿纷纷飞离了彼雷山的森林，许多动物都表现得烦躁不安。圣皮埃尔的居民知道这一切都是火山即将喷发的征兆，但他们已习以为常，所以并不在意。

4 月 23 日，彼雷火山山顶喷出了黑色烟雾，爆炸声接连不断，但折腾了数天，一切又重归于旧。

5 月 2 日，彼雷火山真的喷发了，汹涌的熔岩流吞没了距火山 3 公里远的一家糖厂，150 名职工遇难。市民们争先逃往郊外和距马提尼克岛 19 公里的法兰西堡。5 月 3 日，马提尼克总督洛易斯·穆蒂特召集岛上的有关人士召开了联席会议，与会者一致认为火山熔岩已倾泻入大海，岩浆已流完，火山不会再次喷发，于是动员外逃的人员返回马提尼克岛。

果然，到了 5 月 7 日，一切又都平静下来。5 月 7 日的夜格外静谧，人人都睡了一个好觉。

然而，人们没有想到，彼雷火山的暂时平静不过是一个假相，它正在积聚更大的力量，以期发生一次更猛烈的喷发。

7 时 59 分，又一个更沉闷的巨响响震全岛——“塞”紧在彼雷火山口的熔岩锥猛地被一股巨大的力量掀翻入天空中，一条令人目眩的“火龙”窜入空中，高达数百米，几乎与此同时，一团由蒸汽、岩浆、石块、泥土混合而成的蘑菇云遮住了太阳，以每小时 290 公里的速度向四周喷射，同时沿水平方向向南推进。

蘑菇云的温度在 700℃以上。灼热的气浪涌向大海，海水顿时沸腾。热浪过后，千千万万块炽热的岩石如雨撒下。紧接着，一条灼灼闪光的橙黄色火龙从火山口窜出，越过峡谷、树林、村庄，扑向圣皮埃尔城，所过之处，无不化为灰烬。

仅仅 3 分钟，繁华的圣皮埃尔就变成了一片废墟。

彼雷火山的突然爆发毁灭了圣皮埃尔，但是，有两个人却侥幸得以生存下来。其一是 28 岁的黑人鞋匠利昂·康佩尔·利安徒；另一位是 25 岁的囚犯奥古斯特·西珀里斯。

鞋匠利安徒在火山爆发的那一刻正好坐在自家门口，轰然一声巨响，他被掀翻跌倒在门后，当即昏迷过去。利安徒醒来后，发现全城到处是火，所有的人都已死去。专家们推测，当火山喷出的高温毒瓦斯横扫圣皮埃尔城时，利安徒极有可能因昏迷而屏住了呼吸，而且，坚固的门墙对他也起到了保护作用，利安徒没有吸入高温毒瓦斯，肺没有受伤，所以得以幸存。

利安徒漫无目的地在“死城”中逛游。第三天，当他走到市政府监狱附近时，忽然听到有人在呼救。利安徒闻声寻找，来到死囚牢房，砸开门锁，打开牢门，发现了遍体鳞伤的奥古斯特·西珀里斯。原来，西珀里斯被控犯有杀人罪，被判处死刑待执行。死囚牢房是个半地下室，只有一个小孔与外面相通。火山爆发后，热浪从小孔涌入囚室，西珀里斯裸露的部分全部被灼伤。西珀里斯不知道外面发生了什么事，整整两天，滴水未进。到了第 3 天，他听到外面有人在走动，于是拼尽全力呼喊，呼喊声终于引来了救星——鞋匠利安徒。

彼雷火山爆发不仅毁灭了圣皮埃尔城，还毁灭了停泊在圣皮埃尔港口的17艘远洋轮船、众多的木船、小艇及船上的人员。但是有一艘远洋轮船——英国货轮“罗达姆”号得以幸免于难，这要归功于临危不乱的船长弗里曼。

圣皮埃尔港是当时西印度群岛的贸易中心之一。5月8日上午7时左右，弗里曼驾驶“罗达姆”号驶入港口，由于要检疫，弗里曼将船驶入检疫码头，距其它船较远。

彼雷火山爆发，弗里曼听到爆炸声，立即从船长室跳出来，向机房发出命令：“全速前进!”随即进入驾驶室、亲自驾船。热浪迅速袭来，船几乎被掀翻，甲板上的23名装卸工有17人死亡。此时，机器已经启动，但“罗达姆”号只前进了30米就卡住了——锚还没有拔起。弗里曼把舵交给助手，跳出驾驶室指挥起锚，高温的甲板烧穿了弗里曼的皮鞋，烫伤了弗里曼的双脚，但是锚还是没有启动。弗里曼命令“全速倒车!”这时候，一股巨浪涌来，将“罗达姆”号高高地托起，“咔嚓!”锚链断了。弗里曼再次奔入驾驶室，亲自驾船，全速逃离圣皮埃尔港。

一小时后，弗里曼驾驶千疮百孔的“罗达姆”号驶抵马提尼克岛南面的圣卢西亚岛卡斯特里港。圣卢西亚的人们才从弗里曼口中得知圣皮埃尔与港口所有船只全部遇难。

5月10日，英国《泰晤士报》报道了圣皮埃尔毁于彼雷火山爆发的消息，举世震惊。

“泉神娶妻”与玛雅文明之谜

（1903 年）

“泉神娶妻”的传说

在墨西哥尤卡坦半岛上流传着一个古老的故事：

大约在公元 600 年左右，原来生活在墨西哥中南部的一支以栽培玉蜀黍为生的玛雅族人迁徙到了背靠太平洋、三面临海的尤卡坦半岛上。尤卡坦半岛土地贫瘠，遍地是多孔的珊瑚石，无任何河流可以灌溉，但是玛雅人却在尤卡坦半岛上建起了繁华的都市，创造了深奥的文字、独特的艺术和令人叹为观止的玛雅文明。

玛雅人是如何在荒凉、缺水的尤卡坦半岛上生存和创造了奇迹的呢？

玛雅人靠的是泉水。

尤卡坦半岛上有一些常年流水的泉眼。清澈的泉水汩汩地从泉眼中涌出，为玛雅人送去了饮用水，送去了生命，送去了繁荣。因此，玛雅人对泉格外尊崇，他们将尤卡坦半岛上一眼出水量最多的泉尊崇为“圣泉”，将“掌管”圣泉水的神尊为“泉神”。

圣泉位于玛雅人建在尤卡坦半岛上的古都——“智琼”郊外的一座悬崖下。“智琼”的意思就是“泉水旁的城市”（据考证：玛雅所有都市的名字几乎都以“泉”字命名）。

圣泉可以说是世界上最为壮观的泉之一。清澈甘甜的泉水从 40 公尺深处喷涌而出，气势不凡。出于对泉的感激和对泉神的敬畏，玛雅人在距圣泉仅 400 公尺的悬崖边修建了一座规模宏大的大理石神宫，神宫与圣泉之间有一条石路相连，石路的两侧是几十对插满羽毛的石雕蚺蛇，石路的尽头是祭坛，祭坛紧挨着圣泉。

玛雅族人的祭神仪式庄严而神秘，奢华而惨烈。

每逢久旱不雨、泉水枯竭的时候，玛雅人以为是泉神在发怒，于是，在祭司的带领下，族人聚集在圣泉旁举行隆重的祭神仪式，将金银珠宝和一位美丽的少女献给泉神。

少女是献给泉神做妻子的。

祭神仪式举行前，被选做“新娘”的少女要住在神宫中斋戒沐浴；“出嫁”那天，在呜呜作响的螺号声中，浩浩荡荡的“送嫁”队伍簇拥着“新娘”从神宫向圣泉进发——祭司长在前面开路，玛雅族人的头领、贵族和高僧随后，坐在椅车中、面纱垂肩的“新娘”居中，后面是长长的民众队伍，气氛肃穆而庄重。

到达圣泉边后，红衣祭司登上祭坛、虔诚地跪在祭坛上向泉神顶礼膜拜、祷告。然后，鼓声大作，螺号齐鸣，“新娘”被搀扶下椅车，6 个黑衣祭司走上前，将“新娘”高高地托起，缓缓迈着有节奏的步子登上祭坛，一声呐喊，猛地将“新娘”抛入圣泉中……

偶然的发现

多少年过去了。

泉神娶妻的故事一代又一代地在尤卡坦半岛上流传着，爷爷讲给小孙子听，小孙子长大了又讲给他的小孙子听，人们津津有味地听着，讲着，听着……从来没有人对泉神娶妻提出过质疑。

斗转星移，到了 16 世纪，西班牙殖民主义者荷枪实弹地踏上尤卡坦半岛。面对玛雅人在贫瘠的尤卡坦半岛上创造的辉煌文明，西班牙殖民主义者目瞪口呆。西班牙派驻尤卡坦半岛的第一任主教迭戈·德·兰达竟称岛上的精美建筑是“魔鬼的作品”，扬言要把它们全部摧毁。玛雅人似乎是预感到了什么，他们集体逃离了尤卡坦半岛（是逃离还是遭到集体屠杀？不得而知。此事迄今仍是一个未解之谜）。

玛雅人从尤卡坦半岛上消失了，但玛雅人创造的灿烂文明却遗存在尤卡坦半岛上，泉神娶妻的传说故事照旧在尤卡坦半岛上的其他土著居民之间代代流传。

又过了 200 多年。公元 1885 年，美国人来到了墨西哥，来到了尤卡坦半岛。美国驻墨西哥的领事艾奇·汤姆逊是一位富有探索精神和顽强意志的人。汤姆逊在听到泉神娶妻的传说之初，并未在意，他在尤卡坦半岛上游览、参观了玛雅人建造的太阳金字塔、天文台及其它建筑，还风尘仆仆地来到玛雅人的古都智琼的郊外，在空荡荡的神宫中走了一遭，甚至沿神宫前的石路走到圣泉旁，登上了祭坛。

1000 多年过去了，圣泉已变成了一眼黑气弥漫的瘴泉，原来从 40 米深处喷涌而出、清澈甘甜的泉水如今因泥沙、树枝的沉积，水深只有 20 多米，泉水混浊苦涩，令人难以下咽了。

汤姆逊还想起了泉神娶妻的传说，他苦涩地一笑，摇摇头，离开了圣泉。

汤姆逊回到了领事处驻地。美国人取代西班牙来到了尤卡坦半岛后从西班牙人手中接过来一些原始的文件，这些文件上积满了厚厚的灰尘，显然，已有很多很多年无人触动了。汤姆逊将这些文件搬到桌上，扫去文件上面的积尘，一页一页地翻开，慢慢地往下阅读。突然，汤姆逊眼睛一亮，“玛雅人的祭神仪式……”文件中详细地记载了玛雅人为泉神“娶妻”的时间、场面、经过。

“这可是官方文献啊！……”

汤姆逊眼望着一行行清晰的文字，陷入沉思。

玛雅人在尤卡坦半岛上建造了许多气势非凡的金字塔，以太阳金字塔为例，塔基长 225 米，宽 222 米，与埃及最大的胡夫金字塔大致相等。太阳金字塔也是呈“金”字式的等边三角形，塔的四面正好朝着东、南、西、北四个方向。太阳金字塔的天文方位精确得令人感到震惊：天狼星的光线，经南面墙上的气流通道，可直射到长眠在上层厅堂中的死者的头部；北极星的光线，经北面墙上的气流通道，可直射到下层的厅堂。玛雅人建造的天文台同样充满了神奇。以奇钦·伊查天文台为例，天文台顶部有对准各个星座的天窗，从上层北面窗口厚达 3 米的墙壁所形成的对角线望去，能够看到春分、秋分落日的半圆；从南面窗口的对角线，精确地指着地球的南极和北极。

玛雅人有着极为精确的历法，他们测算地球一年是 365.2420 天，与现在的准确数值（365.2422 天）误差仅有 0.0002 天，即 5000 天不差过 1 天。玛雅人测算的金星年是 548 天，与现代运用高科技手段测算出的金星年相比，在 50 年内误差只有 7 秒……

拥有如此灿烂文明的玛雅民族为什么要为“泉神”“娶妻”呢？

这其中的奥秘在哪里呢？

汤姆逊在反复思索之后，决心向神秘的玛雅文明挑战，揭开“泉神娶妻”之谜，揭开玛雅文明之谜。

神宫探险

汤姆逊辞去了领事职务，孤身一人来到空荡寂寞的神宫前。

神宫呈阶梯式金字塔形，地基面积60平方米，高30米，全部用大理石嵌砌而成。千余年的风风雨雨过去，神宫早已失去了它原有的华丽色彩，在与荒草野兔为伴中变得格外的冷清、沉郁。

汤姆逊从踏勘神宫开始，揭开了向玛雅文明挑战的序幕。对于汤姆逊来说，神宫内外的一切都是个未知数，因为没有任何文字资料可供他查阅，也没有任何人可以向他提供信息（玛雅人已从尤卡坦半岛上消失）。

神宫外，草木枯黄了又变绿，变绿之后又枯黄。弹指之间，20年过去了。在这漫长的20年中，汤姆逊搜遍了神宫内的每一块地板方砖、每一个角落、每一处石壁，查遍了神宫外的每一级大理石台阶、每一尺石铺的路面、每一尊石雕蚺蛇像，但汤姆逊却一无所获——连蛛丝马迹也不曾得到过。汤姆逊为这20年付出了极大的代价，跌跛了一条腿，因丛林热病而掉光了头发。

汤姆逊坚信史籍的记载不会有错，认为自己之所以毫无收获是因为还没有找到打开奥秘的钥匙。汤姆逊冷静地分析了20年来的神秘历程，重新确定了探索神宫奥秘的重点地区，把目光盯在了神宫中。每天，汤姆逊手握小锤进入神宫，蹲在地上，举起小锤向地板方砖不同部位敲去，地板方砖发出清脆悦耳的响声，不同的部位响声各异。汤姆逊把方砖不同部位发出的响声牢牢记住，然后再去敲击邻近的一块方砖，仍旧是敲击不同的部位。汤姆逊不停敲击方砖，不停拿邻近几块方砖作参照物，相互对比，以期找到不同之处。汤姆逊认为神宫的奥秘有可能隐藏在神宫下面，而能揭示神宫地下奥秘的通道就在铺在神宫地面的地板方砖中。

一年又一年过去了，汤姆逊敲遍了神宫地面上的所有地板方砖，仍然两手空空。

神宫探秘的生活枯燥、乏味。一天到晚，不要说看不见一个人影，就是连一只老鼠的影子也无处寻觅。汤姆逊毫不气馁地在神宫中寻觅着，敲打完每一块方砖的不同部位后，他又将目光移向神宫四周的大理石墙壁，然后，再回到神宫的地面，更细心、更有分寸地挥动小锤向方砖敲去……

又十多年过去了。汤姆逊的额前增添了许多皱纹，双手布满了厚厚的茧子，但他毫不动摇地拖着一条跛腿出入神宫，蹲在神宫的地面上，挥锤向地板方砖上敲去。

命运之神终于被汤姆逊百折不挠的意志所感动了——一天，汤姆逊挥锤向一块地砖敲去，“当!”“当!”这样的声音他不知听到多少遍了，但这一次他忽然觉得有些不对劲儿。“莫非？……”

汤姆逊急忙抽出随身携带的利刃，小心地插入方砖四周的缝隙中，企图将方砖撬开，但是却没能如愿。汤姆逊激动的心情慢慢平静下来，细心地在石制的地板方砖周围及附近搜寻，终于找到了一个打开地板的机钮。

地板的下面是一个十分宽大的地下室。

汤姆逊点燃火把进入地下室，宽大的地下室内空荡荡的，正中安放着一个3~4尺见方的大石礅。汤姆逊走到石礅前，用力将石礅推开，石礅下赫然出现一个四方形的大蟒蛇，大蟒蛇昂首吐芯，夺洞而出。汤姆逊拔出手枪，向蟒蛇连击数枪，把蟒蛇击毙，然后，小心翼翼地下到洞中。

洞中有两具人骨和一个大石礅，再无它物。

汤姆逊再次把石礅挪开——石礅下又出现一个黑乎乎的洞，于是，汤姆逊一连挪开了5个大石礅，最后进入一个大洞穴。在火把的光照下，汤姆逊发现在一块凿得相当光滑的岩壁上，隐隐显出一道长方形的缝隙。汤姆逊举刀把洞缝隙灰尘岩泥剔除干净，原来是一道门，推门而入，一排石阶环曲而下，石阶两旁是石雕的“羽蛇”。下至阶梯尽头，汤姆逊进入一间空无一物的低矮的地下室。

地下室的地面上积满了灰尘。

汤姆逊将厚厚的灰尘扫向一边，一块色泽与周围迥异的大石板露了出来。汤姆逊将石板撬开，下面又是一个大洞——黑魆魆的大洞，即使把火把伸下去，也看不到洞内有些什么。

汤姆逊随身携带了一根很长的绳索。他把绳索的一端在地下室门外的“羽蛇”石雕上系牢，将绳索的另一端抛在阴森森的洞中，然后攀援而下。

好久、好久，还是没有下到洞底，汤姆逊心中有些发毛，就在这时候，他的右腿碰到了什么东西，“哗啦啦—”一片乱响，汤姆逊双手一松，跌坐在洞底。

汤姆逊哆哆嗦嗦地点燃火把。

这是什么？汤姆逊简直不敢相信，他自己是坐在一个硕大的财宝堆上——在这个深15米的洞穴中，在他的身下，闪闪发光的黄金、珍珠、金手镯、精美的玉器、嵌满了宝石的花瓶……堆满一地！

“泉神娶妻”的真相

汤姆逊揭开了神宫的奥秘，但是，他矢志不渝所追求的是解开“泉神娶妻”之谜。

汤姆逊把目光移向深奥莫测，瘴气弥漫的圣泉。

为了对圣泉有个真实的了解，就必须下到圣泉里面去。为此，汤姆逊学会了潜水。汤姆逊冒着生命危险，先后4次潜入20米深的圣泉中，以致两个耳朵因中耳炎变聋。即使如此，汤姆逊仍回到美国，购买了一部新型疏浚机，借助疏浚机的帮助，汤姆逊一步步下到了圣泉的底部。最初几天，汤姆逊收获的是落入圣泉中的枯枝败叶；再往下挖下去，汤姆逊收获的是石块和臭烘烘的污泥；继续向下，汤姆逊收获的是精致的香料盒子、一只绿玉箭镞和一件黄金手镯；再向下，汤姆逊收获的是彩绘花瓶、乌玉斧头、檀木香炉、蓝宝石印……

终于，一具少女的尸骨出现了。

接着，又一具，具……

“泉神娶妻”并非一个神话，而是一个荒唐、愚昧的事实。

古老的传说是真的。

1903年，汤姆逊将他在神宫和圣泉中发掘出来的宝藏和尸骨公布于世，令世人为之震撼。汤姆逊为此发表了激动人心的演讲，在赞颂玛雅人创造辉煌文明的同时，又对伟大的玛雅文明中的愚昧作了淋漓尽致的揭露。汤姆逊说道：“故事虽然已过去千百年了，但‘泉神娶妻’中的残酷、惨烈的一幕仍不时浮现在我的眼前。每当我捧起这些无辜‘新娘’的头骨时，我的心在颤抖……”

为了这一切，艾奇·汤姆逊跌跛了一条腿，掉光了头发，弄聋了两个耳朵，还付出了近40年的光阴！

新的谜团

毫无疑问，神宫密室中的巨大财宝是玛雅人留下来的，但是，那些财宝是酬神的岁贡，还是神宫的镇宫之宝？

神宫中的守宫蟒蛇是如何度过漫长的几百年（至少是这样）的岁月的？

玛雅人所创造的辉煌文明，现代人必须凭借最先进的科学仪器才能做得到，但是，他们为什么又要作为泉神娶妻这样愚蠢至极的事情呢？

或许，有极为先进的玛雅族人与极为落后的玛雅族人之分？

玛雅人有自己的文字。玛雅人的文字是由 800 个符号和图形组成的象形文字，词汇多达 3 万。1966 年，有人试译了奎瑞瓜山顶上的一块玛雅文石碑，发现碑文所记载的内容竟是一部编年史，上面记载着 9000 万年以前的事情！

人类从诞生至今不过区区 800 万年—是破译者译错了碑文吗？

玛雅人至少在公元前 4 世纪就有了“0”这个数字概念，其数系特点是 20 进位，以计算时间为例，他们的单位是：

20 金（天）=1 乌纳（月）　18 乌纳（月）=1 盾（年）

20 盾 =1 卡盾　20 卡盾 =1 伯克盾　20 伯克盾 =1 皮克盾

20 皮克盾 =1 卡拉盾　20 卡拉盾 =1 金奇盾　20 金奇盾 =1 阿托盾

换一种说法：

1 阿托盾 =64000000 盾（年）=23040000000（天）

6400 万年！这是一个天文数字。玛雅人为什么要创造这样大的一个数字呢？

1935 年，考古学专家们在尤卡坦半岛帕伦克神庙中发现了一幅刻在石棺上的浮雕，专家们认为那是一艘宇宙飞船的剖面图。

可不可以这样说……

在尤卡坦半岛上创造了不朽文明的玛雅人是一群来自外星球的人，他们与当地的土著人友好相处，后来，他们离开了地球，并把所创造的一切都留给了对他们顶礼膜拜的土著人……

“泉神娶妻”之谜已经揭底。

“玛雅文明”之谜何时才能大白天下？

这世界太神秘了。

人们啊，勇敢地去探索吧！

莱特兄弟发明飞机

（1903 年 12 月 17 日）

美国东海岸哈特勒斯角海区有一条狭长的沙滩——人称“外浅滩区”。

外浅滩区是一个海风劲吹的地方。

外浅滩区是人类航空事业的摇篮。

1903 年 12 月 17 日，美国俄亥俄州戴顿市的莱特兄弟就是在这个狭长的沙滩上试飞了世界上第一架动力飞机，拉开了人类的航天序幕。

莱特兄弟——哥哥威尔伯·莱特（Willbur Wright）弟弟奥维尔·莱特（Orville Wright），兄弟俩从小就对机械感兴趣。莱特兄弟的父亲是一位牧师，曾去欧洲旅行，回国时给兄弟俩带回来一个用橡皮筋作动力的能在空中飞行的玩具，兄弟俩爱不释手，接连仿制了几个飞行玩具，都成功了。但是，在仿制尺寸很大的飞行玩具时，却接连遭到失败。

奥维尔·莱特在后来回忆说：他们制造飞机的含义正是源自父亲给他们的那件用橡皮筋作动力的飞行玩具。

青年时，莱特兄弟阅读了一本鸟类学的书，兄弟俩展开讨论：鸟儿能展动双翅自由地在空中飞翔，人能不能“造”出一对“翅膀”，同样在空中飞？从此后，莱特兄弟广泛阅读了有关飞行的书籍和鸟类飞行原理的论著，立志要实现人类飞向空中的梦想。

莱特兄弟没有受过高等教育，要制造出一架飞行器，一切都必须从零开始。1895 年，兄弟俩开了一间自行车修理和制造做坊，同时开始研究制造飞机。莱特兄弟虚心地向一切可以求教的人求教，在研制飞机时重视试验。1899 年，威尔伯·莱特向当时的权威性组织——斯密森学会求教，得到了学会副理事长腊斯本的热情鼓励，腊斯本还赠给莱特兄弟一大批航空书籍，这使得莱特兄弟喜出望外，也增强了研究制造飞机的信心。

在当时和 1895 年以前，包括大发明家爱迪生、马克沁机枪的发明者马克沁爵士、电话发明者贝尔在内的一大批热衷于飞行的科学家、发明家在研制飞行器的道路上都屡屡受挫，李林塔尔和皮尔彻甚至在试飞中献出了生命。莱特兄弟向他们和他们的著作求教，收益不浅。

从 1900 年到 1902 年，莱特兄弟先后制成了三架滑翔机，进行了上千次飞行试验。莱特兄弟有时从坡顶向下滑翔，有时像放风筝似地临风升入空中，每次都将滑翔机的升力、阻力、速度等数据记录下来。兄弟俩还对滑翔机的横向、纵向操纵进行了一次又一次的修改。这期间，莱特兄弟设计制造出了测量升力、阻力的仪器，还搞了一个小型风洞，以精确测定气流吹到薄板上而产生的升力。为了制造出动力装置的新飞机，莱特兄弟向汽车制造商们求助提供一台 8 马力的发动机，但没有一家公司愿意为制造莱特兄弟所需的航空发动机出钱、出力。幸好，一个叫泰勒的自行车技师被莱特兄弟的赤诚所感动，花了一个半月时间，帮助莱特兄弟制造出一台 12 马力的活塞式发动机，解决了飞机的动力问题。此后，莱特兄弟又研制出在当时首屈一指的螺旋桨，这种螺旋桨足以使当时搞舰船工程和航空研究的专职人员汗颜。莱特兄弟将发动机装到飞机上，用链条带动两个推进式螺旋桨，这样，一架有动力的飞机就制造出来了。

莱特兄弟将他们研制出的第一台有动力飞机称为“飞鸟”。

“飞鸟”长 6.5 米，翼展 12.3 米，全机重 280 公斤（其中，活塞式发动机重 77 公斤）。“飞鸟”之所以这样轻是因为机身骨架和机翼是用又轻又坚实的枞木和桉木制成，螺旋桨也是枞木的。“飞鸟”与现代飞机外形的最大差别是：“飞鸟”的前面有一对小翼（即水平尾翼移到了机首），它起着升降舵和水平安定面的作用；其主翼的翼角十分柔软，可用绳索牵引而收卷起来，近似于现代飞机的副翼；“飞鸟”的尾部安装了带舵面的垂直尾翼。

“飞鸟”可绕三个轴线改变航向。

1903 年 12 月 17 日，莱特兄弟在哈特勒角的外浅滩区河滩上正式操纵“飞鸟”试飞。试飞一共进行了四次，第一次由弟弟奥维尔·莱特操纵，在 12 秒钟内飞行了 36.5 米；第二次，“飞鸟”飞行了 13 秒钟，飞行距离为 66 米。第三、四次由哥哥威尔伯·莱特操纵：第一次，“飞鸟”在 13 秒钟内飞行了 99.4 米，第二次，“飞鸟”飞行了 59 秒钟，飞行距离为 260 米。

威尔伯·莱特的第二次飞行纪录就是后来得到世界公认的人类第一次自由飞行纪录。莱特兄弟的飞行，是人类历史上第一次以发动机为动力的可操纵的载人持续飞行。

1904 年，莱特兄弟设计、制造了第二代、第三代飞鸟。第三代飞鸟能够作倾斜、转弯和做圆圈飞行、8 字飞行，持续飞行 38 分钟，飞行距离达 38.6

莱特兄弟制造的飞机

公里。莱特兄弟确信“飞行器的时代终于来到了”。兄弟俩在1908年8月8日举行了一次公开的飞行表演，这次表演成了全世界的头条新闻。参加表演的飞鸟翼展宽12.19米，所装的一台30马力的四缸发动机驱动两副推进式螺桨、机体自重363公斤，飞行速度为56—64公里/小时。

很快，莱特兄弟与美国陆军签定了在美国制造莱特飞机的协议。

莱特兄弟制造的最后一架飞机是1915年L型飞机，它是一种单座军用侦察机，装有一台70马力的六缸莱特发动机。

莱特兄弟为人类的航天事业倾注了毕生精力。兄弟二人都未曾结婚，终生以飞机为伴。威尔伯·莱特于1912年5月30日死于伤寒病。奥威尔·莱特于二战结束之际谢世。

莱特兄弟于1903年12月17日试飞的第一架“飞鸟”，现在存放在美国华盛顿国家航空和宇航博物馆中。

莱特兄弟的成功极大地鼓舞了欧洲及世界各地的飞天探索者。从此之后，各种类型的侦察机、战斗机、轰炸机、运输机、民用客机……纷纷飞上了蓝天，人类的飞天梦想终于变成了现实。

损失惨重的旧金山大地震

（1906 年 4 月 18 日）

1906 年 4 月 18 日 5 时 12 分，大多数旧金山的市民还沉浸在甜蜜的梦乡中。突然，一阵奇异的“嗡嗡隆隆”声从东南方传来，声音越来越响亮，犹如千军万马在狂奔，又好似上千门大炮在怒吼。从梦中惊醒过来的人们还来不及弄清楚发生了什么事，地表面如波浪一样起伏不定，“浪”与“浪”之间明显地凹下去，“波谷”至“浪峰”有几英尺高。刹那间，高楼大厦东摇西晃，裂开的地面不时喷出大量的水和泥沙，个别地区还从裂缝中喷出令人窒息的有毒气体……

这就是美国历史上损失惨重的旧金山大地震。

坐落在美国西部海边的旧金山是 19 世纪中叶在“淘金”的狂潮中崛起的一座历史名城，在美国的华侨们称之为“金山”，后来为区别澳大利亚的墨尔本（又称“新金山”），才改为“旧金山”，美国人则称它为圣佛兰西斯科，这是为了纪念最早发现了旧金山的佛兰西斯·托勒克爵士的缘故。

旧金山大地震的震级为 8.3 级，震中烈度为 11 度，美国西部 96 万平方公里土地都在地震中颤抖。旧金山不在震中，烈度仅为 9 度，但是由于断层穿过本市，许多建筑物刹那间倾毁。一切房屋震裂，切出深深的断痕，随后又是一阵震动，房屋轰然坍毁。旧金山城市建筑以木结构为主，烟囱倒塌，火炉倾翻，导致全城多处起火。大火迅速蔓延，又引发了一个大油库的爆炸，全城陷于烈焰浓烟之中。旧金山市当局出动军队和消防队救火，但自来水系统因地震而瘫痪，水龙车接不到水源。熊熊大火在全城足足燃烧了三天三夜。最后，军队用炸药包在火区边缘炸开了一条隔离带，才控制住火势的蔓延。

在这次大地震中，旧金山城有 2.3 万所房屋毁于大火和地震之中，有 6 万多人因大火和地震死亡，有 25 万多人无家可归，直接财产损失达 5 亿美元。

是什么原因造成了旧金山的大地震呢？罪魁祸首是地壳断层。更确切地说，是世界闻名的，位于东部环太平洋地震带上的圣·安德列斯断层。

什么是地壳断层呢？地壳中断裂很多，但这些断裂不一定都是断层，只有断裂开的两边岩层发生位置相对的错动后，这个断裂才能被称为断层。

圣·安德列斯断层是太平洋板块上的一个古老的转换断层，它南起墨西哥的加利福尼亚湾，朝西北向美国境内延伸，至旧金山北面的门多西诺角入海，全长约1000公里。

旧金山城就坐落在圣·安德列斯断层上面。

大约在1000万年前，太平洋板块与北美板块在此处连接在一起，后来，太平洋板块向西北移动，北美板块滑向东南，两大板块之间的裂隙越来越大。根据科学家们的长期观测，圣·安德列斯断层每年以平均2.5～5厘米的速度移动，迄今已深入地壳32～48公里，宽度从几米～1600米不等。科学家们还发现，断层在移动过程中，由于移动的速度分布不均匀，断层各处所受的力不相同；当所受力达到一定程度时，该区域岩石承受不住巨大压力，突然崩溃，形成新的断层——于是，一次强烈的地震就会发生。

是圣·安德列斯断层的大错位使旧金山毁于一旦。地震之后，旧断层部位新出现一条430公里长的破裂带，东北侧下沉0.9米，南方位移6.3米，另有一条断层从主断层处分开，穿过旧金山市区，沿东北——西南走向伸向大海。有趣的是：1948年，人们在旧金山东南的霍利斯特镇修建工厂时，误将厂房建筑在圣·安德列斯断层上，由于圣·安德列斯断层是处在不停地移动中，厂房从房顶到墙角沿西北——东南方向裂开一道缝隙。20年后，厂房一分为二，一半在太平洋板块上，另一半在美洲板块上，相对错开的距离达25厘米。

科学家们还指出：圣·安德列斯断层终有一天会随着太平洋板块一起与大陆分离的。如果太平洋板块以平均每年3厘米～8厘米的速度向大洋中漂移，4000万年后，旧金山将会变成太平洋中的一个海岛。

通古斯大爆炸

（1908 年 6 月 30 日）

1908 年 6 月 30 日上午 7 时 17 分，一团巨大的火球疾驰入俄国西伯利亚中部通古斯地区的上空，随即发生了威力比广岛原子弹大 1000 倍的猛烈爆炸。刹那间，天空中闪现灼目的强光，比太阳还要亮。爆炸的碎物四处飞射，成千上万棵粗大的树木倒伏在地上，动物们惊恐地四处奔逃，大地犹如地震般地颤抖起来。

爆炸激起的飓风将一些大树连根拔起。强大的冲击波将骑在马上的牧民掀落在地，一些人被声波弄得头晕目眩，甚至昏死过去。居住在通古斯地区的埃文基人以为是传说中的火神奥格达来到人间，诚惶诚恐，屈腿长跪，合掌祈求……

爆炸的声响传至 1000 公里外。熊熊大火燃烧了好几天。大爆炸后整整 3 天没有黑夜，在方圆几千平方公里内，天空都映泛着明亮的橙色光芒。与此同时，天空中还不断出现奇形怪状、闪着银光的云团，当太阳光穿透云团时，云团就会射出奇异的绿光和玫瑰色光。

西伯利亚伊尔库茨克的地震仪记录下了这次不寻常的事件。地震仪测得的数据表明：在伊尔库茨克城以北 1600 公里处发生了一次中等程度的地震。

这就是震惊世界的通古斯大爆炸。

通古斯大爆炸发生在交通极不便利的偏僻地区，所以，大爆炸发生后，整整 19 年，没有一位科学家涉足通古斯。但是，人们并没有将这起不寻常的事件遗忘。

1927 年 5 月 30 日，俄国地质学家 L·库列克经过 3 个多月的艰难跋涉，终于来到了通古斯大爆炸的现场。

通古斯大爆炸的中心是一块森林沼泽地。站在沼泽地遥望四周，烧焦的树木由中心朝外呈辐射状倾倒。库列克认为通古斯大爆炸是由一颗闯入地球的陨石造成的，但是库列克在爆炸现场没有找到任何陨石坑或陨星的碎片。

库列克又向邻近的村民了解情况，村民们回忆说，他们听到了恐怖的巨响，一些人被一股强大的力量推倒在地，随即刮起了大风。一些目击者则宣称，他们看到了一个大火球划破天空坠向地面。

库列克将自己的发现公之于世，通古斯大爆炸这才为世人所知。

从 1928 年至 1942 年，库列克在前苏维埃科学院的支持下，先后三次到通古斯进行考察。库列克及其考察队员们几乎搜遍了森林沼泽地的每一个角落，期望能找到陨石碎片，但一无所获。库列克先后搜集了几十个目击者的报告，但一半目击者称火球向北飞去，其他目击者称火球向西北或向西飞。在这一种情况下，苏维埃科学院作出结论："天体并未到达地面，而是在距地面 7000～8000 米上空爆炸。"

1946 年，前苏联工程师兼陆军上校亚历山大・卡赞契夫提出一个新的观点：只有原子弹爆炸才能造成通古斯的奇光。卡赞契夫又说：在 1908 年，人类不可能制造出原子弹，因此那是一艘外星人的太空飞船爆炸所致。卡赞契夫的新观点得到了许多人的赞同。1958 年，一本名为《天外来客》的书应运而生，畅销全国。前苏联西伯利亚图穆斯科生物学和生物物理学研究所所长根纳第・普克诺夫于 1959 年和 1960 年两度率队到通古斯考察，以期监测异常的放射性现象、搜索爆炸的残片，但均无所获。不过，托姆斯克大学的数学家威尔海姆・福斯特在多次赴通古斯考察后，积 35 年心血，绘出了通古斯周围 2200 平方公里的倒树面积分布图。根据福斯特的"倒树面积分布图"，科学家们计算出：通古斯的树木是被来自 6000 米高空的自东向西飞行的物体爆炸所击倒，爆炸所产生的能量相当于 1000 万吨～2000 万吨 TNT。

1989 年，随着前苏联的解体、冷战的结束，世界各国的科学家相继进入通古斯，对通古斯大爆炸又提出了新的见解。

意大利物理学家梅诺提・盖里和他的朋友物理学家杰西普・朗哥认为通古斯大爆炸是彗星爆炸所致。朗哥说："如果确系彗星爆炸所致，那么在树的年轮里可以找到碳 14。"

朗哥等人在爆炸中心 8 公里的范围内发现了 6 棵幸存的云杉，从云杉中取出了 13 个胡萝卜大小的核样。朗哥还从近爆炸中心的松树树脂 5854 及落叶松根部——图穆斯科云杉中分别分离出 5854 颗、1138 颗微粒。经过对微粒的精确检测——它们分属 3 个时间段，1885 年至 1901 年，1902 年至 1914 年，在 1902 年至 1914 年时间段内，相当数量的微粒含有异常高水平的铜、金、镍等元素，朗哥称之为"高～Z 粒子"，爆炸时期的"高～Z 粒子"的含量是爆炸前后的 10 倍多。

朗哥认为，高 ~ Z 粒子可能来自地球之外。但是朗哥及其同事们无法证明，爆炸的物体是彗星？还是陨星？

1993 年，美国普林斯顿大学的行星学家 C・齐巴试图用计算机模拟技术来解开通古斯大爆炸之谜。齐巴建立了模拟方程式，先后排除了碳质陨星、铁质陨星和彗星的可能性，最后得出结论：只有直径为 60 米的陨石以 45°角进入大气层才能产生出与现场遗迹相同的爆炸效果。

1995 年 7 月，独联体、英国、比利时、意大利、新西兰各领域的专家们聚集一堂，再次使通古斯大爆炸研究升温。这次聚会主要基于下列事实：

与周围相比，爆炸中心的生物突变率要高 10 倍，草、松树、沼泽中的蚂蚁和基因都发生了变异；

埃文基人患肿瘤和放射性疾病的概率要比其它地区高得多；

通古斯爆炸地区的树木及其它植物至今长得又快又密。

博隆大学的杰・隆戈教授分析了 6000 份松柏的树脂，这些树脂与爆炸同龄，是爆炸后分散在空气中的细小微粒的自然吸收物。隆戈发现了一些重要物质——磁铁、金等，而这些物质通常不属于彗星。

在所有试图解开通古斯大爆炸之谜的尝试中，前苏联科学院院士彼得洛夫的见解最为有趣。彼得洛夫说，通古斯宇宙来客是一颗由固态氢组成的彗星，其重量约 500 万吨，彗星头部直径不会超过 300 米。该彗星在进入地球大气层时，头部迅速蒸发，在抵达距地面 20 ~ 30 公里空中时，光化学和电离反应遭破坏，彗星熔化而产生的游离氢与臭氧结合，瞬息之间，面积宽达几千平方公里的臭氧层被破坏，因此形成了一个“窟窿”，“太阳风”乘虚而入，带电的粒子流引发新的辐射，而放射性能改变生物的遗传密码，引发疾病和促进植物生长。另一方面，迅猛的爆炸释放出的能量和“太阳风”使惰性气体氮的化学性质变得活跃，引发了氮与氢、氮与氧的化学反应，这些化合物落到湖泊、沼泽、低陆地，溶解其中，变成了氨水及浓度很稀的硝酸、尿素等，从而促进了植物的生长。

通古斯大爆炸迄今已有 90 年，尽管科学家们提出了种种猜想，但爆炸之谜仍未解开。

了解通古斯大爆炸的真相对于研究预防陨星碰撞地球有着巨大的意义，这就是世界各国的科学家无怨无悔地赴通古斯考察的原因。

辛亥革命

（1911 年 10 月 10 日）

1911 年 10 月 10 日，以中国同盟会为首的革命志士在湖北武昌发动新军举行起义，武昌起义得到了全国各省革命力量的热烈响应，一举推翻了腐朽的清王朝，结束了中国 2000 多年的封建专制，建立了中华民国，孙中山被推举为临时大总统。

1911 年是中国农历的辛亥年，因此，中国近代史上的这一次伟大的资产阶级民主革命被称为“辛亥革命”。

革命志士，前仆后继

中日甲午战争后，中国的民族危机更为加深，以康有为、梁启超为代表的资产阶级改良主义者上书光绪皇帝，请求“维新变法”。

1898 年（戊戌）年 6 月 11 日，光绪帝颁布“定国是”的诏书，此后又连续颁发了许多诏书，实行“变法”。然而，光绪帝不过是个空头皇帝，大权则操纵在顽固的守旧派西太后及其亲信荣禄等人手中，当“维新变法”日益威胁到这些人的切身利益时，西太后露出了狰狞面目，她不但囚禁了光绪帝，还将谭嗣同、杨锐、刘光第、林旭、杨深秀、康广仁（史称“六君子”）等 6 人杀害，康、梁二人被迫逃亡，这就是史称的“戊戌变法”。“戊戌变法”仅经历了 103 天，它的沦亡宣告了资产阶级改良主义的彻底失败。

“戊戌变法”的失败使广大的爱国志士放弃了改良主义的想法，他们四处奔走，寻求救国救民的新途径。孙中山、黄兴、陈天华、邹容就是这众多的爱国志士中的豪杰。

孙中山于 1866 年 11 月 12 日出生于广东香山县，青年时期在广州行医，就开始了反清活动。中日甲午战争后，孙中山上书李鸿章，要求变法自强，李鸿章未予理睬，孙中山由此认识到要想救国必须推翻清朝统治，建立共和国。从此，孙中山放弃改良主义的想法，远渡重洋，到达檀香山，创立了兴中会，建立起革命组织。1899 年 11 月，孙中山与国内的哥老会、三合会取得联系，三会合并成“兴汉会”，孙中山被推为总会长。1905 年 8 月 20 日，孙中山又与华兴会、光复会、科学补习所等革命团体一起组成了“中国同盟会”，提出“驱除鞑虏，恢复中华，创立民国，平均地权”的革命主张。1895 年 1 月，孙中山由檀香山返回香港，准备在 10 月 26 日发动广州起义，不料，清廷觉察了孙中山的计划，一些革命党人惨遭杀害，广州起义夭折。孙中山没有气馁，又连续筹划了十次武装起义，但均以失败告终。

黄兴是湖南善化县（今长沙县）人，任华兴会会长。1904 年，黄兴策划长沙起义，因泄密而失败。中国同盟会成立，黄兴任执行部庶务（仅次于孙中山）。1907 年，黄兴发动镇南关起义，他亲临战场指挥战斗，与清军激战 10 多天才撤离镇南关。此后，黄兴又多次指挥武装起义，与清军浴血奋战。1911 年，黄兴在广州发动了震惊全国的黄花冈起义。起义前，黄兴留言：“本日驰赴阵地，誓身先士卒，努力杀贼，此书当以绝笔。”战斗中，黄兴的右手食指和中指被击断，黄兴仍坚持指挥战斗。黄花冈起义最终失败，但“是役也，碧血横飞，浩气四塞”，“直可惊天地，泣鬼神，与武昌革命之役并寿”（孙中山语）。

陈天华是湖南人。1904 年，陈天华与黄兴在长沙成立华兴会，并计划在慈禧生日之日发动武装暴动。但因走漏风声，起义中止，陈天华逃亡到了日本。陈天华有“革命党之文豪”的美称，其作品《猛回头》、《警世钟》在国内引起巨大反响。为了唤起依然沉睡不醒的同胞，陈天华于 1905 年 12 月 8 日在日本大森海湾投海殉国，年仅 31 岁。

邹容是辛亥革命时期年轻的民主主义革命者和杰出的爱国政治宣传家。在日本留学期间，邹容奋笔疾书《革命军》，揭露清朝统治者的腐败、反动。《革命军》是一部 20 世纪中国的《独立宣言》。它告诉人们：中国要想独立富强，就“不可不革命”。邹容在《革命军》中疾呼：“天清地白，霹雳一声，惊数千年睡狮起舞，是在革命！是在独立！”《革命军》问世后，全国各地纷纷翻印，达上百万册。清朝统治者对邹容恨之入骨，他们勾结帝国主义将邹容抓入监狱，百般折磨，1905 年 4 月 3 日，邹容在狱中遇难，年仅 21 岁。

沧海横流，方显出英雄本色。正是因为有千千万万革命志士前仆后继的战斗，才有了武昌起义的革命成功。

武昌起义

湖北武汉是革命志士云集的地方。从1904年起，宋教仁等人就在武汉组建了秘密革命团体“科学补习所”，以补习科学为名，秘密进行革命宣传。革命者还充当士兵，从清军内部进行活动。自1905年至1911年，革命者先后在武汉组建了“日知会”、“军队同盟会”、“群治学社”、“振武学社”、“文学社”、“共进会”等革命组织，武汉驻扎着清朝湖北新军约16000人，其中有5000余人是“文学社”、“共进会”的成员，分布在步、马、炮、工、辎各军营及学校中。

1911年9月24日，“文学社”和“共进会”联合组成统一的最高领导机关，推举蒋翊武、王宪章、孙武分别担任正、副总指挥及参谋长，决定在中秋节（10月6日）上午发动起义，后因走漏消息，改为10月9日。

10月9日上午，孙武在汉口宝善里机关制造炸弹时，因炸弹爆炸而负重伤，炸弹大爆炸惊动了俄租界巡捕，起义用的旗帜、文告及印信被巡捕搜去并转给清政府湖广总督，总督一面加紧搜捕革命党人，一面下令关闭武昌城门，形势异常严峻。10月10日晚9时，驻武昌紫阳湖东岸的工程八营革命党总代表熊秉坤下令打响了武昌起义的第一枪，革命党人迅速占领了楚望台军械库，接着又控制了武昌中和门。几乎与此同时，新军十五协的29标、30标及驻城外塘角的辎重营、驻湖南的炮队也发动起义。起义队伍在武昌中和门会师后，向湖广都署发动攻击，清总督仓惶逃走。11日清晨，起义完全占领了湖北首府武昌城。

10月11日，武汉三镇（武昌、汉口、汉阳）全部为起义军掌握。

至此，武昌起义宣告成功。

孙中山就任临时大总统

武昌起义成功后，清军大举南下，企图消灭起义军，一时间，汉口战事十分吃紧，局势岌岌可危。

10月28日，黄兴匆匆赶到武昌，被推举为总司令，所有各省军队，均听其调遣。黄兴在极端困难的情况下，身先士卒，与清军展开决战，为革命做出了重大贡献。在黄兴与清军血战期间，全国24个省区已有15个省宣布脱离清王朝独立，清王朝的统治顿时呈土崩瓦解之势。

孙中山先生与夫人宋庆龄和总同盟会会员等在杭州留影

11 月 28 日，黄兴乘轮船离武昌到达上海。12 月 2 日，革命党人占领了南京，革命力量的中心也从武昌转移到了南京。

辛亥武昌起义的第二天（10 月 11 日），孙中山远在美国科罗拉多州的丹佛市。孙中山从报纸上看到了“武昌为革命党占领”的消息后，离开美国，经英国、法国，历时月余，于 12 月末抵达上海。

孙中山抵达上海之时，各省代表已云集上海，决定以南京为临时政府所在地，但在临时大总统的人选问题上意见相佐。鉴于孙中山为革命做出的卓越的贡献，各省代表选举孙中山为临时大总统。

1912 年 1 月 1 日，孙中山在南京宣誓就职，宣告中华民国成立。中华民国定都南京，采用五色旗为国旗，改用公历，以中华民国纪元，1912 年为民国元年。

“泰坦尼克”号沉没

（1912 年 4 月 14 日）

豪华巨轮“泰坦尼克”号

“泰坦尼克”号是由英国爱尔兰贝尔法西特的哈兰德·沃尔夫造船厂于1910～1912 年为英国银星轮船公司建造的超级豪华巨型客轮。

银星轮船公司总经理是布鲁斯·伊斯梅。

“泰坦尼克”号的设计师是托马斯·安得鲁。

“泰坦尼克”号的船长是在银星轮船公司工作了 38 年、有丰富航海经验的老船长 J·E·史密斯。

“泰坦尼克”号全长 882.5 英尺，宽 92.5 英尺，排水量为 45000 吨。“泰坦尼克”号的舵重 100 多吨，整个船体有 11 层楼高，有 159 个炉膛，每行驶 3 公里耗煤 20 吨。“泰坦尼克”号的船壳由 16 个水密舱组成，船底是双层的，这在当时属世界上最保险的船只，即使前 4 个水密舱全部进水，船也不会下沉。

“泰坦尼克”号设计的宗旨第一是舒适，第二才是速度。设计师托马斯着眼于一流消费者的需求，在船上建造了巴黎式的室外咖啡厅、豪华餐厅、豪华卧舱、游泳池及配备有各种现代体育器械的体育馆，船上甚至还有为摄影爱好者冲洗胶片的暗室。即使是低等客舱，其生活条件也要比一般轮船的客舱好得多。

“泰坦尼克”号的最高航行速度可达每小时 30 海里。这个速度，即使在今天，仍是一个高速度。

“泰坦尼克”号船长史密斯非常自豪地宣称：“泰坦尼克可以经受海洋中任何一场大风暴，是绝对安全的，是“永不沉没的”。

但是，“泰坦尼克”号在当时并非是独一无二的——“泰坦尼克”号的姊妹船“奥林匹克”号与它大小不差一分一毫。“奥林匹克”号也是哈兰德·沃尔夫造船厂在 1910 年至 1912 年建造的，其主人也是英国银星轮船公司。

出 航

1912 年 4 月 3 日，在万众的欢呼声中，“泰坦尼克”号从英国南安普敦哈兰德·沃尔夫造船厂的第 44 号船台滑入水中。

“泰坦尼克”号是英国人的骄傲。当时，英国是世界上首屈一指的经济大国和工业化水平最高的国家。“泰坦尼克”号在世界船舶业中独领风骚，代表了英国的实力、自信和“日不落”帝国的自尊。

4 月 10 日，“泰坦尼克”号从南安普敦驶向纽约，开始它的处女航行。南安普敦市市长及市民们纷纷赶到码头为“泰坦尼克”号送行。码头上，人头攒动，彩旗飘舞，欢声笑语，气氛热烈非凡。

“泰坦尼克”号的二副查理斯自豪地说：“每当客轮向前行驶一程，船上所有的人对巨轮的敬慕之情便增加一分。”

的确，“泰坦尼克”号的富丽堂皇的一等客舱中住满了当时社会的名流和富豪。他们就是为了感悟一下世界上最豪华、最舒适的巨轮的风采的。当然，还有一点，坐在巨轮中领略一下大西洋的无限风光，理当别有情趣。

“泰坦尼克”号驶入大西洋之前停靠的最后一个海港是爱尔兰的奎恩斯特港，从奎恩斯特港又登上了一批新的旅客。

此时，“泰坦尼克”号上共有乘客和船员 2207 人，其中乘客 1316 人，船员 891 人。

驶向死亡的处女航（一）

北大西洋的航路在“泰坦尼克”号启航前已开辟了 400 多年。在 400 多年的航海史中，从哥伦布首次跨越大西洋到此后相当长的一段时间里，航驶在这一航线上的船只都是风动力帆船，吨位大多是几十吨、几百吨的小船。到了近代，蒸汽推动的铁甲巨轮问世，但万吨以上的巨轮仍屈指可数。400 多年过去，北大西洋航线上发生的海难事故并不多见，因此，在世人的印象中，北大西洋航线是一条比较安全的远洋航线。

“泰坦尼克”号离开奎恩斯特港中，沿北纬 50°线向北美洲航驶。由于受地球中纬度西风带和北大西洋逆行海流的影响，洋面上巨浪翻腾、波涛汹涌。但是，“泰坦尼克”号犹如一座浮动的海上城堡，任凭风吹浪打，无损于它一分一厘。

根据银星轮船公司的规定，每艘新船都要以慢速航驶，所以，史密斯船长指挥“泰坦尼克”号始终以每小时22海里的保守速度行进。4天过去，一切都很正常。

第五天——1912年4月14日，这一天恰逢星期日，天气又格外的好，乘客们纷纷走出客舱，登上甲板，一面呼吸着海面上清新的空气，一面观望大海的美丽风光。

大副墨多克和二副莱托勒肩并肩地站在瞭望台上，他们向船长史密斯报告说，好极了！海水看上去好像是一面镜子。

上午9时许，船长史密斯接到报告，在北纬40°和西经49°—51°之间发现了冰山。几小时后，史密斯又接到了相同的报告。史密斯将发现冰山的消息告诉给随船而行的银星轮船公司总经理布鲁斯·艾斯梅，艾斯梅连眉头都没有皱一下，他太相信“泰坦尼克”号了，冰山算什么！

北大西洋的冰块和冰山来自格陵兰岛。格陵兰岛是一个巨大的“冰山制造工厂”，所有的冰山、冰块都是从格陵兰岛沿岸陡峭的冰层边缘断裂后滑落到大西洋中的。冰山在冰海中游移漂泊，露出海水的部分高几米到几十米、上百米，甚至更高，而隐没在海面下的冰山，其体积是露出水面部分的7倍，对航行在冰海中的船只极具潜在威胁。

史密斯船长和布鲁斯·艾斯梅先生对遭遇冰山不感到意外，因为这一年的冬天是近几年来最暖和的冬天，从格陵兰岛上崩裂、滑入大西洋的冰山比往年多，为此，“泰坦尼克”号选择了一条偏南的航线，史密斯船长和艾斯梅先生都确信他们可以避开冰山。

中午，航行在同一洋域的小客轮“加利福尼亚”号向“泰坦尼克”号拍来遇到冰山的报警情报。报务员哈罗德·布莱德没有将这一情报及时向船长史密斯报告。

晚9时40分，航行在“泰坦尼克”号正前方的“美萨巴”号向正在无线电报室值班的大副约翰·乔治·菲利普发来又一遭遇冰山的电报：“发现沉重的浮冰块和无数硕大的冰山，还有冰原。天气晴朗。”

菲利普太忙了。他要把许多许多的电报发往纽约，这些电报都是乘坐“泰坦尼克”号的富翁们发出的，以便轮船靠岸时，有人去迎接他们。菲利普将“美萨巴”号发来的电报放在一边，准备有空时再交给瞭望台。

晚 10 时，大副墨多克换下了莱托勒。墨多克注视着水面，不祥之感涌上脑海——从地平线上射过来一道半明半暗的银光，这是有冰山出现的征兆。

11 时 30 分，墨多克警惕地站在船头铁栏杆旁。为了不影响观望的视野，墨多克命令灯光管理员熄灭了前舱口的灯，同时，指示瞭望员弗里德里克注意观察。

当时，弗里德里克只配备一只单筒望远镜。

11 时 40 分，弗里德里克突然发现一个巨大的冰块凸出水面 40—50 英尺。弗里德里克拔腿冲向警钟，连续敲响三次——“当！当！当！”

弗里德里克又抓起电话，向史密斯船长报告：“正前方发现冰山，船长！”

“主啊！圣母啊！”墨多克祈祷着，扑向传令钟，使劲地拉响传令钟，发出紧急“停车”的信号，随后向舵手罗伯特·希金斯吼道：“右满舵！”

“满舵右！”

希金斯重复了一遍大副的命令，将全身的力量都压到轮舵上。

此时，希金斯看到，冰山约在前方 0. 25 英里处。

“泰坦尼克”号向左舷缓慢转动，它的航速仍是每小时 22 海里。

冰山急速地向“泰坦尼克”号飘来，很快接近了右舷。希金斯感到轮舵已经打不动了，“满舵右！”他向墨多克呼喊道。

“右满舵！”墨多克瞪圆了两眼。

墨多克感到船身两侧有点儿振动，而前桅有点儿朝前摆动。

“泰坦尼克”号的船头轻轻擦过冰山，勉勉强强地避开了冰山。

但是，墨克多并不知道：冰山隐没在洋面下的部分已从 300 英尺以上吃水线处切入船体，像一把锋利无比的巨刃，割裂了三个底舱和两个锅炉房。

仅仅 10 秒钟！冰山随即与“泰坦尼克”号船体脱离。

海水轰然涌入。

驶向死亡的处女航（二）

当冰山撞击“泰坦尼克”号的刹那间，正在卧舱中休息的“泰坦尼克”号的设计师托马斯·安德鲁也感到了船体轻微地摇动了一下，但是，他并没有在意。片刻后，一位水手有礼貌地敲开了他的门，将他带到船长史密斯那里，安德鲁方才意识到问题的严重。

安德鲁与史密斯船长下到船的最底层——邮件舱，发现邮件舱已经进水。安德鲁对自己亲手设计的船了如指掌。经过快速测量、计算、险情一目了然。

船尖舱、1号舱、2号舱、邮件舱、5号舱、6号舱全部进水，5号舱的进水在不足10分钟内积水达4.2米深。

“泰坦尼克”号被撞开了一条长90多米长的裂缝；5个防水舱同时进水，船首已开始下沉；

1小时半到2小时之内，“泰坦尼克”号将沉入4000多米深的大西洋底。

晴天霹雳！

太残酷了。

史密斯船长命令船员们“全体甲板集合”。50名高级船员被派到最危险的地方，他们中的一部分与300余名船员担负起在缺口处和锅炉房堵漏的重任。

一二三等舱的乘客们被服务员“请”到了甲板上，在他们面前放着16只木制救生艇、4只折叠式橡皮救生艇。直到此时，乘客们仍不相信“泰坦尼克”号即将沉没。

史密斯船长命令菲利普发出遇难呼救信号CQD（立刻过来），向附近海面所有船只求救。菲利普抛开一封封尚未排发的电报，疯狂地按动电键：

> “泰坦尼克”号被冰山撞沉，请求紧急救援！方位：北纬41°46′、西经50°14′。”

丘纳德公司的一艘旧船“卡帕西亚”号收到了“泰坦尼克”号的求救电报，船长亚瑟·罗斯特伦被无线电报务员从梦中唤醒，“‘泰坦尼克’号？这怎么可能！”亚瑟·罗斯特伦惊呼道，“马上发电，请求‘泰坦尼克’号证实！

很快“泰坦尼克”号答复了：“‘泰坦尼克’号被冰山撞破，正在下沉，请求立即救援。方位：北纬41°46′、西经50°14′。”

亚瑟·罗斯特伦船长命令报务员发电：“我们将以最快速度赶去，希望能坚持4个小时。”然后，毅然掉转船头，全速向“泰坦尼克”号驶去。

“泰坦尼克”号的姊妹船“奥林匹克”号也收到了求救电报，但她航行在500英里外的海面上。船长命令点燃每一只锅炉，加速驶向“泰坦尼克”号。

史密斯船长通过扩音器向全体乘客和船员宣布了“泰坦尼克”号即将沉没的消息。史密斯船长说：“‘泰坦尼克’号正在下沉，无可挽救，人们只能弃船逃生。但是，船上的救生艇只能拯救约一半的乘客，而我们的附近又没有其它船只。我们之中的大多数将在几小时后与‘泰坦尼克’号一起沉没……”史密斯船长又说：“我代表轮船公司向各位致歉。但是，女士们，先生们，我和我的船员们将与各位同在……”

在最初的时刻，所有的人表现得不一样，有人坦然接受命运的挑战，有人视死如归，有人捶胸顿足，也有人抱头痛哭，还有人在祈求上天的保佑。

史密斯船长做出了一个惊人的决定：让妇女和儿童首先登上救生艇，离船。

没有人反对。为了使撤离工作有序进行，史密斯船长将船上的乐队——他们都是一些有名气的音乐家——请到甲板上，为全体乘客和船员们演奏一支支最动听的曲子。

与此同时，大副菲利浦不停地按动电键，拍发出全世界通用的最新遇难信号：“SOS！SOS！SOS！‘泰坦尼克’号船头在迅速下沉，SOS！SOS！SOS……”

“泰坦尼克”号是历史上第一艘发出 SOS 信号的巨轮。

在悦耳的爵士乐中，救生船将 711 名妇女、儿童和水手（后来发现，有几名装扮成女人的男子混在其中）载离了“泰坦尼克”号。

乐队们转而演奏“伦敦德里的空气”和“秋之歌”。

甲板上站满了人——绝大多数是男子。

史密斯命令发射求救火箭，希望在附近海域能有过往的船只看见。

在距“泰坦尼克”号约 5 英里远的海面上果然停泊着一艘船——“加利福尼亚”号。当“泰坦尼克”号发出 SOS 信号后，在附近海域航行的船只有 6 艘收接到了 SOS 信号并赶去救援，但“加利福尼亚”号似乎是没有收到，因为它没有赶去救援。当求救火箭升空后，惟有“加利福尼亚”号看到了。“加利福尼亚”号船长罗德认为火箭发出的红光和白色闪光是“泰坦尼克”号上举办晚会的灯火，不予理睬，走进卧舱，睡觉去了。罗德船长因此永远地背上了见死不救的坏名声。

与“加利福尼亚”号不同，陈旧不堪的“卡帕西亚”号冒着撞上冰山的危险，以每小时 24 海里的速度拼命向“泰坦尼克”号赶来。“卡帕西亚”号即使它还是一条新船的时候，也从未以这样的高速航驶过。“卡帕西亚”号颤抖着在冰海中穿行，船员们都捏着一把汗，但是，罗德船长拒绝减速。

15 日凌晨 2 时 15 分，最后两只折叠式橡皮艇被拉了出来。一个巨浪袭上甲板，一只橡皮艇被吸入海水中……

凌晨 2 时 20 分，最后的时刻到了。

甲板上，音乐家们还在演奏《秋之歌》。这是一首英国人最熟悉的英格兰乡村乐曲。音乐家们的演奏准确、优美，无任何瑕疵，乐曲如夏日的晚风，又如潺潺的小溪……

史密斯船长与视死如归的人们围在音乐家们的身边。

猛地，“泰坦尼克”号巨大的船尾直挺地向上翘出海面——1 秒、2 秒、3 秒……10 秒！“哗啦！”一声巨响，海水将“泰坦尼克”号全部吞没，海面上形成了一个急速旋转的大漩涡。大漩涡将两条远在几百米外、载满了人的救生艇卷入了海底……

“泰坦尼克”号在冰海中苦苦挣扎了 2 个多小时，一头沉入 4000 多米深的大西洋底。

营　救

“泰坦尼克”号沉没 1 小时 20 分钟后，“卡帕西亚”号超速赶来。

罗德船长在轮船接近出事地点时，命令船员每隔 15 分钟就发射一枚救生烟火弹，以期让“泰坦尼克”号的遇难者早早发现他们。

罗德船长首先救起了由“泰坦尼克”号上的四副约瑟夫 · G · 贝克思豪指挥的救生艇，“‘泰坦尼克’号呢?”船长急切地问。

“沉下去了，在 2 时 20 分就沉下去了。……

“沉船时，船上还有多少人?”

“数百人。或许 1000 多人。上帝！他们都同它一起沉下去了。”

罗德船长指挥船员们营救了“泰坦尼克”号上的 15 只救生艇和 2 只橡皮船，救起了 704 名幸存者。

“泰坦尼克”号遇难者 1503 人。

沉船逸事

“泰坦”号“沉没”与“泰坦尼安”号沉没

1898 年，英国知名作家罗伯逊 · 摩根写了一本小说《枉费心机》，书中描写了一艘名为“泰坦”号的巨轮作处女航时，在大西洋与冰山相撞，遭灭顶之灾，摩根笔下的“泰坦”号为长 800 英尺豪华客轮，船上有 24 只救生艇，从南开普顿驶往纽约。

“泰坦尼克”长 882.5 英尺，船上有 20 只救生艇，也是从南开普顿驶往纽约作处女航与冰山相撞沉没，而且时间上除相隔 14 年外，都是 4 月份。

又过了 27 年（1937 年），一艘名为“泰坦尼安”号的货轮从英国起航开往加拿大，当时是 4 月，即“泰坦”号与“泰坦尼克”号沉没的季节。当“泰坦尼安”号驶入“泰坦尼克”号沉没的海域时，一名叫做威廉·李福斯的青年海员担任守望任务。威廉·李福斯值班至午夜为止，当天夜晚，风平浪静，没有任何危险征兆，威廉·李福斯注视着海面，猛地想起自己是在 1912 年 4 月 14 日出生的，这正是“泰坦尼克”号沉没的日子，李福斯顿时紧张起来。就在这时候，一座冰山从夜雾中冲出来，向“泰坦尼安”号压了过来。生死关头，舵手在没有接到任何指令的情况下突然把船停了下来，庞大的冰山撞上船体，“泰坦尼安”号沉入海底。

她是谁

“泰坦尼克”号在沉没之前，在“让女人和孩子先走”的一片呼声中，一位女士——史密斯夫人将她的两个孩子送上了救生艇，但救生艇上再也容不下一个人。史密斯夫人出于母爱，绝望地喊了一声：“让我上船吧，孩子不能没有妈妈！”这时候，一位已经坐在了船上的漂亮姑娘站了起来，对史密斯夫人说：“来吧！让我回去。”说完，登上“泰坦尼克”号，把生的希望让给了史密斯夫人。

没有人知道这位姑娘是谁，幸存的人回忆说，在“泰坦尼克”号即将沉没时，他们看到那位姑娘仍与男子汉们站在甲板上。又有人追忆说，那位姑娘可能是美国的玛丽小姐。

她是谁？是玛丽小姐吗？

谁家的孩子？

“泰坦尼克”号上的大多数妇女和孩子获救后，有两个小孩无人认领，也没有人知道两个孩子的父母是谁。世界各地的报纸纷纷登载这两个孩子的照片。一位住在巴黎的妇女认出来这两个孩子是自己的亲骨肉。

原来，孩子的父亲叫纳瓦特利尔，法国人。起航前，纳瓦特利尔将而个小儿子带上了船，而她的妻子留在了巴黎。“泰坦尼克”号沉没前，纳瓦特利尔将两个孩子送上救生艇，又帮助其她妇女登上救生艇，自己则留在了“泰坦尼克”号上，与“泰坦尼克”号一起沉没了。

最幸运的海难生还者

“泰坦尼克”号上的幸存者中有一名叫做维奥丽特的女船员，她于1910年（23岁时）进入银星轮船公司。当时，银星轮船公司同时建造了“奥林匹克”号、“泰坦尼克”号、“盖干帝克”号三艘巨轮，而“奥林匹克”号率先下水，维奥丽特在该船一等舱工作。

1911年，“奥林匹克”号被一艘英国巡洋舰撞开了一条12米长的大裂缝，但在史密斯船长指挥下开回了港口。

1912年，“泰坦尼克”号下水，史密斯船长又担任了“泰坦尼克”号船长，维奥丽特也来到该船。“泰坦尼克”号沉没前，船上有许多非英美妇女，不知道该怎么办。一名船员便让维奥丽特坐进救生艇，又递给她一个婴孩抱着，其她妇女立刻效仿坐入救生艇，救生艇随即被放入海中，后被“卡帕西亚”号救起。

第一次世界大战爆发，维奥丽特以护士的身份登上“盖干帝克”号（后改名为“布里坦尼克”号），因为该船已被英国海军征用，改为医用船。1916年11月，“盖干帝克”号被德军水雷击沉，维奥丽特因穿有救生衣而被一只机动小船救起。

维奥丽特于1971年去世，享年84岁。

第一次世界大战

（1914 年 8 月 ~1918 年 11 月 11 日）

1914 年 8 月至 1918 年 11 月 11 日发生的第一次世界大战将欧亚非三大洲 38 个国家的 15 亿人口卷入了战火之中。大战双方动员的总兵力达 7340 余万人，死亡人数达 1000 余万，受伤人数达 2000 余万，战争直接造成的经济损失达 2700 亿美元。

第一次世界大战是帝国主义为争夺世界霸权而爆发的战争，是人类的一场大劫难。

战前的世界格局

十九世纪末至二十世纪初年，以英国和德国为首的两大帝国主义军事集团展开了争夺世界霸权的激烈斗争。英国是世界上最大的殖民帝国，法国紧随其后，俄国人也在世界上占有一席之地。德国是一个后起的帝国主义国家，当德国跻身列强的行列时，德皇威廉二世沮丧地发现：世界已被瓜分完毕了。威廉二世是个既野心勃勃，又贪得无厌的君主，他一面加紧备战，企图以武力夺取英法俄等国在各地的殖民地，一面急不可耐地等待时机。

美国和日本也是后起的列强，他们与德国一样，随时都在窥伺四方，以求一逞。正是在这种背景之下，从 1898 年至 1905 年，美西战争、英布战争、日俄战争相继爆发，国际关系极度紧张。

在新的形势下，各帝国主义国家开始了新的组合。首先，在 1882 年 5 月 20 日，德国、奥匈帝国和意大利在维也纳签订了盟约，形成了“三国同盟”，史称上述三国为“同盟国”。此后，1893 年 12 月 27 日，法国和俄国签订了“法俄协定”；1907 年 8 月，英国和俄国又签订了“英俄协定”，英、法、俄三国达成了“三国协约”，史称上述三国为“协约国”。

三国同盟和三国协约的形成是帝国主义者为重新瓜分世界，打一场世界大战作准备的前奏。

导火线

第一次世界大战的导火线是奥匈帝国皇储斐迪南遇刺事件。由于斐迪南是在巴尔干半岛上的波斯尼亚首府萨拉热窝遇刺的，历史上又称之为“萨拉热窝事件”。

巴尔干半岛位于亚得里亚海至黑海之间，这是一块富饶的土地，战略地位极其重要，自古以来是兵家的必争之地。巴尔干半岛包括罗马尼亚、保加利亚、希腊、阿尔巴尼亚、克罗地亚、斯洛文尼亚、塞尔维亚、波斯尼亚、黑塞哥维那、马尼顿、门地内哥罗以及土耳其（部分领土）等国。众多的民族共同生活在这块宝地上。1912 年至 1913 年，巴尔干半岛上先后爆发了两次战争，战争使巴尔干半岛上的国家出现尖锐的矛盾，塞尔维亚、希腊、罗马尼亚加强了与协约国的联系，而保加利亚向德奥同盟集团靠拢。

巴尔干半岛的波斯尼亚国于 1908 年被奥匈帝国吞并。波斯尼亚境内有许多塞尔维亚人，他们强烈要求与塞尔维亚国合并，建立“大塞尔维亚国”，以摆脱奥匈帝国。奥匈帝国决心使用武力摧毁塞尔维亚国，断绝波斯尼亚人的念头。

奥匈帝国之所以敢于发动一场战争是因为有德国作后台。1914 年 6 月 12 日，德皇威廉二世与奥匈帝国皇储弗兰兹·斐迪南举行会谈，威廉二世向斐迪南王储保证，一旦发生奥塞战争，德国将坚定不移地支持奥匈帝国。

为了炫耀武力和向塞尔维亚施加压力，斐迪南决定于 1914 年 6 月 28 日在邻近塞尔维亚的波斯尼亚举行一次大规模军事演习，本人亲自去检阅参加演习的部队。6 月 28 日是塞尔维亚的“国耻日”。1389 年 6 月 28 日，塞尔维亚与波斯尼亚的联军在科索沃战役中被土耳其人打败，塞尔维亚人将这一天铭记在心，独立之后，将 6 月 28 日定名“国耻日”。斐迪南王储将军事演习日期定在这一天，引起了塞尔维亚人的极度愤怒。

塞尔维亚有一个名为“不统一，毋宁死”的秘密团体。当时，波斯尼亚的一些塞尔维亚族青年在塞尔维亚贝尔格莱德求学时，与这一秘密团体发生接触，并深受其影响。秘密团体决定在斐迪南亲临波斯尼亚时刺杀斐迪南，他们把这一刺杀任务交给了来贝尔格莱德求学的波斯尼亚塞尔维亚族青年人，并帮助这些人潜回波斯尼亚。

1914 年 6 月 28 日，斐迪南王储偕爱妻检阅完军队后，在总督和萨拉热窝市市长陪同下乘敞篷汽车前往市政厅。斐迪南的车队行至闹市区，早已埋伏在路旁的波斯尼亚塞族青年查卜林诺维奇冲了出来，向斐迪南的汽车掷出一颗炸弹。但是，炸弹只炸伤了两名卫兵，斐迪南安然无恙。斐迪南是在军队中长大的，对此不以为然，下令车队继续前进。

斐迪南偕爱妻赴萨拉热窝市政厅参加欢迎仪式后，乘车返回驻地。途中，汽车行至一个街口转弯处，潜伏在路旁的塞族青年加弗利尔·普林西波一跃而出，用手枪向斐迪南夫妇射击，斐迪南被击中头部，王储的妻子被击中腹部，夫妻两人当场丧命。普林西波是一个年仅 17 岁的中学生，即时被擒获。

“萨拉热窝事件”点燃了第一次世界大战的导火线。德皇威廉二世得知斐迪南夫妇遇刺身亡的消息后，认为是挑起大战、夺取英国和俄国殖民地的良机，连声大呼“这是千载难逢的机会!”

奥皇也认为摧毁塞尔维亚的时机已到，他向德皇威廉二世“请教”道：“德国是否同意并支持奥匈帝国对塞尔维亚发动进攻？是否准备进行一场欧洲大战?”

威廉二世当即给予肯定答复，并说：“（我们）一切都已准备好了!”

大战爆发

1914 年 7 月 28 日，奥匈帝国悍然向塞尔维亚宣战，沙皇俄国为了自己的利益，立即向全国进行战斗动员。7 月 31 日，德皇威廉二世宣布全国“处于战争威胁状态”，仅过了一天，就正式向俄国宣战，然后又向法国宣战。8 月 6 日，奥匈帝国向俄国宣战。英国为了本国利益，也卷入了战争。就这样，短短几天，欧洲各帝国主义大国都卷入了战争，第一次世界大战爆发了。

在以后的战争中，土耳其、保加利亚加入了同盟国集团，日本、罗马尼亚、美国、希腊等国先后参加协约国方面作战，许多附属国、殖民地也被强行拖入战争。大战之初，中国宣布中立。1917 年 8 月 14 日，中国也向德奥宣战。

8 月 2 日，德国的先头部队向法国北面的岗哨发起了攻击，法军一名排长被打死，这是第一次世界大战中的第一个牺牲者。

第一次世界大战的主战场在欧洲。战争开始后，欧洲战场上形成了西、东、南三条战线：

西线：比利时、法国北部和德法边境，德军与英、法、比军队对阵；

东线：波罗的海南岸至罗马尼亚，德奥与俄军对阵；

南线：巴尔干战场。奥匈与塞尔维亚、俄军对阵。

除欧洲战场外，双方还在亚洲的南高加索、两河流域和巴勒斯坦交战。

8月4日，德军主力侵入比利时，在法国边界与法、比军展开了一系列激烈的战斗，这些战斗大致可分为四个战役，即格林之战、阿登森林之战、桑布尔河之战和蒙斯战役，双方共投入350万以上的军队，有数万人死亡。8月下旬，德军摧毁比军和英法联军，直逼巴黎。

9月初，德军与英法联军在巴黎北部马恩河展开首次大会战，双方投入150万以上军队。德军企图以速决战结束西线战斗，长驱直入，差一点被英法联军包围，经过4天激战，德军被迫撤退，马恩河战役结束。

马恩河战役以德军失败告终，宣告了德军包抄法军消灭法军的计划化为泡影，也宣告了德军速决战的破产。战役结束，德军总参谋长小毛奇就禀报德皇威廉二世道："陛下，我们输掉了战争！"

在东线，8月中旬，俄军进入东普鲁士，逼迫德军同时在东、西两条战线上作战。在经过一段时间的对峙后，德军集中了大量兵力，企图一举击溃俄军。1915年1月，德军连续进攻，占领了俄国大片土地，把战线推到里加湾至德涅斯特河一带，俄军虽一败涂地，伤亡和被俘人数达173万，损失惨重，但仍顽强抵抗，使德军逼俄投降、解除东线之忧的目的没能达到。

在南线，奥匈帝国军队数次攻入塞尔维亚，但都被击退。1915年秋，同盟国把大批军队调到巴尔干，一举占领了塞尔维亚，塞尔维亚灭亡。

在战争爆发的第一个年头，以英国为首的协约国很值得庆贺的一件事是，他们成功地诱使意大利"造"了"同盟"的"反"。1915年5月23日，意大利对奥匈宣战，意大利人拖住了奥匈帝国的25个师，这对德奥来说，真是当头一棒。

凡尔登战役

德军在东线取得较大胜利后，认为俄国军队已失去了进攻能力，于是又把主力转向西线，集中力量打击法国。

位于法国和德国边境一个高地上的凡尔登要塞距法国首都巴黎仅220公里。要塞正面防御地域达112公里，纵深15～18公里，由拥有11个师、632门火炮的法军第3集团军守卫。德军为夺取这一战略要地，先后投入了46个师的兵力。

1916年2月21日，德军第5集团军首先向凡尔登正面约13公里长的防御阵地发起猛攻。德军总共发射了 200 多万发炮弹，使用了毒瓦斯和喷火器，还出动了飞机轰炸，终于攻克了凡尔登法军的第一道防御阵地，突破了法军的第二道防线。法军紧急调遣 19 万大军增援凡尔登，遏制住了德军的强劲攻势，战斗进行到 3 月 8 日，德军只向前推进了 4 公里。

法军的形势依然很险恶。就在这时，法军炮兵射出的一发炮弹因操作失误偏离了方向，竟鬼使神差地击中德军隐藏在斯潘库尔森林中的一个庞大的秘密弹药补给基地，引爆了基地中的 45 万余发大口径炮弹。德军的大炮顿时变成一堆废铁。法军抓住战机发起反攻，夺回了一部分阵地。在盟友英国和后备部队的增援下，法国又把第 10 集团军开入凡尔登，加强了要塞的防卫。

6 月 7 日，德军以 20 个师的兵力再次向凡尔登发起攻击。德军向要塞发射了 11 万发窒息性毒气炮弹和催泪性毒气炮弹，法军拼死顽抗，双方死伤惨重。战斗进行到 7 月 1 日，由于英俄的参战，德军被迫从凡尔登前线抽调兵力去对付英俄，战争的主动权渐渐转到法国人手中。10 月 24 日，法军以 17 个师的兵力在 150 架飞机和 700 多门大炮的掩护、支援下向德军发起反攻，一举夺回了重要的杜奥蒙炮台和伏奥炮台，收复了所有丢失的阵地，历时约 10 个月的凡尔登战役结束了。

凡尔登战役，法军总计投入 66 个师。在整个战役中，德军伤亡 60 万人，法军伤亡 35.8 万人，战斗残酷异常，因此，凡尔登战役又有“凡尔登绞肉机”之称。

凡尔登战役使交战双方在人力、物力上受到严重消耗。凡尔登战役后，同盟国日渐不支，失败已不可避免。

卓越的军事家毛泽东在评论凡尔登战役时指出：“当时的战斗是带决战性的。德军猛攻不克，整个德奥土保阵线再也找不到出路，从此日益困难，众叛亲离，土崩瓦解，走到了最后的崩溃。”

日德兰海战

海洋霸权是帝国主义世界霸权的重要组成部分。当陆上的战斗如火如荼时，海洋上的较量也日趋激烈。

英国海军实力居世界第一位，有“海上霸王”之称，德国海军紧随英海军之后，居世界第二位。大战爆发后，双方有数次交手，英海军占了上风，封锁了北海，不让德军舰队出海作战。

1916 年，德国新任大洋舰队司令谢尔下决心打破英海军对北海的封锁，以诱敌之计给英海军以打击。不料，英海军截获了谢尔的电文，英舰队司令杰利柯将计就计，设下陷阱。

1916年5月31日下午2时，英德海军在日德兰半岛近海相遇，英舰队有28艘无畏舰，17艘巡洋舰、79艘驱逐舰；德舰队有22艘无畏舰，5艘战列巡洋舰及其它舰艇多艘。下午4时，决战打响，双方都以猛烈的炮火、鱼雷向对方发起猛攻。在整整4个多小时的战斗中，海面上炮火纷飞，一艘艘战舰被鱼雷命中，炮塔、舱盖、铁板接连不断地被抛入几十米高的空中，又坠入海底，水兵们的尸体堆满了甲板，燃烧的舰只无力地在海面上挣扎，轰然沉人海底。空前激烈的大海战持续到晚9时左右，德舰队司令谢尔命令驱逐舰加入夜战，同时伺机突围。

6月1日凌晨3时，德舰突破在数量上占优势的英舰队的包围，向赫戈尔兰湾方向逃遁，英舰队紧追不舍。不久，德舰队进入己方的“布雷区”，“布雷区”中有一条无雷的秘密水道，德舰队通过秘密水道安全返回威廉港，而英舰队则无功而返。

日德兰海战，英方沉毁战舰14艘（15.5万吨）、死6090人；德方损失战舰11艘（6.1万吨），死2550人。

但是，英国人的海上实力仍超过德国，谢尔打破英海军对北海封锁的计划未能实现，德奥的海运几乎被全部封锁，物资日益匮乏，陷入窘境。

大战结束

1916年底，德军参谋部认识到单靠陆军已无法打赢这场战争，下令各条战线的德军转入战略防御。1917年2月1日，德军派出110艘潜水艇，宣布实行无限制潜艇战，肆无忌惮地袭击往返于协约国港口的交战国和中立国的一切船只。

战争给交战国及世界各国人民带来极大灾难。

1916年，德国实施“兴登堡纲领”，规定凡满17岁至60岁的男子都要应征入伍或到工厂劳动，法国动员了全国一半以上的青壮年应征，英国也实施了义务兵役制。战争还使各国食物奇缺、黑市猖獗、物价飞涨。1916年冬天，德国人民只能靠萝卜充饥，被戏称为“萝卜的冬天”。在俄国，1917年1月底，彼得格勒仅存有够10天食用的面粉、3天食用的油脂，人民陷入饥寒交迫，难以为生的绝境。

正是在这种背景下，1917年2月，俄国爆发了资产阶级民主革命，推翻

第一次世界大战中的英军坦克

了统治俄近400年的罗曼诺夫王朝，建立了临时政府。

1917年4月2日，在战争中一直处于“中立”的美国看到了德国人已是强弩之末，失败已成定局，正式向德宣战，同年12月7日，又向奥匈宣战。美国把200多万士兵派往欧洲前线，对于精疲力竭的协约国来说无疑是雪中送炭，对于四面受敌的同盟国来说，则无疑是雪上加霜。

随着战火的蔓延，葡萄牙、巴西、印度、暹罗（泰国）、加拿大、澳大利亚加入了协约国一方，古巴、巴拿马、海地、危地马拉、尼加拉瓜、洪都拉斯等国也加入了战争。

1917年5月12日至12月底，德奥与意大利在卡波雷托交战，双方投入了250万军队，意大利大败，33.5万人被俘，13万人伤亡，还损失了大批军用物质。鏖战期间，俄国爆发了十月革命。1918年3月3日，苏维埃俄国与德、奥、保、土签订了布列斯特——立托夫斯克和约，退出了战争。东线战争结束。

德军得到了喘息之机，将全部兵力调往西线，以期扭转战局。1918年3月21日至6月3日，德军连续发动了3次进攻，一度攻至距巴黎仅56英里处。这时候，美国的援兵赶来了。美、法、英、比组成的坚固防线令德军一筹莫展，在马恩河会战中，德军溃败。9 月 30 日，英、法联军从正面突破了德军防线，德军全线退却。

1918 年 11 月 3 日，德国基尔军港的水兵拒绝出战，发动起义，接着，起义席卷了全国，德皇威廉二世被迫退位，逃到了荷兰。

在此之前，1918 年 9 月 29 日，同盟国之保加利亚宣布投降；1918 年 10 月 13 日，土耳其也向英国签订投降和约；1918 年 11 月 3 日，奥匈帝国也宣布投降。

1918 年 11 月 11 日，德国正式投降。德国代表团在贡经涅森林福煦的行军火车上接受了停战条件，签订了停战协定。

第一次世界大战至此结束。

在第一次世界大战中，美国发了横财，从债务国变成了债权国。

第一次世界大战诞生了世界上第一个社会主义国家——苏维埃政权。

伊普雷的“黄绿色气墙”

（1915 年 4 月 22 日）

德国威廉二世的诡计

第一次世界大战爆发后，德军在西战线上遇到英法联军的顽强抵抗，双方经过 3 个多月的激战，互有胜负，在长达 700 公里的宽大正面战场上对峙起来。

西战线的北端位于比利时境内。比利时境内有一座历史名城伊普雷，伊普雷南面靠近法国边界，北距北海岸约 40 公里，西面就是协约国的防线。伊普雷两侧的防线是深入德军防地的突出地带，被德军视为眼中钉，尽管德军使出浑身解数，企图攻克伊普雷，吃掉英法联军，但英法联军凭借深沟高垒，顽强防守，德军一筹莫展。

德军在西战线受阻，德皇威廉二世决定集中兵力先解决东线战役，消灭俄军，然后再集中兵力摧毁英法联军。

但是，德军统帅部担心协约国识破他们的诡计，在向东线集结军队的同时，命令西线德军要尽可能地发动攻势，以免英法联军怀疑。

西线指挥官向统帅部报告：需要一种能够打破僵局的决定性武器。

这时候，柏林凯撒·威廉物理化学研究所所长兼化学兵工厂厂长弗里茨·哈伯向统帅部建议道：“可以利用工厂中库存的大量液态氯作为突破敌人防御工事的手段。”

统帅部果断决定：“很好。至少可以试一试。”

于是，可怜的伊普雷成为了毒气大战的试验地。

哈伯——天使？魔鬼？

哈伯于1868年12月9日出生在德国西里西亚的布雷斯劳，父亲是一位犹太染料商人，因此，哈伯从小就与化学品打交道。哈伯曾在柏林、海德堡、苏黎世求学，19岁就被德国皇家工业学院破格授予博士学位，25岁时成为卡尔斯鲁尔工学院物理化学教授。

当时，伴随农业生产的发展和人口的迅速增长，工业固氮技术成为举世瞩目的研究课题，众多科学家为此绞尽脑汁，但都功败垂成。哈伯汲取众人的经验、教训，采用高温、高压合成氨技术，于1906年实现了从空气中固氮合成氨，浓度达8%。此后，哈伯与巴登苯胺纯咸公司总经理博施合作，建成了世界上第一个合成氨工厂，年产量6500吨。

哈伯为全世界的农业生产做出了巨大的贡献，他成为赐福于人类的天使。

同时，工业化合成氨解决了工业生产所需硝酸及军火工业所需炸药中的硝氨原料问题。

哈伯一举成名，被德皇威廉二世任命为柏林凯撒·威廉物理化学研究所所长。威廉二世一心扩军备战，要求哈伯为战争研制新的化学武器。哈伯是一个狂热的民族主义分子，他废寝忘食地投身于世界上第一个实用的、致死性化学武器的研制工作，终于在1915年1月发明了这种魔鬼般的武器——用钢瓶施放氯气。

从此，“天使”哈伯变成了名副其实的“魔鬼”。

“黄绿色的气墙”

1915年4月，德军将30000只装有氯气的钢瓶从国内运至前线。

4月19日~22日，德军以重炮向伊普雷两侧防线实施全面轰击，英法联军的官兵们龟缩在工事中，不以为然。联军的官兵做梦也没想到，死神正在悄悄地向他们逼近。

4月22日夜晚，德军特种化学部队秘密地在阵地前沿6.4英里宽的正面安放了5730只钢瓶，内装180000公斤氯气，一切准备就绪，只等适宜的风向。

下午4时多，德军的炮击停止，阵地上顿时一片宁静。联军的官兵们纷纷直起腰，不时地把头探出去，观望德军阵地，当他们没有发现德军有任何进攻的迹象时，一个个都长舒了一口气，坐在工事中，又谈又笑，似乎战事已毕。

下午 5 时，轻微的东北风从德军阵地吹向西南面的英法联军阵地，风速为 2 ~ 3 米/秒。德军第 35 工兵联队的士兵迅速打开早已安放好的 5730 只钢瓶的开关，一团团绿色的烟雾从钢瓶中喷泻出来，直向上涌，骤然在距地面约 1 米高处形成了一道黄绿色的气墙，在轻风的吹送下，扑向联军阵地。

联军的官兵们惊愕地注视着从德军阵地前沿缓慢地“压”过来的黄绿色气墙，目瞪口呆，不知如何是好。

残阳如血。如血的残阳照耀在黄绿色的气墙上，气墙不停地变幻着浓淡不同的色彩，令人恍若置身在一个离奇的梦中。

1 分钟后，几万英法官兵完全被淹没在黄绿色的云雾中。仅仅几秒钟过后，官兵们揪住自己的喉咙，惊恐万状地喊叫起来。一些士兵倒在工事中，一些士兵调头向后逃跑——这些人吸入了更多的毒气，中毒更深。又过了一会儿，倒在工事中的官兵们一面拼命地咳嗽，一面把手伸向空中乱抓一通，就像溺水的人在垂死前希冀能抓到一根救命稻草一样。

头戴防毒面具的德军官兵小心地跟随在气墙的后面，来到英法联军的阵地前。德国人没有遇到任何抵抗——工事中横七竖八地躺着联军官兵的尸体，尚未死的士兵在作垂死的挣扎，他们大口大口地喘息、咳嗽，最后，从口中吐出一团团黄色的粘液，死去。

令德国人震惊的是：凡是毒气所过之处，金属都生了锈。步枪的金属部分好似在泥水中浸泡了几个月，大炮的尾栓被锈蚀而不能使用，士兵衣服上的金属纽扣及表壳、硬币全都罩上了一层暗绿色的锈。

黄绿色的气墙越过英法联军的第一道防线，向北 16 公里外的联军第二道防线推进。第二道防线的联军官兵眼睁睁地望着前线的守兵在黄绿色的雾气“驱赶”下疯狂地奔跑，惊恐不已。他们迎上前去接应。潮水般退下来的官兵大多连话也说不出来，只能用手指着喉咙示意，一些官兵跑着、跑着，猝然倒下去，再也爬不起来。

由于离德军施放毒气地点有 16 公里之遥，毒气浓度减弱，但毒气所过之处，仍使人咳嗽不止。

晚 7 时左右，英法联军的阵地上沉寂下来，坚守了好几个月的防线被毒气撕开了一个 6.4 英里宽的大口子，防御阵地落在德国人手中。

幸亏，德国人在伊普雷将毒气投入战争只是一个“试验”。但是，这一次“试验”使英法联军死亡 5000 人，致伤 15000 人，幸存者中 60% 不得不退役回家，其中的50%成为残废。

人类历史上最不光彩的一页

伊普雷的毒气战揭开了世界化学武器战的帷幕。

1915年12月9日，哈伯又将新研制出的毒气——光气（碳酰氯）运到伊普雷战线上使用。毒气云团飘移的速度比报警的喇叭声还快，英军官兵仓惶地戴上防毒面具，一些人尚未将防毒面具戴好，即倒地死亡，这是因为光气无色无味，很难察觉，但毒性却比氯气强18倍。

哈伯的妻子克拉克是一位心地善良的人。克拉克极力反对哈伯制造毒气杀人，但哈伯一意孤行，不为所动，克拉克自杀身亡，希望以此唤醒哈伯的良知。

1917年7月，哈伯又研制出“芥子气”（二氯二乙硫醚），这是一种糜烂性毒剂，能引起皮肤红肿、起泡、溃烂、一旦侵入人体内，即引起全身中毒。7月12日~22日，德军向伊普雷联军阵地倾泻了100多万发77毫米、105毫米芥子气炮弹（约有2500吨芥子气），给美法联军以重创，死亡、致伤人数与日俱增——第一周后，2934人中毒；第二周后，增加了6476人；第三周后，又增加了4886人……

在德国人第一次使用毒气后，英法等国加紧了毒气的研制。1965年5月25日，英军将毒气投入卢斯战役，德军死伤惨重。但是毒气是一把可怕的双刃剑，英军也为此付出了5000多人伤亡的代价。

在第一次世界大战中，化学武器造成了100万人的伤亡。

从此之后，在第二次世界大战，在朝鲜战场、越南战场，在两伊战争中，在阿富汗……化学武器从未退出过战争舞台。

化学武器的出现和使用是人类历史上最不光彩的一页。

俄国十月社会主义革命的胜利

（1917 年 11 月 7 日）

列宁缔造“布尔什维克”

列宁是全世界无产阶级和劳动人民的领袖和导师，是前苏联党和国家的缔造者。

弗拉基米尔·伊里奇·列宁于1870 年4 月22 日出生在俄国辛比尔斯克的一个贵族家庭中，父亲伊里亚·尼古拉耶维奇·乌里扬诺夫毕生从事国民教育事业，1882 年获贵族称号，母亲玛丽亚·亚历山大罗夫娜·勃兰克是位医生的女儿，喜欢读书，待人诚恳。1887 年 5 月 8 日，列宁的哥哥亚历山大因行刺沙皇亚历山大三世未遂被处以死刑，列宁很崇拜哥哥，但不赞成哥哥的做法，他说：“我们要走的不是这条路，不应当走这条路。”

列宁的革命生涯是从入喀山大学学习后开始的。1888 年 1 月列宁学习了马克思的《资本论》第 1 卷，加入了喀山的马克思主义小组。此后，列宁认真钻研《资本论》，还学习了马克思的其它著作，成为马克思主义的忠实拥护者，并且逐渐形成了自己的革命观点。

1893 年，列宁来到彼得堡，在工人中宣传马克思主义的列宁将彼得堡的 20 个社会民主主义小组合并为一个“工人阶级解放斗争协会”，这是俄国无产阶级政党的雏型。这一年沙皇当局逮捕了列宁，将其流放。1898 年，分散在彼得堡、莫斯科、基辅等地的“工人阶级解放斗争协会”组织在明斯克召开会议，宣告“俄国社会民主工党”成立。1903 年，俄国社会民主工党召开第二次会议，大会将“无产阶级专政”条文正式写入党纲。在选举党的领导机构时，拥护列宁的人占多数，被称为“布尔什维克”，另一党的领导人马尔托夫得票少，被称为“孟什维克”，俄国社会民主工党从此分裂成两个对立的派别。

1912 年俄国社会民工党（布尔什维克）正式在布拉格宣告成立，这是一个完全新型的无产阶级政党。

俄国二月资产阶级民主革命

第一次世界大战爆发后，俄军节节败退，仅在 1915 年就有 200 万人战死、负伤，有 130 万人被德军俘虏，到了 1917 年，战争使俄国 1400 万人离开土地去服兵役，有几百万人战死疆场。战争破坏了俄国国民经济，赋税激增，物价飞涨，而资本家、商人、地主却囤积居奇，大发战争财。1916 年冬，莫斯科的面包房门口经常挂着“今日无面包”的牌子。至 1917 年 1 月底，彼得格勒仅存 10 天的面粉，3 天的油脂，人们面临饥饿的威胁。

战争使俄国国内的阶级矛盾和民族矛盾日益激化。1915 年，俄国国内罢工人数达 54 万人，1916 年增至 100 万人以上，在哈萨克还爆发了声势浩大的民族起义。

战争使沙皇统治的上层也出现了危机。从 1916 年至 1917 年，沙皇更换了 4 个首相、6 个内务大臣、4 个军事大臣和 3 个外交大臣。沙皇为了与德国讲和，解散国家杜马（议会），引起了资产阶级的愤怒。

1917 年 1 月，彼得格勒 15 万工人举行政治罢工和示威游行。3 月，更多的工人高呼“打倒沙皇”“打倒战争”的口号加入到游行队伍中。沙皇派出军队在街区和桥梁上架起机枪，准备对工人大开杀戒。不料，军队在工人群众的斗争影响下，出现了分化，一部分军队转到人民的一边来。

3 月 11 日，激烈的战斗终于爆发了。12 日，众志成城的工人和一部分士兵迅速占领了兵工厂、弹药库、火车站，逮捕了沙皇的大臣、将军，控制了整个彼得格勒。在彼得格勒起义胜利的欢呼声中，统治俄国达 300 多年的罗曼诺夫王朝沙皇专制宣告垮台。

3 月 12 日是俄历二月二十七日，因此，历史上称这一重大历史事件为“俄国二月革命”。

3 月 15 日，俄国家杜马委员会代表团与彼得格勒苏维埃执行委员会代表团达成协议，宣布成立以李沃夫公爵为首的临时政府，这是一个资产阶级的临时政府。

十月社会主义革命的胜利

俄国二月革命成功后，资产阶级窃取了领导权。但是，当时与资产阶级政府并存的还有另一个政权——工农兵代表苏维埃（意为会议），两个政权并存。

临时政府代表资产阶级利益，把进行帝国主义战争作为其首要任务。1917 年 7 月 1 日，临时政府应协约国集团的要求和加强自身军事独裁统治的需要，在利沃夫发动大规模军事反攻，结果被德军挫败。9 月，德军向里加湾发动攻势，临时政府首脑克伦斯基和俄军指挥部决定放弃里加。俄军在前线崩溃的消息传到彼得堡，彼得堡的工人、士兵义愤填膺，俄国各地工人掀起了声势浩大的罢工运动。

10 月 20 日（俄历十月七日），被迫流亡在芬兰。列宁认为武装起义的时机已经成熟，秘密回到彼得格勒。23 日，布尔什维克党中央通过了列宁提出的关于武装起义的决定，随后成立了“彼得格勒军事委员会”，负责领导起义。

就在这时候，布尔什维克党的另外两名领导人——加米涅夫和季诺维也夫在报纸上公开发表声明，反对武装起义，泄露了武装起义的机密。临时政府下令逮捕列宁，并且从前线调回军队，企图把布尔什维克党领导的武装起义扼杀在摇篮中。

危急关头，布尔什维克党决定将武装起义时间提前到 11 月 6 日。这一天清晨，临时政府的士兵突然闯入布尔什维克党的《工人之路报》和《士兵报》印刷所，企图查封这两家报纸，布尔什维克党人组织赤卫队员和革命士兵及时赶到印刷所，将临时政府的士兵驱走，保证了报纸的准时出版。当天出版的《工人之路报》对武装起义起着巨大的鼓动作用，报纸写道：“政权应该交给工农兵代表苏维埃。执掌政权的应该是由苏维埃选出的、苏维埃有权更换的和对苏维埃负责的新政权。”

无产阶级的革命领袖列宁

11 月 6 日夜，列宁头戴假发，

化妆成工人，匆匆赶到武装起义的指挥部——斯莫尔尼宫。列宁果断地下达了起义的命令："今天晚上，我们一定要把政府人员全逮捕起来，解除他们的武装！"

武装起义的主力是2万名武装起来的工人赤卫队员、彼得格勒的20万驻军和波罗的海舰队的数万名水兵。

在列宁的指挥下，一队队赤卫队员、革命士兵、水兵奔向预定的目标，起义队伍以排山倒海之势迅速攻占了彼得格勒的所有重要桥梁、车站、邮电局、电话局、银行。

11月7日（俄历十月二十五日）下午6时，2万名赤卫队员、革命士兵以及9艘军舰和10辆装甲车包围了临时政府的最后一个据点——冬宫。"阿芙乐尔"号巡洋舰炮轰冬宫，赤卫队员、革命士兵和水兵潮水般地涌入冬宫，躲在宫内的16名临时政府成员束手就擒，冬宫内到处是一片"乌拉！乌拉！"的欢呼声。

晚10时40分，冬宫上空的硝烟未散，全俄工农兵苏维埃第二次代表大会在斯莫尔尼宫隆重开幕。大会通过了列宁起草的《告工人、士兵和农民书》，通过了《和平法令》和《土地法令》，宣告全俄各地政权转归苏维埃。

大会决定成立完全由布尔什维克组成的第一届苏维埃政府——人民委员会，选举列宁为人民委员会主席。

世界上第一个无产阶级专政的社会主义国家诞生了。

十月革命改变了整个世界历史的方向，开创了世界历史的新纪元。

图坦卡蒙陵墓揭谜

（1922 年 11 月 24 日）

“帝王谷”中有一座被遗忘的“金字塔”

“金字塔”是一座形似汉文中“金”字的四角锥体建筑物，因此，中国人形象地称之为“金字塔”。金字塔的四个面分别朝向东、南、西、北四个方向。埃及人称金字塔为“庇里穆斯”，意思是“高”。

埃及拥有世界最多的金字塔，保存完好的尚有近 80 座。

埃及人为什么要建造金字塔呢？

一个被世人所公认的答案是：金字塔是埃及法老的陵墓，是法老们为自己的木乃伊准备的宫殿，是法老们“死而复活”后享受荣华富贵的永恒城堡。

“法老”的意思是“大屋”，最先使用这一尊号的人是古埃及第十八王朝中叶的埃及国王，从此，“法老”就成为国王的代称，这是为了避讳，为了不直呼国王的名字而使用的叫法。

法老也是埃及的大祭司和大法官，全国上下的祭司和官员都是他的代表。法老所说的话也就是法律。法老是神灵的象征，在百姓心目中享有至高无上的权威。埃及人这样颂赞他们的法老“他是太阳神瑞，由于有了他，我们才能看见一切。他是我们的保护神凯，是创造生命之神克努姆……”

法老的皇宫造得富丽堂皇、豪华宏伟，这金碧辉煌的宫殿就是皇家墓冢的原型。按照古埃及的传说，当法老离开人世时，他并没有完全离开王位，他在自己灵魂寄居的永恒的石殿中仍然在发挥作用，他的金字塔城中有众多的祭司为他守灵。由于法老的魂灵能够对国民和国家产生重大影响，法老离开人世后，当然有必要为他营造供灵魂寄居的宫殿和举行隆重的葬礼。

因此，“金字塔”成为埃及法老陵墓的代名词。

驰名世界的“帝王谷”是古埃及首都底比斯的所在地。自从埃及第十八王朝法老图特摩斯一世在帝王谷中建造了第一座隐蔽的地下陵墓后，其继任者中，先后有30多个法老在帝王谷中营建了豪华的陵墓。

法老们活着时享尽人间富贵，死后，其殉葬品也异常丰厚，因此，千百年来，帝王谷是盗贼们光顾的宝地。到了20世纪初，盗贼们几乎将所有“金字塔”内的宝物劫掠一空。

但是，有一座被人们遗忘的“金字塔”——图坦卡蒙“金字塔”——却侥幸地得以完好地保存下来。

寻觅图坦卡蒙“金字塔”

19世纪，众多的欧洲旅行家来到埃及，考察埃及金字塔。一些旅行家则用金钱开路，向埃及当局申请发掘权，然后进入金字塔，将残余在金字塔的宝物囊括而去。

英国人霍德华·卡特是一位学有所成的埃及学家，醉心于考古。卡特来到埃及后并不急于进入金字塔，而是将一座座被盗空的金字塔的主人与保存下来的埃及古文献相对照进行研究，以期有新的发现。霍德华·卡特的辛勤努力得到了回报：他发现还有一位法老——一位年轻早逝的法老——图坦卡蒙法老，他的陵墓没有被任何人发现，很有可能是隐藏在帝王谷的地下。

图坦卡蒙约生于公元前1370年，原名图坦卡顿。公元前1361年左右，年仅10岁的图坦卡蒙娶第18王朝法老埃赫那吞的12岁的公主为妻，同时即位，成为埃及法老。

图坦卡蒙与年轻貌美的王后相亲相爱，形影不离。法老即位时不过是个孩子，由当时担任宰相的祭司长阿伊共同执政。图坦卡蒙渐渐长成了一个强健的小伙子，与宰相阿依的矛盾日益尖锐。公元前1351年，年仅18岁的图坦卡蒙突然暴死，宰相阿依为法老举行了隆重的葬礼，并将图坦卡蒙法老秘密安葬。

年轻的王后悲痛欲绝，派人到土耳其的哈图萨斯，向属于欧印人一支的赫梯人国王请求，要赫梯王派一名王子前来埃及与她成婚，以取得王位。赫梯王接到王后的信件后，当即派一名王子前往埃及，不料，王子未能抵达埃及即被人刺杀。

不久，宰相阿依继承了王位，年轻的王后被禁锢在宫中，其命运不得而知。

埃及古文献能够向卡特提供的信息就是这些。图坦卡蒙是如何死去的？

坦卡蒙老的陵墓

是患病？还是被杀害？宰相阿依将图坦卡蒙葬在何处？一切都是谜。

霍德华·卡特大胆地提出一个“猜想”——图坦卡蒙法老的陵墓就在帝王谷内，迄今还没有被发现！

云集埃及的学者、专家们对卡特的“猜想”不屑一顾，埃及文物局也表示对卡特的观点“不敢苟同”，人们认为：古埃及历史上是否有这样一位年轻的法老还有待考证，他的陵墓又是从何而来的呢？

不过，也不是所有的人都对卡特嗤之以鼻，一位美国富翁就坚信图坦卡蒙其人确有，其陵墓确在帝王谷内。1902 年，富翁向埃及文物局申请并取得了图坦卡蒙陵墓的发掘证，在此后的 5 年中，富翁耗费了大量资金，组织了大规模的发掘，但是仅仅发现了一个“小坑”，“小坑”内有 40 只陶罐和一块写有图坦卡蒙名字的白布，在极度的失望中，美国富翁放弃了发掘。

霍德华·卡特从美国富翁的失败中看到了希望，更加坚定了自己的信念。卡特成功地说服了本国的一位富翁，得到了一笔不可少的赞助费。但是，正当卡特想大干一番时，第一次世界大战爆发了，卡特被迫等到大战停止，即 1917 年，卡特才开始实施他的庞大的发掘计划。

卡特确认了三座法老陵墓之间的一块约 1 万平方米的三角地带作为挖

掘的目标。从1917年至1921年，卡特组织了两次大发掘，用人工搬走了30万吨沙土砾石，但一无所获，卡特万分沮丧，卡特的资助人也信心丧失殆尽。正在这个时候，从纽约国家博物馆传来一个振奋人心的消息：博物馆对1907年美国人在“小坑”中发现的陶罐和白布进行了鉴定，认为它们是为图坦卡蒙制作木乃伊大典时所使用的器物。卡特的赞助人决定继续支持卡特。

卡特重新确定目标，将发掘重点转移到“小坑”附近。经过几个月的发掘，一条人工凿出的石阶从泥土下露了出来，卡特命令工人们加快速度，沿石阶向下掘进。

1922年11月24日，这是一个值得纪念的日子。

石阶的前面出现了一扇门。

卡特对工人们说：“把门打开!”

打开门，卡特的眼前出现了一条堆满石头和沙砾的长廊。工人们用箩筐将石头和沙砾一筐一筐地运出去，然后继续向里面挖，挖到六七米深处，地下传来异样的嗡嗡声——又是一道门！刨下去的镐头碰到了门上。

卡特兴奋地挤到门前，对工人们说：“小心些！把门打开。”

工人们小心地打开门。

一股热气迎面扑出——这是一股在地下宫殿中憋了几千年的热气，热气扑到工人们的脸上，几名工人几乎晕倒。

工人们急忙退到门外。

过了一会儿，卡特亲自带领工人们走了进去。没走几步，众人看到了两个真人一样大小的雕像，雕像的身上束着淡黄色的金腰带，脚穿金鞋，前额上装饰着一对金蛇。雕像附近是又高又大的金椅、透明的白玉脸盆、光灿灿的金床、装饰着宝石和珍珠的衣服……

卡特激动不已：“终于找到了!”

金灿灿的“宝库”

地宫中到处都是堆积如山的珍宝。

贴金镶玉的家具、箱盒、匣柜、富丽堂皇，排列有序。其中，一个硕大无比的贴金木盒格外引人注目。木盒盒壁上嵌着闪闪发光的蓝色石英玻璃，木盒分四层，每层之间填满了各式各样的奇珍异宝。在一间堆满殉葬品的屋子中有 100 多个用金、银做成的筐，筐中存放着水果、肉类和各种粮食，屋中还有 40 多个大瓶子，据专家考证，它们是装葡萄酒用的。地宫中还堆满了法老生前所珍爱的武器、铠甲，它们与其它珍宝混在一起。

发掘工作缓慢地进行着，卡特指挥工人们将所有的珍宝编号、装箱、搬运出去。

奇迹还在后面。

1923 年 2 月，卡特等人在两个站立的雕像之间又发现了一扇门。卡特用探棒捅门，刺目的金灿灿的光辉顿时从里面射出来，放眼看去——竟是一堵用黄金做成的"墙壁"！可是，当他们走近"墙壁"时才看清楚，原先认为的"墙壁"是一只"大箱子"的一个侧面！

"大箱子"是用纯金制成，长 5 米多，宽 3 米，高近 3 米，上面还装饰着各种驱魔避邪的珠宝。卡特等人围着"大箱子"打转，你一言，我一语地猜测"大箱子"的用途，最后，众人的意见趋向一致——"大箱子"很可能是一具棺椁。

大家七手八脚地搬开盖在"大箱子"上面的黄金板，里面又呈现一个略小的"箱子"，"箱子"上面也盖着一块金光闪闪的黄金板。接着，卡特等人又揭开第三块、第四块黄金板。

果然是一个巨大的黄金棺椁！

第四层棺椁打开后，里面是一具石棺。打开石棺，下面是一具金光夺目的黄金棺材，金棺上有一个黄金制做的人像。黄金人像的额上有秃鹫和蛇的符号，其双手交叉放在胸前，人像的眼睛是黑曜石做的，眼眉是深蓝色玻璃制做，额头上放着一束花——虽然经过了几千年的岁月，花已干枯，但颜色艳丽如故。

揭开金棺盖，下面呈现一具稍小的黄金棺材，图坦卡蒙法老的尸体就放在这具全世界最贵重最漂亮的黄金棺材中。

图坦卡蒙的上身盖着一个遮住了胸部和脸的纯金面具。法老的头上戴着金王冠，王冠上嵌着五彩夺目的宝石。法老的手腕上有 10 多个金腕环，手指上有 10 多个金指环，耳朵挂着耳坠，耳坠用 114 颗宝石做成……

人们从图坦卡蒙陵墓中共搬运出 5000 多件璀璨夺目的金银器、玉石、珍宝、雕塑工艺品及食品、服装、武器、壁画。众多专家学者花了十年的时间才将这批罕世珍宝清理完毕。

图坦卡蒙陵墓的发现公之于世后，举世震惊。1927 年，英国伦敦首次展览了部分出土珍品，整个欧洲为之轰动。

难解的新谜

图坦卡蒙陵墓之谜被卡特揭开了，但是新的谜随即产生。

当专家们揭开罩在图坦卡蒙尸体上的最后一层亚麻布时，人们发现，在法老脸上靠近左耳垂附近处有一条致命的伤痕，系利器所致。换句话说，18岁的图坦卡蒙法老不是因病致死，而是因利器突然刺入而毙命的。图坦卡蒙法老是自杀？还是他杀？凶手是谁？联想起赫梯王子在来埃及完婚途中也惨遭暗杀和宰相阿依令人不解地继承的王位，图坦卡蒙之死越发可疑。

当霍德华·卡特等人在五光十色的珍宝前惊得目瞪口呆时，他们又有了一个不安的发现——在珍宝旁的一块泥塑板上刻着一行字：“死亡将张大翅膀扼杀任何敢于扰乱法老安宁的人”——这就是著名的“法老的诅咒”。在房间的另一边有一尊神像，神像上刻有一行字：“与沙漠的酷热相配合而迫使盗墓贼逃之夭夭，并专司保护图坦卡蒙陵墓之职者正是我。”

在进入墓穴后，卡特被一只蚊虫在面部叮了一口，当时，卡特并未在意。不久，卡特面部被蚊虫叮咬处开始红肿，发痛。在连续高烧中，卡特绝望地连声叫喊：“我听见了他呼唤的声音，我要随他去了！”一天后，卡特气绝身亡。

死亡事件接踵不断：

先是参与推倒陵墓中一道主墙的莫瑟先生神经错乱死去，然后是开罗博物馆馆长梅赫来、美国富翁约瑟夫·伍尔夫、X射线专家道格拉斯·里德，为图坦卡蒙法老木乃伊拍照的记者和另一名助手麦克·皮切尔也相继死去。更令人不安的是，皮切尔的父亲突然跳楼自杀，送葬时，送葬的汽车又压死了一名8岁的儿童。在短短3年零3个月中，先后有22名与发掘图坦卡蒙陵墓有关的人神秘地死去。

图坦卡蒙王金象

“法老的诅咒”是怎么回事儿呢？

若想揭开新的谜底，人们还需进行深入研究和探索。

关东大地震

（1923 年 9 月 1 日）

日本国位于亚洲东部的太平洋上，由四个大岛及约 4000 个小岛组成，总面积约为 37.8 万平方公里。关东地区跨本州岛中东部相模湾沿岸，面积达 3 万多平方公里。东京、横滨、千叶等著名城市都集中在关东地区。

1923 年 9 月 1 日上午 11 时 58 分，东京以南 90 公里处的相模湾海底地壳突然断裂——方位：东经 139°17′、北纬 35°22′——最大垂直位移 100 米；关东地区陆地东南方隆起，西北方下沉，大岛附近海底沉降达百余米，同时向北移动 4 米；王宫山附近海底隆起，同时向西南方向移动 3 米。如此剧烈的地壳活动必然引发强烈的地震——这就是举世闻名的“关东大地震”，震级为里氏 8.3 级。

地震发生之初，震感并不很强烈。日本对地震司空见惯，许多人不以为然。但是，随着时间一秒一秒地过去，关东大地开始发疟疾似地颤栗起来，东京地区如同米箩般地作上下和水平方向筛动，高层建筑物纷纷塌毁，人们这才意识到大祸临头。

东京市民宅多为木屋，地震时适逢市民们做午饭，大地筛动起来，将一个个炉灶掀翻，将板壁掀倒，转眼间，熊熊大火从四面八方燃起。强大的地震波激动气流引发了大风，风助火势，火借风威，大火引燃仓库、爆炸品、化学药品及其它易燃物品，整个东京被大火、浓烟笼罩。地震造成自来水管断裂，摧毁了东京市的供水系统，消防队员眼睁睁地看着大火肆虐，束手无策。

熊熊大火一连烧了三天三夜。

东京的市民们争先恐后地逃出家门，逃向公园、广场、人工湖、火车站……

东京被服厂门前及庭院中有几处宽阔的空地，相当于一个体育场大，几万市民聚集到空地上，以为是个“太平港”。不料，烈焰从四面逼近，引燃了被服厂，人们惊恐万分，但又无路可逃，有3.2万人葬身被服厂火海中。

在一个火车站，一列火车将数百人碾碎在铁轨上。

在相模湾，一座山林以每小时90公里的速度滑下山谷，冲过一个村庄和一条铁路，落入海湾中。山林所过之处，人和牲畜全部裹入，鲜血将相模湾方圆几公里的海水染红。

在横滨湾，数千人跳入大海逃生。但是，海湾附近的一座油库发生爆炸，燃烧的石油流入大海，将逃生的人全部烧死……

关东大地震摧毁了东京、横滨两大城市及许多村镇。东京市85%的房屋被夷平，横滨市的房屋被摧毁96%。

在关东大地震中，东京死亡71069人，其中有56774人被烧死，11227人被海啸淹死，3068人被倒塌的建筑物压死。

关东大地震引发的大海啸席卷相模湾沿岸，东京、横滨、横须贺等大小港口损失惨重，多年未能复苏。海啸卷走了8000多艘船舰，致使5万多人丧命。

关东大地震总共造成14万3千人丧生，20多万人受伤，50多万人无家可归，财产损失达300亿美元。

日本是一个多地震国家，有历史记载的大地震就有2000多次，东京附近更是地震频繁地区，平均每3天就发生一次有感地震。

关东大地震是日本国地震史上损失最惨重的两次大地震之一。另一次大地震发生在1903年，地点也是在关东地区，死亡20万人。

南京大屠杀

（1937年12月13日）

南京陷落

南京城始建于战国。从越国大夫范蠡建筑越城算起，至今已有2400年。三国东吴、东晋，南朝时的宋、齐、梁、陈及南唐、明朝、太平天国、中华民国成立后的南京临时政府和当时的国民政府，先后有10个朝代都建都南京。

1937年7月7日，日本侵略者发动了卢沟桥事变，侵占了北平。11月11日，日军在付出死伤4万多人的代价后攻占了上海。此后，日军迅速侵占了苏州、无锡、常州、镇江，直指南京。日军所到之处，烧杀掠抢，无恶不作，仅在无锡就烧杀达11天，吹响了南京大屠杀的前奏曲。

11月20日，蒋介石宣布迁都重庆，任命国民党将领唐生智为南京卫戍司令长官，罗卓英、刘兴为副司令长官，率13个师约10余万人守卫南京。

12月1日，日寇华中方面军司令松井石根分兵三路，向南京发起攻击。从12月5日至8日，日军未经激烈战斗即占领南京东郊汤山、半边山至龙王山一带。12月9日，日军向南京守军发出最后通牒，被唐生智拒绝。10日，日军突破雨花台、紫金山两处阵地，日第18师攻占芜湖，向当涂疾进，切断了守军退路。

12月12日，傍晚，蒋介石致电唐生智："如情势不能久持时，可相机撤退。"唐生智立即召开各部队长官会议，下令一部渡江，大部向城郊各处突围。由于没有拟订周密的突围计划，除少数部队突围成功外，多数部队被困在城内，无力渡江。

12月13日拂晓，日军第10军所属第6师团和第11师团率先从中华门攻入市区，日军第9师团、第3师团、第16师团也分别从中山门、光华门、太平门攻入市区。下午2时，日本海军第11支队溯江而上，侵占下关，日本国崎支队沿江北攻至浦口，至此，南京城全部陷落。

随即，日军开始了一场震惊世界的大屠杀。

震惊世界的大屠杀

集体大屠杀

日军侵入南京城后，挨门逐户地搜查，凡是外貌像军人的，一律捆绑，推上卡车。日军每天用20余辆大卡车载运手无寸铁的市民、伤残士兵及被解除武装的战俘送往雨花台刑场，用大刀斩首，当肉靶子射击，约有5万余人被屠杀在雨花台，惨杀之后，尸体全被抛入江中。

12月15日，日军将司法院内男女1000余人，警察400余，共2000余人押至汉中门，用机枪射击，集体屠杀。机枪扫射之后，又用刺刀将尚未死的人捅杀，最后浇上汽油焚烧。

同一天，日军将放下武器的军人和平民9000余人押至鱼雷营，用四挺机枪扫射，只有9人幸免遇难。当天晚上，日军又在鱼雷营、宝塔桥展开集体大屠杀，死难者达3万多人。

12月16日，日军在中山码头集体屠杀5000余人。

12月18日，日军在草鞋山头集体屠杀57400余人。

此后，日军在南京上新河区屠杀28000余人，在燕子矶屠杀50000余人，在凤台乡、花神庙屠杀7000余人……集体屠杀的地点还有下关南通路北、挹江门姜家园南首、三叉河放生寺、大方巷、龙江桥江口、下关九甲圩、石观音、门东小心桥、通济门外、四方城、长生寺、正觉寺、龙华寺、太平乡等多处。

英国《曼彻斯特卫报》驻华记者田伯烈引用一外国侨民日记对日军暴行进行揭露，该侨民写道：

> 今天（12月13日），劫后的南京，满目荒凉，一片焦土，到处是破坏的痕迹。南京陷入彻底的无政府状态。假如看到兽性勃发或狂醉的日本兵，从强奸女人的地方走出，那就决不是安全的事情。我们看到日军劫掠最可怜的穷人，连一个铜子和一件棉袄都不准保

存，连人力车夫的车子也无法幸免；我们看到日军从难民区里拖出成百成千已被解除武装的中国士兵加以掩杀，或当做练习刺杀的对象；我们看到大批妇女惊恐万状，悲伤哭泣……这是我有生以来第一次看到的活地狱。

日本随军记者小俣行男于1982年出版了《侵略中国随军记者的证言》一书。揭露了日本侵略军在南京的暴行：

在南京，到处都可以掠夺，强奸。刚进城时，还有很多建筑物，可是翌日就开始放火，主要建筑物全被焚毁。士兵们冲进深宅大院，在屋里乱翻一气，掠走值钱的东西后，就放火烧房……

俘虏有10万之多。刚进城的部队曾问军司令部："这些俘虏怎么办?"回答是："适当处分。"所谓适当处分就是予以处决。因此，俘虏被日本兵带到长江岸边的下关排队斩首。第一排杀完，让第二排把尸体抛入江中，然后排成一列，同样杀头。就这样从早晨杀到晚上，一天不停地杀也只杀了2000多人。

第二天杀累了，就抬出了机关枪，摆两挺重机枪组成交叉火力。面向江岸，让俘虏排成一列，嗒嗒……扣动了重机枪的扳机。俘虏们一齐往江里逃，然而没有一个人能挣扎着跑到对岸。后来军里传令："俘虏不杀了，送到后方去修筑道路和干其他苦役。"然而，此时已有不计其数的俘虏被杀了。长江上漂满了中国士兵的尸体，鲜血染红了江水，惨不忍睹啊！

据中国审判战犯军事法庭谷寿夫战犯案判决书中认定：

"我被俘军民遭日军机枪集体射杀并焚尸灭迹者，有单耀遇等19万余人。

随时随地虐杀

日军像野兽一样以杀人为快，且手段极其残忍。这些杀人手段有：枪击、刺杀、砍头、刀劈、破腹、挖心、水溺、火烧、锥刺全身和眼睛、活埋、犬咬、摔掼至死、割生殖器、刺穿阴户和肛门、"钓鲤鱼"（把人吊起来，用铁钩钩着舌头）、"烤全猪"（把人捆放在铁床上，下烧火）等。

飞扬跋扈的日本侵略者

据《曼彻斯特卫报》驻华记者田伯烈报道：

12 月 23 日，星期四。农村师资训练学校收容所内的难民，又有 70 人被拖出枪杀。日本兵对于中国平民可以随意乱抓，任何人的手上只要发现有硬茧，就可指为当兵的证据，必死无疑。

中午从外面送来一个人，头部被烧焦，眼睛被挖掉，耳朵被割去，鼻子只剩下一半，惨不忍睹。我们把他送到医院，几小时后，他死了。事情的经过是这样的：日军把几百人捆在一起，灌浇汽油，用火烧，他就是其中的一个。我在鼓楼对面，看见另一个死人的头部和臀部受到同样的烧伤，真是令人不能相信的兽行！

日本随军记者小俣行男写道：

日军不但残杀俘虏，还杀害无数平民百姓。路上躺满了百姓的尸体。究竟杀了多少人？这个数字既未发表，也无法统计。总之是满目死尸。留在市内没有住进“难民区”的百姓，都被日军一扫而光。

1937 年 12 月 27 日，日本报纸《东京日日新闻》以《紫金山下》为题报道：日本第 6 师团的两个准尉，一个叫向井敏明，一个叫野田毅，两人约定作砍杀 100 个人的比赛，赌一瓶白兰地酒。这两个刽子手从下关一直杀到夫子庙，见面后相问：“你杀了多少?”“105 个!”“你呢?”“106 个!”两个人因“口说无凭”，又重新打赌，看谁先杀满 150 名中国人，说完各自提着钢刀向前走去，遇到中国人，不分男女老弱，劈头就是一刀……一直杀满 150 人!

野兽！比野兽还要野兽！

奸淫虐杀

日军肆无忌惮地奸淫妇女，无论是白天、黑夜，上至七八十岁的老太太，下至八九岁的幼女，只要被日本人碰上，无一幸免。而且，日军在强奸、轮奸妇女之后，又残酷地将妇女杀害，其狂虐程度，令人发指。

金陵女子大学内有由国际救济委员会设置的妇女收容所，收容妇女约 7000 余人，日军每天开着大卡车闯进收容所，劫走大批妇女，供士兵发泄兽欲。

有一人家，姑嫂 3 人，一个少妇，两个少女，日兵五六人突然闯入。少妇急中生智钻入草堆藏身，两个少女惨遭强奸。2 个小时后，少妇听到屋内没有声音，从草堆中钻出，只见小姑娘下身全是血，胸口和肚子上被刀戳穿两个窟窿。再看大姑娘，大姑娘一丝不挂地仰面躺在床上，下身插着一把刀，少妇顿时疯了。

有二三十名妇女为免遭凌辱，女扮男装，不料被日寇识破。日军将这些妇女扒光衣服强奸、轮奸后，又将妇女们钉死在墙壁上。日军仍觉得没有“尽兴”，挥刀削去妇女们的乳房，搅烂下身，还把肚肠挖出来……

日军侵入南京南郊六郎桥 18 村后，村民们大多逃走，日军只捉到 3 名 60 多岁的老太太。日军剥去老人的衣服，用刺刀乱戳，又用小刀刺老人的阴部，三个老人昏倒在地，日军又割断了她们的双脚。

一个外国牧师在给友人的信中写道：“据德国同事统计，强奸案有 20000 件。其实远不止此数。只金陵大学一处，我知道全案细节的就有 100 件以上。”“在金陵大学一地，小至 11 岁的女孩，老至 53 岁的妇女都被强奸，在其他难民群，72 岁和 76 岁的老太太也难幸免。在校场上，17 个日本兵在光天化日之下轮奸一个妇女……

根据多方的史料证实，南京大屠杀至少持续了 6 周。除集体屠杀 19 万人以上外，日军零星残杀中国平民及被解除武装的士兵15万人，即：在南京大屠杀中，日军共屠杀中国人34万（此数字经1984年南京侵华日军南京大屠杀史料编辑委员会重新调查和研究认定）。

国际安全委员会主席拉贝在国际法庭出庭做证时说，从1938年2月6日、7日直到那一年的夏天，很多暴行还在继续，奸淫妇女仍在进行。“南京遭受强奸的妇女至少8万人之多”。

南京大屠杀造成的综合财务损失达国币2300多亿元（《南京抗战损失调查》）。

需要指出的是，在日寇疯狂进行南京大屠杀时，一些国际友人、侨民向苦难的中国人伸出了救援之手。

1937年11月中旬，金陵大学董事长杭立武博士与几十位侨民代表成立了国际救济机构“南京安全区国际委员会”，德国西门子洋行的拉贝先生被推举为主席，他们与“国际红十字委员会南京委员会”合作，以美国大使馆所在地及金陵大学等教会学校为中心建立了“安全区”（难民区）。虽然，1938年2月18日后，“国际委员会”被迫改为“南京国际救济委员会”，“安全区”不再存在，但“国际委员会”还是使许多中国人得到救助。

还有，这些国际友人及侨民留下了大量的日记、信件，这些日记（如《拉贝日记》）、信件是日军南京大屠杀的铁证。

为南京大屠杀提供了铁证的还有一位叫里哈尔德·佐尔格的人。佐尔格是一位反法西斯战士，当时是德国驻日使馆的新闻专员。佐尔格利用自己的特殊身份来到中国，恰逢南京大屠杀，他拍下了一幅幅骇人的大屠杀现场照片，记录下一串串有关大屠杀的数字，并把这些资料寄回德国，这些宝贵资料一直保存至今。

惩 罚

多行不义必自毙。

1948年11月22日，远东国际军事法庭判处甲级战犯、日本华中方面军总令官松井石根绞刑，于12月22日执行。

与南京大屠杀有关的甲级战犯华中方面军副参谋长武腾章、近卫内阁外相广田弘毅被判处绞刑并执行；华中方面军炮兵联队长桥本欣五郎被判处无期徒刑终身监禁。

侵犯南京的元凶之一——日军第10军第6师团长谷寿夫被引渡到中国，

中国国防部审判战犯军事法庭处其死刑，于 1947 年 4 月押赴雨花台刑场执行。

中国军事法庭还将进行“杀人竞赛”的向井敏明、野田毅引渡到中国，判处其死刑，另一个屠杀 300 名中国平民的战犯田中军吉也被处以死刑，此三人均于 1948 年 1 月 28 日被押赴刑场执行。

正义得到了伸张。

南京死难者的亡灵得到了告慰。

飓风横扫美国东海岸

（1938 年 9 月 21）

1938 年 9 月 21 日，一股狂暴的飓风以每小时 150 英里的速度扑向美国纽约长岛的西安普敦，拉开了横扫美国东海岸的序幕。

在 20 世纪 30 年代，人类只能根据来自海洋上船只的报告来预测海洋风暴。袭击美国西安普敦的这一大飓风在 9 月 16 日就已被一艘名为“亚莱格里特”号的巴西货船发现，“亚莱格里特”号船长向有关气象当局报告了发现大飓风的消息——当时它正在里科港以东约 1000：英里处洋面上肆虐。9 月 19 日，大飓风转移向北，沿佛罗里达州和佐治亚州海岸平行而上。当大飓风逼近卡罗来纳以外北纬 35°N 域时，突然改变方向，扑向美国东海岸。

大飓风挟裹着可怕的风暴潮摧枯拉朽，如入无人之地。可怕的风暴潮是由飓风眼内强大的低压气流将海面向空中提起，强风又把海水堆积起来形成的。当风暴潮横扫西安普敦海滩时，海浪高达 30 英尺。当时，一名叫斯坦利·特勒的警察从一幢临海的房子里救出两个孩子，海浪袭来，将警察和两个孩子抛上 30 英尺高的电线杆顶，转眼间，那幢房屋也被海浪抛到电线杆顶。房屋中还有 10 多个人，他们将斯坦利·特勒救上房顶。此后，10 多个人手拉手聚集在房顶上，随波逐流。在经过长达 5 个小时的恐怖“旅行”后，海浪居然把幸运的房屋和房屋上的幸存者送到了大陆一侧夸格村中心场地上。

然而，像斯坦利·特勒这样幸运的人毕竟是少数。大飓风扫过长岛以西的法尔岛及康涅狄格州新伦敦港，法尔岛上的房屋荡然无存，新伦敦港内的船只悉数被卷走。强大的风暴潮将海水倾入新伦敦城内，城内洪水涛涛，致使电线短路引发火灾，幸而大刚瓢泼，很快又将大火浇灭，才没有造成更大损失。

大飓风和可怕的风暴潮摧毁了新伦敦城至斯托宁顿之间的铁路。

21日下午3时20分，在风暴中缓缓向东行进的“波士顿人”号客车突然发现前方有紧急报警信号，司机急忙刹车。原来，前方已有一列火车被围困在洪水中。但是，火车虽然停下了，险情却接踵而来——火车只有机车和第一节车箱是停在坚实的陆地上，其余7节车箱（载有250名旅客）均停在被海水冲毁的轨道上，而且，在时速120英里的狂风和海水的冲击下，列车车箱逐渐地向一侧倾斜。

“到第一节车箱去！赶快到第一节车箱去！”

列车长约瑟长·理查德命令所有的旅客向第一节车箱转移。旅客们听从理查德的指挥，涌向第一节车箱，但是，有几名旅客和一名厨师匆匆跳下列车，跳到路堤上，企图游向陆地，这些不幸的人顷刻间就被狂风和海水吞没。

列车继续在向一侧倾斜。危难关头，列车员比尔·多纳休跳下列车，钻入水底，将第二节车箱从第一节车箱上解开。比尔·多纳休从水中一露头，理查德一把将他抓住，用力将多纳休拉回车中。几分钟后，7节与机车和第一节车箱“脱勾的车箱”轰然翻下轨道，栽入洪水中。

大飓风狂吼着扫过纳拉甘西持角，最高风速达每小时186英里。当大飓风扫过塔皮欧卡河时，竟然把塔皮欧卡河水卷入另一条叫米勒斯的河中，使米勒斯河水陡涨。

大飓风在美国东海岸肆虐12个小时，纽约州和新英格兰约4万平方公里的地区遭到大飓风的毁灭性袭击。在这次罕见的大飓风灾难中，有26000辆汽车被吞没、毁灭，20000座房屋被摧毁、毁坏，还有680人被大飓风夺去了生命。

1938年大飓风发生后，世界各国的科学家加快了。对大飓风生成机理的研究和对其行踪的监测。时至今日，科学家和技术人员已能精确地预报出大飓风生成的时间、地点及其活动路线，“飓风追踪器”甚至可以飞临飓风中心，对飓风进行多方位监测，从而向有关地区、人员及时发出警报，使大飓风造成的损失减到最低。

美国西临大西洋，东临太平洋，海岸线长，历史上多次遭到大飓风的袭击。1900年，飓风袭击德克萨斯州加尔维斯顿城，有600多人丧生；1925年，飓风袭击了俄亥俄、印地安纳、密苏里、肯塔基、田纳西、伊利诺斯五州，造成700多人死亡，损失达5亿美元；1926年，飓风横扫佛罗里达州，有400人丧生，2000多人受伤，5000户人家无家可归；1938年，飓风横扫美国东海岸，680人死亡，20000座房屋被毁；1957年，“奥德丽”飓风光顾墨西哥湾及德克萨斯州、俄亥俄州、宾夕法尼亚州，有 40000 所房屋被毁，500 多人丧生；1992 年 8 月，强大的“安德鲁”飓风袭击美国南部，官方公布的数字表明，至少有 1500 万人在飓风中蒙受重大损失，仅佛罗里达州就有 5. 5 万人无家可归，40 万所房屋断电、断水，总计损失达 200 亿美元以上。

看来，拥有先进科学技术的美国人虽然已有能力预测飓风的生成及行踪，但要减弱飓风的力量还是束手无策，人类想要征服飓风还必须走很长的路。

第二次世界大战

（1939 年 9 月 1 日 ~1945 年 9 月 2 日）

第二次世界大战是人类历史上规模最大的一次战争。战争以 1939 年 9 月 1 日德国进攻波兰为全面爆发的起点，以 1945 年 9 月 2 日日本投降为止，共历时 6 年零 1 天。

第二次世界大战的参战国多达 61 个，参战的军队达 1. 03 亿人，约有 16 亿人口卷入了战争，作战地区波及欧、亚、非三大洲和大西洋、太平洋、印度洋、北冰洋四大洋，作战地区的总面积达 2200 余万平方公里，在 40 个国家的领土及海洋战区展开了军事行动。战争中，军人死亡 1690 多万人，平民死亡 3430 多万人，总计死亡 5120 多万人，直接财产损失达 4 万亿美元以上。

战争的起因

第一次世界大战结束后，德国虽然战败，但它的经济基础和政治基础并未遭受重大破坏。一战中诞生的社会主义苏维埃引起了英、美等帝国主义的恐慌和仇视，德国统治者充分利用了这一点，从美英等国获得了大量的经济援助，用了不足 10 年的时间就迅速恢复了元气。例如，德国人仅从一项“道威斯计划”（美国）中就得到了 8 亿马克的贷款。到了 20 年代末，德国的工业生产跃居资本主义世界的第二位，超过了英国和法国。

意大利和日本是一战中的战胜国，但是这两个国家都因分赃太少而大为恼火。1921 年，由美、英、日、法、意、荷、葡、比和中国等 9 个国家签署的《九国公约》在华盛顿通过，《九国公约》主张中国实行“门户开放”政策，这使企图独吞中国的日本尤为不满。

1929 年至 1933 年，资本主义世界爆发了第一次经济危机，英、法、美三国的工业生产分别下降了 32. 2%、36. 2%、55. 6%，倒退到一战以前的水平。经济危机同样给了德、意、日三国以沉重打击，其工业生产分别下降了 52. 1%、33. 3%、32. 9%。但是，在经济危机的冲击下，德、意、日三国走上了另一条道路——实行国民经济军事化，将发展军事工业、向外侵略扩张作为摆脱经济危机的办法。到了1938年，德国的钢产量超过英、法两国的总和，军火产量是英、美两国总和的2倍以上，成为欧洲的第一军事强国，意大利和日本的军事实力也迅速增长，工业增长速度和幅度都超过了英、法、美等国。

伴随着国民经济军事化，德、意、日三国先后建立了最反动的法西斯专政。1919年，墨索里尼组建了“战斗的法西斯”，墨索里尼的口头禅是“杀！杀！杀！”1922年，墨索里尼指挥他的10万黑色大军挺进罗马，当上了意大利总理兼任外长和内务部长。在德国，纳粹党头目希特勒通过“啤酒馆政变”登上了国家元首的宝座。在日本，田中义一当上首相后，更是穷兵黩武，叫嚣：“欲征服支那，必先征服满蒙，如欲征服世界，必先征服支那，要以支那之富源作征服印度及南洋各岛以及中、小亚细亚及欧罗巴之用”。

正当第一次经济危机日渐结束，资本主义各国的经济开始缓慢复苏时，第二次经济危机的狂飙骤然降临在美国，随后又席卷了英、法等国。各帝国主义国家为转嫁经济危机，展开了一连串的关税战、贸易战、货币战，但是，这一系列“战”不但不能解决任何问题，反而激化了各国的矛盾，于是，战争便不可避免了。

走向战争

德、意、日的迅速崛起使帝国主义之间的实力对比发生了巨大变化。日本迫不及待地想征服支那、满蒙、印度、南洋各岛，而德国不但要为第一次世界大战的失败复仇，要重新瓜分世界，还要建立称霸世界的第三帝国。

从1931年至1937年，日本将“征服支那”的野心付之实施，侵占了中国东北，发动了旨在灭亡中国的“卢沟桥事变”。

1933年，希特勒上台后，即宣布退出国际联盟，撕毁了凡尔赛条约。1936年11月，德日签订了“反共产国际协定”。一年后，意大利加入“反共产国际协定”，建立了德日意法西斯轴心同盟。1938年3月德国使用武力吞并了奥地利，随后又把黑手伸向了捷克斯洛伐克苏台德区。面对希特勒的蛮横行径，英、法、美等国采取了姑息、退让、纵容的态度。1938年9月29日—30日，英、法、德、意首脑在德国慕尼黑的“元首宫”开会，通过了臭名昭著的《慕尼黑协定》，将捷苏台德区2.8万平方公里领土划给了德国。希特勒得寸进尺，次年3月，一举吞并了捷克斯洛伐克。

1939 年 10 月，墨索里尼出兵侵占了阿尔巴尼亚。

德国的不可一世令苏联感到不安。1939 年 3 月，苏联建议英、法举行会议商讨抗击法西斯侵略问题，但英、法两国持消极态度。英法两国之所以如此，是企图推动德国向东进攻苏联。苏联看清了英法的丑恶嘴脸，为避免受到德、日两国的夹击和作好战争准备，于 1939 年 8 月 23 日与德国签订了《苏德互不侵犯条约》。

《苏德互不侵犯条约》的签订使英法“祸水东引”的阴谋破灭，也为苏联争取到一年多的备战时间，但也使希特勒德国消除了“两线作战”的忧虑，希特勒看准时机，以闪电式的攻击，挑起了大战。

闪击波兰

希特勒与苏联签订《苏德互不侵犯条约》是为了避免在第一次世界大战中，德军两线作战的错误。希特勒决定先避开苏联这块硬骨头，首先攻占波兰，打垮没有战争准备的英、法两国。

在经过周密的准备后，德国将 150 万钢铁军队调入波兰边境的前沿阵地。1939 年 9 月 1 日拂晓，德军分北、南、西三路向波兰发起突然进攻。

在所有与德国接壤的国家中，波兰是最没有看到德国威胁的国家。波兰拥有 40 个步兵师和 12 个骑兵师，又有英、法的支持，盲目地认为德军不会冒天下之大不韪贸然挑起战争。所以，当德军成群的战斗机和轰炸机黑压压地飞过来时，波兰的空军竟不知所措。波兰 500 架第一线的飞机大部分还没有来得及起飞就被德国斯图卡式战斗轰炸机炸毁在自己的机场上。不到 48 小时，波兰的空军就全被摧毁。德军整师的坦克横冲直撞，如入无人之境，每天以三四十英里的速度向前推进，就连能迅速开炮的摩托化重炮也能在波兰坎坷不平的道路上以每小时 40 英里的速度隆隆挺进。在德军“闪电”般的攻击下，波兰军队的抵抗显得弱不禁风！在一次遭遇战中，波兰的一个骑兵旅与德军的坦克师进行了殊死、顽强的拼搏，但是，以血肉之躯对钢铁，以战刀对坦克炮，这无疑是羔羊与猛虎的对抗。

9 月 3 日，与波兰订有盟约的英、法两国相继对德宣战。第二次世界大战全面爆发了。

9 月 5 日上午 10 点，德国陆军总司令冯·勃劳希契将军与北方集团军司令冯·包克将军一致认为：“敌人实际已被打垮了。”德军第四军团和第三军团分别从波麦腊尼亚、东普鲁士向东、向西推进，并迅速会师。9月8日，德军第四装甲师到达波兰首都华沙的外围，波兰的陆军被彻底击溃了。

9月17日，全部波兰军队，除俄国边境上的一小部分外，都已陷入德军包围之中，波兰政府逃到了罗马尼亚边境上的一个村庄里。波兰首都华沙的居民在波兰政府逃亡之后，自动地组织起来，坚持英勇的华沙保卫战。在德军的狂轰滥炸之下，9月27日，华沙落入希特勒的手中。

闪击丹、挪、荷、比、卢、法

德军闪击波兰得手后，一面继续在西线制造“无战事”的假相，麻痹英、法，一面悄悄地把军队从波兰战场调往西线。同时，为了保障在西线发起攻击时的侧翼安全，希特勒决定吃掉北欧的丹麦和挪威。

1940年4月9日晨，集结在德丹边境的德军突然向丹麦发起进攻，一小时后，丹麦国王宣布投降。与此同时，德军的空降部队占领了挪威的首都，扶植挪威前国防部长吉斯林充任傀儡首相。英、法感到德国一旦占领挪威，将使英、法海军受到威胁。4月14日，英、法军队在挪威登陆，但为时过晚，不得不从挪威败退。6月10日，德军完全占领了挪威。

1940年5月19日晨，德军在挪威进行战斗的同时，突然在西线发起闪电般的袭击，对荷兰、比利时、卢森堡和法国北部的72个机场实施猛烈的空中打击，一举夺取了制空权。荷、比、卢缺乏足够的战争准备，一蹶不振。5月15日，荷军率先投降。5月28日，比利时20万军队尽成俘虏。随后，卢森堡沦亡。

德军在向比、卢进攻的同时，德军主力穿越法、比边境的阿登山区进入法国，攻占色当，然后以每昼夜20～40公里的速度向西挺进，以迅雷不及掩耳之势取得了一系列的胜利。1940年5月24日，担任西线主攻任务的德军部队分别攻占布伦、包围加莱两个主要港口，进到格腊夫林，距离敦刻尔克只剩下20英里，英法盟军的40个师34万人被包围在弹丸之地敦刻尔克。

盟军三面受敌，一面临海，随时都会遭到德军毁灭性的攻击，但是，就在这千钧一发之际——在24日这一天之内，希特勒连续签发七个秘密手令，命令停止进攻敦刻尔克。

德军将领古德里安眼巴巴地望着大海，望着乱哄哄的、犹如热锅上的蚂蚁似的英法官兵——只要一声令下，他的坦克部队就会把他们“推”入大海——大惑不解。

后来的军事评论家们也都对此感到迷惑。

根据史料的记载，停止进攻的命令是在纳粹最高统帅部的伦斯特将军和戈林的鼓动下，在勃劳希契和哈尔德两位将军的坚决反对下，由希特勒亲自签发的。

后人评论说，也许——是因为下面的几个原因，导致了希特勒在二战中，也是在其一生的军事指挥中犯下了最大的错误。

其一，5 月 21 日，英法坦克部队在撤退途中突然向在阿腊斯的德第四军团发起反攻，第四军团猝不及防，损失惨重。古德里安的坦克部队行进得太快了，希特勒担心古德里安重蹈德第四军团的覆辙。

其二，第四军团的克鲁格将军心有余悸，曾面陈伦斯德“机密”，希望不要在 24 日向敦刻尔克发起进攻，因为他的坦克部队有一半丧失了战斗力，希特勒因此听信了伦斯德的建议。

其三，纳粹最高统帅部的会议上没有讨论英法盟军从海上逃跑的问题。

其四，戈林曾对希特勒说，单靠空军即可消灭敦刻尔克的敌人，希特勒认为盟军已成为翁中之鳖，他想保存实力攻打法国巴黎及进行下一步军事行动，因此，相信了戈林的话。

当然，这些都是推测。

两天以后，德军情报机关窃听到了盟军在伦敦发给在加莱的英军司令的无线电：“你继续存在的每一个小时都是对远征军的极大帮助。”这时候，敦刻尔克的 34 万大军已经在登上运输舰船向英国本土撤退了。

希特勒意识到了自己的错误，命令古德里安和其他的德国部队：前进！发起攻击！

晚了。34 万盟军在 1000 艘舰船的帮助下，渡过多佛尔海峡，顺利地退回到英国本土。

到底是什么原因使希特勒下达了停止攻击敦刻尔克的命令呢？也许，除了希特勒本人，再无第二个人知道了。

6 月 8 日，德军突破“魏刚防线”，兵临巴黎城下。意大利趁火打劫，越过阿尔卑斯山，攻入法国。6 月 12 日，法国内阁宣布巴黎为“不设防城市”。16 日，法国雷诺政府垮台，由贝当组阁。22 日，贝当政府向德投降，并签订了法德停战协定。

拥有 300 万大军的法国宣告沦亡。

战争扩大

法国投降后，希特勒签署了“海狮作战计划”，企图拿下英伦三岛。8月13日，纳粹空军出动1485架次，对英海、空军基地、雷达站狂轰滥炸。24日晚，德轰炸机轰炸了伦敦，英国则出动80架轰炸机袭击柏林，进行报复性轰炸。9月15日，德军对英国的轰炸达到最高潮，德军880多架飞机与英国500多架飞机在英伦三岛上空展开了一场空前激烈的战斗，德军损失了290多架飞机，英国也损失惨重。但是，德军始终未能夺得制空权，而海军的力量又有限，因此，希特勒无限期地推迟了“海狮作战计划”，把进攻方向转向苏联。

为了夺取战略资源和建立进攻苏联的出发阵地，希特勒逼迫与苏联接壤的罗马尼亚及保加利亚加入了德意日三国军事同盟，又出兵占领了南斯拉夫。

1941年6月，德、意军队攻占了希腊。

在非洲战场，意大利继侵占阿比西尼亚后，又占领了索马里、肯尼亚、苏丹等大片土地。意军还向英国在埃及的驻军发动进攻，遭到英军顽强反击。为了加强盟友对北非的控制，希特勒派遣隆美尔元帅远征北非，协同作战。

希特勒在西线和其它战区取得了一系列重大胜利，认为攻击苏联的时机已经成熟，于是，调集了190个师，550万人，4300辆坦克，4.72万门大炮和4980架飞机，于1941年6月22日晨3时15分在北起波罗的海，南至喀尔巴阡山约1000公里的战线上兵分多路向苏联发起突然袭击。从战争开始至该年12月1日，苏军损失了约700万人，但是，在莫斯科会战中，德军遭到重创，不仅损失了50个师（有30余万人被击毙），1100架飞机，2766辆坦克和7872门火炮，还被迫后退了120～400公里。

德军在莫斯科会战的失败是二战爆发后德军遭到的最大一次失败，希特勒的“闪电战”计划彻底破产。

日军偷袭珍珠港

位于太平洋中夏威夷岛的珍珠港是美国太平洋舰队的所在地。珍珠港对于确保美国海、空军对太平洋的控制至关重要。因此，尽管日本本土距珍珠港有3500海里之遥，日本军国主义者还是甘冒很大的风险，于1941年11月7日清晨，对珍珠港实施突然攻击。

为了保证偷袭的成功，日本的海、空军早在几个月前就开始了针对袭击珍珠港的训练：飞行训练集中在日本四大岛屿中最南端的九州岛；海军部队的训练选择在四国岛海岸附近；高空轰炸机和鱼雷轰炸机的驾驶员则在南方鹿儿岛海湾附近训练。

美国人做梦也没有想到日本人会对珍珠港发起攻击，而且，美国人并不想直接介入战争，而是准备坐收渔翁之利，因此，11 月 7 日的凌晨，珍珠港内一派和平宁静气氛，94 艘舰艇上的大部分官兵都沉浸在安然的梦乡中，高射炮和高射机枪边几乎无人在值班。

在天边露出鱼肚白的时候，日本的六艘航空母舰和其它 33 艘舰只载着 400 余架飞机准时进入预定海域。7 时 48 分，攻击开始，第一批 183 架飞机率先从航空母舰的甲板上起飞，碧空万里，竟没有一架美国飞机升空迎战，也没有高射炮火的烟云！日军的狂轰滥炸持续了近二个小时。当珍珠港的值班参谋墨菲中校将日本人偷袭珍珠港的情报报告给美国海军作战部长斯塔克，斯塔克竟然不相信。

珍珠港一仗，日本人只损失了 29 架飞机、5 艘特制潜艇；而美国损失了 450 架飞机、40 余艘舰艇，伤亡官兵 4500 余人，太平洋舰队几乎被摧毁。

美国人被激怒了。美国不能失去珍珠港，也不能没有太平洋舰队，12 月 8 日，美国正式宣布对日作战，太平洋战争爆发了。这天，英国也宣布同日本进入战争状态。

12 月 9 日，中国国民党政府正式对日宣战。10 日，又对德、意宣战。

12 月 11 日，德、意对美宣战。

至此，世界各主要国家均已卷入第二次世界大战。

珍珠港偷袭得手之后，日军利用其海上优势，迅速攻占了泰国、马来西亚、新加坡、菲律宾、吕宋、荷属东印度、缅甸，控制了面积达 380 万平方公里的土地和 1.5 亿人口，战争进一步扩大。

战争的转折

1942 年 4 月 5 日，希特勒发布“第四十一号元首训令”，发动夏季攻势。希特勒预谋攻克斯大林格勒，沿伏尔加河北上，从东面包围莫斯科，然后夺取巴库油田、高加索，越过土耳其和伊朗，南出印度洋，与日本会师。

8 月 23 日，德军在鲍卢斯将军指挥下，对斯大林格勒形成半包围圈，德军空军出动 2000 架次轰炸了斯大林格勒，将该城变为一片火海，随后，德军攻入市郊，向城里推进。苏军在崔可夫将军指挥下，与全城的工人、百姓一起，同德军展开了一场殊死搏斗。德军将一个师又一个师的部队投入到这场血腥大屠杀中。一个德军士兵描述道："……街道不再是用公尺来计算，而是用尸体作单位来丈量的。斯大林格勒不再像座城市，它淹没在一大片漫无边际的浓烟烈火之中……"

但是，苏军顽强地守住了斯大林格勒。当严寒来临时，苏军发起冬季反攻，将33万德军压缩在长24公里、宽14公里的有限范围内。1943年1月31日，鲍卢斯向德军总部发出最后一份电报："第6集团军为了元首和祖国，已坚守岗位，打到最后一兵一卒，一枪一弹。"

斯大林格勒战役，德军共损失170万人、3000架飞机、3500辆坦克、12000火炮。这一仗，是苏德战争的转折点，也是整个第二次世界大战的转折点。

为了扭转战局，夺回战略主动权，1942年7月5日~8月23日，希特勒发动了库尔斯克战役，结果，又遭重创。

德军在东线与苏联拼得你死我活之际，美英在北非战场向德、意联军发起致命的打击，迫使25万德、意联军投降。在太平洋战区，日军在中途岛大战和瓜达尔卡纳岛争夺战中损失惨重，美国由防御和局部进攻转为全面进攻。在中国战场上，经过7年的抗战，中国人民转入了局部的战略反攻。在地中海和巴尔干半岛，美英成功地实施了西西里岛作战计划，墨索里尼焦头烂额，一片风雨飘摇。

在世界反法西斯战争胜利发展的大好形势之下，反法西斯联盟三大国首脑——斯大林、罗斯福、丘吉尔于1943年11月28日~12月1日在伊朗首都德黑兰会晤，决定在法国北部开辟第二战场——横渡英吉利海峡，实施诺曼底登陆，美国的艾森豪威尔将军被任命为美、英联军的总司令。

为了保证登陆战的成功，联军总司令艾森豪威尔投入了8000架轰炸机、284艘军舰、4000多艘登陆艇和其它舰只以及300万人马。在登陆的前一个星期，盟军炸毁了82个具有战略意义的铁路枢纽以阻止德国军队的增援。

1944年6月4日晚9时45分，艾森豪威尔以斩钉截铁的语气向海、陆、空三军下达了横渡英吉利海峡的作战命令。艾森豪威尔对成功和失败都做了准备，他用铅笔写下了如下几行字："我决定在此时此地发起进攻，是根据所得到的最好的情报作出的……如谴责此次行动或追究责任，应由我一人承担。"

登陆是极其成功的——第一天，联军的15万6千名士兵就顺利地踏上了诺曼底，而更多的部队紧随其后。

1944 年 7 月 24 日，诺曼底登陆胜利结束。从此，纳粹德国面临东、西两线同时作战的窘况，希特勒的末日来临。

大战结束

1944 年至 1945 年初，欧、亚、非三大战场都取得重大进展。

从 1944 年 1 月至 1944 年 10 月，苏军在列宁格勒、乌克兰、北冰洋至芬兰湾、白俄罗斯、波罗的海沿岸、外喀尔巴阡乌克兰、匈牙利、芬兰北部等地区给德军以 10 次沉重打击，收复了从巴伦支海到黑海的苏联全部被占领土。到了 1945 年 1 月，苏军已推进到距柏林仅 20 公里的奥得河——尼斯河一线。在西线，美、英盟军解放了法、比、卢及荷兰大部地区，并渡过莱茵河，于 1945 年 4 月 25 日与苏军会师，实现了对德国的分割包围。在亚洲和太平洋战场，日寇节节败退，美、英盟军攻占马里亚纳群岛、莱特岛，于 1945 年 4 月 1 日攻占冲绳岛。

1945 年 4 月 30 日，希特勒在得知墨索里尼被处决的消息后，与情妇爱娃·布劳恩服毒后开枪自杀。5 月 8 日，德军向苏军“无条件投降”。

德黑兰会议“三巨头”

1945 年 8 月 6 日和 8 月 9 日，美国向日本的广岛、长崎投下了两颗原子弹，摧毁了这两座城市。

8 月 8 日，苏联对日宣战，随即以秋风扫落叶之势结束了在远东的军事行动。8 月 28 日，美军在东京附近的原木机场着陆，对日本本岛实行占领。

1945 年 9 月 2 日上午 9 时，在停泊于东京湾内的美国军舰“密苏里”号上，正式举行了日本无条件投降的签字仪式。

至此，历时 6 年零 1 天的第二次世界大战宣告结束。

“幽灵潜艇”事件

（1942 年——）

1942 年至 1943 年，第二次世界大战战火正炽，美国和日本为争夺南太平洋中的战略要地——莫尔兹比港和瓜达尔卡纳尔岛，展开了激烈的大海战。激战中，日本联合舰队突然发现有一艘神秘的潜艇在“监视”他们，日军舰急忙把炮口对准神秘的潜艇，但不等军舰开炮，潜艇已不知去向。与此同时，美国航空母舰“小鹰”号也发现被一艘神秘的潜艇跟踪，“小鹰”号刚刚作出“反应”，神秘的潜艇潜入深海，消失得无影无踪。

1944 年，美日海军在马里亚纳群岛再次激烈交战，暴风雨般的炮火和一枚枚鱼雷、重磅炸弹将双方的舰船变成了一片火海，一艘又一艘战舰燃烧着沉入海底，水兵们纷纷跳进大海逃生。这时候，那艘神秘的潜艇又出现了。神秘的潜艇只是“袖手旁观”，不介入战斗，当水兵们在海浪中作绝望的挣扎时，一股股神秘的海浪把他们推向了己方舰艇派出的救生艇，神秘的潜艇就这样挽救了许多落水水兵的生命。

神秘莫测的潜艇反应奇快，速度奇快，当交战的双方开始对它表示“关注”时，它立刻“沉入”水中，转眼间就从美、日双方的雷达屏幕上消失，犹如一个来去无踪的“幽灵”，令美、日双方惊诧不已，惶恐不已。

美国海军因此给它起了个名字：“幽灵潜艇”。

谁制造了“幽灵潜艇”？又是谁在驾驶它？它为什么要跟踪交战的双方？为什么出现在海战战场却又不“参战”，甚至，还救起双方落水的水兵？

起初，美国人怀疑是德国人制造的，因为它的外形很像德国的“孤狼”号潜艇，但是，稍加推敲，这一假设即不可能存在，德国人如果有了它，早就用在战争中了，至少要把英国海军打个稀巴烂，因为德国海军从开战以后就被强大的英国海军封锁在北海内，直至战争结束。

于是，美国人怀疑有可能是苏联人制造了“幽灵潜艇”。

进入 60 年代，“幽灵潜艇”频频在南太平洋“亮相”，有时候，整个艇身都露出水面，任由你“拍照”。可是，一旦发现有的舰船、飞机企图接近它时，“幽灵潜艇”就立即下沉，以异乎寻常的高速度驶离现场。

1963 年，美国潜艇在大西洋波多黎各东海举行演习。美国海军的声纳装置探测到一艘神秘的潜艇以惊人的速度向演习区域驶来，美海军指挥官立即派出驱逐舰和潜艇追踪。神秘的潜艇并不急于逃跑，而是或快或慢地与美海军舰艇玩猫捉老鼠的游戏，2 小时后才突然加速，消失在黑茫茫的海洋深处。

与此同时，苏联海军也为舰队屡屡遭遇不明身份的潜艇跟踪而大动肝火。从第二次世界大战到 1991 年苏联解体，苏联海军的航海纪事中一共记录了 90 多起“幽灵潜艇”跟踪苏联舰艇的目击报告。苏联人以为是美国人在跟他们“捣乱”，数次想要擒获它或摧毁它，但每一次都没有触及神秘潜艇的一分一毫。

谁拥有“幽灵潜艇”的技术，谁就能取得未来海战的制胜权。为了“捕获”“幽灵潜艇”，美国和苏联都煞费苦心、“机关算尽”，结果是：美国人赔上了“打谷机”号和“长尾鲨”号两艘装备先进的核潜艇，苏联人则在追踪“幽灵潜艇”时，有三艘核潜艇神秘“失踪”。80 年代末到 90 年代，“幽灵潜艇”又在挪威海出没，它潜入挪威、瑞典等一些军港，令北约集团惊恐不安。

1990 年，北约集团海军在开恩克斯纳海湾举行大规模军事演习，“幽灵潜艇”堂而皇之地露出海面，悠哉闲哉地“观战”。北约海军的 10 多艘先进的战舰展开“合围”，向“幽灵潜艇”发射了最先进的反潜“杀手”鱼雷，不料，可以自动追寻目标的“杀手”不但没有击中“幽灵潜艇”，反而不知去向。北约海军用空前密集的炮火和一枚又一枚深水炸弹企图摧毁“幽灵潜艇”，“幽灵潜艇”却一下子从海军的雷达屏幕上消失，使北约海军失去了攻击的目标。当海军的指挥军官们正在惊愕时，“幽灵潜艇”又“幽灵”般地浮出海面，出现在官兵们的面前。更令舰队指挥官们惶惑的是，突然间，所有军舰上的无线电通讯系统、雷达系统，全部失灵。可是，当“幽灵潜艇”“拜拜”后，所有的电信系统又恢复正常。

消息传出，举世瞠目。

谁制造了“幽灵潜艇”？

人们很自然地联想到下面的一些事例：

1975 年，美国科学考察船“古德拉斯”号在北大西洋纽芬兰海湾作业时，一艘长约 50 米的“扁体船”高速驶来，眼看就要撞上“古德拉斯”号，但是，在即将相撞的刹那间，它突然转了个弯，悄无声息地驶走了。

1992 年，法国潜水专家拉马斯在加勒比海水下寻宝时突然发现一座圆体大建筑物，从建筑物内游出一个前半部似人、后半部似鱼的怪物，半人半鱼怪物也看到了拉马斯，双方都感到惊诧，各自急忙游走。

1993 年，美、英两国科学家在大西洋神秘的百慕大三角海域水底发现了两座金字塔，其中的一座，塔顶距海面约 100 米，另一座塔顶距海面约 1000 米，每一座金字塔都要比埃及大金字塔还要高大、雄伟。

……

一些科学家推测：人类进化时，很可能是分为两支，一支在陆地上，一支在海洋中，在海洋中的人类比陆地上的人类更先进，他们在大洋深处建立了高度的文明。

有些人的推测更大胆："幽灵潜艇"是外星人的杰作。外星人来到地球上，他们潜身大洋中，静静地观察着地球人的文明……

还有第三种推测吗?

"幽灵潜艇"引起了全世界的瞩目。迄今为止，"幽灵潜艇"还在不时地浮出水面，"幽灵潜艇"事件还是一个谜。

原子弹落在广岛

（1945年8月6日）

黑色星期一

1945年8月6日，星期一。

日本，广岛市。

广岛时间8时14分17秒。

一架美军B—29型轰炸机闯入广岛上空，飞行员在飞机的平行瞄准镜中捕捉到了广岛大桥，驾机扑向广岛大桥。

8时15分17秒，B—29型轰炸机的特制炸弹舱门自动打开，一枚装着降落伞的奇特炸弹从9900米的高空脱舱而出，在空中摇晃了一下，坠落下去。

奇特的炸弹身躯细长，炸弹本身有一个动人的绰号——“小男孩”。

抛出了“小男孩”的B—29型轰炸机来了一个150度的急转弯，下降了300米，开足马力，轰鸣而去。

10秒、20秒、30秒……

“轰!”

绰号为“小男孩”的炸弹在距地面1500英尺的高度爆炸了，霹雳巨响传出10英里远。霎时，大火球的直径有250英尺，闪光比太阳还要亮1000倍!

数秒钟后，大火球消失，巨大的气柱和尘埃腾空而起，形成一朵高45000英尺的紫色蘑菇云。烈焰腾腾的紫色蘑菇云下是一片真空，冷空气急速从四面八方聚拢而来，比地球引力还要大1.5倍的冲击波，挟滚滚热浪席卷而去，一切都被火光和热融化了。

在最初的强光、巨响消失后，天空越来越暗，广岛完全被烟云和大火吞没。到了10时，天空突然降下“黑雨”—被爆炸抛上天的残骸、金属碎片、灰烬、蒸气以及燃烧着的木头纷纷砸落下来……

“小男孩”不是一颗普通炸弹，它是一枚相当于1.7万吨常规烈性炸药的原子弹。

瞬间过去，11.4平方公里的广岛市中心被夷为平地；

48000座建筑物被毁；

22000座建筑物一半被毁；

58000人死亡；

50000多人受伤及失踪；

还有众多的幸存者没有被闪光烧伤或被房屋倒塌砸伤，但他们同样是受难者，几天后，几个月后，甚至数年后，这些人陆续出现呕吐、发烧、腹泻等等症状，相继死去，他们的血液几乎没有白血球，骨髓坏死，一些孕妇生出了无头、缺肢、豁唇、四只眼睛的怪胎……

广岛成为了一座恐怖的地狱。

黑色的星期一！

德国人最先研制原子弹

1939年1月，美国中央情报局得到确切情报：德国科学家成功地进行了原子分裂试验，战争狂人希特勒正在研制一种威力空前的核武器！

德国是现代物理学的发祥地。

自从德国物理学家爱伦琴在1895年发现X光之后，科学家们就认识到，原子是可分的，是由更小的微粒组成的。20世纪20年代后，德国拥有了庞大的核物理研究机构，这些机构分布在柏林、格丁根、慕尼黑、莱比锡等大都市中。不但如此，德国还拥有一批杰出的物理学家，如：维尔纳·海森堡、普·哈塔克、冯·魏茨泽克、奥托·哈恩、布雷格·施罗德等。德国获诺贝尔奖金的学者是美国的3倍，在世界各国中居第一位。

德国人最先发现了原子裂变现象。1932年至1938年，德国物理学家奥托·哈恩和弗里茨·施特拉斯曼用中子轰击重元素铀，铀核被击碎了，在碎片中发现质量只有铀的二分之一的钡，且释放出了能量，这意味着从原子裂变中获得巨大能量的实验取得了成功，只要将实验成果转化成为实用就可以制造出原子弹！

与此同时，德国还拥有制造原子弹的物力和财力资源。德国本土东部萨克森地区就蕴藏铀矿，德国还从比利时人手中夺得1200余吨铀矿石，这一数字是当时全世界库存铀矿的一半。

1939年4月，德国科学家普·哈塔克致信德国陆军部："我们冒昧地提醒阁下注意在核物理中的最新发展，它将会使生产比常规炸药强得很多个数量级的爆炸物成为可能……谁最先拥有它，谁就会对其他国家拥有不可超越的优势。"

1939年9月26日，德国军备规划局在柏林成立了"铀协会"，制定了工作纲领和"铀规划"（原子研究计划），海森堡、哈塔克、魏茨泽克等杰出物理学家出席了这一会议。希特勒命令：在世界各国秘密搜寻原子科学家、不择手段地把他们集中到德国；加大财力投入，加速核武器研究"。例如：当德国情报部门探知丹麦原子科学家伊尔斯·波尔已初步掌握原子分裂的试验技能时，希特勒立即指示："绑架他！把这个丹麦人弄到德国来。"

德国人本来可以领先美国二年制造出原子弹，但希特勒的倒行逆施，改变了德国人研制原子弹的进程。

希特勒于1933年上台后，制定了所谓的"种族法"，掀起了一场恐怖的种族歧视运动，从而导致了科学家"大逃亡"——不仅本国的犹太人或者犹太血统的人被迫逃亡，其他国家的犹太血统科学家也诚惶诚恐，纷纷逃奔美国或英国。例如：当时世界物理学界的泰斗爱因斯坦、著名物理学家爱利奥·西拉德、费米（他的妻子是犹太人）、爱德华·特勒（氢弹之父）以及著名的丹麦物理学家尼尔斯·波尔。据统计，由于希特勒推行种族歧视政策，疯狂迫害犹太人，先后有2000多名欧洲的著名科学家、工程师逃到了美国。

希特勒的一意孤行还受到了有正义之心的留在德国的科学家的抵制。负责"铀规划"工作的海森堡是德国第一流的理论物理学家，1932年获得诺贝尔奖金。1941年，海森堡及其同事建成了世界上第一大研究性的原子反应堆，'一条通向原子武器的康庄大道在我们眼前展现了'（海森堡语）。海森堡甚至说："一个直径54厘米，重约1吨的球状铀—235，能利用'极快的中子'维持链式反应……有250公斤的铀—235就可以起爆了……"但是，当德国军备部长施佩尔向海森堡等科学家询问需要多长时间才能造出原子弹时，科学家们回答，"3～4年内没有指望"。施佩尔向希特勒作了汇报，希特勒认为"算了，不必花大力气了。"德国的"铀规划"因此改变了预期的目标。

德国战败后，一大批参与"铀规划"的德国科学家被俘虏到了美国，当他们得知向广岛投掷原子弹的消息后，感慨地说："我们没有搞成原子弹，首先是因为我们中的大部分人并不真正想搞。""倘若我们希望德国赢得这场战争，我们不会造不出来。"

希特勒搬起石头砸了自己的脚。

这就是历史。

美国人后来居上、取得成功

美国中央情报局虽然截获了德国正在研制成功巨大的核武器的情报，但美国的上层人物对可能问世的“核武器”一窍不通，也不感兴趣。一些流落到美国的科学家担心希特勒把核武器用于战争，竭尽力量说服美国军方领导人要抢在希特勒前面研制“核武器”，但美国军方领导人并不买账。转眼到了 1939 年 7 月，心急如焚的科学家们想到了享有崇高威信的爱因斯坦，请求爱因斯坦给当时的美国总统罗斯福写一封长信，劝告美国人及早动手研制核武器。爱因斯坦同意了，他在信中写道：

> 先生：
>
> 我从寄给我的手稿中得知了费米（核物理学家）和西拉德（核物理学家、爱因斯坦的学生）正在进行的研究工作。我有一个预感：在不久的将来，铀元素将变成一种新的重要能源。这是急需加以关注的，政府应采取果断行动。因此，我认为有义务提请阁下注意下述事实和建议。
>
> 近 4 个月来，由于法国的约里奥及美国的费米和西拉德的不懈探索，用大量的铀达到原子核链式反应已接近成功，由此即可产生极其巨大的能量和大量新的类镭元素。
>
> ……
>
> 忠诚于您的爱因斯坦

爱因斯坦的信由罗斯福总统的好友及科学顾问、经济学家兼银行家亚历山大·萨克斯博士交到了罗斯福手中。萨克斯博士还向罗斯福总统讲了一段历史故事：“当年，富尔顿发明了蒸汽船，拿破仑却没有接受富尔顿，结果，拿破仑没能渡过英吉利海峡，反而被美国人打败了……

8 天后，罗斯福给爱因斯坦写了一封回信：“……我已召集了包括国家计量局首脑及海军代表参加的全体会议，以全面研究您所提出的关于铀元素的各项可能性。”

1942 年夏季，美国政府批准了立即执行最具优先权的“3A 曼哈顿工程”，由格洛夫斯准将全权指挥。格洛夫斯准将挑选了出身犹太富商之家的核物理学家奥本海默担负起原子弹的研制工作。奥本海默没有辜负格洛夫斯的重托，在当年12月2日中午就完成了原子裂变的连锁反应，为制成原子弹奠定了坚实的基础。

奥本海默是“3A曼哈顿工程”的总策划者、行动者和主宰者。从1942年至1945年，“3A曼哈顿工程”共耗资20亿美元，与此有关的工作人员多达50万，其中包括世界上最优秀的科学家和工程师。

1945年7月16日5时30分，新墨西哥州阿拉莫戈多市80公里外的一处广阔大地上，一团小小的光球突然窜上了天空，随即化为一个大大的火球，闪光犹如1000个太阳突然出现在天空，巨大的轰鸣声传到1600公里以外，290公里以外的锡耳佛城的许多玻璃窗也被震碎了。数公里外的一个失明女子大声叫嚷着，说她看到了光。承载原子弹的30米高钢架顷刻融化，方圆1.6公里内的动植物化为灰烬。高大的蘑菇云疯狂地升至12200米的高空……

试验大获成功。奥本海默因此被誉为“原子弹之父”。

第二天（7月17日），第二次世界大战中著名的波茨坦会议在德国波茨坦城举行，美国新一任总统杜鲁门故意漫不经心地对斯大林说：“我们拥有了一种破坏力异常大的新式武器，如果使用这种武器，日本人就注定要完蛋。”杜鲁门本想以此恫吓斯大林，不料斯大林既没有表现出丝毫震惊，也没有什么特别的兴趣，只是平淡地应酬了一句：“听到这个消息，我很高兴。”杜鲁门反而感到惊异和不可理解。

7月26日，《波茨坦公告》以美、中、英三国共同宣言的形式向全世界公开发表，公告向日本发出最后通牒：日本政府必须立即无条件投降！

日本首相铃木在回答记者“贵国政府对《波茨坦公告》怎么看”时，竟恼羞成怒地说：“我再一次重申，这个公告，日本政府毫无关心的必要，或者说，它根本无效！”

8月6日，杜鲁门总统思前虑后，终于下达了向日本投掷原子弹的秘密命令。总统的命令迅速传达到了美国太平洋舰队司令部和美军占领的马里亚纳群岛中的提尼恩岛上——小岛上驻扎着由7架重型B—29型轰炸机组成的美军第509轰炸混合大队。8月6日凌晨，美国太平洋舰队司令部向所属部队发布了特级命令：“所有部队不得干扰第509轰炸混合大队的行动；所有飞机不得飞越九州或本州西部上空，以免影响混合大队的行动。”

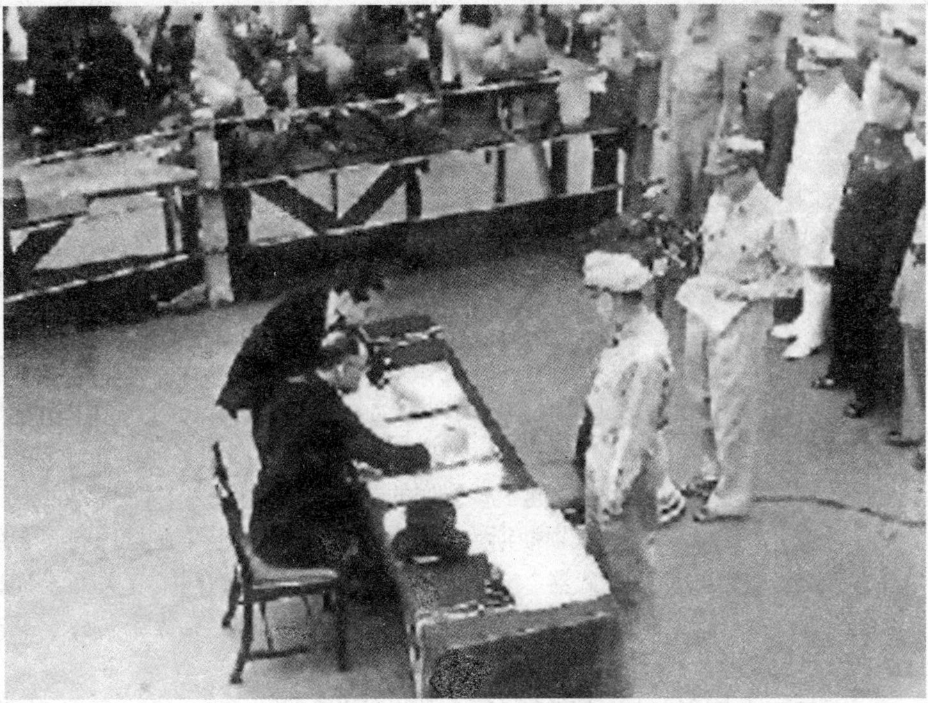

1945年9月2日，在密苏里号军舰上举行了日本投降签字仪式。

第509轰炸混合大队的唯一使命就是把原子弹投掷到目标上去，它是“3A曼哈顿工程”的另一条战线。

为了确保投掷原子弹成功，格洛夫斯准将挑选了1500名绝对可靠的人员组建了完全独立的空军第509轰炸混合大队，进行了无数次的投弹训练，投掷原子弹的任务交给了曾为艾森豪威尔将军驾机的优秀飞行员保尔·迪贝斯，他是由美国空军司令亨利·阿诺德将军亲自选定的。

绰号为“小男孩”的原子弹是一枚长14英尺、直径5英尺的大家伙，重一万磅，其核心“铀—235”的重量是总重的0.15%。

8月6日凌晨2时45分，迪尔斯驾驶载着“小男孩”的B—29轰炸机从提尼安岛起飞，另有两架B—29轰炸机作僚机。美国人本来拟定了五个可以投掷原子弹的城市——京都、小仓、新泻、广岛和长崎，但是，当迪贝斯飞临这几个城市上空时，只有广岛上空的云层中露出空洞，可以看清地面，于是，迪贝斯选择了广岛。

8时09分，广岛市的防空警报拉响了，人们看到了高高的天空中有三个小“点儿”，习惯了战争的人们谁也没在意。

谁也没想到：一场空前的大灾难已迫在眉睫。

前苏联人爆炸了第一颗原子弹

美国人自以为是他们爆炸了世界上的首枚原子弹，即使是在今天，世人也大多认为的确如此，这是一个错误。

事实是，率先研制出原子弹的是前苏联人，爆炸了第一颗原子弹的也是前苏联人。

早在1922，年，前苏联就成立了“国立镭研究所”，第一任所长维尔纳兹预言道：“人类掌握原子的时刻已为时不远，这种新能源将对人类生活产生巨大影响。”1938年，库尔恰托夫、廖罗夫、哈里顿、泽利多维奇等科学家观测到自发核裂变现象，并建立起了核裂变的链式反应理论。

1939年的春天，前苏联领袖斯大林在一次科学集会上，在与一些著名的科学家交谈时得知了“核武器”这一概念。斯大林详细询问了有关元素铀的原子裂变情况，此后又把库尔恰托夫、卡尔察、别特尔萨克等著名科学家邀请到克里姆林宫，畅谈原子弹的诱人前景。

库尔恰托夫用浅显的语言告诉斯大林。“核武器的威力大小要用‘当量’来表示，‘当量’就是核武器爆炸时所释放出的能量相当于多少黄色炸药TNT的重量。一颗‘当量’为2万吨的原子弹爆炸时所释放的能量相当于2万吨TNT炸药爆炸所放出的能量。”

斯大林吓了一跳，“2万吨TNT！会不会把地球翻个身啊？”

斯大林与科学家在谈论原子弹的时候，正是希特勒撕毁“慕尼黑协定”，下令出兵捷克斯洛伐克，对苏战争一触即发的特定时刻，2天后，斯大林召开了科学家会议，作出在4年时间内研制出原子弹的决定，一大批忠诚的科学家立刻废寝忘食地行动起来。

1941年6月，德军攻到莫斯科城下，莫斯科急电斯大林，“火速提供物资保障！”与此同时，设在西伯利亚的核试验基地也因连续进行了600余次科学试验而向斯大林报告，“基地已粮草殆尽”。斯大林在冷静的考虑后，亲自打电话给核试验基地，“物质补给随后送到，绝对不会减少。我斯大林说话是算数的，我们急需原子弹！”

1943年9月10日清晨，前苏联人研制的第一颗原子弹在西伯利亚的一个没有人烟的湖心岛上试爆成功。这是一颗很小的原子弹，当量只有“小男孩”的十分之一。尽管如此，它的威力仍令人不寒而栗。原子弹爆炸时，科学家和军事专家们都撤到了距湖心岛 1000 多米的地下掩体中，物理学家别特尔萨克低估了原子弹的威力，不顾众人劝阻，站在掩体外面观看试爆，当一团耀眼的白光闪过之后，强大的冲击波把他“冲”得无影无踪。

别特尔萨克成为了世界上第一个死在原子弹爆炸中的人。

这一天，欣喜万分的斯大林不顾医生劝阻，喝下了一斤白酒。

由于苏德战争的异常残酷、紧张，西伯利亚核试验基地的原子弹研制工作被迫放慢了速度，前苏联人研制的原子弹因此没能够运用于战争。

1945 年 7 月 17 日，斯大林出席波茨坦会议后，返回住地，立刻将杜鲁门的话告诉了当时的外交部长莫洛托夫。斯大林说：“新式武器！极有可能就是原子弹！”斯大林连夜召开会议，他在会上只说了二句话：“我们失误。必须立即加快原子弹的研究速度！”

1949 年 8 月 29 日 4 时，前苏联在塞米巴拉金斯克爆炸了一颗绰号为“铁克瓦”（意为“南瓜”）的原子弹，当量与“小男孩”相接近（2 万吨）。

斯大林在接到库尔恰托夫手写的报告时，说了一句耐人寻味的话：“从此不会再有战争了。”

几则秘闻

秘闻之一　日本人谋求研制原子弹

1941 年 5 月，经日本首相兼陆军大臣东条英机批准，安田武雄军委托日本物理化学研究所讨论“研制核铀弹的可能性”，并任命二科芳雄教授负责，2 年后，以二科芳雄名字的第一个音节命名的研制原子弹的绝密“二方案”正式诞生。

几乎与此同时，日本人安插在美国中央情报局的一名代号为“奥托”的间谍（西班牙人）窃取到了美国研制原子弹的绝密情报。奥托扮作商人漂洋过海到了日本，东条英机亲自接见了奥托，随后，东条英机命令：“要不惜血本，要立即研制，要以最快速度将原子弹投入战争。”

日本没有核原料，请求希特勒帮忙。希特勒派遣一艘潜艇将核原料送往日本。但是，德国潜艇在驶入太平洋后被美英盟军发现。盟军用深水炸弹将德国潜艇击沉，潜艇所载核原料也沉入太平洋底。

日本人只好自己动手寻找核原料——铀矿。

日本原计划向中国、朝鲜寻找铀矿，由于战况日趋恶化，只好在本土四处探寻，但一无所获。1945 年 4 月 13 日，美国远程轰炸机群袭击东京，“二方案”组所在的第 49 号楼被炸弹命中，陷入火海之中。1945 年 7 月 22 日，“二方案”组提出最后的报告：日本已无力研制原子弹。

2 周后的 1945 年 8 月 6 日，美国的原子弹落在了广岛。日本海军上将田村丰吕嚎叫道：“必须继续原子弹的研究！即使这一次战争来不及使用，也要在下一次战争派上用场。”“如果美军登陆，日本军队和民兵将不惜任何代价坚持 6 个月，只要能在这段时间研制出原子弹，我们就可以炸毁美军基地，改变战争进程。”

二科芳雄回答道：“别说 6 个月，即使是 6 年也造不出。我们既没有铀，也没有电，我们什么也不能干！”

秘闻之二　美国向日本投掷了三颗原子弹

1945 年 8 月 9 日，美国向日本投掷了第二颗原子弹。

美国人原计划将原子弹投到小仓，但是，由于天空云层太厚，可视度低，倒霉的长崎便成为了可怕的替身。

然而，事情并没有结束，美国人很快又将第三颗原子弹扔到了京都——这是一颗“哑弹”，它在京都的山地上留下了一个硕大的坑。

美国人没有声张。

日本人也视若无事。

日本人承受不住原子弹的打击，于 8 月 10 日宣布接受“波茨坦宣言”，无条件投降。此后，美国派遣原子弹专家到日本寻找没能引爆的“哑原子弹”，日本人对美国人说：“两颗原子弹毁掉了我们的两座城市，哪里还有第三颗原子弹呢！”

美国人找不到失踪的“哑原子弹”，又不便“发作”，只好悻悻离去。

事实是：日本将落在京都的“哑原子弹”送给了前苏联。日本人对此解释是：“我们完蛋了，日本岛将成为美国的殖民地，我们将永远不会东山再起。但是，如果苏联人也掌握了原子弹，打破了美国的核垄断，日本就会在将来的某一天站起来，并且会在大国中占有一席之地。”

这则消息是 1992 年 7 月 28 日俄罗斯《绝密报》披露的。

秘闻之三　美国飞行员和士兵死在蘑菇云下

美国作战部在投掷原子弹前对盟军俘虏的生命安全作过考虑。7 月 3 日，美国战略空军总司令斯巴兹向作战部报告说："广岛是惟一没有盟军战俘的城市。"作战部指示："如果情报可靠，广岛可作为第一个原子弹轰炸目标。"

事实上，广岛关押了 10 多名美国飞行员和一批陆军士兵，至少有 10 名飞行员和一些士兵死在原子弹爆炸中。

1945 年 7 月 28 日，美国 B—29 轰炸机在轰炸广岛附近的日本军舰，数架飞机被击落，有 6 名飞行员在跳伞后被俘并被关押在广岛。这一不幸事件的见证人是美国机械师卡特莱特，他在跳伞后被日军从广岛押送到东京受审，因此躲过了一场劫难。

与卡特莱特一样幸运的还有曾在太平洋帝汶岛服役的高炮连士兵索耶。8 月 6 日清晨，索耶和其他盟军战俘一起被押送到 30 多公里外的太田川三角洲码头做苦力，在一艘 500 吨货轮上卸糖包。索耶和另外 7 个战俘一组，4 人下舱，4 人在上面把糖包运进仓库。

索耶和 3 个战俘进入昏暗的货舱。突然，强烈的白光照亮了船舱的每个角落，货船剧烈地摇晃起来，索耶抱住糖包躺在货舱中。过了不久，舱内气温陡然升高，瓢泼大雨落了下来，巨大的黑色雨点从舱口落入舱内，舱内积满了黑水。

过了好久好久，一个戴口罩的人出现在舱口，他是一位医生，也是美军战俘。医生扔给索耶几件雨衣，让战俘们穿上再爬出来。索耶穿好雨衣，走出船舱，他发现广岛市已被夷为平地，河水中、码头上到处是烧焦的尸体，其中包括与他一起来做苦工的盟军战俘。死去的战俘，样子十分吓人。其中的一个人坐在码头上，眼睛睁得大大的，眼珠竟溶成蜡状液体，流到肿胀发红的脸上……

航空史上最神秘的失踪案

（1945 年 12 月 5 日）

1945 年 12 月 5 日，5 架美国 TMB“复仇者”式轰炸机飞临百慕大三角上空后，神秘失踪。

55 年过去，五架复仇者轰炸机不但没有从人们的记忆中消失，反而一次次引起世人的追忆，引发一次次争论。

问题，首先要从神秘的“百慕大三角”说起。

神秘的“百慕大三角”

一提起百慕大三角，世界各国的航海者都会毛骨悚然。

1915 年，西班牙人胡安·德贝尔木德斯发现大西洋西部的海域中有一群珊瑚岛，便命名这群珊瑚岛为百慕大群岛。

百慕大三角是指三个顶点分别位于百慕大群岛、佛罗里达半岛南端和波多黎各岛的圣胡安之间的一块三角形海域。

百慕大三角处在地球上神秘的北纬 30°线上，三角海域中共有 300 多个珊瑚岛，传说，其中一个名叫“比米尼”的珊瑚岛上有一口神奇的长生不老仙泉，谁喝了仙泉的泉水谁就会长生不老。可是，几百年过去，穿越百慕大三角的帆船、军舰、飞机有千千万万，千千万万的帆船、军舰、飞机上的千千万万人从来没有听说有谁喝到过“仙泉”的泉水，也没有见到过“长生不老”的人，恰恰相反的是：百慕大三角是一个魔鬼三角。

“百慕大三角”的失踪事件，最早见于文字记载的，可追溯到 1609 年，在那一年英国的“冒险海”号在这一海域失踪。此后，3 艘格拉蒙特指挥的海盗船、3 艘护卫武装的运金船、美国客轮“爱国者”号、美国军舰“黄蜂”号、法国货轮“罗莎莉”号，分别于 1686 年、1705 年、1812 年、1814 年、1840 年在“百慕大三角”神秘失踪。后来，人们发现了在海上随风漂泊的

“罗莎莉”号，它张满风帆，但船上一个人也没有，而船上的货物却完好无损，这更增加了事件的神秘性。

需要指出的是，“爱国者”号是一艘大型客轮，船长奥弗斯托克是大西洋沿海航线上最出色航海者；“黄蜂”号是一艘装备精良的战舰，舰长布莱克利是一位战功显赫的人物；“罗莎莉”号是一艘巨型海船。

1880 年，英国三桅战舰“阿塔兰塔”号载着 290 人驶入“百慕大三角”，不久即告失踪。

据统计，近 80 年以来，在“百慕大三角”神秘失踪的船只多达 400 余艘，飞机上百架，人员达 2000 多名！

80 年代，一艘前苏联潜水艇在“百慕大三角”水下航行，“舰艇突然下沉”，舰长西柏耶夫觉得有些不对劲儿，命令舰艇浮出水面，并与苏联海军总部联系——经确认，他们的潜艇浮在印度洋上，即在 1 分钟的短短时间内，舰艇航行了 1 万多公里……

“百慕大三角”就是如此神秘。

为此，人们称“百慕大三角”为“魔鬼三角”、“魔鬼海域”。

“复仇者”失踪

1945 年 12 月 5 日是个阳光灿烂的日子。

14 时 10 分，美国海军第 19 飞行中队的 5 架 TMB“复仇者”式鱼雷轰炸机从佛罗里达州劳德代尔堡基地起飞去执行例行训练演习任务，领队是 28 岁的泰勒上尉。

泰勒上尉是太平洋战争中身经百战的老飞行员，有丰富的飞行经验。每一架飞机都装载了能够飞行 5 个半小时的油料。

“复仇者”飞临“百慕大三角”上空后，基地飞行控制中心接到紧急报告：“我是泰勒上尉……警报！我们迷失了方向，看不到陆地……”

飞行控制中心指示：“请报告坐标！”

泰勒：“无法确定方位！我们不知道自己飞到了什么地方……全乱套了……”

飞行控制中心：“把机头调回向西。”

泰勒：“我们不知道哪边是西。一切都不对头。”泰勒忽然自言自语道：“……奇怪，……我们弄不准方向，就连大海也变了样……”

在 15 时 30 分以前，即飞机起飞后 3 小时 20 分这一段时间内，劳德代尔堡地面飞行控制中心仍能与泰勒取得联系。

泰勒：“……前方出现了一片从未见过的新大陆……”

控制中心：“你们的高度。”

泰勒：“我的两个罗盘都失灵了。我正在寻找劳德代尔堡……我敢肯定是在佛罗里达群岛上空，但不知高度是多少……”

15 时 30 分，突然出现了不明强磁干扰，地面与机队的通讯联络中断，但是高功率的地面接收台仍能收到泰勒上尉与他的同伴们的谈话。

16 时 45 分，接收台收听到泰勒上尉一句莫名其妙的话：“……我们好像是在墨西哥湾上空飞行……”

墨西哥湾在佛罗里达半岛的西部，与“百慕大三角”的方位恰恰相反。

17 时以后，地面接收台又陆续收听到如下谈话：

“……真该死！如果我们往西飞，我们就可以回家了……”

“……如果有一架飞机的油量只剩下 10 加仑，我们就一起降落到海面……”

“……我们随时随地都可能要被迫降落在海面上……”

“燃料快完了，还够飞 75 英里……”

“……刮起了大风……时速达 75 英里……”

“我的罗盘在发疯似地旋转。”

“我的罗盘也发疯了……”

19 时左右，地面接收台突然收听到了泰勒上尉紧张而又声嘶力竭地向机队老飞行员斯蒂弗上尉移交机队指挥权的声音：“……请大家注意……从现在起……机队将由斯蒂弗上尉指挥……”

地面接收台收听到的最后几句谈话是：

“……不要跟着我！……它们好像是从外层空间来的……”

“……我们完全迷失了方向……”

“……进入了白水……”

5 架“复仇者”失事后，劳德代尔堡航空基地立刻派出“马丁·水手”号救援机起飞救援。救援机起飞数分钟后，飞行控制中心收到救援机上科姆上尉的报告：“6000 英尺上空有强烈的大风……”随后，救援机也跟着失事。

然而，事情还没有结束，在飞行燃料耗尽 2 小时以后，美国迈阿密奥帕洛卡海军航空基地收到了失事机队发出的“FT……FT……”的微弱信号！

“FT—28”是第 19 飞行队长泰勒上尉的呼号，这说明机上的飞行员仍活着。

神秘的失踪。

究竟发生了什么?

5 架“复仇者”和“马丁·水手”号神秘失踪后，美国海军出动了几百艘军舰和飞机连续在“百慕大三角”海域进行了 5 天搜索，但是却连一块飞机的残片和一滴油也没有发现。

在飞机失踪的那个晚上，泰勒的战友——鲍尔斯上尉的妻子琼正与 18 个月的女儿苏姗在纽约。半夜，苏姗从梦中惊醒，感到异常恐惧，她觉得有些不对劲儿，急忙给飞行基地打电话，回答是：“鲍尔斯上尉执行任务去了。”

泰勒上尉的母亲凯瑟林坚信儿子还活着，她时常出现在劳德代尔堡附近的码头上，手中拿着儿子泰勒的照片，询问过路的水手、船员：“你见到过这个人吗？可能在巴哈马一带或某个荒岛上吧？”

“复仇者”究竟出了什么事？

主要观点之一：飞机进入了“百慕大三角”上空的一个强磁开放区，从而导致失踪。证据是：只有在强磁区，飞机上的各种仪器才会失灵；在螺旋强磁场中，飞机将不用消耗燃料，所以在燃料“耗尽”2 个小时后，飞机还能飞行，能发出“FT”呼叫信号。

主要观点之二：泰勒上尉原本在迈阿密飞行，调到劳德代尔堡时间不长，对“百慕大三角”海域不熟悉，是他的失误导致飞机失踪。

主要观点之三：既然宇宙中存在“黑洞”，地球上呢？“复仇者”飞入了“黑洞”，不然，为什么连一块飞机残骸也找不到呢？

……

1990 年，美国“深探”号研究考察船在佛罗里达州劳德代尔堡沿海游弋时，对海底进行扫瞄，发现在 750 英尺深的海底有一飞机。考察船用水下摄像机拍下的照片显示，那是一架二战时期美国海军使用的“复仇者”鱼雷轰炸机。此后，“深探”号在 1 英里半径海域内一共发现了 5 架“复仇者”，其中一架飞机机身上还有“28”的字样，这恰恰是泰勒上尉所驾飞机的机号。一些专家因此推测这 5 架“复仇者”就是 1945 年神秘失踪的第 19 飞行中队。

但是，另一些专家指出：在战争年代，曾有 139 架“复仇者”在佛罗里

达州沿岸失踪，还不包括第19飞行中队那5架飞机，

如果“深探”号发现的5架“复仇者”就是泰勒上尉等人驾驶的飞机，它们是如何沉入佛罗里达沿岸海底的？

如果不是，泰勒上尉及其第19飞行中队又到哪里去了？

终究有一天，人们将揭破这一人类航空史上最神秘的失踪案。

巴勒斯坦战争

（1947 年 11 月 29 日～1949 年 2 月 24 日）

巴勒斯坦战争，又称第一次中东战争，以色列人则称之为“独立战争”。

第二次世界大战后，中东先后爆发了四次举世震惊的战争，即巴勒斯坦战争，苏伊士运河战争（第二次中东战争）、六天战争（第三次中东战争）和十月战争（第四次中东战争）。

“中东”这个词是十六七世纪欧洲殖民主义者向东方侵略扩张时创造出来的。当时的殖民主义者以欧洲为中心，按距离的远近，将东方各地分别称为“近东”、“中东”和“远东”。现代意义的“中东”是指亚、非、欧三大洲相连接的地区，主要是指亚洲西部一带——东起伊朗高原，西至埃及和地中海东岸，北达黑海和高加索，南临亚丁湾和阿拉伯海。由于中东地区只有伊朗、埃及两国与大陆连在一起，其余部分都处在地中海、黑海、里海、阿拉伯海和红海之间，所以，“中东”又有“五海之地”的美称。

中东战争的双方是信奉伊斯兰教的阿拉伯人和信奉犹太教的以色列人。

阿拉伯人与以色列人的冲突可从公元前 3000 年伽南人定居巴勒斯坦谈起。

阿以冲突的由来

大约在公元前 3000 年，一批来自阿拉伯半岛的迦南人来到巴勒斯坦地区定居下来。公元前 2000 年，迦南人在巴勒斯坦地区建立了迦南国。

巴勒斯坦位于亚洲西部，处在地中海、死海、约旦河之间。巴勒斯坦东与叙利亚、约旦接壤，西南与埃及的西奈半岛相连，南端临红海亚喀巴湾，北连黎巴嫩。

迦南国的领土包括如今的以色列、加沙、约旦河西岸及约旦。

继迦南人来到巴勒斯坦后，居住在幼发拉底河流域的希伯来人也迁到巴勒斯坦，并在公元前1020年建立了希伯来人王国，将耶路撒冷定为首都。公元前923年，希伯来人王国分裂成南北两国——以色列王国和犹太王国，前者被亚述帝国的亚述人同化，后者成为现代犹太人的祖先。

公元前64年~公元132年，罗马帝国侵入巴勒斯坦，屠杀了100万犹太人，并将犹太人驱逐出巴勒斯坦，犹太人从此在世界各地流浪，并多次遭到迫害。英国、法国、俄国、德国都先后对犹太人下过驱逐令。多灾多难的流浪生涯使犹太人萌生了远离欧洲，创建犹太人国家，并移居到那里去的想法。1896年，一个名为西奥多·赫茨尔的犹太人写了《犹太国》一书，明确提出了建立犹太国的主张，西奥多·赫茨尔因此成为世界犹太复国主义组织的创始人。第一次世界大战期间，巴勒斯坦置于土耳其统治之下。英国人为了牵制土耳其军队，与伊斯兰教的统治者侯赛因签署秘密条约，允诺战后在巴勒斯坦土地上建立“阿拉伯国”，这就是闻名于世的“麦克马洪书简”。与此同时，英国人为得到移居美国的犹太人的支持，许诺美国犹太人，“在巴勒斯坦建立一个犹太人的民族之家”，英国人的这一许诺被称为“贝尔福宣言”。

英国人为阿、以冲突埋下了种子。

1917年12月11日，英国人追逐土耳其军队进入耶路撒冷城，并实施军事管制。一战结束，根据巴黎和会决定，从1923年9月起，巴勒斯坦置于英国的“委任统治”之下。

第二次世界大战期间，希特勒屠杀了600万犹太人。希特勒的暴行促进了犹太复国主义运动蓬勃发展。从1939年至1944年，由欧洲移至巴勒斯坦定居的犹太人多达44100人。大批犹太人的迁入引起了阿拉伯人的不安，他们担心，迟早有一天，犹太人将会超过阿拉伯人（截止1938年，巴勒斯坦总人口141万，其中伊斯兰教徒98.9万，犹太人40万），于是向犹太人发起袭击。冲突中，犹太人伤亡1156人，阿拉伯人伤亡4887人，英国军人伤亡521人。

英国政府意识到巴勒斯坦问题的严重性，于1940年出台了限制犹太人移民的政策。政策一发布就遭到了犹太人的坚决反对。二战后，针对纳粹对犹太人的大屠杀，救济犹太人成为一个国际性的问题，英国人在进退维谷之际，将巴勒斯坦委任统治问题提交联合国讨论。联合国组成由11国代表为成员的巴勒斯坦委员会对巴勒斯坦进行实地考察，于1947年11月29日通过了《巴勒斯坦分治决议》——在巴勒斯坦分别建立“犹太国”和“阿拉伯国”。

阿拉伯人对分治决议极为不满。原因是：犹太人原来在巴勒斯坦仅占有

8% 的土地，分治决议却给了犹太人 57% 的土地，而给拟议中的“阿拉伯国”仅有 43%；原来说是在古犹太国的土地上建立国家，而分给犹太人的领土是阿拉伯人的；巴勒斯坦在此前 1800 年间一直是阿拉伯人不可分割的政治共同体，如今却被分割了。

《巴勒斯坦分治决议》成为引发第一次中东战争——巴勒斯坦战争的导火索。

大战之前

1948 年 2 月 9 日 ~4 月 25 日，“阿拉伯联盟”的七个成员国埃及、伊拉克、叙利亚、沙特阿拉伯、黎巴嫩、外约旦及也门召开了一系列会议，坚决反对以色列国，并决定：英军撤退后，阿拉伯联盟陆军开往巴勒斯坦，巴勒斯坦由阿拉伯联盟统治。

以色列于 1948 年 3 月完成了部队的编组和作战计划的制定工作。以色列的作战计划——D 计划的核心是：坚决控制住联合国划分给犹太国家的地域，保卫边境和犹太人的村落。

实际上，阿拉伯人与以色列人的冲突从“分治决议”宣布的那一天就开始了。当天，1947 年 11 月 29 日，耶路撒冷伊斯兰教徒的领袖侯赛尼就命令阿拉伯人在第二天进行为期 3 天的罢工。12 月 2 日，阿拉伯人袭击了犹太人的商店、住宅，犹太人以牙还牙，给阿拉伯人以颜色，巴勒斯坦迅速变成了一个恐怖的世界。

这期间，最有名的一次战斗被称为“纳赫肖恩行动”。1947 年末，耶路撒冷的犹太人有 10 万人居住在新城，他们的生活物质全靠特拉维夫——耶路撒冷公路运入，阿拉伯人切断了这条生命补给线。4 月 6 日 ~ 12 日，伊拉克·拉宾上校（后成为以色列总理）指挥 250 ~ 300 辆卡车组成的车队往返其间，为 10 万以色列人送去了必不可少的补给，为后来赢得战争胜利立下汗马功劳。

阿拉伯人与以色列人在战争之初投入的兵力和主要武器对比如下：

	兵力	装甲车	坦克	战斗机	轰炸机	轻型飞机	野战炮	高射炮	舰船
阿拉伯	55000	200	40	60	14	57	140	220	12
以色列	3000	2	1	0	0	28	5	24	3

战争的进程

1948年5月14日，以色列国正式宣告成立。11分钟后，美国总统杜鲁门宣布承认以色列国。

5月15日，巴勒斯坦战争全面爆发。

阿拉伯联盟从一开始就处在各自为战的状态中。但是，战争之初，阿拉伯人占了上风：

埃及军队在15架战斗机支援下，以2个旅（约7000～10000人）分别向特拉维夫和耶路撒冷推进，意图攻占这两个城市；

叙利亚军队以2个机械化旅向太巴列湖（加利利湖）南端推进。以色列人将唯一的一具火焰喷射器投入战斗，还首次出动飞机，进行航空火力支援，叙军受挫；

伊拉克军队投入了1个装甲车团、1个步兵营和由3个航空中队支援的机械化旅，伊、以双方都伤亡惨重。

在耶路撒冷地区，英国人刚一撤走，以色列人抢先占领了英军的驻地，又占领了耶路撒冷的北部、西部地区，但阿拉伯人控制了橄榄山和锡安山一带城外地区。

阿拉伯联盟不断增兵，以色列人苦苦支撑。

阿、以战争震惊了世界，引起了世界各国的关注。5月29日，英国提出的巴勒斯坦停火决议案在联合国获得通过，以色列大为振奋，马上表态“欢迎”，阿拉伯联盟先是拒绝，但在6月1日又表示同意。

以色列人最大限度地利用了4个星期的停火：加大移民速度，补充兵员，从美国和英国买来飞机，从捷克运来大批苏制武器；购买小型舰船。以色列的空军和海军就这样在第一次中东战争的空隙中诞生了。

以色列人信心大增。7月9日～18日，以色列人在特拉维夫、耶路撒冷、太巴列湖等地向阿拉伯人发起全面进攻。以色列伊加尔·阿隆上校指挥6000人的机械化部队将特拉维夫以东数公里处的阿军包围，给了阿军以重创，在其它战线上，以军也取得了进展。

7月15日，在美国提议下，联合国通过了要求双方各国政府发布停火的决议案，这是一次“命令”式的停火，否则就要受到制裁，所以，阿、以双方都表示同意。

第二次停火为以色列提供了更好的壮大自己的机会。

8 月 9 日，以色列政府宣布：从欧洲迁入的 60 万移民计划正在顺利执行，5 月 15 日后已有了万人到达。实际上，仅 1948 年就有近 12 万人抵达巴勒斯坦，1949 年又约有 24 万人迁入巴勒斯坦……

以色列一方面疯狂移民，一方面拼命购买军火。到了 1948 年 10 月，阿、以双方的实力发生了微妙变化：

	兵力	装甲车	坦克	战斗机	轰炸机	轻型飞机	野战炮	高射炮	舰船
阿拉伯	约 7000	180	45	86	21	56	256	280	46
以色列	约 10000	20	15	13	16	49	183	109	16

10 月 15 日，以军为打通特拉维夫——内格夫沙漠移民区的道路，置联合国停火决议不顾，再次点燃战火。10 月 19 日 ~22 日，以色列空军出动 239 架轰炸机轰炸了埃及阿里什机场，夺取了制空权。以色列向守卫法卢贾据点的埃及军队发动猛烈攻击，遭到埃军有力还击，以军受挫。但是，以军夺取了法卢贾以西的另一重要据点胡来卡特及比尔谢巴、马杰达勒等地，并将这些地区的 3 万多名阿拉伯人全部逐出。

值得一提的是，以军攻占胡来卡特后，守卫法卢贾的埃及官兵 2500 人虽处于以军包围之中，但全体官兵顽强战斗了 3 个多月，直至签定停战协定才撤出。后来成为埃及总统的加麦尔·阿卜杜勒·纳赛尔当时是一名参谋军官。有一次，以军突入埃军阵线，纳赛尔率领士兵与以军血战 5 个多小时，终于打退了以军，使埃军逃脱了全军覆灭的厄运，纳赛尔因此荣获“法卢贾之虎”美誉。与此同时，以色列海军也投入战斗，击伤了埃及的 3 艘小型船只。埃及军队由于失去了空中支援及防御战术呆板、缺少足够的反冲击部队等原因而连连受挫，一部分埃军丧失了战斗力。

在与埃军作战的同时，以色列集中使用空军和机械化部队对阿拉伯联盟的另一支生力军——由考克吉将军指挥的黎、叙、伊军队进行了轰炸和奇袭，阿军被击溃，后撤。11 月 30 日，阿拉伯联盟的成员国——外约旦率先宣布与以色列“停战”。12 月 22 日，以军发动“霍霍夫”作战行动，阿隆准将指挥的主力部队出奇不意地从比尔谢巴方向攻入埃军控制的阿布奥格拉，逼近阿里什，还缴获了几架完好无损的飞机。这时候，英国人出来干涉了，他们向以色列人发出最后通牒。以色列还没有强大到可以与英国人对抗，只好终止

“霍霍夫”作战行动，于2月24日与埃及签下停战协定。第一次中东战争——巴勒斯坦战争至此结束。

大战之后

巴勒斯坦战争以阿拉伯联盟的失败而告终。

巴勒斯坦战争加深了阿、以之间的对立。通过战争，以色列占领了巴勒斯坦80%的土地，比联合国分治决议规定的面积要多6700多平方公里。

战争结束时，叙利亚和以色列所划定的停火线是当时双方军队的实际对峙线，为后来的战争留下隐患。

战争造成了96万巴勒斯坦难民，这些难民在阿拉伯国家流浪。

战争使联合国分治决议所划定的国际管理的耶路撒冷被以色列和约旦所分割。以色列占领耶路撒冷新城，并在1950年宣布新城为以色列国首都，耶路撒冷旧城被约旦占领。

耶路撒冷是世界三大教——基督教、伊斯兰教、犹太教共同的圣地。基督教徒认为，耶稣是在耶路撒冷被钉死在十字架上，三天后复活；伊斯兰教徒认为，穆罕默德曾在耶路撒冷“登宵”（遨游七重天、八天堂，见先知）；犹太教徒认为，大卫王将耶路撒冷作为以色列王国的首都，大卫王的儿子所罗门王在耶路撒冷建造了第一座犹太人的圣殿。

圣城耶路撒冷的被分割使阿、以冲突变得更加复杂。